本书承蒙

浙江大学双一流经费资助

浙江大学董氏文史哲研究奖励基金资助

浙江大学文科精品力作出版资助计划资助

中央高校基本科研业务费专项资金资助

陆敏珍_著

中華書局

图书在版编目(CIP)数据

宋代家礼/陆敏珍著. —北京:中华书局,2022.8
ISBN 978-7-101-15780-2

Ⅰ.宋… Ⅱ.陆… Ⅲ.朱熹(1130~1200)-家礼-研究
Ⅳ.K892.27

中国版本图书馆 CIP 数据核字(2022)第 100684 号

书　　名　宋代家礼
著　　者　陆敏珍
责任编辑　吴爱兰
责任印制　管　斌
出版发行　中华书局
(北京市丰台区太平桥西里 38 号　100073)
http://www.zhbc.com.cn
E-mail:zhbc@zhbc.com.cn
印　　刷　三河市中晟雅豪印务有限公司
版　　次　2022 年 8 月第 1 版
2022 年 8 月第 1 次印刷
规　　格　开本/920×1250 毫米　1/32
印张 13¼　插页 2　字数 304 千字
国际书号　ISBN 978-7-101-15780-2
定　　价　78.00 元

目 录

绪论:宋代家礼的书写者

宋代是中国家礼书写史上最为繁荣的时期,诸如司马光《书仪》、朱熹《家礼》等经典文本曾引起学界的广泛探讨。不过,若稍稍将注意力从单本礼书的细节中移开,而是使用"家礼"这一名词作一整体观照,我们会发现,"家礼"是一个为大众所熟悉的词汇,似乎一提起,人人便能意会其中所涵盖的内容及可能的架构,它具有可识别的文化指向性,既包含有细碎零散的行为规范,又是群体集体行动的指南。但是,当它作为一个分析性范畴使用时,人们所相信的那些关于家礼的熟悉事实却包含着不完全被了解的复杂性,它具有经验性的概念特征,却不是一个结构性的理论框架。换言之,当试图去探讨家礼是什么、书写家礼又为什么等问题时,许多模棱两可的答案只具描述性,而无法将"家礼"当作一种行之有效的结构。这里,我们试着从书写者的角度,去探讨书写家礼时所设定的立场、意义与书写畛域,以期观察家礼作为一种集体写作规范时的历史场景。

一、书写者的角色:隐身的与在场的

家礼是什么?对这个问题,现代学者在各自的研究问题与框架中做出了相应的回答。在概论性的研究中,李晓东提出,家礼是"家庭内部各成员之间的等级区分与行为规定";陆益龙认为,"家礼是一个社会中人们调节家庭人际关系的价值标准和行为规范，以及这些价值和社会规范意识在社会生活中的具体体现”[①]。在对不同时间序列下的家礼进行研究时，谷川道雄指出，六朝家礼“反映着特定家族内部遵循的规约”；张文昌说，唐宋时期“儒学士族门第为维持家教门风，亦发展出专门制约家族成员之礼仪规范，此即所谓‘家礼’”；同样立足于唐宋时期，王美华认为，家礼“是针对家族内部的礼文仪制、伦理规范，是中国古代社会治家、教家的重要法则”；林春梅则将宋代家礼、家训并列为研究对象，认为“家礼指家庭仪节，家训则泛指任何形式上的教导、训诫、规则、约定等”[②]。那些以“家礼”作为选题的学位论文，尽管在用词与取意上不脱前人的说法，也在尝试梳理、表述家礼的概念[③]。

除了直接去探讨“家礼”的概念与内涵，学者还从文本类型的角度去描述家礼的范畴。上引“家礼”概念的提出者，多主张以这一词汇来涵盖家规、世范、家礼、乡约、家诫等传统文献，另一些学者则主张以“家训”等词来指称包括“家礼”在内的历史材料。比如，李茂旭认为，“广义的家训，还包括家规、家范、家礼、家约、世

---

① 李晓龙：《中国封建家礼》，西安：陕西人民出版社，1986年，第26页；陆益龙编著：《中国历代家礼》，北京：北京图书馆出版社，1998年，第12页。

②［日］谷川道雄：《六朝士族与家礼——以日常礼仪为中心》，高明士编：《东亚传统家礼、教育与国法（一）：家族、家礼与教育》，台北：台大出版中心，2005年，第4页；张文昌：《制礼以教天下——唐宋礼书与国家社会》，台北：台大出版中心，2012年，第387页；王美华：《承古、远古与变古适今：唐宋时期的家礼演变》，《辽宁大学学报（哲学社会科学版）》2013年第4期；林春梅：《宋代家礼家训的研究》，台北县：花木兰文化出版社，2010年，第1页。

③ 参见罗小红：《唐代家礼研究》，陕西师范大学博士学位论文，2006年；翟瑞芳：《宋代家礼的立制与实践》，上海师范大学硕士学位论文，2007年；陆睿：《中国传统家礼文献叙录》，浙江大学硕士学位论文，2012年。等等。

范、教子诗、示儿书、家书等等”；刘欣认为，写作家礼的目的是规范家庭中的冠、婚、丧、祭礼节，因此，“宋代的家礼亦可视为广义的家训”①。至于从法律史角度，以“家法”一词包含家礼，将之定性为“习惯法”“民间法”的解释亦不少见②。

以上各种说法，或对“家礼”的概念作总结性陈述，或描述其范畴与功能，虽然使用的文字略有差异，但细加比较，其实并不存在质的区别。在某些层面上，似乎已形成了定论，以至于有人总结说：“关于‘家礼’的功用这一问题，学者们形成了一定的共识，即家礼主要是在家庭内部用来明确家庭成员权利与义务、协调家族成员伦常关系与等级秩序的一系列礼仪规范和伦理观念。”③这种共识是否已经形成，此处存而不论。不过，即便从经验的角度出发，关于家礼是什么的问题，仍然存在着可以讨论的空间，比如，众所周知，实际生活中的家礼与作为文献的“家礼”之间的差别是相当明显的；作为礼仪表演的家礼，在应用中产生的实际效果与书写时想要表达的意义亦是需要仔细区分的。因此，当研究者取用自己认可的分析范畴来阐述家礼内涵与功能时，也可以转换视角，从家礼书写者的立场去观察他们所书写的家礼的层次、内涵与象征系统。

---

① 李茂旭：《中华传世家训》前言，北京：人民日报出版社，1998年，第3页；刘欣：《宋代家训与社会整合研究》，昆明：云南大学出版社，2015年，第12页。

② 参见王善军：《宋代宗族和宗族制度研究》，石家庄：河北教育出版社，1999年，第69—82页；张中秋：《家礼与国法的关系、原理、意义》，《法学》2005年第5期。等等。张国刚则将家庭伦理中的礼教称为“家规”“家法”或者“家训”（张国刚：《汉唐“家法”观念的演变》，《史学月刊》2005年第5期）。

③ 陈延斌、王伟：《传统家礼文献整理、研究的学术史梳理与评析》，《广西师范大学学报（哲学社会科学版）》2018年第3期。

需要指出的是，以"书写者"来指称家礼文本的作者，而不是文献中惯用的"制礼""注礼"者，这一做法并非要去否定或放弃历史所给予的角色传统。事实上，宋代家礼文本的行文中，制礼者、注礼者的身份不断得到体现与强化。比如，司马光（1019—1086）在《书仪》中所制的冠礼，曰："男子年十二至二十，皆可冠。"此条下有详细的注释：

> 《冠义》曰：冠者，礼之始也。是故古之道也，成人之道者，将责成人之礼焉也，责成人之礼焉者，将责为人子、为人弟、为人臣、为人少者之行也，将责四者之行于人，其礼可不重与！……《吉礼》虽称二十而冠，然鲁襄公年十二，晋悼公曰："君可以冠矣。"今以世俗之弊，不可猝变，故且徇俗，自十二至二十皆许其冠。若敦厚好古之君子，俟其子年十五已上，能通《孝经》、《论语》，粗知礼义之方，然后冠之，斯具美矣。[①]

司马光引用《礼记》来阐释礼意，对冠礼的具体信息进行解码并赋予其意义。同时，厘清仪式的模糊之处，通过追溯古礼中"二十而冠"的规定与他所订立的"十二至二十皆可冠"这一礼文之间的历史脉络及其思考路数，让陌生与久远的礼仪与当下的情况相结合，并区分出两种层次的冠礼：一为"徇俗"中"十二至二十皆许其冠"；一为"通《孝经》、《论语》，粗知礼义之方"语境之下的"年十五已上者冠之"。司马光对这两种层次的冠礼明显有着价值判断，但他仍然选择了"男子年十二至二十，皆可冠"作为礼文。

①［宋］司马光：《司马氏书仪》卷2《冠仪·冠》，《丛书集成初编》，北京：中华书局，1985年，第19页。

而“斯具美”、唯有“敦厚好古之君子”才能执行的后一层次，则为朱熹（1130—1200）所采纳，他在《家礼》中将冠礼礼文定为“男子年十五至二十，皆可冠”①。可见，注礼者对礼文的范导作用不容忽视。

不过，宋代家礼的写作者不只是固守制礼者、注礼者的身份，而是多种角色并存。有时候，他们是时俗与时礼的观察者与评论者，批评、嘲笑着那些在他们看来不合“理”的礼文。

司马光在《婚仪·亲迎》中讲：

> 壻复入室脱服，妇从者受之；妇脱服，壻从者受之。烛出。②

“脱服”一节虽与《仪礼》略有不同，但“烛出”的礼文却是一致的，郑玄在此条下作注，称：“昏礼毕，将卧息。”③而司马光在此条下的

①［宋］朱熹：《家礼》卷2《冠礼·冠》，朱杰人等编：《朱子全书》第7册，上海：上海古籍出版社，合肥：安徽教育出版社，2002年，第889页。

②［宋］司马光：《司马氏书仪》卷3《婚仪上·亲迎》，《丛书集成初编》，第37页。关于引文中所用的词形，比如“婚”与“昏”、“桌”与“卓”、“壻”与“婿”等字，一依所用文献版本的原例。这样的做法，一方面固然是出于忠于文献的原则，另一方面则因唐宋时期，从字形上去释礼的现象一直存在。陆德明讲：“婚礼用昏，故经典多止作‘昏’字。”（［唐］陆德明撰，张一弓点校：《经典释文》卷14《礼记音义之四·昏义第四十四》，上海：上海古籍出版社，2012年，第339页）；对此解释，宋人多有转引，比如，潘自牧讲：“婚礼用‘昏’，故经典多止作‘昏’字。”（［宋］潘自牧：《记纂渊海》卷107《人伦部·婚姻》，《北京图书馆古籍珍本丛刊》第71册，北京：书目文献出版社，1998年影印本，第1716页）考虑到若将引文改为现代所通用的写法，可能流失了文献中所表达的礼意，故引文中一遵原本原字。

③［汉］郑玄注，［唐］贾公彦疏，王辉整理：《仪礼注疏》卷5《士昏礼第二》，上海：上海古籍出版社，2008年，第123页。

注文,既没有注释“脱服”“烛出”,也没有讲解婚礼进程,反而调转笔锋,对时俗中的结发礼进行评说。在“烛出”条下,他作注曰:

> 古诗云:“结发为夫妇。”言自稚齿始结发以来即为夫妇,犹李广云:“广结发与匈奴战也。”今世俗有结发之仪,此尤可笑。①

司马光通过引证,强调所谓“结发”不过是一个时间节点,而非一种仪式,并毫不掩饰对这种不知礼、乱解诗的嘲笑。后来,程颐(1033—1107)再论结发之礼意,说:“昏礼结发无义,欲去久矣,不能言。结发为夫妇者,只是指其少小也。如言结发事君,李广言结发事匈奴,只言初上头时也,岂谓合髻子?”② 关于结发之仪的评价同样出现在吕祖谦(1137—1181)《家范》与朱熹《家礼》之中。两人不仅接受了司马光关于“结发”一词的引证与解释,而且,还继承了后者对时俗的评论。吕祖谦完全照录司马光的原话,称:“今世俗有结发之仪,此尤可笑也。”③ 朱熹则追加说:“今世俗昏姻,乃有结发之礼,谬误可笑,勿用可也。”④ 在另一个场合,朱熹与学生关于结发的对谈,也被记录下来,其中讲到:

---

①[宋]司马光:《司马氏书仪》卷3《婚仪上·亲迎》,《丛书集成初编》,第37页。

②《河南程氏遗书》卷10《洛阳议论》,[宋]程颢、程颐著,王孝鱼点校:《二程集》,北京:中华书局,2004年,第113页。

③[宋]吕祖谦:《东莱吕太史别集》卷2《家范二·昏礼·亲迎》,黄灵庚、吴战垒主编:《吕祖谦全集》第1册,杭州:浙江古籍出版社,2008年,第312页。

④[宋]朱熹:《家礼》卷3《昏礼·亲迎》,朱杰人等编:《朱子全书》第7册,第899页。

> 直卿举今人结发之说为笑。先生曰："若娶用结发，则结发从军，皆先用结了头发后，方与番人厮杀耶？"①

这一调侃味道十足的回答为结发之礼的可笑之处作了一个小小的注脚。不可否认，很可能存在这样的社会事实，即，从司马光到朱熹的近百年间，结发礼的时俗代有传承②，但几代家礼书写者跨越着时间的距离，对着同一个"世俗"之礼表达了相同的态度、立场与观点，值得回味。

当然，嘲笑与批评时俗与时礼并不是家礼文本书写者一贯的基调，有时，他们又成为时俗与时礼的拥护者。同样以《婚仪·亲迎》为例，司马光在"壻立于东席，妇立于西席，妇拜，壻答拜"下注曰：

> 古者，妇人与丈夫为礼则侠拜。乡里旧俗，男女相拜，女子先一拜，男子拜，女一拜，女子又一拜。盖由男子以再拜为礼，女子以四拜为礼故也。古无壻妇交拜之仪，今世俗始相见交拜。拜致恭，亦事理之宜，不可废也。③

---

①［宋］黎靖德编，王星贤点校：《朱子语类》卷89《礼六·冠昏丧·昏》，北京：中华书局，1986年，第2275页。

②南北宋均有关于结发礼的记载。据孟元老记载："男左女右，留少头发，二家出匹段钗子，木梳头须之类，谓之合髻。"（［宋］孟元老撰，邓之诚注：《东京梦华录注》卷5《娶妇》，北京：中华书局，1982年，第145页）又据吴自牧记载："男左女右结发，名曰'合髻'。"［宋］吴自牧撰，黄纯艳整理：《梦粱录》卷20《嫁娶》，上海师范大学古籍整理研究所编：《全宋笔记》第8编第5册，郑州：大象出版社，2017年，第300页。

③［宋］司马光：《司马氏书仪》卷3《婚仪上·亲迎》，《丛书集成初编》，第36页。

“侠拜”在《仪礼》中既用于《士昏礼》中妇人与丈夫为礼，亦见于《士冠礼》中母亲与儿子之拜礼[①]。宋代文人对“侠拜”亦有较多讨论，某些文献记载表明，它依然是实际生活中的行用之礼[②]。然而，司马光在此处却舍古礼而循“今世俗”，由“侠拜”而为“交拜”。朱熹则将司马光制订的“妇拜，壻答拜”干脆写为“婿妇交拜”，并注说：

> 妇从者布婿席于东方；婿从者布妇席于西方。婿盥于南，妇从者沃之，进帨；妇盥于北，婿从者沃之，进帨。婿揖，妇就席。妇拜，婿答拜。[③]

朱熹将更多的细节写入交拜礼中，于“侠拜”则不置一词。至于为什么要循俗，司马光给出了一个模棱两可的理由，称“拜致恭”，由礼文而及礼意，合乎事理，因此“不可废”。在其他一些循时俗的礼文中，司马光同样给出了“不可废”的判语。比如，《亲迎》

①[汉]郑玄注，[唐]贾公彦疏，王辉整理：《仪礼注疏》卷5《士昏礼第二》、卷1《士冠礼第一》，第125、45页。

② 例如，据《宾退录》记载：“《礼》，妇人与丈夫为礼则侠拜。侠者，夹。谓男子一拜，妇人两拜，夹男子拜……江浙衣冠之家，尚通行之，闾巷则否。江邻幾《嘉祐杂志》载司马温公之语，乃谓陕府村野妇人皆夹拜，城郭则不然。”（[宋]赵与时著，齐治平校点：《宾退录》卷8，上海：上海古籍出版社，1983年，第105—106页）朱熹与学生亦有婚礼中“侠拜”的讨论：“叔器问：‘昏礼，温公《仪》，妇先拜夫；程《仪》，夫先拜妇。或以为妻者齐也，当齐拜。何者为是？’曰：‘古者妇人与男子为礼，皆侠拜，每拜以二为礼。昏礼，妇先二拜，夫答一拜；妇又二拜，夫又答一拜。冠礼，虽见母，母亦侠拜。”（[宋]黎靖德编，王星贤点校：《朱子语类》卷89《礼六・昏》，第2274页）

③[宋]朱熹：《家礼》卷3《昏礼・亲迎》，朱杰人等编：《朱子全书》第7册，第899页。

中“前期一日，女氏使人张陈其壻之室”条下讲：“俗谓之铺房，古虽无之，然今世俗所用，不可废也。”[①] 又如，壻妇于影堂阶下的祭拜，司马光也说：“古无此礼，今谓之拜先灵，亦不可废也。”[②] 在“不可废”的话语中，司马光有时会给出时俗与时礼之所以不可废的原因，有时则纯粹用于强调个人的主张。

由上可见，如果将家礼简单描述为家庭规范，很容易造成一种刻板的印象，即，家礼只是条框式的礼文规定。这样的视角往往忽略了家礼文本书写者强烈的在场感。作为制礼者、注礼者，他们从古礼中汲取资源以阐述“礼之所当然”，但他们并不隐身于礼规之下，而是在书写中标识着自己的立场、态度与偏好。他们在时俗与时礼中折衷去取，丰富着“礼之所当然”的内容，同时，这些礼文亦反观着他们对社会秩序、文化惯习以及知识语境的思考。

二、书写者的立意：情感的与有序的

引入书写者的角色来观察家礼文本，使用“书写”一词来表示家礼文本的生产，并非为了强调宋代文人的创造。事实上，没有一种家礼文本是完全原生的，它们是书写者在既有的礼文规制与社会时俗的对话中不断进行修订与完善的，如司马光所谓：

> 参古今之道，酌礼令之中，顺天地之理，合人情之宜。[③]

①［宋］司马光：《司马氏书仪》卷3《婚仪上·亲迎》，《丛书集成初编》，第33页。

②［宋］司马光：《司马氏书仪》卷3《婚仪上·亲迎》，《丛书集成初编》，第36页。

③［宋］司马光：《司马氏书仪》卷3《婚仪上·婚》，《丛书集成初编》，第29页。

这里，参、酌、顺、合等词无疑是对书写者的描述，强调他们如何在既有的家礼书写传统中根据人情之宜折衷去取，如何确立合乎礼制的仪式规范，以展现新的家礼书写者的立意。

从书写者的视角出发，家礼从来不是静态的条框规定，而是需要将其书写为动态的（尽管“动态”这个词已经滥用），他们在书写中选择表达礼文的用词、斟酌礼范的动作以及演礼时颇具象征意义的对话，以制定指导行动的文本。

在礼仪的规定中，书写者将情感、价值和道德等元素相为整合，使用“报”“尊”“敬”“和”“睦”“哀”等词汇，又以“哭”“哭擗”“哭答”“哭尽哀”“哭答无辞”等动作来安排演礼者的情感表达。当然，作为礼文动作的“哭”并非只用于表达情感，而是情感与仪式进程的结合。比如司马光《书仪·丧仪》中，有“反哭”“卒哭”两个仪程；朱熹《家礼·丧仪》中，将“朝夕奠”更为“朝夕哭奠”。在具体演礼过程中，哭是有序有时的，既不允泛滥，亦不许不达。《家礼·丧礼》中，“初终”时，“既绝乃哭”；“复”时，“男女哭擗无数”；讣告亲戚僚友，“以书来吊者并须卒哭，后答之”；设奠后，“主人以下为位而哭”；待灵座、魂帛安置后，“执友亲厚之人，至是入哭可也”，此时，“主人相向哭尽哀，主人以哭对无辞”；“小敛”时，“主人主妇凭尸哭擗”，哭时方向不同，“主人西向凭尸哭擗，主妇东向亦如之”，迁尸床于堂中后，“主人以下哭尽哀，乃代哭不绝声”；“成服”日，五服之人，各服其服，“入就位，然后朝哭”；每日晨起，朝夕哭奠，“尊长坐哭，卑者立哭”，食时上食，“哭无时”，在这一环节，“哀至则哭于丧次”。此后，还柩、遣奠、发引、反哭、卒哭、小祥、禫时皆行哭礼①。

①［宋］朱熹：《家礼》卷4《丧礼》，朱杰人等编：《朱子全书》第7册，第902—929页。哭礼涉及整个丧礼，此处不列具体细目。

针对那些不在家的亲友，又另设奔丧与不奔丧两种不同的哭礼。始闻亲丧，"以哭答使者，又哭尽哀"；奔丧时，"道中哀至则哭"，不过，在道中哭时，需"避市邑喧繁之处"，以免有"饰诈"之嫌，临近家门时，"望其州境其县境其城其家皆哭"；入门诣灵柩前，拜后变服，"就位哭"。若不奔丧者，"齐衰三日中朝夕为位会哭……大功以下，始闻丧为位会哭"，此后"每月朔为位会哭，月数既满，次月之朔乃为位会哭而除之，其间哀至则哭"①。这里，哭成为重要的礼仪进程。

在礼的展演过程中，任何一个动作均是规定好的，有其需要表达的礼意。上文中多次出现的"哭擗"，司马光讲："古者哭有擗踊。擗，拊心也；踊，跃也。《问丧》曰：恻怛之心，痛疾之意，悲哀志懑气盛，故袒而踊之，所以动体安心下气也。妇人不宜袒，故发胸击心爵踊，殷殷田田，如坏墙然，悲哀痛疾之至也。"② 另外，作为礼的举动，每一个动作的次数也是设定的，既不可多亦不可少，依序而动、依礼而行，否则便失了礼意。以祭礼中常见的"拜"这一动作而论，程颐讲：

> 家祭，凡拜皆当以两拜为礼。今人事生，以四拜为再拜之礼者，盖中间有问安之事故也。事死如事生，诚意则当如此。至如死而问安，却是渎神。若祭祀有祝、有告、谢神等事，则自当有四拜六拜之礼。③

①［宋］朱熹：《家礼》卷4《丧礼·闻丧奔丧》，朱杰人等编：《朱子全书》第7册，第913—914页。

②［宋］司马光：《司马氏书仪》卷5《丧仪一·哭泣附》，《丛书集成初编》，第53页。

③《河南程氏遗书》卷1《端伯传师说》，［宋］程颢、程颐著，王孝鱼点校：《二程集》，第6页。

显然，拜礼的次数不仅要视事生与事死的礼仪内容而定，而且还与礼仪仪程的详细与否有关。

最能体现动态描画的部分，莫过于书写者为家礼展演中的讲话者配上的独白与对白。所谓独白是指演礼者需独自完成的祝辞、祝文，对白则是指需要几位演礼人共同合作完成的对话内容。演礼并非默剧，从古至今，礼文中的讲话始终是仪程的重要组成部分。

以程颐《祭礼》为例①。该篇列四时祭、始祖祭（冬至祭）、先祖祭（立春祭）、祢祭（季秋祭），四部分内容占幅不多，却列有详细的独白内容。四时祭中，焚香时需有请辞曰："孝孙某，今以仲春之祭，共请太祖某官、高祖某官、曾祖某官、祖某官、考某官，降赴神位。"祭祀毕，亦需焚香告知"祭事已毕"。始祖祭中，需读祝辞曰："维年月日，孝远孙某，敢昭告于某氏之祖妣，今以阳至之始，追惟报本，礼不敢忘，谨备清酌庶羞之奠，尚享！"先祖祭中，则曰："维年月日，孝远孙某，今以生物之始，恭请先祖祖妣以下降居神位。"祭祢中曰："孝子某，今以成物之始，恭请考君某官，妣某官某封某氏，降居神位。"②又如，司马光《书仪》祭礼中有关于祝辞的内容，告祭时，需跪读祝辞曰："孝孙具官（无官则但称名）某，将以某日祗荐岁事于先祖考妣。"祭日时，同样跪读祝辞："维年月日，孝子曾孙具位某，敢用柔毛嘉荐普淖，用荐岁事于曾祖考某官府君、曾祖妣

① 程颐《祭礼》因只见于罗氏本，"诸本皆无之"，因此自宋代以来，就有"恐未必为先生所著"的说法。参见《河南程氏文集》卷10《祭礼》，[宋]程颢、程颐著，王孝鱼点校：《二程集》，第628页。

②《河南程氏文集》卷10《祭礼》，[宋]程颢、程颐著，王孝鱼点校：《二程集》，第628—629页。

某封某氏配，尚飨！"[①]

家礼文本中的这些祝文用词简短，格式化倾向明显，并非为了抒发情感而作。不过，在实际演礼场景中，独白部分为祭者、祝者与祷者留下很多自由写作与表达的空间。

众所周知，在传统时代礼的表演世界中，由于没有拍摄、录像等现代技术条件可将礼仪复杂的场景留存下来以供分析，又由于那些擅长用文字来表达的人缺乏记载礼仪细节的兴趣，因此，要了解演礼的过程十分困难。尽管如此，在仪式上宣读的祭文、祝文、祷辞等作为文人的重要作品，在文集中被保存下来。现代研究者对这些文献的关注，主要集中于文体演变与文学技巧，这样的研究无疑是重要的。但是，作为仪式的重要组成部分，祭文、祝文、祷辞等在礼仪进程中有着除文学性之外的其他功能。为避免枝蔓，这些文类在演礼中的具体呈现及表征意义暂且不论，即就文章体例而言，个人撰写时多样的表现手法与丰富的文学技巧与家礼文本所提供的文辞是有差别的。

以婚礼告庙祝文为例。司马光《书仪·婚礼》中没有"庙见"这一仪程，告庙仪式发生在"亲迎"中，舅姑、壻妇等立于影堂，焚香拜先灵，其祝辞为："某（壻名）以令月吉日，迎妇某（妇姓）婚，事见祖祢。"[②]朱熹《家礼·昏礼》专设"庙见"一节，主人以妇见于祠堂，告辞为："子某之妇某氏，敢见。"[③]但在实际演礼中，

①[宋]司马光：《司马氏书仪》卷10《丧仪六·祭》，《丛书集成初编》，第114、117页。

②[宋]司马光：《司马氏书仪》卷3《昏仪上·亲迎》，《丛书集成初编》，第36页。

③[宋]朱熹：《家礼》卷3《昏礼·庙见》，朱杰人等编：《朱子全书》第7册，第900页。

韩元吉（1118—1187）将他的大儿妇告知祖先时，是这样讲的：

> 淳熙四年（1177），十一月，丙申朔，二十七日壬戌，具位云云，某之男淲，娶妇晁氏，朝奉郎新通判庐州子阖之女，盖以道舍人之孙也。爰以嘉日，归见于庙。契谊既厚，子孙其宜之。①

相较于家礼文本中所订立的礼辞，韩元吉的祝文显然要详细很多。而在两年前，韩元吉还为其族弟元谅纳妇的告庙仪式写过同类的礼辞，曰：

> 淳熙二年（1175），岁次乙未，十一月戊申朔，初四日辛亥，孙男具位某，昨以族弟元谅，既继叔后，遂娶严州分水县进士王觊之女，以九月望日，往迎其家，今者挈妇归见庙下，冀垂默祐，俾克嗣续。②

事实上，在族弟成婚的前三年，韩元吉主持过同样的告庙仪式，不过，告庙的内容并非是纳妇，而是纳婿，其祝文道：

> 乾道八年（1172），岁次壬辰，七月戊辰朔，二十八日乙未，孙男具位云云，某第五女五十六娘，纳婿右迪功郎新南安军南康县主簿孟植，男女及时，成兹嘉礼，恭见于庙，是宜

---

①［宋］韩元吉：《南涧甲乙稿》卷18《淲纳妇祝文》，《丛书集成初编》，北京：中华书局，1985年，第361页。

②［宋］韩元吉：《南涧甲乙稿》卷18《元谅纳妇祝文》，《丛书集成初编》，第362页。

佑之。①

韩元吉为儿子、族弟、女儿三者的婚礼分别撰写告庙礼辞，尽管其祝文未脱格式化的叙事框架，但他在祝辞中详列告祭时间、所涉人物等具体信息，将新妇、新婿的亲属关系细化罗列，又添加“契谊既厚，子孙其宜之”“冀垂默祐，俾克嗣续”“恭见于庙，是宜佑之”等祝愿辞，也就是说，在撰作者看来，祝文中只讲明一些事实是不够的，它还需要唤起情感反应，需要通过祝愿等修辞方式帮助仪式产生情感影响力。

与独白中的简洁相比，在对白环节，由于需要多人通力合作，家礼书写者往往写得相当仔细。比如，司马光《书仪·冠礼》“戒宾”中，主人与宾客之间的对话：

> 曰：“某有子某，将加冠于其首，愿吾子之教之也。”宾对曰：“某不敏，恐不能供事，以病吾子，敢辞！”主人曰：“某愿吾子之终教之也。”宾对曰：“吾子重有命，某敢不从。”

行礼前一日，“宿宾”：

> 曰：“某将加冠于某之首，吾子将莅之，敢宿宾。”对曰：“某敢不夙兴。”②

上引对白显然改写自《仪礼·士冠礼》。后来朱熹《家礼·冠

①［宋］韩元吉：《南涧甲乙稿》卷18《纳壻祝文》，《丛书集成初编》，第362页。

②［宋］司马光：《司马氏书仪》卷2《冠仪·冠》，《丛书集成初编》，第20页。

礼》“戒宾”则又改写自司马氏《书仪》,语词上稍有增加。而“宿宾”则作了调整,将《书仪》中的“遣人宿宾”改为“遣子弟以书致辞”,措辞上更为详细:

> 曰:“来日,某将加冠于子某,若某亲某子某之首,吾子将涖之,敢宿。某上某人。”答书曰:“某敢不夙兴?某上某人。”①

这些对白或文字来往的用辞同样是具有礼意而不可任意替改的。比如,礼辞环节,约定的语言是:“一辞而许,曰敢辞;再辞而许,曰固辞;三辞曰终辞,不许也。”② 对者与答者所设定的文字,礼序分明,不可更改,若有违例,显然妨碍着演礼的进程与意义象征。

需要指出的是,书写语言与口头语言存在着差异性,宋代家礼文本对古礼的推崇,又使得较多对白以古语写成。那么,在实际演礼中又当如何处理?朱熹的弟子曾论及此问题:

> 问:“冠、昏之礼,如欲行之,当须使冠、昏之人易晓其言,乃为有益。如三加之辞,出门之戒,若只以古语告之,彼将谓何?”曰:“只以今之俗语告之,使之易晓,乃佳。”③

如何让演礼者讲出充满奥义的古礼辞?学生的提问与朱熹的对答均强调对礼辞的理解比礼辞本身更为重要。在这段对答中,

---

①[宋]朱熹:《家礼》卷2《冠礼·冠》,朱杰人等编:《朱子全书》第7册,第890页。

②[宋]司马光:《司马氏书仪》卷2《冠仪·冠》,《丛书集成初编》,第20页。

③[宋]黎靖德编,王星贤点校:《朱子语类》卷89《礼六·冠昏丧·总论》,第2272页。

提问者所例举的三加之辞、出门之戒，司马光与朱熹所写的礼文均出自《仪礼》文字稍有变化。比如，冠礼中的三加之辞，始加祝辞为："令（吉）月吉（令）日，始加元服。弃尔幼志，顺尔成德。寿考惟（维）祺，介尔（以介）景福。"再加辞为："吉月令辰，乃申尔服。敬（谨）尔威仪，淑慎（顺）尔德。眉寿万（永）年，永（享）受胡福。"三加辞为："以岁之正（受），以月之令，咸加（知）尔服。兄弟具（俱）在，以成厥德。黄耇无疆，受天之庆。"[①] 换言之，尽管朱熹强调"只以今之俗语告之，使之易晓，乃佳"，但作者在落笔时，仍借助了古语来表达礼辞。演礼者在仪式中说着古老的礼辞，虽然会造成与日常生活的距离感，但同时也带来一种连续性。因此，礼辞与演礼时的哭擗、跪拜等动作一样已具有了秩序化的特质，不可轻易更改。

三、仪式：意义的与重复的

从意义上去界定礼的功能是中国传统文化中的一贯洞见。《左传》中讲："礼，经国家、定社稷、序民人、利后嗣者也。""夫礼，天之经也，地之义也。""礼，上下之纪、天地之经纬也，民之所以生也。"[②]《礼记》中讲："礼者，天地之序也。"[③] 这些论断虽然来自宋

①［汉］郑玄注，［唐］贾公彦疏，王辉整理：《仪礼注疏》卷3《士冠礼第一》，第69—70页；［宋］司马光：《司马氏书仪》卷2《冠仪·冠》，《丛书集成初编》，第22页；［宋］朱熹：《家礼》卷2《冠礼·冠》，朱杰人等编：《朱子全书》第7册，第891—892页。

②［晋］杜预注，［唐］孔颖达等正义，黄侃经文句读：《春秋左传正义》卷4《隐公十一年》、卷51《昭公二十五年》，上海：上海古籍出版社，1990年，第82、888、891页。

③［汉］郑玄注，［唐］孔颖达正义，吕友仁整理：《礼记正义》卷47《乐礼第十九》，上海：上海古籍出版社，2008年，第1477页。

代以前，但同样构成了宋代家礼书写的意义背景。不过，抛开这些高悬的抽象，家礼的书写者是否对每一个仪式规定中的每个动作、每件礼器都作了完整的阐释？仪式中象征行为的大部分形式是否有其文化意义？这些问题的答案琐碎而复杂。在宋代各类家礼所呈现的礼仪规范中，有些礼仪的目标与意义是被清晰表达出来的，有些则能从文字中的某些间接证据中推断得知。

司马光引《礼记·冠义》来释"冠礼"的礼意，认为："成人之道者，将责成人之礼焉也，责成人之礼焉者，将责为人子、为人弟、为人臣、为人少者之行也。"① 又说："若既冠笄，则皆责以成人之礼，不得复言童幼矣。"② 因此，冠礼的意义在于使演礼者明确冠者社会身份的转换。又如，程颐阐释婚礼纳采时讲："纳采，谓壻氏为女氏所采，故致礼以成其意。"③ 司马光与朱熹也将纳采释为"纳其采择之礼"④。

家礼的书写者在对多数礼的解释上取得了较为一致的意见，但亦有一些不同的理解与阐释。比如，婚礼纳采时用执雁，司马光沿用郑玄的解释，说："用雁为贽者，取其顺阴阳往来之义。"⑤ 程颐则提供了另一种说法，认为："昏礼执雁者，取其不再偶尔，非随阳

①［宋］司马光：《司马氏书仪》卷2《冠仪·冠》，《丛书集成初编》，第19页。

②［宋］司马光：《司马氏书仪》卷4《居家杂仪》，《丛书集成初编》，第46页。

③《河南程氏文集》卷10《婚礼·纳采》，［宋］程颢、程颐著，王孝鱼点校：《二程集》，第620页。

④［宋］司马光：《司马氏书仪》卷3《婚仪上·纳采》，《丛书集成初编》，第30页；［宋］朱熹：《家礼》卷3《昏礼·纳采》，朱杰人等编：《朱子全书》第7册，第896页。

⑤［宋］司马光：《司马氏书仪》卷3《婚仪上·纳采》，《丛书集成初编》，第30页。郑玄的解释参见［汉］郑玄注，［唐］贾公彦疏，王辉整理：《仪礼注疏》卷4《士昏礼第二》，第87页。

之物。”[①] 朱熹《家礼》虽未设执雁礼，但他与学生之间有一段关于执雁的讨论：

> 问："昏礼用雁，'婿执雁'，或谓取其不再偶，或谓取其顺阴阳往来之义。"曰："《士昏礼》谓之'摄盛'，盖以士而服大夫之服（爵弁），乘大夫之车（墨车），则当执大夫之贽。前说恐傅会。"[②]

三人对执雁礼各作说明，各执一词，却并没有否认此礼。与此同时，那些有碍于意义表达，尤其是与传统的价值观念相为抵牾的仪式则是需要清理的。仍以婚礼为例。吕大均（1029—1080）讲：

> 古之昏礼，其事至严。以酒食召邻里，所以厚其别；亲迎执挚，所以致其恭；不乐不贺，所以思其继；同牢合卺，所以成其爱，岂有鄙亵之事以相侮玩哉。近俗六礼多废，货财相交，婿或以花饰衣冠，妇或以声乐迎导，猥仪鄙事，无所不为，非所以谨夫妇、严宗庙也。[③]

婚礼进程中的每一事项，包括酒食宴请、亲迎执挚、娶妇不举乐、同牢合卺等，吕大钧均标注了其中的礼意，而他斥为“猥仪鄙

① 《河南程氏遗书》卷24《邹德久本》，［宋］程颢、程颐著，王孝鱼点校：《二程集》，第315页。

② ［宋］黎靖德编，王星贤点校：《朱子语类》卷85《礼二·仪礼·士昏》，第2197页。

③ ［宋］吕大钧：《乡约》附《乡仪·嘉仪二·昏》，《丛书集成续编》第78册，上海：上海书店，1994年影印本，第889页。

事”的“货财相交”“新壻饰花”等，显然是需要加以清理的。对于“新壻饰花”，司马光的态度较为折衷，他讲：

> 世俗新壻盛戴花胜，拥蔽其首，殊失丈夫之容体，必不得已，且随俗戴花一两枝、胜一两枚，可也。①

与吕大钧不同，司马光并没有将“新壻饰花”或“新壻戴花胜”上升至“非所以谨夫妇、严宗庙”的高度，在他看来，“戴花胜拥蔽其首”只是“殊失丈夫之容体”，因此，这一仪式或可调和一二，在不得已的情况下，可以少戴。朱熹同样认为：“世俗新婿带花胜，以拥蔽其面，殊失丈夫之容体。”但他并没有绍续司马光提出的不得已少戴的礼文，而是直接说：“勿用可也。”②

对于“货财相交”的礼文，司马光则给予了坚决的批判。《书仪·婚仪》“亲迎”首条“前期一日，女氏使人张陈其壻之室”，司马光在其下注曰：

> 俗谓之铺房，古虽无之，然今世俗所用，不可废也。床榻荐席椅卓之类，壻家当具之；毡褥帐幔衾绹之类，女家当具之；所张陈者，但毡褥帐幔帷幕之类应用之物，其衣服袜履等不用者，皆锁之箧笥。世俗尽陈之，欲矜夸富多，此乃婢妾小人之态，不足为也。文中子曰：“婚娶而谕财，夷虏之道也。”夫婚姻者，所以合二姓之好，上以事宗庙，下以继后世也。今世俗

①[宋]司马光：《司马氏书仪》卷3《婚仪上·亲迎》，《丛书集成初编》，第34页。

②[宋]朱熹：《家礼》卷3《昏礼·亲迎》，朱杰人等编：《朱子全书》第7册，第898页。

之贪鄙者，将娶妇，先问资装之厚薄；将嫁女，先问聘财之多少，至于立契约云“某物若干、某物若干”，以求售某女者，亦有既嫁而复欺绐负约者，是乃驵侩鬻奴卖婢之法，岂得谓之士大夫婚姻哉！其舅姑既被欺绐，则残虐其妇，以摅其忿。由是爱其女者，务厚资装，以悦其舅姑，殊不知彼贪鄙之人，不可盈厌。资装既竭，则安用汝力哉？于是质其女以责货于女氏，货有尽而责无穷，故婚姻之家往往终为仇雠矣。①

朱熹《家礼》与吕祖谦《家范》“昏礼”亲迎一节中均收录了这段注释。众所周知，婚姻总是有其经济层面的，当经济行为与礼仪特质交织在一起时，社会群体更感兴趣的是经济方面的安排，因此，“将娶妇，先问资装之厚薄；将嫁女，先问聘财之多少，至于立契约云‘某物若干、某物若干’”。然而，对于礼文的书写者而言，彰显礼意是书写中的重点。司马光认同作为时礼的“铺房”，却反对世俗对其意义的侵漫，他重申《礼记·昏义》中的礼义，认为婚姻的意义在于“合二姓之好，上以事宗庙，下以继后世”，但铺房礼在实际呈现中却成了“矜夸富多”的表演，将婚姻转为“求售某女”“质其女以责货于女氏”的买卖关系，最终将“合二姓之好”的寄望，转为“婚姻之家往往终为仇雠”的结果。

除了清理与礼意相悖的礼文外，书写者在修订、改写、删除礼文的过程中，那些不断反复书写的、唯恐错失或不愿意省略掉的仪式细节，显然比那些模糊的，或可以忽略的仪式有着更为重要的意义。同样，那些被批驳之后仍在继续沿用的仪式与被轻易放弃的

①［宋］司马光：《司马氏书仪》卷3《婚仪上·亲迎》，《丛书集成初编》，第33页。

仪式相比，其基础也更为牢固。

宋代家礼书写者在礼文的去取中，一方面不断削繁，一方面却又在铺细。前者如朱熹对婚礼六礼中的削简，他说："古礼有问名、纳吉，今不能尽用，止用纳采、纳币，以从简便。"① 后者如他所书写的"妇见舅姑"的"盥馈"一节，曰：

> 是日食时，妇家具盛馔、酒壶，妇从者设蔬果卓子于堂上，舅姑之前，设盥盘于阼阶东南，帨架在东。舅姑就坐。妇盥，升自西阶，洗盏斟酒，置舅卓子上，降，俟舅饮毕，又拜，遂献姑进酒，姑受，饮毕，妇降，拜，遂执馔升，荐于舅姑之前，侍立姑后，以俟卒食，徹饭。侍者徹余馔，分置别室，妇就馂姑之余，妇从者馂舅之余，婿从者又馂妇之余。②

这一段描述中，有"具""设""坐""升""斟""置""降""饮""拜""进""执""立""食""徹""馂"等动作，演礼出场的人员有舅、姑、新妇、侍者、妇从者、婿从者等人，每位行礼者的每一个动作均是具体的、可以落实到位的，似乎仪式越具体、越翔实，就越能把握到完美社会秩序的宏观图景。

书写的仪式安排着每一位演礼者的动作，无需考虑参与者与礼文表演时的各种要素是否预先安排、参与者是否有着相同的关于礼的知识、参与者当日的心情、与仪式场面相称的背景是什么，等等。作为一种书写的仪式，每一个人的行动成为一种类型，它是

①［宋］朱熹：《家礼》卷3《昏礼·纳币》，朱杰人等编：《朱子全书》第7册，第897页。

②［宋］朱熹：《家礼》卷3《昏礼·妇见舅姑》，朱杰人等编：《朱子全书》第7册，第900页。

一个可重复的事件，而不是已发生的事实，而礼的社会意义就是在这样的重复中得以展现出来。

四、话外之音：书写边界中的问题

家礼文本所要揭示的是道德的、仪式的、实践的社会学，当书写者积极置身于意义系统与各种象征符号的制造之时，也在家族关系以及性别等其他问题上进行了思考。

朱熹《家礼·祠堂》以“报本反始之心，尊祖敬宗之意，实有家名分之守”来强调家的亲缘关系[①]。现代研究者在界定家族与宗族时不约而同地认为，其构成的基本要素是血缘关系（有人称之为血胤、血素）[②]，在一个家族、宗族之中，人们“生相亲爱，死相哀痛”[③]，血缘基础上的个体存在着交互性的情感。宋代学者进一步阐述了这种交互性情感的媒介：“族人每有吉凶嫁娶之类，更须相与为礼，使骨肉之意常相通。骨肉日疏者，只为不相见，情不相接尔。”[④]换言之，他们内在于彼此的血素之间，通过礼来沟通外在的骨肉，而唯有礼，才能“致其精神，笃其恩爱，有义有数”[⑤]。反之，“骨肉之意”“恩爱笃亲”也可因礼而切割。韩琦（1008—1075）在寒食祭

①［宋］朱熹：《家礼》卷1《通礼·祠堂》，朱杰人等编：《朱子全书》第7册，第875页。

② 参见徐扬杰：《宋明家族制度史论》，北京：中华书局，1995年，第1页；冯尔康：《中国古代的宗族和祠堂》，北京：商务印书馆，2013年，第21页。

③［汉］班固：《白虎通德论》卷8《宗族》，《四部丛刊初编》，上海：商务印书馆，1929年影印本，第6b页。

④《河南程氏遗书》卷1《端伯传师说》，［宋］程颢、程颐著，王孝鱼点校：《二程集》，第7页。

⑤［宋］朱熹：《晦庵先生朱文公文集》卷81《跋古今家祭礼》，朱杰人等编：《朱子全书》第24册，上海：上海古籍出版社，合肥：安徽教育出版社，2002年，第3825—3826页。

拜之时，提到了家族葬制，他说：

> 死则托二茔，（慎）勿葬他所。得从祖考游，魂魄自宁处。无惑葬师言，背亲图福祜。有一废吾言，汝行则夷虏。宗族正其罪，声伐可鸣鼓。宗族不绳之，鬼得而诛汝。①

个体若不遵家礼家法，其行为不只是与自身文化相背离，还成为宗族乃至家族神灵的罪人，因此需要解除血缘上的亲属关系。若不遵家法礼规，“鬼得而诛之，天可以谴之”这类颇似诅咒式的言论在唐宋士人中间十分普遍。韩愈（768—824）曾提到其兄长的嘱咐，说：“昔在韶州之行，受命于元兄，曰：‘尔幼养于嫂，丧服必以期！’今其敢忘？天实临之。”② 包拯（999—1062）所订家训中有：“后世子孙仕宦，有犯赃滥者，不得放归本家；亡殁之后，不得葬于大茔之中。不从吾志，非吾子孙。”③ 邹浩父亲有意将先祖所作的一首训诫诗刻石传示子孙，希望“世世奉承，此心弗坠，庶几稍称前人所以垂裕之意，一有违叛，是辱其先，是大不孝，非吾子孙也”④。绍兴十四年（1144），赵鼎（1085—1147）道：“吾历观京洛士大夫之家，聚族既众，必立规式，为私门久远之法。今参取诸家简而可

---

①［宋］韩琦：《安阳集》卷2《寒食亲拜二坟因诫子侄》，《宋集珍本丛刊》第6册，北京：线装书局，2004年影印本，第420页。

②［唐］韩愈著，马其昶校注、马茂元整理：《韩昌黎文集校注》卷5《祭郑夫人文》，上海：上海古籍出版社，2014年，第378页。

③［宋］吴曾：《能改斋漫录》卷14《包孝肃公家训》，上海：上海古籍出版社，1979年标点本，第404页。

④［宋］邹浩：《道乡先生邹忠公文集》卷31《曾祖诗训后语》，《宋集珍本丛刊》第31册，北京：线装书局，2004年影印本，第236页。

行者付之汝曹，世世守之，敢有违者，非吾之后也。”[①] 绍兴二十二年（1152），周钦若（？—1152）去世前六日，“索纸书字二百余，以戒其四子”，并告诫道：“不能遵吾训，是谓不孝；他日或仕，不以廉自守，是谓不忠；不孝不忠，非吾子孙也。”[②] 宋代的一些事例可以证明，若违家礼家法“非吾子孙”的说法并非仅仅是纸上的警告，而是落实于行动之中。比如，江西人陆九韶（1128—1205）管理大家族的方法之一，“以训戒之辞为韵语，晨兴，家长率众子弟谒先祠毕，击鼓诵其辞，使列听之。子弟有过，家长会众子弟责而训之；不改，则挞之；终不改，度不可容，则言之官府，屏之远方焉”[③]。同样记载此事，在罗大经（1196—约1252）的笔下则传递出一幅颇有仪式感的画面，其中讲道：

> 每晨兴，家长率众子弟致恭于祖祢祠堂，聚揖于厅，妇女道万福于堂。暮，安置亦如之。子弟有过，家长会众子弟，责而训之。不改，则挞之。终不改，度不可容，则告于官，屏之远方。晨揖，击鼓三叠，子弟一人唱云：“听听听听听听听，劳我以生天理定。若还惰懒必饥寒，莫到饥寒方怨命。虚空自有神明听。”又唱云：“听听听听听听听，衣食生身天付定。酒肉贪多折人寿，经营太甚违天命。定定定定定定定。”又唱云：“听听听听听听听，好将孝弟酬身命。更将勤俭答天心，莫把

①［宋］赵鼎撰，李蹊点校：《忠正德文集》卷10《家训笔录》，上海：上海古籍出版社，2018年，第169页。

②［宋］韩元吉：《南涧甲乙稿》卷16《铅山周氏义居记》，《丛书集成初编》，第310页。

③［元］脱脱等：《宋史》卷434《陆九韶传》，北京：中华书局，1985年点校本，第12879页。

妄思损真性，定定定定定定定，早猛省。”食后会茶，击磬三声，子弟一人唱云：“凡闻声，须有省，照自心，察前境，若方驰骛速回光，悟得昨非由一顷，昔人五观一时领。”①

陆氏家族“累世义居”“合而爨将二百年”②，家有礼法既是其家族传承数百年的缘由，也是其家订立礼法的最初目标。然而，家庭成员若不遵家内礼法，便可隔绝这层亲人之间的自然关系，如此一来，在家礼书写者的笔下，血缘（包含姻亲）谱系下的亲属关系变为由是否遵守礼法来界定。当亲属关系由遵守礼法订立者的规定而非全部源自血亲与姻亲的自然关系之时，人们不仅可以切断亦可重新选择非血缘的亲属。这个话题显然超出了此处的主旨，但毋庸置疑，文化中的多元性是家礼书写者未及注意却又不自觉触及的层面。

另外，在性别问题上，家礼书写者同样提出了疑问。宋代家礼文本之中，书写者对男女的定位秉承着一直以来的传统。司马光讲：“男女之别，礼之大节也，故治家者必以为先。”③在礼文的书写中，男女有主次之分。男性被称为主人，是演礼时的主角，又以礼仪场合中的方位与座次来表现男主女次的差别。比如，宗族聚会时的座次，“妇以夫之长幼为序，不以身之长幼”④。丧礼中的方

①［宋］罗大经撰，王瑞来点校：《鹤林玉露》丙编卷5《陆氏义门》，北京：中华书局，1983年，第324页。

②［宋］罗大经撰，王瑞来点校：《鹤林玉露》丙编卷5《陆氏义门》，第323、324页。

③［宋］司马光：《家范》卷1《治家》，《丛书集成续编》第78册，上海：上海书店，1994年影印本，第378页。

④［宋］司马光：《司马氏书仪》卷4《居家杂仪》，《丛书集成初编》，（转下页）

位，主人以尊者东位西向、主妇则西位东向，因此，丧礼“为位而哭”时，主人坐于床东，主妇、众妇女坐于床西；小敛毕，“主人主妇凭尸哭擗，主人西向凭尸哭擗，主妇东向亦如之”①。当然，这种排列是书写者根据方位尊卑观念的变化而作出的相应调整。司马光在“同牢之礼”中讲：“古者，同牢之礼，壻在西、东面，妇在东、西面。盖古人尚右，故壻在西，尊之也。今人既尚左，且须从俗。”②而在道路时，因“地道尊右”，因此“男子由右，女子由左”③。

除了主次之分，男女又有内外之分。所谓“男治外事、女治内事；男子昼无故不处私室，妇人无故不窥中门，有故出中门，必拥蔽其面”④。司马光甚至有“男子十年出，就外傅居宿于外；女子十年不出，恒居内也”的说法⑤。在书写冠礼与笄礼时，详冠礼、略笄礼；在仪式进程的设置中，内外区分更为明显，女笄者既笄，拜见者“惟父及诸母诸姑兄姊而已”，而男冠者先是“东向拜见诸父诸兄，西向拜赞者”，接着“入见诸母姑姊”，后出门“见于乡先生及父之

（接上页）第43页；[宋]朱熹：《家礼》卷1《通礼》引《司马氏居家杂仪》，朱杰人等编：《朱子全书》第7册，第884页。

①[宋]朱熹：《家礼》卷4《丧礼·为位》《丧礼·小敛》，朱杰人等编：《朱子全书》第7册，第904、907页。

②[宋]司马光：《司马氏书仪》卷3《昏仪上·亲迎》，《丛书集成初编》，第36页。

③[宋]司马光：《家范》卷1《治家》，《丛书集成续编》第78册，第378页。

④[宋]司马光：《司马氏书仪》卷4《婚仪下·居家杂仪》，《丛书集成初编》，第43页；[宋]朱熹：《家礼》卷1《通礼》引《司马氏居家杂仪》，朱杰人等编：《朱子全书》第7册，第883页。

⑤[宋]司马光：《家范》卷1《治家》，《丛书集成续编》第78册，第379页。“礼，女子十年不出，恒居内也”的记载，亦见于同书卷6《女》，第405页。

执友"[①]。

然而，当某些礼文无法纳入男主女次或男外女内之分的关系系统时，应当如何来书写？宋代家礼的书写者时不时地抛出一些思考。比如，司马光在"魂帛"条记载是否用影时讲道：

> 世俗皆画影，置于魂帛之后。男子生时有画像，用之，犹无所谓；至于妇人，生时深居闺闼，出则乘辎軿，拥蔽其面，既死，岂可使画工直入深室，揭掩面之帛，执笔望相，画其容貌，此殊为非礼，勿可用也。[②]

司马光批判世俗中的用影做法，因此，他在书写中仅置"魂帛"，并相信"束帛依神，今且从俗，贵其简易"，朱熹则认为此"亦古礼之遗意也"[③]。两人说法虽异，却不脱古礼与时俗的斟酌之意。画影虽为俗礼，但在书写者的视域之中，它显然会触动对女性观念的预设，因而被排斥在书写的范畴之外。然而，在实际生活中，尽管宋代人物画的艺术成就不显，但生活中人物画像日益流行[④]，"生则绘其像，谓之'传神'，殁则香火奉之，谓之影堂"，而士人也逐渐从社会功能的层面去认定遗像之俗的合理性，称："方其旁皇（彷徨）四顾，思亲欲见而不得，忽瞻之在前，衣冠容貌宛如平生，则心

①［宋］司马光：《司马氏书仪》卷2《冠仪·冠》《冠礼·笄》，《丛书集成初编》，第25、23—24页。

②［宋］司马光：《司马氏书仪》卷5《丧仪一·魂帛》，《丛书集成初编》，第54页。

③［宋］司马光：《司马氏书仪》卷5《丧仪一·魂帛》，《丛书集成初编》，第54页；［宋］朱熹：《家礼》卷4《丧礼·魂帛》，朱杰人等编：《朱子全书》第7册，第905页。

④ 参见陆敏珍：《宋代文人的画像与画像赞》，《浙江学刊》2019年第2期。

目之间感发深矣，像亦不为徒设也。”[①] 明清以后，画影而祭浸益成俗，与“立主”一起成为中国传统家祭时的重要受祭象征形式[②]。这样一来，在司马光看来“非礼勿可用”的画影到后世终于“得礼行于世”。

由此，家礼书写者在话题边界处所留下的空白，经由观念、功用、价值等一系列的社会演进，终于成为家庭礼仪规范。从这个进程来看，宋代的家礼文本显然不只是书写者所制定的礼文条框，而是由情感与秩序、意义与象征、制度与文化等影响之下的社会事实的总和。

---

①［宋］牟巘：《陵阳先生集》卷 15《题赵主簿遗像》，《宋集珍本丛刊》第 87 册，北京：线装书局，2004 年影印本，第 575 页。

② 关于画影与立主等受祭象征物的探讨，参见［日］内野台岭：《“主”考》，收入《内野台岭先生追悼论文集》，内野台岭先生追悼论文集刊行会，1954 年；［日］吾妻重二著，吴震编：《朱熹〈家礼〉实证研究》，上海：华东师范大学出版社，2012 年，第 159—175 页；彭美玲：《“立主”与“悬影”——中国传统家祭祀先象神样式之源流抉探》，《台大中文学报》2015 年第 51 期。

第一章　文本生产:宋代家礼书写概况

宋代,在“礼之兴废,学士大夫之责”的呼吁下[①],私家注礼,以礼训家、以礼诫家,在日常生活中体现儒家价值成为士大夫行之有效的表达方式[②]。就研究者而言,从文献记载中获得一份宋代家礼文本的准确目录,以“清单”的方式呈现士大夫注礼的概况,这一基础性的工作是十分必要的。虽然依据某种原则选择历史材料所构成的“准确目录”永远不会令人满意,但它至少可以帮助人们去确定家礼文本的范畴和类型;清单名录虽不会自动提供一份对过去精妙的阐释,却是人们探究过去必不可少的证据。家礼文本不是孤立的历史事件,当士大夫以注礼来表达价值时,书写家礼究竟与哪些知识体系、社会事实和历史经验有关?书写者如何处理过去的书写原则与当下诉求之间的关系?显然,在翔实的家礼文本清单之外,构成这一份清单的历史语境同样值得观察。

必须指出的是,我们在此使用“文本”这一词汇来指称宋人所书写的家礼,并非只是不假思索地习用。就如对“家礼”这一名词的观感一样,“文本”也是一个耳熟能详的词汇,它意味着将语言编织进入各种各样的作品之中,亦可以表达为由书写所固定下来的

①《新刊南轩先生文集》卷33《跋三家昏丧祭礼》,[宋]张栻著,杨世文点校:《张栻集》,北京:中华书局,2015年,第1275页。

② 陆敏珍:《宋代家礼与儒家日常生活的重构》,《文史》2013年第4辑。

任何话语，从这一视角来看，家礼文本可以是成书的，亦可以是不成书的。此外，亦不能将家礼文本视作是一种静态的作品，尽管某一文本的作者可能是固定的，但文本经常会被改写、注释、阐释以及再解释，文本处于不断的生产过程（或文本化）之中。这一明显的事实也说明了新的书写者所面临的问题要比预想的更为复杂。

如果说"文本"代表着具象作品的话，这个熟悉的词汇在宋代家礼中又被赋予了我们所陌生的意义。因为，在朱熹那本争议迭起、却又影响广大的《家礼》一书中，他将"礼"区分为"文"与"本"，如此一来，"文""本"两字又有了各自所代表类属的抽象意义。

第一节　家礼的书箧："私家注礼"与"注私家礼"

据《宋书》与《南史》记载：琅邪临沂人王准之（378—433）"究识旧仪，问无不对"[①]，之所以能做到应答自如，归根溯源，在于家学渊源，其曾祖王彪之（305—377）"博闻多识，练悉朝仪，自是家世相传，并谙江左旧事，缄之青箱，世人谓之'王氏青箱学'"[②]。王家的青箱形制如何，主要功用如何，此处没有细说，人们也鲜少思及，对于历史而言，如果去除了象征意义，所谓"王氏青箱"不过

①［南朝梁］沈约：《宋书》卷60《王准之传》，北京：中华书局，1974年点校本，第1624页；［唐］李延寿：《南史》卷24《王准之传》，北京：中华书局，1975年点校本，第664页。按：王准之曾撰《仪注》，《宋书》与《南史》均有记载。《宋书》说："撰《仪注》，朝廷至今遵用之。"（同书，第1624—1625页）《南史》则曰："撰仪注，咸见遵用。"（同书，第664页）

②［南朝梁］沈约：《宋书》卷60《王准之传》，第1623—1624页；［唐］李延寿：《南史》卷24《王准之传》，第663页。

是一只微不足道的箱子。在后来的时代,确实曾出现过专用于礼典的青箱,它是东郊行籍田礼时用以盛装穜稑的礼器,宋代的礼官说它出现于隋代,到唐代时被废止,"青箱旧无其制",因此,他们想象着这个与礼有着密切关系的箱子,其形制应该是这样的:"用竹木为之而无盖,两端设襻,饰以青;中分九隔,隔盛一种,覆以青帊。"① 显然,用于礼典的青箱兼具储藏功能与美观特征。

王氏以青箱来收纳朝廷典仪故事,从此成为家世相传的学问,那么,家礼这样的文本会被收于何处?箱内又可设几隔以区分可能的类别?尽管家礼文献中并没有出现如"王氏青箱学"与"青箱"一样构成借喻关系的喻体与本体,我们依然可借助古人常用的书箧作为收纳载体,将那些现存可见的、仅有名录未有原本的、仅有数条未有全本的,甚至包括朱熹所谓的"只有些子"② 的家礼文本悉数收纳进入这个虚拟的书箧,借此来观察家礼文本的整体面貌以及其中的变化。

一、家礼的书箧:描述的与数量的

尽管我们希望从书写者的立场去观察宋代家礼,但不得不承认,这里所使用的"家礼"依然是一个后设的概念。历史上,家礼从来没有生成为一种文学体裁,它不是一种固定的书写模式。宋代以前,以"家礼"来命名的文本并不多见,而且,即便将家礼、家仪用作了书名,亦不能理所当然地纳入我们所持的家礼书箧之中。

---

①[元]脱脱等:《宋史》卷102《礼志五·吉礼五·籍田》,北京:中华书局,1985年点校本,第2489页。

②[宋]黎靖德编,王星贤点校:《朱子语类》卷89《礼六·冠昏丧·总论》,北京:中华书局,1986年,第2271页。

比如,《隋书·经籍志》载南朝时期徐爰《家仪》1卷[①],宋代郑樵(约1104—约1162)将之与徐润《家祭仪》、孟诜《家祭礼》、范傅式《寝堂时享仪》、郑正则《祠享仪》、周元阳《祭录》、贾顼《家荐仪》、卢宏宣《家祭仪》、孙日用《孙氏仲享仪》、崔浩《婚仪祭仪》十部文本归类为"家礼祭仪",而非后文的"东宫仪注"类[②]。然而,清代姚振宗(1842—1906)则认为,此书乃徐爰任太子刘劭家臣时,"为劭作是仪",书名可能为《太子家仪》而非《家仪》,"其后或转写敚'太子'二字,或恶劭犹称太子,削去二字"[③],因此,从类别上,它应属皇家礼仪,也即郑樵所列的"东宫仪注"类。又如,《新唐书·艺文志》所载"杨炯《家礼》十卷"[④],因仅存名录,难以判断该书是否可与后世家礼文本等同齐观。因此,希望从一开始所使用的语言中找到适合的概念来指称我们的观察对象,这一理路显然障碍颇多。

那么,历史上所修的书目是否可能提供一些经验来指导我们描述家礼的一般概况?众所周知,书录中从来没有单独出现"家礼"这一目类,要搜集家礼文本,需要通过爬梳其他目类才能获得。自《隋书·经籍志》列"仪注类"用以收纳公私仪注文本以来,宋元时代所修的书目及艺文志中多沿用此例,而明代则表现各异,诸如朱睦㮮《万卷堂书目》、高儒《百川书志》、焦竑《国史经籍志》、

①[唐]魏徵、令狐德棻:《隋书》卷33《经籍志二》,北京:中华书局,1973年点校本,第969页。

②[宋]郑樵:《通志》卷64《艺文略二·礼类二·仪注》,北京:中华书局,1987年影印本,第766页。

③[清]姚振宗:《隋书经籍志考证》卷18《史部八·仪注类》,《师石山房丛书》,上海:开明书店,1936年影印本,第284页。

④[宋]欧阳修、宋祁:《新唐书》卷58《艺文志二》,北京:中华书局,1975年点校本,第1491页。

黄虞稷《千顷堂书目》等书继续列“仪注类”[①]，祁承㸁《澹生堂藏书目》、杨士奇《文渊阁书目》、晁瑮《晁氏宝文堂书目》、徐𤊹《徐氏家藏书目》等则不列“仪注类”，只以“礼乐”“礼类”“礼书”来统摄[②]。除此之外，在仪注类的归属问题上，历代书目及艺文志或将之列于史部，或列于经部，这一迥异的做法及其寓含的文化意义同样引起了现代学者的相关争论[③]。

“仪注类”或下列、或并列于“礼”类的学术分类方式虽然一度成为惯例，但两者的相关属性究竟如何却并不清晰，在如何处理两者关系的问题上，学者也各有所执。比如，尤袤《遂初堂书目》沿用“仪注类”，但是，他对于《四家礼范》《古今家祭礼》的处理却不

①［明］朱睦㮮：《万卷堂书目》卷2《仪注类》，清光绪二十九年（1903）观古堂叶氏刊本，第8b页（此书虽列“仪注类”，但书仪、家礼等则入卷1《礼类》）；［明］高儒撰，孙蕴解说：《百川书志》卷2《经志二·仪注》，上海：上海古籍出版社，2021年，第41—43页；［明］焦竑：《国史经籍志》卷3《史类·仪注》，《丛书集成初编》，北京：中华书局，1985年，第80—81页；［清］黄虞稷撰，瞿凤起、潘景郑整理：《千顷堂书目》卷9《仪注类》，上海：上海古籍出版社，2001年，第255—259页。

②［明］祁承㸁撰，郑诚整理：《澹生堂藏书目·史部下·礼乐》，上海：上海古籍出版社，2020年，第384—386页；［明］杨士奇：《文渊阁书目》卷3《元字号第一厨书目·礼书》，《丛书集成初编》，北京：中华书局，1985年，第35—37页；［明］晁瑮撰，孙蕴解说：《晁氏宝文堂书目》卷上《礼》，上海：上海古籍出版社，2021年，第262—264页；［明］徐𤊹等撰，马泰来整理：《徐氏家藏书目》卷1《经部·礼类》，上海：上海古籍出版社，2020年，第218—220页。

③参见姜伯勤：《唐礼与敦煌发现的书仪——〈大唐开元礼〉与开元时期的书仪》，收入氏著：《敦煌艺术宗教与礼乐文明——敦煌心史散论》，北京：中国社会科学出版社，1996年，第425—427页；吴丽娱：《唐礼摭遗——中古书仪研究》，北京：商务印书馆，2002年，第470—480页；张文昌：《制礼以教天下——唐宋礼书与国家社会》，台北：台大出版中心，2012年，第341—353页。

同于《直斋书录解题》《宋史·艺文志》那样收入“仪注类”，而是归入“礼类”①。《宋史·艺文志》同样列“仪注类”，但在文本归类上颇为犹豫。比如，吕大钧《吕氏乡约乡仪》在《遂初堂书目》与《直斋书录解题》中入“仪注类”“礼注类”，《宋史》却将之归入“儒家类”②。袁采《世范》以及家训、女诫等文本在《直斋书录解题》中归入“杂家类”，《宋史·艺文志》将袁采《世范》列入“杂家类”，而家训、家范、诫子书等文本则列入儒家类，但司马光《家范》一书既归入“儒家类”，又收于“仪注类”③。

更有意味的现象是，《宋史》“仪注类”中，宋人所修书目中所称的“某某礼”大多被改为“某某仪”。举例来说，《直斋书录解题》“礼注类”中所收录的徐润《徐氏家祭礼》，郑正则《郑氏祠享礼》，范传式《范氏寝堂时飨礼》，贾顼《贾氏家祭礼》，陈致雍《新定寝祀礼》，杜衍《杜氏四时祭享礼》，张载《横渠张氏祭礼》，程颐《伊川程氏祭礼》，吕大防、吕大临《吕氏家祭礼》，范祖禹《范氏家祭礼》，司马光《居家杂礼》等书，《宋史·艺文志》“仪注类”则分别记为：徐闰《家祭仪》，郑正则《祠享仪》，范传式《寝堂时飨仪》，贾顼《家荐仪》，陈致雍《寝祀仪》，杜衍《四时祭享仪》，张载《横渠张氏祭仪》，程颐《伊川程氏祭仪》，吕大防、吕大临《家祭仪》，范祖禹《祭仪》，

---

①[宋]尤袤：《遂初堂书目》“礼类”，《丛书集成初编》，北京：中华书局，1985年，第3页。

②[宋]尤袤：《遂初堂书目》“仪注类”，《丛书集成初编》，第12页；[宋]陈振孙撰，徐小蛮、顾美华点校：《直斋书录解题》卷6《礼注类》，上海：上海古籍出版社，2015年，第188页；[元]脱脱等：《宋史》卷205《艺文志四》，第5176页。此处，书名列为“《吕氏乡约仪》一卷，吕大钧撰”。

③[宋]陈振孙撰，徐小蛮、顾美华点校：《直斋书录解题》卷10《杂家类》，第303—314页；[元]脱脱等：《宋史》卷205《艺文志四》、卷204《艺文志三》，第5211、5173—5177、5137页。

司马光《居家杂仪》①。究竟是因为时代不同所造成的书名窜易，还是缘于编者特意的改动，已不得而知。然而，一字之差，由“礼”而“仪”，在思想史上的意义却是重大的。

礼、仪两分的观点，由来已久。《左传》载：

> 公如晋，自郊劳至于赠贿，无失礼。晋侯谓女叔齐曰：“鲁侯不亦善于礼乎？”对曰：“鲁侯焉知礼！”公曰：“何为？自郊劳至于赠贿，礼无违者，何故不知？”对曰：“是仪也，不可谓礼。”
>
> 子大叔见赵简子，简子问揖让周旋之礼焉。对曰：“是仪也，非礼也！”②

宋人在论礼、仪的关系时，颇承袭其中旨趣。比如，袁燮（1144—1224）讲：“礼之有仪，犹木之有枝叶也……仪不足为礼，则枝叶不足为木欤。”③王应麟（1223—1296）曾评价叔孙通之朝仪“颇采古礼，与秦仪杂就之”，但其所制者，“是仪也，非礼也，（叔孙）通岂能知古礼哉”④。赵惪则直接说：“屑屑焉，习仪以亟言善于礼，

①［宋］陈振孙撰，徐小蛮、顾美华点校：《直斋书录解题》卷6《礼注类》，第186、187、188页；［元］脱脱等：《宋史》卷204《艺文志三》，第5132、5133页。

②［晋］杜预注，［唐］孔颖达等正义，黄侃经文句读：《春秋左传正义》卷43《昭公五年》、卷51《昭公二十五年》，上海：上海古籍出版社，1990年，第744—745、888页。

③［宋］袁燮：《絜斋集》卷6《策问·礼仪》，《丛书集成初编》，北京：中华书局，1985年，第76页。

④［宋］王应麟：《玉海（合璧本）》别附《通鉴答问》卷3《叔孙通起朝仪》，京都：中文出版社，1986年影印本，第4829页。

不亦远乎！”[1] 显然，在礼、仪自有轩轾的语境之下，将文本名称由“礼”易为“仪”，这一事象背后所能提供的分析层次十分丰富，并影响着如何聚焦家礼文本的思考方式。

综上所述，历史文本中最开始所使用的“家礼”一词，与后来所使用的词汇，指称着不同的概念与性质；书目文献并没有提供相对清晰的认知以作为观察时可资借鉴的经验。然而，这些事实却并没有阻挡住现代学者以家礼作为核心词汇、以书目作为主要资料、采用计量方法来解释家礼的兴趣。

宋代究竟留下了多少家礼文本？虽然目前没有具体的、统一的数字出现，但不同研究者通过列举、列表的方法展示出宋代家礼文本的概貌，量化诉求较为明显。比如，王立军称“宋人所写的家礼著作很多”，并列举“现在仍然传世的”家礼著作 16 种[2]；翟瑞芳列“宋代主要家礼文本一览表”，举北宋 19 种，南宋 16 种[3]；陆睿分综论、常仪、蒙学、闺教四个门类叙录中国传统家礼文献，其中列宋代总论类家礼文献 10 种、存目 8 种，常仪类 3 种、存目 15 种，蒙学类 10 种、存目 24 种，闺教类存目 2 种[4]；姚永辉以“两宋私修士庶仪注”为名列表，计北宋 19 种，南宋 16 种[5]；杨逸以冠婚丧祭四礼作为文献辑考范畴，共列南北宋 58 种著述[6]。这几家统计中，有些数据相差较大，有些则数据近似，不过，即便数目一致，不同研究

①［宋］赵悳：《四书笺义纂要 · 论语集注笺义》卷 1《朱子集注》，《续修四库全书》第 159 册，上海：上海古籍出版社影印本，1996 年，第 544 页。

② 王立军：《宋代的民间家礼建设》，《河南社会科学》2002 年第 2 期。

③ 翟瑞芳：《宋代家礼的立制与实践》，上海师范大学硕士学位论文，2007 年。

④ 陆睿：《中国传统家礼文献叙录》，浙江大学硕士学位论文，2012 年。

⑤ 姚永辉《从“偏向经注”到“实用仪注”：〈司马氏书仪〉与〈家礼〉之比较——兼论两宋私修士庶仪典的演变》，《孔子研究》2014 年第 2 期。

⑥ 杨逸：《宋代四礼研究》，杭州：浙江大学出版社，2021 年，第 48—95 页。

者所列的具体文本篇名，其实差别甚大。

宋代家礼文本数量统计中的状况，同样出现在学者对明清家礼文本所作的数量统计工作之中。比如，伊佩霞（Patricia B Ebrey）以“家礼”入题作为统计时的关键词，共列明清家礼文本66种①；何淑宜在此基础上以“家礼类与丧葬类礼书”作为标目，共统计出明清家礼文本87种（其中明代64种、清代23种）②。而学者在断代的观察中，数据又与前此不同，其中，明代家礼文献有77种、124种、163种等不同说法③；清代亦有约17种、23种、350多种等差异甚大的统计数字④。

各个时代家礼文本数量统计结果如此不同，其中的原因很多。首先，对家礼的理解不同，纳入考量范畴的文本表现就不同，比如，将家礼解释为家庭礼仪，与将之理解为家庭内部关乎修齐之事的礼仪规范与伦理观念，两者在文本选择上就会有相当大的差异。

---

① Patricia B Ebrey, *Confucianism and Family Rituals in Imperial China: A Social History of Writing about Rituals*, Princeton :Princeton University Press, 1991, pp231–235。

② 何淑宜：《明代士绅与通俗文化——以丧葬礼俗为例的考察》，台北：台湾师范大学历史研究所，2000年，第261—263页。

③ 小岛毅：《明代礼学的特点》，林庆彰、蒋秋华编：《明代经学国际研讨会论文集》，台北：中国文哲研究所筹备处，1996，第393—409页；梁勇：《明代的家礼研究》，新加坡国立大学博士学位论文，2006年；王志跃：《明代家礼文献考辨》，《图书馆理论与实践》2014年第4期。

④ 参见王锷：《三礼研究论著提要》，兰州：甘肃教育出版社，2001年，第470—478页；何淑宜：《明代士绅与通俗文化——以丧葬礼俗为例的考察》，第263页；赵克生、安娜：《清代家礼书与家礼新变化》，《清史研究》2016年第3期。需要注意的是，此处所列数字“约17种”，系据《三礼研究论著提要》所列“杂礼书类”中析出统计而得。该书“杂礼书类”乃仿照《四库全书总目》之例，指私家仪注之书，因此它并非是关于家礼文本的专门统计，“17种”只是析出时所计约数。

在后一视域中，包含冠婚丧祭的题材，以及家仪、家训、家范、家诫、诫子书、女训、女诫等文本均需一并收入。不同的家礼定义，文本选择不一，数据表现就会不同。其次，收纳标准、计量方法可能存在着差异。家礼文本中综合本与单行本并行的情况较多，举例来说，司马光《居家杂仪》附于《书仪》之后，亦有单行本传世，一些学者统计时将《书仪》与《居家杂仪》归为一种文本，另一些人则分为两种文本计入，这样的例子一多，家礼文本整体数量就会有差别，而元明以后重刊前代家礼文本，以及将某些文本析出独立刊行或合编成书的现象十分普遍，如何计算这些重刊本、析出本、合编本也影响着统计数字。其三，与研究者占有资料的多寡有关。尽可能广泛地掌握史料是每个历史学者的要求，但有时候受制于图书馆藏书与藏品开放与否等问题，每个人面对的统计资料并不一致，我们可以看到，早年所统计的家礼文本数量相较于近年以来的数字区别较大，一定程度上可能与数据库开发、资料限制门径逐渐打开有关。

毋庸讳言，对于研究者而言，希望借助于计量方法建立一定的确定性，用客观的观察来解释宋代家礼文本的概况，要远甚于那些采用主体的、仅凭直觉来概括的描述性文字，诸如“宋代家礼文本已很多”“家礼在宋代有了大的发展”，或者，借用我们叙述中所使用的“书箧”这一类比，将之表述为宋代家礼的书箧正在由一小箧书渐次变为一大箧书等等，这些描述笼统泛指，只能凭借个体的印象去发现意义与关联。然而，我们也不得不正视一个事实：如果以“家礼”作为分类的要素，以书箧来装，数量的多少并不完全取决于文本，而是与研究者有着很大的关系，换言之，如果家礼文本是观察对象的话，研究者本身亦必须置于观察之中，一边是研究者，一边是书箧，家礼数量是文本与放入书箧的人的互动过程。正是基于这种互动性，在宋代家礼文本的计量中，借用海森堡（Heisenberg）所提出的“测不准原理”，每一位研究者所面对的家礼文本的概况都是他通过自己的感知来获得理解的，同理，我们在此所列的表格不过是我们自己的家礼书箧（参见表1—1）。需要说明的是，表格采集时，以宋元书目中的仪注类、礼注类、礼类等目作为家礼文本的来源，部分杂家类、儒家类的相关文本亦收入表格之中。诸如陆游《放翁家训》、赵鼎《家训笔录》等后世有单行本流传并见录于明清书目，但不见于宋元书目者皆不收于表格。此外，表格不具列统计数据，只详细列其收入类目，以见家礼在类属认定上的多样性。

表1-1　两宋家礼文本及其在宋元书目中的收录概况

书（篇）名与卷数	作者	收入书目	备注
《新定寝祀仪》1卷（又作《寝祀仪》）	陈致雍（南唐，后仕宋）	《中兴馆阁书目辑考·史部下·仪注类》 《直斋书录解题·礼注类》 《宋史·艺文志三·史类·仪注类》 《文献通考·经籍考十四·经部·仪注类》	
《孙氏仲享仪》1卷（又作《仲享仪》《孙氏祭享礼》）	孙日用〔周显德中（954—960）博士，开宝时（968—976）作此书〕	《新唐书·艺文志二·史部·仪注类》 《遂初堂书目·仪注类》 《直斋书录解题·礼注类》 《通志·艺文略二·礼类二·仪注类·家礼祭仪》 《崇文总目·仪注类》 《文献通考·经籍考十五·经部·仪注类》 《宋史·艺文志三·史类·仪注类》	

续表

书（篇）名与卷数	作者	收入书目	备注
《训俗书》1卷	许洞〔淳化三年（992）进士〕	《直斋书录解题·礼注类》 《文献通考·经籍考十四·经部·仪注类》 《宋史·艺文志三·史类·仪注类》	
《古今家戒》	孙景修〔咸平中（998—1003）进士〕	《文献通考·经籍考三十六·子部·儒家类》	
《杜氏四时祭享礼》1卷（又作《四时祭享仪》）	杜衍（978—1057）	《直斋书录解题·礼注类》 《文献通考·经籍考十五·经部·仪注类》 《宋史·艺文志三·史类·仪注类》	
《吉凶书仪》2卷	胡瑗（993—1059）	《郡斋读书志·仪注类》 《文献通考·经籍考十五·经部·仪注类》	《通典·艺文志二·仪注类》有“《胡先生书仪》2卷”，未知是否为同一种书。
《韩氏古今家祭式》1卷（又作《参用古今家祭式》无卷）	韩琦（1008—1075）	《直斋书录解题·礼注类》 《文献通考·经籍考十五·经部·仪注类》 《宋史·艺文志三·史类·仪注类》	
《温公书仪》1卷（又作《书仪》8卷）	司马光（1019—1086）	《遂初堂书目·仪注类》 《直斋书录解题·礼注类》 《文献通考·经籍考十五·经部·仪注类》 《宋史·艺文志三·史类·仪注类》	

续表

书（篇）名与卷数	作者	收入书目	备注
《涑水祭仪》1卷	司马光	《宋史·艺文志三·史类·仪注类》	
《居家杂礼》1卷（又作《居家杂仪》）	司马光	《郡斋读书志》附志《仪注类》 《直斋书录解题·礼注类》 《文献通考·经籍考十五·经部·仪注类》 《宋史·艺文志三·史类·仪注类》	
《家范》10卷（又作4卷、《司马温公家范》6卷）	司马光	《通志·艺文略四·诸子类·儒术》 《遂初堂书目·儒家类》 《郡斋读书志·子类·儒家类》 《文献通考·经籍考三十六·子部·儒家类》 《宋史·艺文志三·史类·仪注类》 《宋史·艺文志四·子类·儒家类》	取经史所载圣贤修身齐家之法，编类以训子孙。
《先贤诫子书》2卷		《通志·艺文略四·诸子类·儒术》	
《古今家戒》	孙景修〔咸平中（998—1003）进士〕	《文献通考·经籍考三十六·子部·儒家类》 《宋史·艺文志四·子类·儒家类》	
《横渠张氏祭礼》1卷（又作《横渠张氏祭仪》）	张载（1020—1077）	《直斋书录解题·礼注类》 《文献通考·经籍考十五·经部·仪注类》 《宋史·艺文志三·史类·仪注类》	

续表

书（篇）名与卷数	作者	收入书目	备注
《吕氏家祭礼》1卷（又作《家祭仪》）	吕大防（1027—1097）、吕大临（1042—1090）	《直斋书录解题·礼注类》 《文献通考·经籍考十五·经部·仪注类》 《宋史·艺文志三·史类·仪注类》	
《蓝田吕氏祭说》1卷	吕大钧（1029—1080）	《宋史·艺文志三·史类·仪注类》	
《吕氏乡约》1卷、《乡仪》1卷（又作《吕氏乡约仪》、《吕氏乡约乡仪》）	吕大钧	《遂初堂书目·仪注类》 《郡斋读书志》附志《仪注类》 《直斋书录解题·礼注类》 《文献通考·经籍考十五·经部·仪注类》 《宋史·艺文志四·子类·儒家类》	
《伊川程氏祭礼》1卷（又作《伊川程氏祭仪》）	程颐（1033—1107）	《直斋书录解题·礼注类》 《文献通考·经籍考十五·经部·仪注类》 《宋史·艺文志三·史类·仪注类》	
《伊洛礼书补亡》	程颐	《文献通考·经籍考十五·经部·仪注类》	
《伊洛遗礼》	程颐	《文献通考·经籍考十五·经部·仪注类》	
《范氏家祭礼》1卷（又作《祭仪》）	范祖禹（1041—1098）	《直斋书录解题·礼注类》 《文献通考·经籍考十五·经部·仪注类》 《宋史·艺文志三·史类·仪注类》	
《胡氏传家录》5卷	胡安国（1074—1138）	《文献通考·经籍考三十七·子部·儒家类》 《直斋书录解题·儒家类》	

续表

书（篇）名与卷数	作者	收入书目	备注
《石林家训》1卷	叶梦得（1077—1048）	《直斋书录解题·杂家类》 《文献通考·经籍考四十一·子部·杂家类》	
《训蒙》1卷 又作《吕氏童蒙训》	吕本中（1084—1145）	《遂初堂书目·儒家类》 《直斋书录解题·儒家类》	
《高氏送终礼》1卷（又作《送终礼》《高氏厚终礼》）	高闶（1097—1153）	《遂初堂书目·仪注类》 《直斋书录解题·礼注类》 《文献通考·经籍考十五·经部·仪注类》 《宋史·艺文志三·史类·仪注类》	
《古今服饰仪》1卷	樊建	《直斋书录解题·礼注类》 《文献通考·经籍考十五·经部·仪注类》	有绍兴二十三年（1153）序。
《古今家祭礼》20卷（又作《二十家古今祭礼》2卷）	朱熹（1130—1200）	《遂初堂书目·礼类》 《直斋书录解题·礼注类》 《文献通考·经籍考十五·经部·仪注类》 《宋史·艺文志三·史类·仪注类》	集《通典》《会要》所载，以及唐、宋诸家祭礼。
《家礼》5卷（又作《朱氏家礼》1卷、《朱文公家礼》）	朱熹	《郡斋读书志》附志《仪注类》 《直斋书录解题·礼注类》 《文献通考·经籍考十五·经部·仪注类》 《宋史·艺文志三·史类·仪注类》	
《仪礼经传通解续卷祭礼》14卷	朱熹	《郡斋读书志》附志《仪注类》	杨复据朱文公、黄榦稿本，参以旧闻，定为十四卷。

续表

书（篇）名与卷数	作者	收入书目	备注
《四家礼范》5卷	张栻（1133—1180）、朱熹	《遂初堂书目·礼类》 《直斋书录解题·礼注类》 《文献通考·经籍考十五·经部·仪注类》 《宋史·艺文志三·史类·仪注类》	集司马、程、张、吕氏诸家。
《训蒙》	刘清之（1133—1189）	《遂初堂书目·儒家类》	
《戒子通录》	刘清之		《宋史·刘清之传》
《祭仪》	刘清之		《宋史·刘清之传》
《阃范》10卷	吕祖谦（1137—1181）	《遂初堂书目·儒家类》 《直斋书录解题·儒家类》 《文献通考·经籍考三十七·子部·儒家类》	集经史子传，发明人伦之道，见于父子、兄弟之间者为一篇。
《少仪外传》2卷	吕祖谦	《直斋书录解题·儒家类》	杂取经传嘉言善行，切于立身应世者。
《袁氏世范》3卷（又作《世范》）	袁采（？—1195）	《直斋书录解题·杂家类》 《文献通考·经籍考四十一·子部·杂家类》 《宋史·艺文志四·子类·杂家类》	
《经锄堂杂志》8卷	倪思（1147—1220）	《直斋书录解题·小说家类》 《文献通考·经籍考四十四·子部·小说家类》	

续表

书（篇）名与卷数	作者	收入书目	备注
《公侯守宰士庶通礼》30卷	李埴（1161—1238）	《宋史·艺文志三·史类·仪注类》	
《示儿编前后集》24卷（又作《示儿编》1部）	孙奕	《郡斋读书志》附志《杂说类》 《宋史·艺文志四·子类·儒家类》	
《十书类编》3卷（又作《朱氏十书》）		《遂初堂书目·仪注类》 《直斋书录解题·礼注类》 《文献通考·经籍考十五·经部·仪注类》	十书：管子《弟子职》、曹昭《女诫》《韩氏家祭式》、司马光《居家杂礼》、吕氏《乡礼》、范氏《义庄规》、高氏《送终礼》、高登《修学门庭》、朱氏《重定乡约社仓约束》。
《深衣制度》		《遂初堂书目·礼类》	
《六家祭仪》		《遂初堂书目·仪注类》	
《冠婚丧祭礼》2卷	周端朝（1172—1234）	《宋史·艺文志三·史类·仪注类》	集司马氏、程氏、吕氏礼。
《内外服制通释》7卷	车垓（？—1277）		仿《文公家礼》而补其所未备。
《礼范》1卷	李宗思	《宋史·艺文志三·史类·仪注类》	

续表

书（篇）名与卷数	作者	收入书目	备注
《尊幼仪训》1卷	李宗思	《宋史·艺文志四·子类·杂家类》	
《淳熙编类祭祀仪式》1卷	齐庆胄	《宋史·艺文志三·史类·仪注类》	
《赵氏祭录》2卷	赵希苍（活动于1205—1222年间）	《宋史·艺文志三·史类·仪注类》	
《续颜氏家训》8卷	李正公	《直斋书录解题·杂家类》 《文献通考·经籍考四十一·子部·杂家类》	以颜氏篇目而增广之。
《续家训》8卷	董正功（又作董政公）	《郡斋读书志·子部·儒家类》 《文献通考·经籍考三十六·子部·儒家类》	续颜氏之书。
《谕俗编》1卷	郑至道	《宋史·艺文志三·史类·刑法类》 《宋史·艺文志四·子类·杂家类》	宜丰令应俊辑郑至道《谕俗编》、彭仲刚《谕俗续编》两书为一编而成《琴堂谕俗编》。
《谕俗续编》1卷	彭仲刚	《宋史·艺文志四·子类·杂家类》	
《弟子职等五书》1卷（又作《弟子职女诫乡约家仪乡仪》1卷）	张时举	《直斋书录解题·杂家类》 《宋史·艺文志四·子类·杂家类》	以管子《弟子职》、班氏《女诫》、吕氏《乡约》《乡礼》、司马氏《居家杂仪》合为一编。

续表

书（篇）名与卷数	作者	收入书目	备注
《唐吉凶书仪礼图》3卷		《宋史·艺文志三·史类·仪注类》	
《祀祭仪式》1卷		《宋史·艺文志三·史类·仪注类》	
《祭服制度》16卷		《宋史·艺文志三·史类·仪注类》	
《祭服图》3册（卷亡）		《宋史·艺文志三·史类·仪注类》	
《五服志》3卷		《宋史·艺文志三·史类·仪注类》	
《丧服加减》1卷		《宋史·艺文志三·史类·仪注类》	
《北山家训》1卷		《宋史·艺文志四·子类·儒家类》	

表格中所列资料来源及其出处：

1. 王尧臣等编：《崇文总目》卷2《仪注类》，《丛书集成初编》，北京：中华书局，1985年，第79页。

2. 欧阳修、宋祁：《新唐书》卷58《艺文志二》，北京：中华书局，1975年点校本，第1492页。

3. 郑樵：《通志》卷64《艺文略二·礼类二·仪注类·家礼祭仪》、卷66《艺文略四·诸子类·儒术》，北京：中华书局，1987年影印本，第766、786页。

4. 陈骙等：《中兴馆阁书目辑考》卷3《仪注类》，许逸民等编：《中国历代书目丛刊》，北京：现代出版社，1987年影印本，第403页。

5. 晁公武撰，孙猛校证：《郡斋读书志校证》卷8《仪注类》、卷10《儒家类》、附志卷上《仪注类》《杂说类》，上海：上海古籍出版社，2011年，第329、442—443、1121—1122、1149页。

6. 尤袤：《遂初堂书目》“礼类”“仪注类”“儒家类”，《丛书集成初编》，北京：中华书局，1985年，第3、12、16页。

7. 陈振孙撰，徐小蛮、顾美华点校：《直斋书录解题》卷6《礼注类》、卷9《儒家类》、卷10《杂家类》、卷11《小说家类》，上海：上海古籍出版社，2015

年，第185—189、280—283、310—314、337页。

8. 脱脱等：《宋史》卷204《艺文志三》、卷205《艺文志四》、卷437《刘清之传》，北京：中华书局点校本，1985年，第5132—5137、5173、5176、5210—5211、12957页；

9. 马端临：《文献通考》卷187《经籍考十四》、卷188《经籍考十五》、卷209《经籍考三十六》、卷210《经籍考三十七》、卷214《经籍考四十一》、卷217《经籍考四十四》，北京：中华书局，1986年影印本，第1599、1601—1602、1723、1727—1728、1752—1753、1770页。

二、书箧中的再分类Ⅰ：私家注礼

四库馆臣讲：

> 公私仪注，《隋志》皆附之“礼类”。今以朝廷制作、事关国典者，隶“史部政书类”中，其私家仪注，无可附丽。谨汇为“杂礼书”一门，附“礼类”之末，犹律吕诸书皆得入“经部乐类”例也。[①]

四库馆臣将礼经“以类区分，定为六目”，分别为：《周礼》《仪礼》《礼记》、三礼总义、通礼、杂礼书[②]。在“杂礼书”一门收司马光《书仪》、朱熹《家礼》、黄佐《泰泉乡礼》、李光地《朱子礼纂》、毛奇龄《辨定祭礼通俗谱》5种，又收包括《郑氏家仪》等在内的17种于“礼类存目·杂礼书”中[③]。在此之前，书目目录划分中虽曾出现过

①［清］永瑢等：《四库全书总目》卷22《经部·礼类四》，北京：中华书局，1965年影印本，第182页。

②［清］永瑢等：《四库全书总目》卷19《经部·礼类一》，第149页。

③［清］永瑢等：《四库全书总目》卷25《经部·礼类存目三》，第206—209页。

“家礼祭仪”类单列专项礼书，但四库馆臣所提出的“杂礼书”却是首次将家礼文本作为单独类目标识出来，以与“朝廷制作、事关国典”者相为区分。从这个角度上看，可以将杂礼书的归类标准“私家仪注”作为家礼文本的基本特征，以此作为建立家礼文本类型的序列。

如四库馆臣所言，仪注类早在《隋书·经籍志》中就已出现，将此类目以“公私”“家国”等原则再行细分，表面上十分浅显的逻辑背后，以之作为类别来具体划分时却殊为不易。因为，第一，四库馆臣虽以公、私两个概念来区分礼书，却只为公家仪注设置了两个条件：一是朝廷制作，二是事关国典。换言之，非符合这两个条件者即为私家仪注。但在唐宋时期，以国家礼典为代表的公礼与以家礼为代表的私礼的影响力各有消长①，在这个转变的时间节点上，公礼与私礼之间的界限并没有那么清晰，而是多样情况并存。比如，一些礼书由私人所订，经由朝廷诏令改编后又行之于各家，这些礼书似乎未关国政，亦未能纳入国家礼典的范畴之内，如何附丽这些礼书？又如，私人撮要、掇取国家礼典，借用国典但又附上了私人印记并行用于私家时，这些礼书又该如何归类？第二，书目文献中多为存目，难以从仅包含“家仪”的书名或冠以姓氏的“家仪”中去判定其内容，某些家礼虽然留下相关记载，但仅余只言片语，难以重建其背后的历史。缘于相同的原因，当我们以“私家仪礼”作为特征将家礼文本从礼书中拣选出来时，要把那些放入家礼书箧内的文本再行分类，让其呈现出清晰的秩序，同样不易。那么，如何来整理家礼书箧内的文本？有没有再分类的可能？再分类的依据是什么？箧内又可分作几隔？

---

① 参见张文昌：《制礼以教天下——唐宋礼书与国家社会》，第387—401页。

这里，让我们仍然接踵“公私”的准尺，不过，准尺衡量的并非是礼书本身，而是转换观察视角，从书写者个人所针对的阅读对象或礼文的行用对象来看，将宋代家礼文本分出两类：一是私人为私家注礼，二是私人为大家注私家礼。这两个类别采用的依然是描述性的方式，并不具有命名的意味，以至于后文中我们不得不频繁给两个类目加上引号这一笨拙的方式来讲述，另外，两个类别也并非完全站在同一标准线上。即便有这样或那样的缺陷，这一区分对我们思考和认识宋代家礼，了解并确定这一时代的书写惯例，以及它在整个历史进程中的定位也颇为有效。

所谓“私人为私家注礼”，是指书写者在表述自己书写礼文的旨趣或后世对这些家礼文本进行分析时，认为其写作的主要目的在于为家族制礼，不论其文本面世后如何成为范本而为人所尊崇，在书写者那里，无论是谦词还是出于其本来的意图，若作者明确指出其写作“非敢轨物范世也，业以整齐门内，提撕子孙”①，或是“将以传语子弟，非敢出于户庭”②等，则一概列入此类。显然，这类书写惯例历史悠久。

六朝以来，“士族各家制订家礼（家仪），且行之成文的例子极多”③。一些家族内所遵行的礼则与礼文，为时人所推崇与参考。李敷（？—470）“家门有礼，至于居丧法度，吉凶书记，皆合典则，为

①［南北朝］颜子推：《颜氏家训》卷上《序致篇一》，《四部丛刊初编》，上海：商务印书馆，1929年影印本，第1a页。

②《黄门侍郎卢藏用仪例一卷》，上海古籍出版社、法国国家图书馆编：《法藏敦煌西域文献》第24册，上海：上海古籍出版社，2002年，第372页。

③［日］谷川道雄：《六朝士族与家礼——以日常礼仪为中心》，高明士编：《东亚传统家礼、教育与国法（一）：家族、家礼与教育》，台北：台大出版中心，2005年，第3页。

北州所称美"[①]；崔㥄（494—554）"一门婚嫁，皆是衣冠之美，吉凶仪范，为当时所称"[②]。到了唐代，很多家族将书写与传承家礼当作是矜夸门庭的标志。在关于唐代家礼文本书写的有限记载中，存在着一个较为一致的叙述方式，即，家礼、家法、家学是家族传承中不可或缺的一部分，其书写、应用、传承具有合法性，不容置喙。比如，华州华阴人杨玚（668—735）"常叹士大夫不能用古礼，因其家冠、婚、丧、祭，乃据旧典为之节文，揖让威仪，哭踊衰杀，无有违者"[③]。世家大族制礼、订礼行于家族之中，有传承的家族还能成为礼法上的知识权威，就如柳公绰之孙柳玭（？—895）所强调的那样："余家本以学识礼法称于士林，比见诸家于吉凶礼制有疑者，多取正焉。"[④]豪门大族在书写家礼时，多注意与其他族姓相为区分，据《新五代史·崔居俭传》记载："崔氏自后魏、隋、唐与卢、郑皆为甲族，吉凶之事，各著家礼。至其后世子孙，专以门望自高。"[⑤]

宋人观察唐代世家大族时，将家礼、家学作为其门望标志是当时的共识。欧阳修（1007—1072）讲："唐为国久，传世多，而诸臣亦各修其家法，务以门族相高。"[⑥]李廌（1059—1109）在忆述自己祖先治家的传统时，讲："吾家自唐以家法名世，非礼法之族莫敢通姻，兄弟相承，娣姒相宾，率用法度，家庙日飨俎豆，如事生，诸奉祭

---

①［北齐］魏收：《魏书》卷36《李顺附子李敷传》，北京：中华书局，1974年点校本，第834页。

②［唐］李百药：《北齐书》卷23《崔㥄传》，北京：中华书局，1972年点校本，第335页。

③［宋］欧阳修、宋祁：《新唐书》卷130《杨玚传》，第4496页。

④［宋］欧阳修、宋祁：《新唐书》卷163《柳公绰附孙柳玭传》，第5028页。

⑤［宋］欧阳修撰，［宋］徐无党注：《新五代史》卷55《崔居俭传》，北京：中华书局，1974年点校本，第635页。

⑥［宋］欧阳修、宋祁：《新唐书》卷71上《宰相世系表一上》，第2179页。

祀者冠带簪帨不敢去身。”[①] 家礼家法不仅是门第的标志、联姻的参考，还是家族得以久远的重要保证。胡寅（1098—1156）亦云：“汉、唐而后，士大夫家能维持累世而不败者，非以清白传遗，则亦制其财用，著其礼法，使处长者不敢私，为卑者不敢擅。凡祭祀、燕享、丧婚、交际各有品节，出分出赘之习不入乎其门，而相养相生之恩浃洽于其族也。”[②] 在胡寅看来，为私家所书写的家礼在塑造家族内聚力和动员家族集体行动方面的功能是很大的。

北宋初期，以私家礼法来界定家族门第与身份的认知依然为社会所接受，士大夫们对杜衍（978—1057）家世代相传的礼法的褒赞就是其中一例。张方平（1007—1091）讲：“杜氏旧族，自其曾门以礼乐为法，岁时祭祀，斋荐牲币菹醢皆有仪式。”[③] 欧阳修说：

> 岐国公佑显于唐。又九世而至于祁公。其为家有法，其吉凶、祭祀、斋戒日时币祝从事，一用其家书。自唐灭，士丧其旧礼而一切苟简，独杜氏守其家法，不迁于世俗。盖自春秋诸侯之子孙，历秦、汉千有余岁得不绝其世谱，而唐之盛时公卿家法存于今者，惟杜氏。[④]

欧阳修从追溯杜氏的家族谱系开始，将其家族传承与其家法关联

---

①[宋]李廌：《济南集》卷7《李母王氏墓志铭》，景印文渊阁《四库全书》第1115册，台北：台湾商务印书馆，1986年影印本，第814页。

②[宋]胡寅撰，容肇祖点校：《斐然集》卷21《成都施氏义田记》，北京：中华书局，1993年，第439页。

③[宋]张方平：《乐全先生文集》卷39《秦国太夫人相里氏墓志铭（并序）》，《宋集珍本丛刊》第6册，北京：线装书局，2004年影印本，第232页。

④[宋]欧阳修著，李逸安点校：《欧阳修全集》卷31《太子太师致仕杜祁公墓志铭》，北京：中华书局，2001年，第466—467页。

在一起。不过，囿于唐代以来社会结构的变化，世家大族消亡，"士丧其旧礼"，"一切苟简"，因此，欧阳修对杜氏"家法"以及"守其家法""用其家书"的评说是放置在"不迁于世俗"的语境中叙述的，这一视角同样为后人所继承。徐度（生卒年不详）讲：

> 近世士大夫家祭祀，多苟且不经。惟杜正献公家用其远祖叔廉书仪，四时之享，以分、至日，不设椅卓，唯用平面席褥，不焚纸币。以子弟执事，不杂以婢仆。先事致斋之类，颇为近古。[①]

徐度以祭礼中的具体细节来展现杜氏家礼不从俗、颇为近古的特点，并将杜氏祭礼与"近世士大夫家祭祀"相为对照，以一家对比一个群体，虽然与唐代"各著家礼""以家学及礼法等标异于其他诸姓"[②]的观照对象不同，但从对比中彰明门第声望、寻求身份认同的内涵却并没有发生质的改变。

社会变迁可能影响着私家注礼的书写状况与书写惯例，私家注礼行于私家的做法也可能使得这些家礼文本多不显于世，为我们观察到更多实例制造了障碍，换言之，我们在宋代家礼文本的书箧中参照上引放置礼书的"青箱"一般区分若干隔断，但放入其中的存世文本可能不多。不过，宋人对"各著家礼"事实的思考，则可说明，无论社会结构如何变化，私家注礼行于私家的做法依然十分流行。张载（1020—1077）讲：

---

①［宋］徐度撰，朱凯、姜汉椿整理：《却扫编》卷中，朱易安、傅璇琮等主编：《全宋笔记》第3编第10册，郑州：大象出版社，2008年，第146页。

② 陈寅恪：《唐代政治史述论稿》，北京：生活·读书·新知三联书店，2001年，第259页。

> 古人凡礼，讲修已定，家家行之，皆得如此。今无定制，每家各定，此所谓家殊俗也。①

这段今古评价虽没有明确的时间指向，但对“各著家礼”“家殊俗也”的观察，确乎讲出了一种历史事实，只是在张载那里，士人们对家礼意义的设定显然不是放置在一家之定制上，而是在整个社会的秩序上，因此，寻求礼文与理据的同一性成了士人讨论的主要话题，尤其在观察那些经由时间的洗礼而得以流传于世的私家礼书时，如何从中找到礼文的依据，从而走向礼与理的统一是宋人比较着意的主旨。比如，关于家祭时间的选择，据叶梦得（1077—1148）记载：“唐周元阳《祀录》以元日、寒食、秋分、冬夏至，为四时祭之节。”② 吕祖谦则云：“唐范传式《时飨仪》：‘春分、夏至、秋分、冬至，国用四孟，家用四仲。’”同时，提到：“唐郑正则《祠享仪》云：‘《仪礼》及《开元礼》，四仲月祭享，皆以卜筮择日。士人多游宦远方，或僻居村间，无蓍龟处即取分、至，亦不失《礼经》之意。’”③ 又如，关于台桌祭祀的说法，宋人评说：“秘府有唐孟诜《家祭礼》、孙氏《仲飨仪》数种，大抵以士人家用台卓享祀，类几筵，乃是凶祭；其四仲吉祭，当用平面毡条屏风而已。”④ 吕祖谦也同样引用孙氏

①《河南程氏遗书》卷10《洛阳议论》，[宋]程颢、程颐著，王孝鱼点校：《二程集》，北京：中华书局，2004年，第113页。

②[宋]叶梦得撰，侯忠义点校：《石林燕语》卷1，北京：中华书局，1984年，第9页。

③[宋]吕祖谦：《东莱吕太史别集》卷4《家范四·祭礼·祭日》，黄灵庚、吴战垒主编：《吕祖谦全集》第1册，杭州：浙江古籍出版社，2008年，第348—349页。

④[宋]宋敏求撰，诚刚点校：《春明退朝录》卷中，北京：中华书局，1980年，第22页。亦见于[宋]江少虞：《宋朝事实类苑》卷32《典故（转下页）

《仲享仪》讲："'或有人家，往往以床倚设祭。'盖其床倚，凶祭；席地，吉祭。"① 而上引杜衍家祭礼中，四时祭用分至，不设椅桌，用平面席褥等显然取用的是论争中颇为时人所认同的意见。

为私家所注的家礼文本，只是以书写者的个人叙述而作的分类，不过，当书写者在书写中讲究消融"家殊俗也"，追求"讲修已定，家家行之"，那么，家礼的书写则从框定家内秩序走向为整个社会秩序而书写的目标了。

三、书箧中的再分类Ⅱ：注私家礼

在宋代家礼书箧中所区隔出的"私人为大家注私家礼"，这一颇相矛盾的说法是根据书写者书写时案头所准备的参考书，以及他们在写作时的预设对象而作出的分类。在这一类目中，书写者一方面从私家礼书中获得注礼作礼的知识，另一方面，他们非常明确地讲明所注礼并非为一家而作，而是为万千之家而作。两者并不成为必需的同时条件，在书写者的表述中，有时两者兼顾，有时则各有侧重。为了兼顾历史的时间脉络，以下叙述中不再另行细分。

私家注礼并非为一家而用的书写愿景，在唐代就已存在。出自著名士族范阳卢氏的卢弘宣〔生卒年不详，元和（806—820）进士〕，"患士庶人家祭无定仪，乃合十二家法，损益其当，次以为

（接上页）沿革·家祭用台棹》，上海：上海古籍出版社，1981 年，第 406 页；［宋］吴坰述：《五总志》，《丛书集成初编》，北京：中华书局，1985 年，第 12 页。各家记载文字略有不同，兹不具列。

①［宋］吕祖谦：《东莱吕太史别集》卷 4《家范四·祭礼·陈设》，黄灵庚、吴战垒主编：《吕祖谦全集》第 1 册，第 349 页。

书”[1]。这段记载清晰地指明了书写者为“士庶人家”这一群体写作的想法，以及写书时的案头参考书。曾参与朝廷仪制修订的郑余庆（745—820）“尝采唐士庶吉凶书疏之式，杂以当时家人之礼，为《书仪》两卷”，唐明宗观此书后，“见其有起复、冥昏之制”，对此颇为不满，慨叹说：“儒者所以隆孝悌而敦风俗，且无金革之事，起复可乎？婚，吉礼也，用于死者可乎？”于是诏令刘岳“选文学通知古今之士”，删定增损，后来“公卿之家，颇遵用之”[2]。不过，对于刘岳等人所改订的《书仪》，《旧五代史》与《新五代史》评价不一。《旧五代史》称其奉诏而编的新书仪，“文约而理当，今行于世”[3]，而欧阳修的评说则颇有微词，他讲：

> 呜呼，甚矣，人之好为礼也！在上者不以礼示之，使人不见其本，而传其习俗之失者，尚拳拳而行之。五代干戈之乱，不暇于礼久矣！明宗武君，出于夷狄，而不通文字，乃能有意使民知礼。而岳等皆当时儒者，卒无所发明，但因其书增损而已。然其后世士庶吉凶，皆取岳书以为法，而十又转失其三四也，可胜叹哉！[4]

儒者制礼以使民知礼，刘岳等人“无所发明，但因其书增损而已”成为欧阳修诟病其书的关键所在。然而，与欧阳修同时代的韩琦却并不以“无所发明”为病。庆历元年（1041），朝廷颁布诏令允

---

①［宋］欧阳修、宋祁：《新唐书》卷197《卢弘宣传》，第5633页。

②［宋］欧阳修撰，［宋］徐无党注：《新五代史》卷55《刘岳传》，第632页。

③［宋］薛居正等：《旧五代史》卷68《刘岳传》，北京：中华书局，1976年点校本，第902页。

④［宋］欧阳修撰，［宋］徐无党注：《新五代史》卷55《刘岳传》，第633页。

许大臣恢复建立家庙，韩琦在等待礼官裁处、详定仪制时，因“不闻定议”，于是自行收罗各家仪式，参注各家礼文来制订可行的祭礼。他通列自己所用的参考书，曰：

（某）常患夏秋之祭，阙而不备，从俗之事，未有折中。因得秘阁所有：御史郑正则《祠享仪》、御史孟诜《家祭礼》、殿中御史范传正《寝堂时飨仪》、汝南周元阳《祭录》、京兆武功尉贾氏《家荐仪》、金吾卫仓曹参军徐闰《家祭仪》、俭校散骑常侍孙日用《仲享仪》凡七家，研详累月，粗究大方。于是采前说之可行，酌今俗之难废者，以人情断之，成十三篇，名曰《韩氏参用古今家祭式》。①

韩琦详细罗列七家参考用书，“采前说”“酌今俗”，他非常明确地告知，他的祭礼是通过注私家礼而成就的。同时，他也声称，家庙是响应国典而复，因此“他日朝廷颁下家祭礼，自当谨遵定制”②。司马光《书仪》中虽没有言明制礼的参考书目，但据王应麟的判断，其书主要本于由刘岳等增损的郑余庆《书仪》③。到了朱熹那里，对私家礼文不只是参考，而是成为自己礼文中的组成部分。

①［宋］韩琦：《安阳集》卷22《韩氏参用古今家祭式序》，《宋集珍本丛刊》第6册，北京：线装书局，2004年影印本，第490页。

②［宋］韩琦：《安阳集》卷22《韩氏参用古今家祭式序》，《宋集珍本丛刊》第6册，第490页。

③ 王应麟作此判语的原话并不长，但信息量较大，现照录原文如下：“郑余庆采士庶吉凶书疏之式，杂以当时家人之礼，为《书仪》两卷。后唐刘岳等增损其书，司马公《书仪》本于此。”［宋］王应麟著，栾保群、田松青、吕宗力校点：《困学纪闻（全校本）》卷14《考史》，上海：上海古籍出版社，2008年，第1617页。

朱熹有一段与弟子的对答：

> 问："丧、祭之礼，今之士固难行，而冠、昏自行，可乎？"曰："亦自可行。某今所定者，前一截依温公，后一截依伊川。"①

绍熙五年（1194），朱熹宣称：

> 熹尝欲因司马氏之书，参考诸家之说，裁订增损，举纲张目，以附其后，使览之者得提其要，以及其详，而不惮其难行之者。虽贫且贱，亦得以具其大节，略其繁文，而不失其本意也。②

这一说法成为后人考辨朱熹礼书来源的重要思路。朱子之《家礼》一书，"冠礼则多取司马氏；婚礼则参诸司马氏、程氏；丧礼本之司马氏，后又以高氏之书为最善；及论祔迁，则取横渠；遗命治丧，则以《书仪》疏略，而用《仪礼》；祭礼兼用司马氏、程氏，而先后所见又有不同；节祠则以韩魏公所行者为法"③。不惟如此，参考多家用书，还成为称颂其礼书价值的依据。比如，方大琮（1183—

---

①[宋]黎靖德编，王星贤点校：《朱子语类》卷89《礼六·冠昏丧·总论》，第2271页。

②[宋]朱熹：《晦庵先生朱文公文集》卷83《跋三家礼范》，朱杰人等编：《朱子全书》第24册，上海：上海古籍出版社，合肥：安徽教育出版社，2002年，第3920页。

③[元]马端临：《文献通考》卷188《经籍考十五》收杨复《朱文公家礼序》，北京：中华书局，1986年影印本，第1602页。

1247）讲：

> 司马、程、张、高氏，皆有功于冠昏丧祭者。合其善而为《家礼》，先生其大成也。非一家之书，天下之书也。①

私家之书而被誉为“天下之书”，如此一来，一家之书已然跳出家的书写格局，成为整个社会的礼典。而在方大琮之前，对于是否要将那些为一家、一地所撰作的戒家、训俗等作品冠以“为世所范”的书题，士大夫们适时地表达了踌躇的态度。淳熙五年（1178），权通判隆兴军府事刘镇〔生卒年不详，绍兴十八年（1148）进士〕在为乐清县令袁采（？—1195）所撰《俗训》的序中讲：“岂唯可以施之乐清，达诸四海可也；岂惟可以行之一时，堂诸后世可也。”因此，他建议以“世范”两字作为此书的书名。袁采答曰：

> 同年郑公景元，贻书谓余曰：“昔温国公尝有意于是，止以‘家范’名其书，不曰‘世’也。若欲为一世之范模，则有箕子之书在。今恐名之者未必人不以为谄，而受之者或以为僭，宜从其旧目。”此真确论，正契余心，敢不敬从。且刊其言于左，使见之者知其不为府判刘公之云云而私变其说也。②

此段文字虽引司马光以“家范”而不以“世范”名其书作为典故，但

---

①［宋］朱熹：《家礼》附录引方大琮《家礼附注后序》，朱杰人等编：《朱子全书》第7册，上海：上海古籍出版社，合肥：安徽教育出版社，2002年，第948页。

②［宋］袁采：《袁氏世范》卷首《袁氏世范序》，《丛书集成初编》，北京：中华书局，1985年，第1页。

所否定的并非是该书为世之心，而是“谄”“僭”之类溢出于书之外的其他考量。一个众所周知的事实是，袁采的《俗训》后来是以“袁氏世范”的书题垂范后世的。

注私家礼的另一个侧重面，即，参考多家私家礼书来制礼还发展成为一种通用惯例，后世家族制礼、行礼多取此方式。明代毛晋（1599—1695）的家祭即“折衷司马氏《书仪》、朱子《家礼》行之”①。实际行礼中，亦是通过参考古礼及其他诸儒言论而得，比如五经博士刘銃（1476—1541）葬父，即“酌取厚终礼，及文公《家礼》、《家礼仪节》行之”②；进士倪宗正〔生卒年不详，弘治十八年（1505）进士〕则认为时人修家（族）谱，当“多采摭《家礼》、《仪礼》等篇及诸儒议论以垂监戒子孙”③；婺源戴氏桂岩书院的四时之祭、合族序拜之仪，则是“杂用《家礼》及《郑氏世范》”④。从作为矜夸门第的象征，到多所参考，家礼真正具备了移风易俗的功能。

综合来看，我们以“私家注礼为私家”“注私家礼为大家”来类分宋代家礼书篚内的文本，在阐述这两类家礼文本时，仅据可能所及的资料来列举代表性文本，纳入考量的家礼数量并不多，这样的分类很可能会被指责为武断或者片面，但是，必须指出的是，分类只是作为一种看待家礼文本篚的方式，使之变得有序而非杂乱，并不是为了抽象出某种体系或模式。

---

①［清］朱彝尊：《曝书亭集》卷79《严孺人墓志铭》，《四部丛刊初编》，上海：商务印书馆，1929年影印本，第3b页。

②［明］焦竑：《国朝献征录》卷22《资善大夫太常寺乡兼翰林院五经博士西桥刘公锐墓志铭》，台北：台湾学生书局，1984年，第942页。

③［明］倪宗正：《倪小野先生全集》卷1《顾氏族谱序》，《四库全书存目丛书》集部第58册，济南：齐鲁书社，1997年影印本，第454页。

④［明］程敏政：《篁墩文集》卷17《桂岩书院记》，景印文渊阁《四库全书》第1252册，台北：台湾商务印书馆，1986年影印本，第303页。

第二节　书写者的选择：文本编纂的惯例

将宋代家礼文本的书篋区隔为“私家注礼为私家”“私家注礼为大家”两类，有利于厘清书写者所需要面对的基本问题。比如，在第一类区隔中，书写者不必纠结于书写对象；无需刻意考虑文本命名的方式，它可以采用书仪、家范、世范、家仪等具有经典传承的命名，亦可以用家训、家诫、家法等颇有家长式意味的方式；制订的礼文可以是寥寥数字，亦可详细规范。在第二类区隔中，书写者将整个社会作为书写对象，虽不用在行文中特意讨论社会指的究竟是哪一个群体，但在思考制礼与演礼的可能性及操作性时，则必须将之纳入考量范畴；为文本命名时，书写者在规范社会秩序的现实与理想之间，既需斟酌其中的词汇，又需确定为“大家”所提供的礼文体系的主体内容。

这两类区隔虽是我们在收集宋代家礼文本时所作的总结与归纳，但宋代以来的一些士人很明显地把握到了家礼写作上的转变，它并非只是一本家礼的变化，而是书写原则上的一次转变。这种转变并不意味着书写时失去了原有的阐释惯例，而是渐次拥有了更多的惯例，它们一开始是为了适应一个同时是多样的、无焦点的，而且不无整顿的杂乱的环境而建构的，随着书写者与讨论者的增多，理论慢慢明晰，经典文本逐渐形成。

一、礼下何人：书写对象的模糊与清晰

如何解读《礼记·曲礼》中“礼不下庶人”这一判语，历史上曾有过绵延不绝的讨论。宋代士人置身于这一聚讼纷纭的论题之中，亦给出了自己的理解。李觏（1009—1059）讲：

> 或曰:《曲礼》谓“礼不下庶人”,而吾子及之,何哉?曰:予所言者,道也。道者,无不备,无不至也。彼所言者,货财而已耳。谓人贫富不均,不可一以齐之焉。然而《王制》曰:“庶人县封,葬不为雨止,不封不树,丧不贰事。”此亦庶人之丧礼也。庶人春荐韭,夏荐麦,秋荐黍,冬荐稻。韭以卵,麦以鱼,黍以豚,稻以雁,此亦庶人之祭礼也。既庶人丧祭皆有其礼,而谓“礼不下庶人”者,抑述《曲礼》者之妄也。①

李觏先区分了自己所讲的礼与《曲礼》中礼的概念的不同,继而又爬梳《礼记·王制》寻找庶人既有丧礼又有祭礼的例证,说明“礼不下庶人”并非意味着庶人不能及礼。司马光采用同样的路径来阐述“礼不下庶人”的议题,他讲:

> 《曲礼》曰:“礼不下庶人,刑不上大夫。”按《王制》修六礼以节民性,冠、昏、丧、祭、乡相见,此庶人之礼也。《舜典》五服三就,大夫于朝士于市,此大夫之刑也。夫礼与刑,先王所以治群臣,万民不可斯须偏废也。今《曲礼》乃云如是,然则必有异旨,其可见乎? ②

与这些人相比,张载则将论辩的重心放在庶人“不及礼”上,他讲:

---

①[宋]李觏著,王国轩点校:《李觏集》卷2《礼论第六》,北京:中华书局,2011年,第20页。

②[宋]司马光:《温国文正司马公文集》卷72《策问十道》,《四部丛刊初编》,上海:商务印书馆,1929年影印本,第9b页。

> "礼不下庶人，刑不上大夫。"于礼，庶人之礼至略，直是不责之，难责也，盖财不足用，智不能及。①

显然，张载所谓"财不足用，智不能及"与孔颖达对"礼不下庶人"所做的"庶人贫，无物为礼，又分地是务，不暇燕饮"②的注疏颇相契合。南宋时期，卫湜（生卒年不详）接续着同一说法，认为"礼不下庶人"，"非庶人举无礼也，特自士以上之礼所不及耳"，"不下者，谓其不下及也"③。陈澔（1260—1341）则进一步阐述说："庶人卑贱，且贫富不同，故《经》不言庶人之礼。古之制礼者，皆自士而始也。"④

宋人在"礼不下庶人"上的两条释读路径，既有对前代观点的继承，也有个人的发挥。逮至清代，亦可找到同调者。比如，被现代学者广泛征引的孙希旦（1736—1784）的解释："'礼不下庶人'者，不为庶人制礼也。制礼自士以上"，"（庶人）以其质野则于节文或有所不能习，卑贱则于仪物或有所不能备也"⑤。现代研究者在理解、考察、分析、辨疑"礼不下庶人"时，并没有走出这些释读范围。在前一条路径中，学者们通过爬梳史料来列举更多庶人行礼的记

①《张子语录·语录中》，［宋］张载著，章锡琛点校：《张载集》，北京：中华书局，1978年，第317页。

②［汉］郑玄注，［唐］孔颖达正义，吕友仁整理：《礼记正义》卷4《曲礼上第一》，上海：上海古籍出版社，2008年，第103页。

③［宋］卫湜：《礼记集说》卷7，景印文渊阁《四库全书》第117册，台北：台湾商务印书馆，1986年影印本，第156页。

④［元］陈澔注：《礼记集说》卷1《曲礼上第一》，上海：上海古籍出版社，1987年影印本，第13页。

⑤［清］孙希旦撰，沈啸寰、王星贤点校：《礼记集解》卷4《曲礼上第一之四》，北京：中华书局，1989年，第81、82页。

载；在后一条路径里，学者们借用社会科学的理论，从社会结构变迁的角度来论述礼制的等级特点，从而剖析"礼不及庶人"的内涵[①]。在多种视角的论辩中，有人还在反思"礼不下庶人"的文本与社会语境，指出"礼不下庶人，刑不上大夫"的具体含意应该是：家礼不下庶人，宫刑不上大夫[②]。

在对"礼不下庶人"的分析中，学者以"不为庶人制礼"到"为庶人制礼"的演进作为问题，通过一个长时段的历史观察，认为唐宋时期官方礼制下移，庶人开始作为制礼对象，其中，重要标志是宋代《政和五礼新仪》的订立，该书中出现了"庶人婚仪""庶人冠仪""庶人丧仪"等专门为庶人所订立的礼文，这样一来，庶人成为一个明确而详细的礼仪等级，中国的礼典由"礼不下庶人"进入了"礼下庶人"的时代[③]。

当国家礼典将庶人纳入制礼对象之时，宋代家礼的书写者是否作出了同样的选择？他们在框定书写对象时，是否考量过明晰

---

① 参见钟肇鹏：《"礼不下庶人，刑不上大夫"说》，《学术月刊》1963年第2期；谢维扬：《"礼不下庶人，刑不上大夫"辨》，《学术月刊》1980年第8期；栗劲、王占通：《略论奴隶社会的礼与法》，《中国社会科学》1985年第5期；杨志刚：《"礼下庶人"的历史考察》，《社会科学战线》1994年第6期（亦见于氏著：《中国礼仪制度研究》，上海：华东师范大学出版社，2001年，第198—204页）；刘信芳：《礼不下庶人，刑不上大夫辨疑》，《中国史研究》2004年第1期。

② 马小红：《释"礼不下庶人，刑不上大夫"》，《法学研究》1987年第2期。

③ 参见Patricia Ebrey, "Education Through Ritual: Efforts to Formulate Family Rituals During the Sung Period," in Wm. Theodore de Bary and John W. Chaffee, eds., *Neo—Confucian Education: The Formative Stage*, Berkeley: University of California Press, 1989, pp277-306；杨志刚：《"礼下庶人"的历史考察》，《社会科学战线》1994年第6期（亦见于氏著：《中国礼仪制度研究》，第198—204页）；王美华：《礼制下移与唐宋社会变迁》，北京：中国社会科学出版社，2015年，第47—78页。

的阶层划分？这些问题虽未必成为家礼书写者的必需问题，但在这些问题牵引下，我们可以看到，宋代家礼的书写惯例正在多元化。它首先表现在家礼书写者对旧有制礼模式的修订与改变。众所周知，依据古礼尤其是《仪礼》是宋代家礼书写中的通行方式，不过，主要由士人所组成的书写者往往将《仪礼》中标示明晰的阶层划分刻意取消，在某些礼文的创制中，又采用模糊其礼制等级性的做法，其中著名的例子是祠堂的构想。

以“世官世爵”为基础的家庙制度是依靠等级来设庙的，所谓“天子七庙，诸侯五庙，大夫三庙，庶人祭于寝”。唐代，这一制度进入完备时期，关于立庙的政治身份、建庙的地点、家庙的建筑形式、空间格局以及祭享仪式等均有细密规定①。之后，随着社会流动性不断加大，家庙制度无法保持其连续性，宋代的士大夫在仿效先王之制、恢复儒家文化理想的驱使下，设计并建造了诸如“家祠堂”“影堂”“祠堂”等祭祀场所②。他们在讲述这些祭礼场所背后的理据时，有意忽略家庙制度中的等级规定性，比如，程颐在回答学生“士庶家不可立庙，当如何也”的问题时，讲：“庶人祭于寝，今之正厅是也。凡礼，以义起之可也。如富家及士，置一影堂亦可。”③朱熹则讲：“古之庙制不见于经，且今士庶人之贱亦有所不得为者，故特以祠堂名之。”④在他们看来，与其去讲究礼制的等

① 参见甘怀真：《唐代家庙礼制研究》，台北：台湾商务印书馆，1992年。兹不具列页码。

② 陆敏珍：《重写世界：宋人从家庙到祠堂的构想》，《浙江学刊》2017年第3期。

③《河南程氏遗书》卷22上《伊川杂录》，[宋]程颢、程颐著，王孝鱼点校：《二程集》，第286页。

④［宋］朱熹：《家礼》卷1《通礼·祠堂》，朱杰人等编：《朱子全书》第7册，第875页。

级之分，不如回向礼的本质，强调其“有所不得不为者”的必要性。朱熹在回复李孝述（生卒年不详）关于礼的提问中，同样表达了这种想法：

> 《政和仪》，六品以下至庶人无朔奠，九品以下至庶人无志石。而温公《书仪》皆有之。今当以何者为据？
>
> 既有朝奠，则朔奠且遵当代之制，不设亦无害。但志石或欲以为久远之验，则略其文而浅瘗之，亦未遽有僭逼之嫌也。[①]

当提问者还纠结于遵循礼的品官等级还是去等级化的问题之时，朱熹直接跳出问题本身，从“不设亦无害”“久远之验”来考虑实际意义，并认为，从这个角度来修改礼文，亦无有“僭逼之嫌”。

在对旧有书写惯例的继承与修改中，家礼书写者还引入了更多的书写惯例。比如朱熹《家礼》与吕祖谦《家范》均十分清晰地指明制礼时的地域性，强调其“南方”书写。《家礼·丧礼》“大敛”条下讲：“古者大敛而殡，既大敛则累墼涂之，今或漆棺未干，又南方土多蝼蚁，不可涂殡，故从其便。”[②]《世范·葬仪》“及墓”条主张“于墓西设妇人幄，蔽以帘帷”，并注曰：

> 按：温公《书仪》：“又于羡道之西设妇人幄。”南方悬棺而

---

①［宋］朱熹：《晦庵先生朱文公文集》卷63《答李继善》，朱杰人等编：《朱子全书》第23册，第3047页。

②［宋］朱熹：《家礼》卷4《丧礼·大敛》，朱杰人等编：《朱子全书》第7册，第908页。

葬，无羡道，故改云“墓西”。后言“羡道”、“埏道”者仿此。[①]

又在“下棺”写道：“掌事者设志石于圹中。”其下，他讲明其中思量：

按：《仪礼·既夕礼》：“乃窆。藏器于旁，加见。藏苞、筲于旁。”温公《书仪》：“掌事者设志石，藏明器、下帐、苞、筲、醯、醢、酒于便房，以版塞其门。”今南方土虚，若于圹中穿便房，则圹中太宽，恐有摧覆之患，故不穿便房，但设志石于圹中。其余明器之属，于圹外别穿地瘗之，可也。[②]

吕祖谦书写礼文时，不仅考虑到南北不同的葬俗，还将南方的土质亦考虑在内。毫无疑问，我们完全可以通过收集文献记载，来查探吕祖谦出生地浙江金华是否存在着悬棺而葬，以及由“土虚”而引起的“摧覆之患”的状况，然而，这些事实考辩既无助于这里所要讨论的主旨，还有可能将论题导向散漫的状态。此处，之所以要特别指出朱熹《家礼》、吕祖谦《家范》中的“南方书写”特点，是想借此说明，宋代的家礼书写中，在对书写对象的人群分类时，不再拘泥于社会等级，书写者引入更多的视角，它们可能是按地域所作的分类，亦可能是习以为常地根据经验而起，换言之，当国家礼典正将庶人纳入礼文的书写对象时，家礼的书写者正在有意无意地模糊着礼制的等级观念，为家礼最终能承担起移风易俗的社会

①［宋］吕祖谦：《东莱吕太史别集》卷3《家范三·葬仪·及墓》，黄灵庚、吴战垒主编：《吕祖谦全集》第1册，第332页。
②［宋］吕祖谦：《东莱吕太史别集》卷3《家范三·葬仪·下棺》，黄灵庚、吴战垒主编：《吕祖谦全集》第1册，第333页。

功能提供了基础。

二、"文""本"之分:书写畛域的思考

如前文所言,家礼并非是一种类型化的文学体裁,对于那些以家庭成员行为规范、日常生活仪节等作为书写内容的士人来说,怎样来为文本命名或如何提出一种可能的指称,是一个难以弃置的问题。历史文献中给出了十分丰富的范例与经验,家礼、家仪、家训、家范、世范、书仪、家诫、家书、家法、乡约、训俗,或者以冠、婚、丧、祭等主题作为编目均是书写者的选择。不过,文献记载了名称,但没有解释书写者特别偏好某一种名目的缘由。

不仅如此,在后来者对这些文本进行分门别类时,意见亦颇为不一。以晁公武(1105—1180)《郡斋读书志》、尤袤(1127—1194)《遂初堂书目》、陈振孙(约1183—约1261)《直斋书录解题》三种宋代私修书录为例,这些文本主要列于儒家类、仪注类、杂家类等。其中,那些以家训、家诫、世范等为名的文本主要归入儒家类。例如,《郡斋读书志》将董正功《续家训》、司马光《家范》列入"儒家类"[①]。《遂初堂书目》亦将《胡氏传家录》、司马光《家范》、《吕氏童蒙训》、《子家子》、《程氏广训》、《林子诲语录》、吕祖谦《阃范》、刘清之《训蒙》、《女诫》等列为"儒家类"[②]。稍晚一些的陈振孙《直斋书录解题》则与两人稍有差别,他将部分以"训"为名的文本,例如汇集胡安国与学生问答之语与其子所录家庭之训的《胡氏传家录》、吕本中《童蒙训》列为"儒家类"。另有一些如叶梦得《石林家训》、程俱《程氏广训》、张时举《弟子职等五书》、李正公《续颜

①[宋]晁公武撰,孙猛校正:《郡斋读书志校证》卷10《儒家类》,上海:上海古籍出版社,2011年,第442—443页。

②[宋]尤袤:《遂初堂书目》,《丛书集成初编》,第17页。

氏家训》、袁采《袁氏世范》等则列入“杂家类”[①]。

仪注类中，《郡斋读书志》与附志中收录胡瑗《吉凶书仪》、朱熹《仪礼经传通经解续卷祭礼》、朱熹《家礼》《家礼附注》、吕大钧《吕氏乡约乡仪》、司马光《居家杂仪》[②]。《遂初堂书目》中则有《孙氏仲享仪》《司马氏书仪》《吕氏乡约乡仪》《六家祭仪》《高氏厚终礼》等[③]。《直斋书录解题》所收的书目数量及其信息的详细度明显超过前两者。包括：不著撰者《新定寝祀礼》、孙日用《孙氏仲享仪》、杜衍《杜氏四时祭享礼》、韩琦《韩氏古今家祭式》、张载《横渠张氏祭礼》、程颐《伊川程氏祭礼》、吕大防《吕氏家祭礼》、范祖禹《范氏家祭礼》、司马光《温公书仪》《居家杂礼》、吕大钧《吕氏乡约乡仪》、高闶《高氏送终礼》、《四家礼范》、《古今家祭礼》等。其中《四家礼范》《古今家祭礼》在《遂初堂书目》中也有载录，不过不入“仪注类”，而是入了“礼类”[④]。由于记载阙如，很难触及目录学家们在归类差异背后的思考理据，不过，有一点却是十分明确的，即，目录学家并没有建立起以书名作为归类方式的认知，比如将所有标为“家训”的书目划归为一类的做法，遑论还存在着将那些以“家训”命名的文本归入不同类型的事实。

十分有意味的是，如果放弃文本类型化的想法，在以礼型家、

---

①［宋］陈振孙撰，徐小蛮、顾美华点校：《直斋书录解题》卷9《儒家类》、卷10《杂家类》，第280、281、303、310、312、314页。按：《弟子职等五书》1卷，系漳州教授张时举以《管子·弟子职》篇、班氏《女诫》、吕氏《乡约》《乡礼》、司马氏《居家杂仪》合为一编（《直斋书录解题》卷10《杂家类》，第312页）。

②［宋］晁公武撰，孙猛校正：《郡斋读书志校证》卷8《仪注类》，赵希弁《读书附志》卷上《仪注类》，第329、1121—1122页。

③［宋］尤袤：《遂初堂书目》，《丛书集成初编》，第12页。

④［宋］尤袤：《遂初堂书目》，《丛书集成初编》，第3页。

以言诫家的文本主旨之下，无论是世范、家约、家训，还是家礼、乡约以及各家祭礼，不同名目下的书写其实均可视为同一类文本[①]。基于此，后人往往通过枚举一定数量的、具有相关属性的文本来彰显这一性质。清人陈宏谋（1696—1771）《训俗遗规》中辑录了宋代司马光《居家杂仪》、朱熹《增损吕氏乡约》、陆九韶《居家正本制用》、倪思《经锄堂杂志》、陈抟《心相编》、袁采《袁氏世范》，以及明清时期的遗嘱、驭下说、好人歌、戒子书、宗约会规、宗规、劝言、社约、劝孝歌、示子弟帖等等，对于他而言，这些文本在"训俗"的社会功能方面具有重要的作用，"贤有司苟能持此以化导，或就事指点，或因人推广，而士民众庶，翻阅之余，观感兴起，父诫其子，兄勉其弟，莫不群趋于善，而耻为不善之归。将见人心日厚，民俗日淳，讼日少而刑日清，用以仰副圣训于万一，是固日夕期之，而不敢不自勉者也"[②]。

同样，现代学者对待这类文本时，亦取其主旨来框定研究文本。例如，从讨论家族的角度出发，柳立言将家训、家诫、家范之类的文本泛称为"家法"，并提出由于失传、残缺不全或后人增损因而难复原貌之故，传世的宋代家法实际仅存十多种，在具体罗列这些家法时，柳先生又将包括范仲淹《义庄规矩》、包拯《家训》、司马光《家范》《书仪》、苏颂《魏公谭训》、叶梦得《石林家训》、吕本中《童蒙训》、赵鼎《家训笔录》、陆游《放翁家训》、陆九韶《居家正本》《居家制用》、刘清之《戒子通录》、吕祖谦《家范》、真德秀《教子斋

① 陆敏珍：《宋代家礼与儒家日常生活的重构》，《文史》2013 年第 4 辑。

②［清］陈弘谋：《五种遗规》之《训俗遗规》序，《四部备要》子部，上海：中华书局，1936 年影印本，第 55 页。

规》等以“宋代现存家范”为目列表以示[1]。显然，在他看来，家范、家训、书仪、蒙训、世范、戒子书等均是同一类型的文本。林春梅将家礼、家训称为“狭义的族规”，并分别给两种文本定义说，家礼是家庭仪节、家训则泛指任何形式上的教导、训诫、规则、约定等约束家庭组成人员的行为规范。她选择包含司马光《涑水家仪》《家范》、叶梦得《石林家训》、赵鼎《家训笔录》、袁采《袁氏家训》、朱熹《家礼》、刘清之《戒子通录》、陆游《放翁家训》、真德秀《真西山教子斋规》九种文本框定研究范围[2]。至于那些单取家训、家礼，或祭礼、婚礼文本所作的研究就更多。

后来者从各自的研究视域中去辑集这些文本时，背后的思想理据各有不同。不过，这一事实并不意味着宋代的书写者在给文本命名时存在着较大的随意性，又或者缺乏书写畛域的思考。在面对这一问题时，朱熹就颇有构建理论体系的目标，他讲：

> 凡礼有本有文。自其施于家者言之，则名分之守、爱敬之实者，其本也；冠婚丧祭仪章度数者，其文也。其本者有家日用之常礼，固不可以一日而不修；其文又皆所以纪纲人道之始终，虽其行之有时，施之有所，然非讲之素明，习之素熟，则其临事之际，亦无以合宜而应节，是以不可以一日而不讲且习焉者也。三代之际，《礼经》备矣。然其存于今者，宫庐器服之制、出入起居之节皆已不宜于世。世之君子，虽或酌以古今之

① 柳立言：《从赵鼎〈家训笔录〉看南宋浙东的一个士大夫家族》，收入氏著：《宋代的家庭和法律》，上海：上海古籍出版社，2008年，第153—154、202页。

② 林春梅：《宋代家礼家训的研究》，台北：花木兰文化出版社，2010年，第1、23页。

变,更为一时之法,然亦或详或略,无所折衷。至或遗其本而务其末,缓于实而急于文,自有志好礼之士,犹或不能举其要,而用于贫窭者,尤患其终不能有以及于礼也。熹之愚盖两病焉,是以尝独究观古今之籍,因其大体之不可变者而少加损益于其间,以为一家之书。①

作为《家礼》一书的序文,本身可供分析的思想层次较多,这里,我想指出以下三点:第一,朱熹关于礼"文"与礼"本"的两分法中,文与本并不是一组互相对立的概念,礼文并非是用来装饰礼本的,两者并没有先后之差,同是"不可一日而不修""不可一日而不讲且习焉"。第二,礼文与礼本是在与早先所形成的历史话语的对照中定义的,它是在三代礼经"不宜于世",世之君子"无所折衷",因而造成"遗其本""急于文"的历史事实中凸显出来的,文与本的区分不是为了对应于内在连贯、可以普遍化的形式规范而设计的,相反,它们是从实用的经验中以及相互对立的论争中塑造出来的,这种脉络使人很难把礼文与礼本当作一种写作方式来解释和审视。第三,朱熹将自己的书写塑造成对"遗其本而务其末""缓于实而急于文"这两组相互对立的做法的矫正。通观《家礼》一书,朱熹列冠、婚、丧、祭礼,此当为节文度数,同时他又将司马光《居家杂仪》列于"通礼"章,并注曰:

此章本在《昏礼》之后,今按此乃家居平日之事,所以正

① [宋]朱熹:《家礼》序,朱杰人等编:《朱子全书》第7册,第873页;[宋]朱熹:《晦庵先生朱文公文集》卷75《家礼序》,朱杰人等编:《朱子全书》第24册,第3626—3627页。

伦理笃恩爱者，其本皆在于此，必能行此，然后其仪章度数可有观焉，不然则节文虽具，而本实无取，君子所不贵也，故亦列于首篇，使览者知所先焉。①

朱熹认为，只有将“正伦理笃恩爱”的礼本与“冠婚丧祭仪章度数者”的礼文并列不废，“至其施行之际，则又略浮文、务本实”②，那么，就可以避免“好礼之士，犹或不能举其要，而用于贫窭者，尤患其终不能有以及于礼也”两种局面，如此一来，“仪章度数可有观焉”。

文与本并非是一组对立的概念，但个人书写时的侧重还是很明显的。如果说朱熹书写家礼时，以“详文略本”作为其处理手法的话，那么赵鼎《家训笔录》就是“详本略文”的代表了。

赵鼎《家训笔录》作于绍兴十四年（1144）③，他在序言中讲：

吾历观京洛士大夫之家，聚族既众，必立规式，为私门久远之法。今参取诸家简而可行者付之汝曹。④

①［宋］朱熹：《家礼》卷1《通礼·司马氏居家杂仪》，朱杰人等编：《朱子全书》第7册，第880页。

②［宋］朱熹：《家礼》序，朱杰人等编：《朱子全书》第7册，第873页；［宋］朱熹：《晦庵先生朱文公文集》卷75《家礼序》，朱杰人等编：《朱子全书》第24册，第3627页。

③ 关于此书的写作背景以及赵鼎家族的历史概况，参见柳立言：《从赵鼎〈家训笔录〉看南宋浙东的一个士大夫家族》，收入氏著：《宋代的家庭和法律》，第153—201页。

④［宋］赵鼎撰，李蹊点校：《忠正德文集》卷10《家训笔录》，上海：上海古籍出版社，2018年，第169页。

不过，在赵鼎的理解中，“为私门久远之法”而立的规式的重心不是冠婚丧祭等节文度数的礼文，而是“正人伦笃恩爱”的礼本。在他“参取诸家简而可行者”的礼书中，他特别提到了司马光的《家范》和《训俭》。《家训笔录》第一项：“前人遗训子孙，自有一书，并司马温公《家范》，可各录一本，时时一览，足以为法，不待吾一一言之。”第二十九项：“古今遗训子弟固有成书，其详不可概举，唯是节俭一事最为美行。司马文公《训俭文》，人写一本，以为永远之法。”① 当涉及具体礼文时，他对司马光颇有声名的《书仪》不置一词，在谈到祭祀和婚娶、婚嫁等话题时，不列仪章度数。《家训笔录》第二十三项讲：“应婚嫁，主家者主之，有故以次人主之。”除了规定主持人及费用度支外，关于礼文，赵鼎只是简单地讲：“主家者与本位子孙协力排办，务要如礼。”② 第二十五项中，他还提到：

> 应祭祀、忌日、旦望供养之物及礼数等，吾家自祖父以来相传皆有则例，人人能记，不必具载，亦不必增损。③

在赵鼎看来，仪章度数是一种家族传承，是家族成员日常生活的常识，不必具载，不必增损。赵鼎对参考用书以及他对礼仪内容的选择，如果放在朱熹关于礼文与礼本的话语中，我们可以很轻松地看到他对于礼本的注重，尽管他强调“必立规式，为私门久远之法”，但他所谓的规式显然并非礼之文，因此，他以“家训”来为这些私门久远之法命名。

---

①［宋］赵鼎撰，李蹊点校：《忠正德文集》卷 10《家训笔录》，第 169、171 页。
②［宋］赵鼎撰，李蹊点校：《忠正德文集》卷 10《家训笔录》，第 171 页。
③［宋］赵鼎撰，李蹊点校：《忠正德文集》卷 10《家训笔录》，第 171 页。

必须指出的是，赵鼎以“家训”来命名的文本，其主体内容强调“礼之本”，这一例子并不是说，那些以家训、家诫、家范命名的文本便一定专注于“礼之本”的书写，事实上，这些文本中包含有大量“礼之文”的内容。宋祁（998—1061）逝前所写《治戒》中，就有关于死后治丧、安葬的一系列安排。他讲：

> 吾殁，称家之有无以葬。敛用濯浣之衣、鹤氅裘、纱帽线履。三日棺，三月葬，谨无为流俗阴阳拘忌也。棺用杂木，漆其四会，三涂即止，使数十年足以厝吾骸，朽衣巾而已……掘冢深三丈，小为冢室，劣取容棺及明器。左置明水二盎，酒二缸。右置米麦二奁，朝服一称，私服一称，靴履自副。左刻吾志，右刻吾铭，即掩圹。惟简惟俭，无以金铜杂物置冢中……冢上植五株柏，坟高三尺，石翁仲他兽不得用……葬之日，以绘布缠棺四翣引，无作方相俑人、陈列衣服器用。①

宋祁陈述了小敛、葬日、择棺、墓室、明器等各项细节，俨然是一部关于丧礼的家书。陆游（1125—1210）《放翁家训》中所录的26条训文，近一半涉及了墓志铭撰写、棺材购置、丧礼仪式、墓木、守墓僧、居丧之礼等“礼之文”的内容②。

概而言之，朱熹关于礼文与礼本的区分，对于我们梳理并认识以家礼、家仪、家训、家范、世范、书仪、家诫、家书、家法、乡约等命名的文本具有重要的提示作用。同样，它也提醒着我们，在以家礼

---

①［宋］宋祁：《景文集》卷48《治戒》，《丛书集成初编》，北京：中华书局，1985年，第619—620页。

②［宋］陆游：《放翁家训》，《丛书集成初编》，北京：中华书局，1985年，第2—6页。

为名的研究中,应该如何去折衷礼文与礼本的材料取舍,因为,就书写者而言,即便有意于详讲礼文,亦不能失了对礼本的关注,否则便是朱熹所谓“节文虽具,而本实无取,君子所不贵也”[①]。

三、“礼之名数”:书写内容之架构与选择

至宋代,家礼的书写已拥有一定可依据的经验,在“回向三代”的文化语境中,从礼经的传统中汲取资源亦是一条可尝试的路径。对于这个时代的书写者而言,叙述礼的哲学基础的诉求要远远大过于对礼之名数的讨论,书写者在文本的内容架构上存在着多种选择,却并没有催生出构建新体系的想法。

历代家礼书写者尤其是唐人对祭礼的兴趣很可能成为宋人借鉴的经验。让我们仍从文本的角度去观察“祭礼为大”的观念如何落实于书写者的实际行动之中。《新唐书·艺文志》所列唐代几项家礼著述中,除了杨炯《家礼》外,其余均标目为祭礼,分别为:孟诜《家祭礼》、徐闰《家祭仪》、范传式《寝堂时飨仪》、郑正则《祠享仪》、周元阳《祭录》、贾顼《家荐仪》、卢弘宣《家祭仪》、孙日用《仲享仪》[②]。这些文本在宋人私修书目中亦有相关载录,在后世的流传中,其内容往往成为宋人讨论的话题,与此同时,专取祭礼的偏好也为宋代所继承。比如,朱熹曾与郑伯熊(1124—1181)商讨校版《家祭礼》的具体情况,其中提到:

> 《家祭礼》三策并上,不知可补入见版本卷中否?若可添入,即孟诜、徐润两家当在贾顼《家荐仪》之后,孟为第七,徐

①[宋]朱熹:《家礼》卷1《通礼·司马氏居家杂仪》,朱杰人等编:《朱子全书》第7册,第880页。

②[宋]欧阳修、宋祁:《新唐书》卷58《艺文志二》,第1491、1492页。

为第八，而递攒以后篇数，至《政和五礼》为第十一，而继以孙日用为第十二，乃以杜公《四时祭享仪》为第十三，而递攒以后，至范氏《祭仪》为第十九。又于后序中改"十有六"为"十有九"，仍删去"孟诜、徐润、孙日用"七字。①

现存宋人家礼文本中，祭礼所占比重甚多（参见表1—2）。一些士人在谈论撰作祭礼的原因时，均从当时社会礼学式微的情况讲起。礼部侍郎高闶〔生卒年不详，绍兴元年（1131）进士〕"患近世礼学不明，凶礼尤甚，尝著《厚终礼》"②。朱熹曾提到："横渠说'墓祭非古'，又自撰《墓祭礼》，即是《周礼》上自有了。"③

除了从前代书写中汲取经验之外，礼经中关于六礼与五礼的架构同样成为士人的选择。

所谓"六礼"，据《礼记·王制》讲："司徒修六礼以节民性，明七教以兴民德，齐八政以防淫，一道德以同俗。"之后，又讲："六礼，冠、婚、丧、祭、乡、相见。七教：父子、兄弟、夫妇、君臣、长幼、朋友、宾客。八政：饮食、衣服、事为、异别、度、量、数、制。"六礼与七教、八政共同构成了社会崇德、绌恶的基石。宋人对六礼进行解释时，直指六礼的行用对象，比如，司马光曾说："《王制》修六礼以节民性，冠、昏、丧、祭、乡、相见，此庶人之礼也。"④程颐就曾有以六

---

①［宋］朱熹：《晦庵先生朱文公文集》卷37《答郑景望》，朱杰人等编：《朱子全书》第21册，第1630页。

②［宋］李心传编撰，胡坤点校：《建炎以来系年要录》卷152，绍兴十四年秋七月甲戌条，北京：中华书局，2013年，第2869页。

③［宋］黎靖德编，王星贤点校：《朱子语类》卷90《礼七·祭》，第2313页。

④［宋］司马光：《温国文正司马公文集》卷72《策问十道》，《四部丛刊初编》，第9b页。

礼作为架构来书写礼的努力，他与学生的一段对话中，谈论过相关内容：

> 问："先生曾定六礼，今已成未？"曰："旧日作此，已及七分，后来被召入朝，既在朝廷，则当行之朝廷，不当为私书，既而遭忧，又疾病数年，今始无事，更一二年可成也。"……
>
> 冠昏丧祭，礼之大者，今人都不以为事。某旧曾修六礼（冠、昏、丧、祭、乡、相见），将就后，被召遂罢，今更一二年可成。家间多恋河北旧俗，未能遽更易，然大率渐使知义理，一二年书成，可皆如法。[①]

程颐虽以"冠昏丧祭，礼之大者"作为其制礼的标语，但在布局时，除了冠婚丧祭外，还将乡、相见礼亦一并纳入，显然，他依据《礼记》"六礼"而定下书写框架。之后，程颐"某旧尝修六礼""某尝修六礼"的表述也被人多所转录[②]。这段对话后还穿插着学生关于另一话题的询问："闻有《五经解》，已成否？"程颐谈到其中的礼书，声称："《礼》之名数，陕西诸公删定，已送与吕与叔，与叔今死矣，不知其书安在也？然所定只礼之名数，若礼之文，亦非亲作不可也。"[③]程颐强调礼文需亲作，同时，对自己所修的礼书期望颇大，他相信只要礼书完成，就可一改家中旧俗。不过，这本念兹在兹、

①《河南程氏遗书》卷18《刘元承手编》，[宋]程颢、程颐著，王孝鱼点校：《二程集》，第239—240页。

②[宋]真德秀：《西山读书记》卷11《父子》，景印文渊阁《四库全书》第705册，台北：台湾商务印书馆，1986年影印本，第347页。

③《河南程氏遗书》卷18《刘元承手编》，[宋]程颢、程颐著，王孝鱼点校：《二程集》，第239—240页。

"更一二年可成"的礼书，程颐究竟有没有完成，史书上却颇有争议。据陈亮（1143—1194）记载：

> 吾友陈傅良君举为余言："薛季宣士隆尝从湖襄间所谓袁道洁者游。道洁盖及事伊川，自言得《伊洛礼书》，欲至蜀以授士隆。士隆往候于蜀，而道洁不果来。道洁死，无子，不知其书今在何许。"伊川尝言："旧修《六礼》，已及七分，及被召乃止，今更一二年可成。"则信有其书矣。道洁之所藏近是，惜其书之散亡而不可见也。[1]

这段辗转的消息的可信度究竟如何，已不得详知。陈亮曾描述过他称为《伊洛遗礼》的礼书，"其可见者惟婚与丧祭仅存其一二"[2]，未知是否为同一礼书。尽管陈亮只能从程颐的只字片语中寻找佐证，礼书本身犹有存疑，但程颐以六礼来拟定家礼文本，则可能是事实。

所谓"五礼"，即吉、凶、宾、嘉、军，源于《周礼》[3]，隋唐以来成为官方礼典的基本框架模式[4]。北宋立国之初所颁行的《开宝通

①［宋］陈亮著，邓广铭点校：《陈亮集（增订本）》卷23《伊洛礼书补亡序》，北京：中华书局，1987年，第257页。

②［宋］陈亮著，邓广铭点校：《陈亮集（增订本）》卷25《书伊洛遗礼后》，第283页。

③《周礼·春官·大宗伯》所述五礼及其主要内容为："以吉礼事邦国之鬼神示；以凶礼哀邦国之忧；以宾礼亲邦国；以军礼同邦国，以嘉礼亲万民。"个别文字可能因所依版本而不同，此据［汉］郑玄注，［唐］贾公彦疏，彭林整理：《周礼注疏》，上海：上海古籍出版社，2010年，第646、663、666、669、670页。

④ 关于五礼制度化的过程，参见梁满仓：《魏晋南北朝五礼制度考论》，（转下页）

礼》本于唐《开元礼》,亦以五礼作为礼秩[①]。此后由朝廷所颁行的礼书多以五礼为叙述体例,礼官撰作的礼书大体亦不出此。仁宗天圣五年(1027),礼官王皞(?—约1064)所撰《礼阁新编》即是"类以五礼之目"[②]。英宗治平二年(1065),欧阳修等人所修《太常因革礼》虽只列吉、嘉、军、凶,但其构架明显是以五礼来定的。徽宗政和二年(1112),郑居中(1059—1123)等人编修完成、并于第二年颁行的《政和五礼新仪》,南宋孝宗淳熙十二年(1185),礼部修撰的《中兴礼书》(一名《太常中兴礼书》)等均以五礼作为叙礼框架。除上述几部礼书外,《宋史·艺文志》载录有张叔椿《五礼新仪》十五卷、庞元英《五礼新编》五十卷[③]。以五礼作为框架来写礼是十分普遍的选择。程颐的学生吕大临(1042—1090)"礼学甚精博",著有《编礼》三卷,"以《士丧礼》为本,取《三礼》附之,自始死至祥练,各以类分。其施于后学甚悉。尚恨所编者五礼中特凶礼而已"[④]。尽管礼文只涉丧礼,但言说者却是将之放入五礼的礼秩中去考量的。

不过,还有相当一部分书写者在选择礼书的框架时,各有兴趣,各有侧重。从日常生活秩序的角度,冠婚丧祭四礼是宋人不断强调的礼文内容,程颐讲:"冠昏丧祭,礼之大者。"[⑤]罗泌(1131—

(接上页)北京:社会科学文献出版社,2009年,第126—177页;杨志刚:《中国礼仪制度研究》,第156—176页。

①[元]马端临:《文献通考》卷187《经籍考十四》,第1597页。

②[宋]李焘:《续资治通鉴长编》卷105,仁宗天圣五年(1027)冬十月辛未条,北京:中华书局,2004年点校本,第2451页;[宋]王应麟:《玉海》卷69《礼仪·礼制下·天圣礼阁新编》,第1360页。

③[元]脱脱等:《宋史》卷204《艺文志三》,第5134、5135页。

④[宋]晁公武撰,孙猛校正:《郡斋读书志校证》卷2《礼类》,第80、81页。

⑤《河南程氏遗书》卷18《刘元承手编》,[宋]程颢、程颐著,王孝鱼点校:《二程集》,第240页。

1189）说："冠昏丧祭，此人道之大者也，自天子至庶人兵戈戮杀，亦不过此四者而已。"①何坦〔生卒年不详，淳熙五年（1178）进士〕亦称："冠昏丧祭，民生日用之礼，不可苟也。"②宋代专注于四礼的成果十分突出，著名的有司马光《书仪》、朱熹《家礼》，此二书在后世影响广泛（详见后文讨论）。除此之外，周端朝（1172—1234）有《冠婚丧祭礼》二卷，"集司马氏、程氏、吕氏礼"③。一些官员专门从国家礼典中撮要、辑录冠婚丧祭，编著礼书，比如，《直斋书录解题》记载有两本礼书：一为《政和五礼撮要》15 卷，约成书于绍兴年间（1131—1162），"有范其姓者为湖北漕，取品官、士庶冠昏、丧祭为一编，刻板学宫，不著名"④；一为《政和冠昏丧祭礼》15 卷，绍熙年间（1190—1194），礼官黄灏（生卒年不详）"请敕有司于《政和新议》和（内）掇取品官、庶人冠昏丧祭仪刊印颁降"，并建议"采司马光、高闶等书参订行之"⑤，不过，按陈振孙的解释，此书所掇取的不过是《政和五礼新仪》中的前 15 卷⑥。这两书均取自《政和五礼新仪》，但改五礼为冠婚丧祭四礼的叙礼构架。

除了四礼外，取冠婚丧祭其中二礼或三礼的书写框架并不鲜

①［宋］罗泌：《路史》后纪卷 9 下《高辛纪下》，《四部备要》，上海：中华书局，1936 年影印本，第 116 页。

②［宋］何坦撰，张剑光整理：《西畴老人常言・止弊》，上海师范大学古籍整理研究所编：《全宋笔记》第 6 编第 9 册，郑州：大象出版社，2013 年，第 23 页。

③［元］脱脱等：《宋史》卷 204《艺文志三》，第 5134 页。

④［宋］陈振孙撰，徐小蛮、顾美华点校：《直斋书录解题》卷 6《礼注类》，第 185 页。

⑤［宋］杜范：《杜清献公集》卷 19《黄灏传》，《宋集珍本丛刊》第 78 册，北京：线装书局，2004 年影印本，第 480 页。

⑥［宋］陈振孙撰，徐小蛮、顾美华点校：《直斋书录解题》卷 6《礼注类》，第 185 页。

见。许洞《训俗书》“述庙祭、冠笄之礼，而拜扫附于末”[①]，显然，作者专著于二礼而非铺展更多的礼文内容。淳熙三年（1176），张栻（1133—1180）将司马光、张载、程颐三人所订婚丧祭礼合为《三家昏丧祭礼》五卷，刻于桂林郡之学宫，他讲：

> 夫冠昏丧祭，人事之始终也。冠礼之废久矣，未能遽复也，今姑即昏、丧、祭三者而论之，幸而有如三公之说，其可不尽心乎！[②]

张栻同样从冠婚丧祭的重要性出发，但他在合三家之礼时，以“冠礼之废久矣，未能遽复”为由，仅合婚丧祭三礼，有意隐去冠礼。事实上，“冠礼之废久矣”“冠礼今不复议”“冠礼不行久矣”[③]等相类似的慨叹在宋人中较为常见，不过，虽然指出了冠礼的问题，但张栻在编写礼书时，却没有补阙的意思。然而，冠礼之废，并不等于可以忽略冠礼的重要性，“学，以礼为先，礼，以冠为先”[④]。因此，张栻将冠礼隐去时，朱熹就有一番疑问：

---

①［宋］陈振孙撰，徐小蛮、顾美华点校：《直斋书录解题》卷6《礼注类》，第185页。

②《新刊南刊先生文集》卷33《跋三家昏丧祭礼》，［宋］张栻著，杨世文点校：《张栻集》，第1275页。

③［宋］司马光：《司马氏书仪》卷2《冠仪·冠》，《丛书集成初编》，北京：中华书局，1985年，第19页；［宋］蔡襄著，吴以宁点校：《蔡襄集》卷22《国论要目·一曰兴治道·明礼》，上海：上海古籍出版社，1996年，第376页；［宋］熊禾：《重刊熊勿轩先生文集》卷3《虞彦忱字说》，《宋集珍本丛刊》第91册，北京：线装书局，2004年影印本，第297页。

④［宋］熊禾：《重刊熊勿轩先生文集》卷3《虞彦忱字说》，《宋集珍本丛刊》第91册，第297页。

> 顷年见钦夫刊行所编礼，止有婚、丧、祭三礼，因问之。曰："冠礼觉难行。"某云："岂可以难行故阙之！兼四礼中冠礼最易行，又是自家事，由己而已。"①

张栻从礼废、"未能遽复"的角度来讲冠礼之难行，而朱熹则从实际操作上来讲冠礼之易行。后来，张栻接受朱熹的批评，重申冠礼"乃人道之始，所系甚重"，亦是"久欲讲者"，只是"是时正欲革此间风俗，意中欲其便可奉行，故不觉疏略如此"②。不过，张栻以婚丧祭三礼作为其编礼的叙述框架，大约可以证明，宋代学者本着不同的理解，在写礼上的选择是相对自由的，并不存在完备的家礼之名数的概念。

表1-2　宋代家礼文本之制礼名数——以《宋史·艺文志》为例

礼之名数	书写者、编订者与文本	数量
祭礼	陈致雍《寝祀仪》 胡瑗《吉凶书仪》 孙日用《仲享仪》 杜衍《四时祭享仪》 韩琦《参用古今家祭式》 司马光《涑水祭仪》 张载《横渠张氏祭仪》 程颐《伊川程氏祭仪》 吕大防、吕大临《家祭仪》 吕大均《蓝田吕氏祭说》 范祖禹《祭仪》	

①［宋］黎靖德编，王星贤点校：《朱子语类》卷23《论语五·为政篇上·孟懿子问孝至子夏问孝章》，第562页。

②《新刊南轩先生文集》卷24《又答朱元晦》，［宋］张栻著，杨世文点校：《张栻集》，第1122页。

续表

礼之名数	书写者、编订者与文本	数量
	高闶《送终礼》 朱熹《二十家古今祭礼》 赵希苍《赵氏祭录》 《唐吉凶仪礼图》	
二礼	许洞《训俗书》	
三礼		
四礼	司马光《书仪》 朱熹《家礼》 朱熹《四家礼范》 周端朝《冠婚丧祭礼》 李宗思《礼范》	
五礼	张叔椿《五礼新仪》 庞元英《五礼新编》	
六礼		

资料来源：脱脱等：《宋史》卷204《艺文志三》，第5132—5137页。

第三节　过去的与现在的：文本编纂的理论

宋代士大夫在家礼书写中引入更多的写作惯例，这一趋向并不意味着他们将锐意革新书写理论，事实上，书写者对那些自古以来在制礼与用礼中从不间断的话题，诸如“礼与俗”“礼与时”等，并没有表现出宏大叙事与解释框架的需求，于他们而言，通过细腻的观察和具体的例证来展现他们对这些经典话题所持有的意见与态度，可能更具有操作性。除此以外，与时代学术相为激荡而重新焕发出勃勃生机的论题，比如“礼与理”这一命题，家礼书写者同样给予了相当多的关注。

一、礼与俗：时俗的从、徇、废

礼俗是一个古老的话题。《周礼·大宰》曰："以八则治都鄙。"其中，定第六则为"礼俗，以驭其民"，贾公彦（生卒年不详）疏曰："旧所常行者为俗。"郑玄（127—200）则在《周礼·土均》下注曰："礼俗，邦国都鄙民之所行，先王旧礼也。君子行礼不求变俗，随其土地厚薄，为之制丰省之节耳。"①

自汉代开始，学者从不同角度对礼俗以及与之相关的风俗等做出了新的定义与阐释。《淮南子》从构成礼俗的内外因素中去溯源，称："衣服礼俗者，非人之性也，所受于外也。"②王充（27—约97）则从历史视域来论礼与俗的对立，曰："礼俗相背，何世不然？"③荀悦（148—209）将"礼俗不一"与"位职不重，小臣谗嫉，庶人作议"等内容并列，以作为"衰国之风"的表征之一④。唐宋时期，礼俗是有关社会秩序讨论中的焦点，士大夫们对何谓俗、何谓礼、如何以之行用于社会等问题进行了多层次的剖析。比如，从阐释《周礼》"八则"中的"礼俗以驭其民"出发，吕大防（1027—1097）认为："庶民可参之以俗，士以上专用礼。"⑤吕祖谦则讲："礼俗不可分为两事……制而用之谓之礼，习而安之谓之俗……若礼

①［汉］郑玄注，［唐］贾公彦疏，彭林整理：《周礼注疏》卷2《天官冢宰·大宰》、卷17《地官司徒下·土均》，第41—42、583页。

②［汉］刘向著，许慎注：《淮南鸿烈解》卷11《齐俗训第十一》，《四部丛刊初编》，上海：商务印书馆，1929年影印本，第4页。

③［汉］王充：《论衡》卷30《自纪篇》，上海：上海人民出版社，1974年点校本，第452页。

④［汉］荀悦撰，龚祖培校点：《申鉴》卷1《政体第一》，沈阳：辽宁教育出版社，2001年，第3页。

⑤［宋］王应麟著，栾保群、田松青、吕宗力校点：《困学纪闻（全校本）》卷4《周礼》，第481页。

自礼，俗自俗，不可谓之礼俗。”① 逮至今日，研究者对于如何定义历史文献中的礼俗、风俗等词汇，如何以礼俗来通观中国文化与传统社会的历史进程同样富有兴趣②。

然而，就一本礼书而言，书写者对是否要加入礼俗概念的讨论以解决知识性问题，是否要留心不同时代礼俗概念的变化以及每种概念背后所掩盖或彰著的问题，是否要取用某种特别的礼俗概念以适用于自己的写作，显然难以一一企及。相对于理论上的提玄钩要，宋代家礼的书写者有着更为具体的落脚点。比如，吕大钧《乡约》中订有四约，分别为德业相劝、过失相规、礼俗相交、患难相恤，其中“礼俗不相成”为“过失相规”中的一种犯约之过，在“礼俗相交”中则称：

> 凡行婚姻丧葬祭祀之礼，礼经具载，亦当讲求。如未能遽行，且从家传、旧仪，甚不经者，当渐去之。③

换言之，以礼经、家传、书仪来量裁俗礼，是家礼书写者在礼俗

①［宋］吕祖谦：《东莱吕太史别集》卷1《家范一·宗法》，黄灵庚、吴战垒主编：《吕祖谦全集》第1册，第285页；亦见于［宋］王应麟著，栾保群、田松青、吕宗力校点：《困学纪闻（全校本）》卷4《周礼》，第481页。

② 现代学者关于礼俗的研究，既有断代的观察，亦有长时段的统观。前者可参见蔡锋：《先秦时期礼俗的发展历程及其界说》，《山西大学学报（哲学社会科学版）》1991年第3期；范荧：《试论宋代社会中的礼俗矛盾》，《民俗研究》1996年第2期。后者如，柳诒征：《中国礼俗发凡史》，《学原》1947年第1卷第1册；杨志刚：《礼俗与中国文化》，《复旦学报（社会科学版）》1990年第3期；［日］岸本美绪：《风俗与历史观》，《新史学》2002年第13卷第3期；何联奎：《中国礼俗研究》，台北：台湾中华书局，2017年。

③［宋］吕大钧：《乡约》，《丛书集成续编》第78册，上海：上海书店，1994年影印本，第881页。

相交中必须持有的基线，而在朱熹《增损吕氏乡约》中，这段叙述书写原则的文字被删除，代之以礼俗相交的四项具体仪式：一曰尊幼辈行，二曰造请拜揖，三曰请召送迎，四曰庆吊赠遗[①]。对于礼的书写者而言，在面对礼俗的话题时，其工作的重点在于如何细腻地洞察礼与俗之间的张力、叙述量裁的思考过程，并清晰地标示面对俗礼时所参用的从、徇、废等书写原则。

所谓从俗，是指直接将那些已在社会上流行的风俗与传统纳入礼文的书写之中。从俗可分梳出多种层次，不过，以书写者的视域来看，不外乎以下几种情况：

其一，当下所流行的俗礼中虽无明确礼文依据，却与制礼者所秉持的一些原则，诸如颇合礼意、礼文简易等相为契合，因而被纳入或经改造后进入家礼文本之中。颇合礼意是一个十分主观的判断，很多时候，书写者以礼文所要表达的情感来作为"从俗"与否的依据。比如，婚仪"亲迎"中的拜礼，司马光讲："古无壻妇交拜之仪，今世俗始相见交拜，拜致恭，亦事理之宜，不可废也。"[②]妇见舅姑"妇北向拜舅于堂下"注曰："古者拜于堂上，今恭也，可从众。"[③]丧仪"吊酹"中，司马光在"主人置杖，坐兀子，不设坐褥，或设白褥；茶汤至，则不执托子；宾退，释杖而送之"的礼文下注曰："此皆俗礼，然亦表哀素之心，故从之。"[④]因简单易行而被书写者归

①［宋］朱熹：《晦庵先生朱文公文集》卷74《增损吕氏乡约》，朱杰人等编：《朱子全书》第24册，第3597—3600页。

②［宋］司马光：《司马氏书仪》卷3《婚仪上·亲迎》，《丛书集成初编》，第36页。

③［宋］司马光：《司马氏书仪》卷4《婚仪下·妇见舅姑》，《丛书集成初编》，第39页。

④［宋］司马光：《司马氏书仪》卷5《丧仪一·吊酹赙襚》，《丛书集成初编》，第56页。

入“从俗”的礼文较易识别。比如,婚礼“亲迎”中的享送者,古礼规定繁琐且花费较多,《仪礼·士昏礼》有“舅飨送者以一献之礼,酬以束锦”“姑飨妇人送者,酬以束锦”的规定[①],司马光在书写时采用俗礼以作出简易处理:“主人以酒馔礼男宾于外厅,主妇以酒馔礼女宾于中堂,如常仪。”并在其下注曰:“古礼,明日舅姑乃享送者,今从俗。”[②]在“丧仪·魂帛”条下,司马光列举《士丧礼》《檀弓》以及《开元礼》中以“重”来主神的规定,然而,当时士民之家不用“重”而用“魂帛”,他认为:“魂帛亦主道也,礼,大夫无主者,束帛依神,今且从俗,贵其简易。”[③]

其二,某些时俗虽与礼经、礼典的记载相离相悖,然而,从书写者的视域来看,诸如称谓、器用等古今不同,以及知识传承过程中的断裂而导致古礼之不可行或时俗之不必易,因此,他们以“无如之何,且须从俗”来应对并书写这些俗礼。比如,某些称谓,虽为末俗,但约定俗成,更改不易。以书仪中常用的尊称“阁下”为例,司马光讲:“凡阁下,谓守黄阁者,非宰相不当也。而末俗竞以虚名相尊,今有谓宰相为阁下,则必怒以为轻,而今人非平交不可施矣。此无如之何,且须从俗。”[④]因知识传承断裂而不得已从俗的事例,可以朱熹关于丧礼“治葬”中择地的礼文取舍来加以说明。朱熹在“三月而葬,前期择地之可葬者”的礼文之下,先是引用了司马光所

---

①[汉]郑玄注,[唐]贾公彦疏,王辉整理:《仪礼注疏》卷5《士昏礼第二》,上海:上海古籍出版社,2008年,第131—132页。

②[宋]司马光:《司马氏书仪》卷3《婚仪上·亲迎》,《丛书集成初编》,第37页。

③[宋]司马光:《司马氏书仪》卷5《丧仪一·魂帛》,《丛书集成初编》,第54页。

④[宋]司马光:《司马氏书仪》卷1《私书·上书》,《丛书集成初编》,第6页。

观察到的择葬陋象，称："世俗信葬师之说，既择年月日时，又择山水形势，以为子孙贫富贵贱，贤愚寿夭，尽系于此，而其为术又多不同，争论纷纭，无时可决，至有终身不葬，或累世不葬，或子孙衰替，忘失处所，遂弃捐不葬者。"① 接着，又引程颐葬说，曰："卜其宅兆，卜其地之美恶也，非阴阳家所谓祸福者也。地之美，则其神灵安，其子孙盛。若培拥其根而枝叶茂，理固然美。地之恶者则反是。"② 行文最后，朱熹讲："愚按，古者葬地葬日皆决于卜筮，今人不晓占法，且从俗择之可也。"③ 至于今古异制，而不得不对古礼作出调整的从俗，其立足点在于古礼在历史时间中的因损，我们将在后文中举例说明。

所谓徇俗，或可视为是处于从俗与废俗之间的缓冲地带。在这一原则指导下，某些与古礼礼文、礼意相违的俗礼同样被纳入书写范畴，就结果而言，它与从俗并无差别，然而，对于书写者而言，其中所表现出的价值判断，却是相当含糊和模棱两可的。那些被采用的俗礼，既不似书写者在从俗原则下的认同或不得不认同的处理方式，也不像在废俗原则下的断然弃之或改之的状态，在这一思维空间里，书写者选择折衷俗礼以曲从附和。比如，按古礼，男子二十而冠，但司马光对比《左传》中晋悼公所谓十二可冠的说法后，称："今以世俗之弊，不可猝变，故且徇俗，自十二至二十皆许其

①［宋］朱熹：《家礼》卷 4《丧礼·治葬》，朱杰人等编：《朱子全书》第 7 册，第 915 页。司马光所述文字与此略有不同。参见［宋］司马光：《司马氏书仪》卷 7《丧仪三·卜宅兆葬日》，《丛书集成初编》，第 75 页。

②［宋］朱熹：《家礼》卷 4《丧礼·治葬》，朱杰人等编：《朱子全书》第 7 册，第 915 页。程颐葬说，见《河南程氏文集》卷 10《葬说并图》，［宋］程颢、程颐著，王孝鱼点校：《二程集》，第 622—623 页。文字略有不同。

③［宋］朱熹：《家礼》卷 4《丧礼·治葬》，朱杰人等编：《朱子全书》第 7 册，第 916 页。

冠。"[①] 又,据古礼,男年三十而娶,女二十而嫁,司马光所立的礼文则为"男子年十六至三十,女子十四至二十"。他在注文中细述其思考过程:

> 按《家语》:孔子十九,娶于宋之亓官氏……然则古人之娶,未必皆三十也……今令文:凡男年十五,女年十三以上,并听婚嫁,盖以世俗早婚之弊,不可猝革,又或孤弱,无人可依,故顺人情立此制,使不丽(罹)于刑耳。[②]

历史既已提供了不遵古礼的著名事例,当下的法令"顺人情而立制"的原则也表明了徇俗的必然性,因此,司马光将古礼嫁娶中的"男子三十,女子二十"的规定解读为"礼,盖言其极至者",三十与二十被视为"极数","过此则为失时矣"[③],如此一来,不但古礼礼文与世俗礼仪之间的不谐得以调和,他所制订的"男子十六至三十而娶,女子十四至二十而嫁"的礼文也有了合理的依据。

对那些不合礼意的今俗进行直接调整以曲从应和的例子也较多。比如,司马光在婚礼"亲迎·壻盛服"下注曰:"世俗新壻盛戴花胜,拥蔽其首,殊失丈夫之容体,必不得已,且随俗戴花一两枝、胜一两枚,可也。"[④] 不过,此条在朱熹《家礼》中则不再曲从,言:

---

①[宋]司马光:《司马氏书仪》卷2《冠仪·冠》,《丛书集成初编》,第19页。

②[宋]司马光:《司马氏书仪》卷3《婚仪上·婚》,《丛书集成初编》,第29页。

③[宋]司马光:《司马氏书仪》卷3《婚仪上·婚》,《丛书集成初编》,第29页。

④[宋]司马光:《司马氏书仪》卷3《婚仪上·亲迎》,《丛书集成初编》,第34页。

"世俗新婿带花胜，以拥蔽其面，殊失丈夫之容体，勿用可也。"① 又如，丧仪"碑志"条，司马光在注文中梳理了碑石、铭志的来历、功能及立于墓道、藏于圹中等安置形式，同时，也指出了借碑志褒赞功德、称颂闻名的社会心态，以至于出现了"巧言丽辞，强加采饰，功侔吕望，德比仲尼，徒取讥笑，其谁肯信"的情形，司马光引用隋文帝的话，称："欲名，一卷史书足矣，何用碑为，徒与人作镇石耳。"因此，他有意调整俗礼之弊，在"志石刻文"条下讲："今既不能免俗，其志文但可直叙乡里世家、官簿始终而已。"②

所谓废俗，即更改、不取或废除那些鄙俚不经、不合礼意的世俗习惯与传统。比如，司马光在"私书·谒诸官平状"条下，主张具书时只称"祇候"，他讲："世俗皆云谨祇候，按谨即祇也，语涉复重，今不取。"③ "居家杂仪"中则曰："古之贤女，无不观图史以自鉴，如曹大家之徒，皆精通经术，论议明正。今人或教女子以作歌诗，执俗乐，殊非所宜也。"因此，他订立的礼文为："女子亦为之讲解《论语》《孝经》及列女传、女戒之类，略晓大意。"④ 在丧仪"易服"条下，曰："礼，男子括发，妇人多髽，故于始死时，期丧以下，但

---

①［宋］朱熹：《家礼》卷3《昏礼·亲迎》，朱杰人等编：《朱子全书》第7册，第898页。

②［宋］司马光：《司马氏书仪》卷7《丧仪三·碑志》，《丛书集成初编》，第80页。借碑志褒赞的社会心态，南宋时期亦有人提及，称："近世行状、墓志、家传，皆出于门生故吏之手，往往文过其实，人多喜之，率与正史不合。"［宋］赵彦卫撰，傅根清点校：《云麓漫钞》，北京：中华书局，1996年，第134页。

③［宋］司马光：《司马氏书仪》卷1《私书·谒诸官平状》，《丛书集成初编》，第12页。

④［宋］司马光：《司马氏书仪》卷4《婚仪下·居家杂仪》，《丛书集成初编》，第45页。

去首饰，易华盛之服而已。世俗多忌讳，或为父则被左发，母则被右发，舅则被后左，姑则被后右，皆非礼，宜全被之。”① “魂帛”条下曰：“世俗或用冠帽衣履装饰如人状，此尤鄙俚，不可从也。”② “陈器·大轝”条下，司马光批评说：“今世俗信轝夫之言，多以大木为轝，务高盛大其华饰，至不能出入大门。纸为幡花，缤纷塞路，徒欲夸示观者。殊不知轝重，大门多触碍，难进退，遇峻隘有倾覆，彼轝夫但欲用人多，取厚直，岂顾丧家之利害耶？”③ 因此，他在注文中，主张大轝“宜用轻坚木为格”，“略设帷荒花头等，不必繁华高大”④。

必须指出的是，虽然我们通过条绪析缕、折解礼文的方式以呈现书写者从俗、徇俗与废俗的原则，事实上，在同一条礼文之下，往往多种思考并存。以五服制度为例，司马光讲：

> 世俗五服皆不缉，非也。礼惟斩衰不缉，余衰皆缉，必外向，所以别其吉服也。下俚之家，或不能备此衰裳之制，亦可随俗，且作粗布宽袖襕衫，然冠绖带不可阙也。古者妇人衣服相连，今不相连，故但随俗作布大袖及裙而已。齐衰之服……世俗皆服绢，是与缌麻无以异也。宋次道，今之练习礼俗者也。余尝问以齐衰所宜服。次道曰：当服布幞头、布襕衫、布

①［宋］司马光：《司马氏书仪》卷5《丧仪一·易服》，《丛书集成初编》，第49页。

②［宋］司马光：《司马氏书仪》卷5《丧仪一·魂帛》，《丛书集成初编》，第54页。

③［宋］司马光：《司马氏书仪》卷8《丧仪四·陈器》，《丛书集成初编》，第88页。

④［宋］司马光：《司马氏书仪》卷8《丧仪四·陈器》，《丛书集成初编》，第87页。

带。今从之。大功以下随俗，且用绢为之，但以四脚包头帕额别其轻重而已，此子思所谓"有其礼，有其财，无其时，君子弗行"者也。以俟后贤，庶谓厘正之耳。古者既葬，练、祥、禫皆有受服，变而从轻，今世俗无受服，自成服至大祥，其衰无变，故于既葬别为家居之服，是亦受服之意也。①

在这一翔实的注文中，司马光讲述取舍的思考过程与礼文构思中的各种因素，它既有因贫者而调整的礼文，又有采自礼家的建议；既有今古异制下的随俗，又有将世俗礼仪归入古礼解释范畴的尝试。然而，在随俗、从俗之外，书写者所坚持的那些彰显礼意的仪文则绝不容许轻慢或忽略，就如上引文中所言，"不缉，非也"，因此，下俚之家可以随俗"作粗布宽袖襕衫"为衰裳之制，然而，"冠绖带不可阙也"。

二、礼与时：古礼的因、损、益

宋代，特别是在仁宗时期，"回向三代"的文化理想盛行于士大夫之间②，与之相应，"复三代之礼"亦成为其中诉求。程颢（1032—1085）、司马光讨论张载谥号时，司马光就以此作为焦点，曰："惟子厚平生用心，欲率今世之人，复三代之礼者也。"③不过，礼作为符号的表达与作为社会秩序的措置并非是同一层面的话

①［宋］司马光：《司马氏书仪》卷6《丧仪二・五服制度》，《丛书集成初编》，第69页。

② 参见余英时：《朱熹的历史世界：宋代士大夫政治文化的研究》，北京：生活・读书・新知三联书店，2004年，第190—198页。

③［宋］司马光：《司马文正公传家集》卷63《答程伯淳书》，万有文库《国学基本丛书》，上海：商务印书馆，1937年影印本，第775页；亦见［宋］张载著，章锡琛点校：《张载集》附录《司马光论谥书》，第387页；（转下页）

题，三代之礼是否可行于今？如何行于今？不同学者提出了不同的见解与方案。

一些以复礼为己任的人往往在日常生活中自觉践行古礼。《倦游杂录》记曰：福州人陈烈，"博学不循时态，动遵古礼，蔡君谟居丧于莆田，烈往吊之，将至近境，语门人曰：'《诗》不云乎：凡民有丧，匍匐救之。今将与二三子行此礼。'于是乌巾栏鞹，行二十余里，望门以手据地膝行，号恸而入孝堂，妇女望之皆走，君谟匿笑受吊，即时李遘画匍匐图"①。遵复古礼的陈烈，动静之间循古行礼，却产生了适得其反的作用。

另一些学者则走向反面，认为"三代之礼不可行于今"。比如，朱翌（1097—1167）讲：古礼礼文虽存于文本，但古今异制，古礼"于今不协"，今制又"皆不合于古"，加之古人于礼"未尝顷刻废也，此身此心，日夜往来乎规矩法度之中"，与此相对的是，"今之人吉凶军宾嘉礼未尝少留意，忽一日家有变故，乃欲使之周旋于此，必已为大苦矣，是以不能行也。荒迷之中，一旦强之，必有可笑，此事又不可预使之习仪，且男子行之可也，妇人女子如之何？一旦仓卒喻之，使如礼乎？"因此，在他看来，那些所谓遵古礼者，不过是"区区泥古之文，非圣人意也"②。

相对而言，大多数学者主张采用折衷的做法，认为复三代之礼并非是刻板地依礼经复原，而应"仿三代之礼意"，对礼文作出损

（接上页）［宋］王偁：《东都事略》卷114《儒学传九十四》，赵铁寒主编：《宋史资料萃编》第1辑，台北：文海出版社，1979年影印本，第1763页。

①［宋］张师正撰，李裕民整理：《倦游杂录》卷2《匍匐图》，上海师范大学古籍整理研究所编：《全宋笔记》第8编第9册，郑州：大象出版社，2017年，第210页。

②［宋］朱翌：《猗觉寮杂记》卷上，《丛书集成初编》，北京：中华书局，1985年，第38页。

益[1]。张载讲："礼但去其不可者，其他取力能为之者。"[2]同时，他又提醒礼文的书写者与实践者，"大凡礼不可大段骇俗，不知者以为怪，且难之，甚者至于怒之疾之。故礼亦当有渐，于不可知者，少行之已为多矣，但不出户庭亲行之可也，毋强其人为之"[3]。程颐则指出："行礼不可全泥古，须当视时之风气自不同，故所处不得不与古异。如今人面貌，自与古人不同。若全用古物，亦不相称。虽圣人作，须有损益。"[4]

司马光《书仪》中虽未明确以"损益"两字立说，却在订立、解释礼文时，使用了诸如"从简""从易""从便""从宜""从俗"等词汇，具体演绎了"损益"之说。比如，因古今异制而对古礼做出的调适便随处可见。冠礼"执事者设盥盆于厅事"条下，司马光解释说："古礼，谨严之事，皆行之于庙，故冠亦在庙。今人既少家庙，其影堂亦褊隘，难以行礼。但冠于外厅，笄在中堂，可也。《士冠礼》设洗，直于东荣，南北以堂深，水在洗东。今私家无罍洗，故但用盥盆帨巾而已。"[5]冠礼用旨酒，则说："古者冠用醴，或用酒。醴则一献，酒则三醮。今私家无醴，以酒代之，但改醴辞'甘醴惟厚'为'旨酒既清'耳，所以从简。"[6]丧礼"沐浴饭含"条下，司马光讲：

---

① 关于宋儒从复三代之礼到仿三代之礼意的演变，参见陆敏珍：《宋代家礼与儒家日常生活的重构》，《文史》2013 年第 4 辑。

②《张子语录 · 语录上》，《拾遗 · 性理拾遗》，[宋]张载著，章锡琛点校：《张载集》，第 315、375 页。

③《张子语录 · 语录上》，[宋]张载著，章锡琛点校：《张载集》，第 312 页。

④《河南程氏遗书》卷 2 上《元丰己未吕与叔东见二先生语》，[宋]程颢、程颐著，王孝鱼点校：《二程集》，第 22 页。

⑤[宋]司马光：《司马氏书仪》卷 2《冠仪 · 冠》，《丛书集成初编》，第 20 页。

⑥[宋]司马光：《司马氏书仪》卷 2《冠仪 · 冠》，《丛书集成初编》，第 22—23 页。

"古者沐浴及饭含皆在牖下，今室堂与古异制，故于所卧床前置之，以从宜也。"① "小敛"条下，又曰："古者小敛席于户内，设床第于两楹之间。既敛，移于堂。今堂室之制异于古，且从简易，故小敛亦于中间。"② 在宋代家礼中占有十分重要地位的深衣，《书仪》中讲："深衣之制，用细布。"其下注曰：

> 古者深衣用十五升布，锻濯灰治，八十缕为升，十五升者，以一千二百缕为经也。锻濯，谓打洗，灰治，以灰治之，使和熟也。今人织布不复知有升数，衣布者亦不复练，但用布之细密软熟者可也。③

除却制法不一，材质上的变化也要求对古礼进行调适。深衣制度中用"黑履白缘，夏用缯，冬用皮"，司马光注曰："古者，夏葛屦，冬皮屦，今无以葛为屦者，故从众。"④ 又如，左右之俗的今古异制，《书仪》婚仪"亲迎"下讲："古者，同牢之礼，壻在西，东面；妇在东，西面。盖古人尚右，故壻在西，尊之也。今人既尚左，且须从俗。"⑤

---

①［宋］司马光：《司马氏书仪》卷5《丧仪一·沐浴饭含袭》，《丛书集成初编》，第50页。

②［宋］司马光：《司马氏书仪》卷5《丧仪一·小敛》，《丛书集成初编》，第59页。

③［宋］司马光：《司马氏书仪》卷2《冠仪·深衣制度》，《丛书集成初编》，第25页。

④［宋］司马光：《司马氏书仪》卷2《冠仪·深衣制度》，《丛书集成初编》，第28页。

⑤［宋］司马光：《司马氏书仪》卷3《婚仪上·亲迎》，《丛书集成初编》，第36页。必须指出的是，司马光在此只是对古俗作简单阐述，事实上，（转下页）

除了“古今异制”因而必须对古礼做出损益之外，司马光还为不同群体删选“从简”“从易”“从便”“从宜”的礼文，使之更具操作性。比如，冠礼“遣人戒宾”条下，司马光说：“《士冠礼》：主人自戒宾宿宾，今欲从简，但遣子弟若童仆致命。”“宿宾”条下讲：“古文：宿赞冠者一人，今从简，但令宾自择子弟亲戚习礼者一人为之，前夕，又有请期告期，今皆省之。”① 再如，冠礼“拜谢”条下，司马光讲：根据《士冠礼》，酬宾时需燕饮宾客，并酬之以束帛、俪皮等财货，“今虑贫家不能办，故务从简易”②。丧礼“陈小敛衣”条下，讲：“古者士袭衣三称，大夫五称，诸侯七称，公九称。小敛，尊卑通用十九称；大敛，士三十称，大夫五十称，君百称。此非贫者所办也，今从简易，袭用衣一称，小、大敛，则据死者所有之衣，及亲友所襚之衣，随宜用之。若衣多，不必尽用也。”③ “启殡”条下，司马光订礼文为“五服之亲皆来会，各服其服”，他解释说，自启殡起，按古礼，五服之亲皆不冠，又据《开元礼》，“主人及诸子皆去冠绖，以邪巾帕头”，但司马光认为：“不冠而袒免，恐其惊俗，故但各服其服而已。”④ 对于这一措制，吕祖谦则有不同见解，他说：“若从古礼，使

（接上页）尚左尚右并不能作如此今、古判然两分。朱熹在回答学生“左右必竟孰为尊”的问题时，特意作长时段的观察，认为历史时期先以右为尊，后又以左为尊；又说，左右之俗也因礼仪不同而迥异，比如，丧事尚左、吉事尚右（［宋］黎靖德编，王星贤点校：《朱子语类》卷91《礼八·杂仪》，第2334页）。今人关于古礼中的左右研究，参见彭美玲《古代礼俗左右之辨研究——以三礼为中心》，台北：台大出版中心，1997年。

①［宋］司马光：《司马氏书仪》卷2《冠仪·冠》，《丛书集成初编》，第20页。

②［宋］司马光：《司马氏书仪》卷2《冠仪·冠》，《丛书集成初编》，第23页。

③［宋］司马光：《司马氏书仪》卷5《丧仪一·小敛》，《丛书集成初编》，第58页。

④［宋］司马光：《司马氏书仪》卷7《丧仪三·启殡》，《丛书集成初编》，第82页。

五服之亲皆不冠而袒免，诚为骇俗。若从《书仪》，则人子于启殡动柩之际，其服略无所变，亦未安。今参酌，惟主人及众主人变服。免之制，虽郑康成亦云未闻，故止从《开元礼》。"①

如果说司马光是损益古礼的实践者，那么，朱熹则可以视为损益理论的构建者。立足于"礼，时为大"的原则，朱熹从古礼之繁、古礼难行的角度反复强调损益之说。他讲：

> "礼，时为大。"使圣贤用礼，必不一切从古之礼。疑只是以古礼减杀，从今世俗之礼，令稍有防范节文，不至太简而已。②
>
> "礼，时为大。"有圣人者作，必将因今之礼而裁酌其中，取其简易易晓而可行，必不至复取古人繁缛之礼而施之于今也。古礼如此零碎繁冗，今岂可行！亦且得随时裁损尔。③
>
> 古礼于今实难行。尝谓后世有大圣人者作，与他整理一番，令人甦醒，必不一一尽如古人之繁，但放古之大意。④
>
> 古礼难行。后世苟有作者，必须酌古今之宜。⑤

---

①[宋]吕祖谦：《东莱吕太史别集》卷3《家范三·葬仪·启殡》，黄灵庚、吴战垒主编：《吕祖谦全集》第1册，第318页。

②[宋]黎靖德编，王星贤点校：《朱子语类》卷84《礼一·论修礼书》，第2185页。

③[宋]黎靖德编，王星贤点校：《朱子语类》卷84《礼一·论考礼纲领》，第2178页。

④[宋]黎靖德编，王星贤点校：《朱子语类》卷84《礼一·论考礼纲领》，第2178页。

⑤[宋]黎靖德编，王星贤点校：《朱子语类》卷84《礼一·论考礼纲领》，第2178页。

不论是圣贤、圣人、作者、后世大圣人，其作礼与用礼均需“因今之宜”“取其简易”，将古礼随时裁损。同时，朱熹也对自己的学生强调：“居今而欲行古礼，亦恐情文不相称，不若只就今人所行礼中删修，令有节文、制数等威足矣。”① 古礼与今礼相互参看以制订礼文，才是可行的方案。不过，损益古礼虽被多数人所认同，但损益所呈现的实际效果却有待商榷。朱熹讲：

> 三代之际，《礼经》备矣。然其存于今者，宫庐器服之制、出入起居之节皆已不宜于世。世之君子，虽或酌以古今之变，更为一时之法，然亦或详或略，无所折衷。至或遗其本而务其末，缓于实而急于文，自有志好礼之士，犹或不能举其要，而用于贫窭者，尤患其终不能有以及于礼也。②

遗本务末，急于文而礼不能为贫者所及，显然就失了为今制礼的本意。因此，损益古礼，除了参酌古今之变的观察之外，还需要有强烈的价值关怀。

借助于前人的论证，朱熹逐步将损益古礼理论化。首先，他通过三代之礼的历史传承来论证损益的合法性。程颐曾提出：“礼，时为大，须当损益。夏、商、周所因损益可知，则能继周者亦必有所损益。”③ 朱熹则进一步细化之，说：

①［宋］黎靖德编，王星贤点校：《朱子语类》卷84《礼一·论考礼纲领》，第2177页。

②［宋］朱熹：《家礼》序，朱杰人等编：《朱子全书》第7册，第873页；亦见于［宋］朱熹：《晦庵先生朱文公文集》卷75《家礼序》，朱杰人等编：《朱子全书》第24册，第3626—3627页。

③《河南程氏遗书》卷15《入闽语录》，［宋］程颢、程颐著，王孝鱼点校：《二程集》，第146页。

> 周公制成周一代之典,乃视夏商之礼而损益之。故三代之礼,其实则一,但至周而文为大备,故孔子美其文而从之。①

周公损益夏商之礼,是后代对前代的相参,这并不是说夏、商、周的礼文自为序列,事实上,三代之礼实则为一,因此当善继周者损益周代之礼而礼文为之大备时,这一后出之礼亦应视为三代之礼的有机组成部分。这样,损益古礼不只是由古及今的一种传统,同时,它还使得后世据时而作的损益与具有理想意义的"三代"建立了连续性。

其次,朱熹细化了损益理论,将之演绎为"因损益"。前引张载所说"礼但去其不可者",程子则谓:"学礼者考文,必求先王之意,得意乃可以沿革。"② 朱熹也讲:"圣人有作,古礼未必尽用。须别有个措置,视许多琐细制度,皆若具文,且是要理会大本大原。"③ 不过,"损益"这一过于浅白的言说框架显然没能涵盖"不可去之礼""求先王之意""理会大本大原"等义,因此,朱熹根据孔子所说的"殷因于夏礼,所损益,可知也;周因于殷礼,所损益,可知也",将"损益"表达为"因损益"。在他看来,三代之礼中既有所因之礼,也有所损益之礼,"所因之礼,是天做底,万世不可易;所损益之礼,是人做底,故随时更变。所因,谓大体;所损益,谓文为制度,那

---

①[宋]黎靖德编,王星贤点校:《朱子语类》卷25《论语七·八佾篇·周监于二代章》,第622页。

②《河南程氏遗书》卷2上《元丰己未吕与叔东见二先生语》,[宋]程颢、程颐著,王孝鱼点校:《二程集》,第23页。

③[宋]黎靖德编,王星贤点校:《朱子语类》卷84《礼一·论考礼纲领》,第2179页。

大体是变不得底”[①]。而且，在“因损益”中，“‘因’字最重”。他在评价学生关于“损益”的讨论时，特别指出：

> 这一段，诸先生说得“损益”字，不知更有个“因”字不曾说。“因”字最重。程先生也只滚说将去。三代之礼，大概都相因了。所损也只损得这些个，所益也只益得这些个，此所以“百世可知”也。且如秦最是不善继周，酷虐无比。然而所因之礼，如三纲、五常，竟灭不得。马氏注：“所因，谓三纲、五常；损益，谓质、文三统。”此说极好。[②]

朱熹提醒学生注意言说“损益”的方式，被许多人所忽视的“因”字，即便是像程颐这样的学者，也未能足够清晰地阐释其中意旨。他盛赞马融《论语·子张问十世可知也》的注文，强调损益必须以所因为根本。事实上，关于“三代之礼一也”以及礼之所因，《礼记·礼器》就提到：“三代之礼一也，民共由之，或素或青，夏造殷因。”黄震（1213—1280）曾将之解释为：“或素或青，言质文之相变，夏造殷因，言前后之相承。”[③]但朱熹在系统化“因损益”的理论时，并没有参照《礼记》，立论的背后可能有其思考的背景[④]，不过，他希望从内核去解释“因”字，为家礼书写注入了新的思考。

---

①［宋］黎靖德编，王星贤点校：《朱子语类》卷24《论语六·为政篇下·子张问十世可知章》，第595页。

②［宋］黎靖德编，王星贤点校：《朱子语类》卷24《论语六·为政篇下·子张问十世可知章》，第598页。

③［宋］黄震：《黄氏日抄》卷18《读礼记五·礼器第十》，景印文渊阁《四库全书》第707册，台北：台湾商务印书馆，1986年影印本，第531页。

④参见陆敏珍：《标签与去标签：黄震〈读礼记〉发微》，《浙江社会科学》2020年第5期。

三、礼与理:作为认识论的命题

礼与俗、礼与时是家礼书写者必然涉及的领域,前者对话当下的社会事实,后者面对过去的礼文资料,因而书写者必须在这两个领域内对礼文做出调适与损益。与这两者不同的是,"礼与理"更像是一个关于家礼书写认识论的问题,目的在于书写者对他打算进入的话题、处理的材料以及写礼的行为有所理解,而非具体的礼文。

礼与理同样是一个亘古的命题。《礼记》载孔子的话:"礼也者,理也。"当宋儒拈出"天理"两字,使之成为新儒家的核心词汇时[①],以天理来讲礼成为必然路径。程颢在释读"恭而无礼则劳"时,讲:

> 恭者私为恭之恭也,礼者非体之礼,是自然底道理也。只恭而不为自然底道理,故不自在也。须是恭而安。今容貌必端,言语必正者,非是道独善其身,要人道如何,只是天理合如此。本无私意,只是个循理而已。[②]

天理与人道虽作两端分立,但礼并非只是外在的行为规范,而是天地秩序自然的体现。朱熹则从多角度来阐发这一问题。他讲:

> "天叙有典,自我五典五敦哉!天秩有礼,自我五礼五庸

① 关于两宋儒者对天理的论证与把握,参见[美]包弼德著,刘宁译:《斯文:唐宋思想的转型》,南京:江苏人民出版社,2000年,第314—358页;何俊:《南宋儒学建构》,上海:上海人民出版社,2004年,第125—150页。

②《河南程氏遗书》卷2上《元丰己未吕与叔东见二先生语》,[宋]程颢、程颐著,王孝鱼点校:《二程集》,第34页。

哉！”这个典礼，自是天理之当然，欠他一毫不得，添他一毫不得。惟是圣人之心与天合一，故行出这礼，无一不与天合。其间曲折厚薄浅深，莫不恰好。这都不是圣人白撰出，都是天理决定合著如此。后之人此心未得似圣人之心，只得将圣人已行底，圣人所传于后世底，依这样子做。做得合时，便是合天理之自然。①

朱熹引用《尚书·皋陶谟》“天叙有典”“天秩有礼”来论证天理与礼，将礼称为天理之当然，在他看来，所有的仪文度数，所谓“礼仪三百，威仪三千”，“不是强安排，皆是天理之自然”②。如果说天理是礼之体的话，那么，人事便是礼之用了，在朱熹看来，“天下皆有当然之理……但此理无形无影，故作此礼文，画出一个天理与人看，教有规矩可以凭据”③，因此他说：“礼者，天理之节文，人事之仪则也。”在向学生解读《论语》时，朱熹将其中所涉及的礼的内容，不厌其烦地以此来释读。比如，《学而》“礼之用，和为贵”章注云：“礼者，天理之节文，人事之仪则也。”《为政》“生，事之以礼；死，葬之以礼，祭之以礼”章注云：“礼，即理之节文也。人之事亲，自始至终，一于礼而不苟，其尊亲也至矣。”《颜渊》“克己复礼为仁”章注云：“礼者，天理之节文也。为仁者，所以全其心之德也。盖心之全德，莫非天理，而亦不能不坏于人欲。故为仁者必有以胜

①［宋］黎靖德编，王星贤点校：《朱子语类》卷84《礼一·论后世礼书》，第2184页。

②［宋］黎靖德编，王星贤点校：《朱子语类》卷74《易十·上系上·右第六章》，第1908页。

③［宋］黎靖德编，王星贤点校：《朱子语类》卷42《论语二十四·颜渊篇下·仲弓问仁章》，第1079页。

私欲而复于礼,则事皆天理,而本心之德复全于我矣。”①

当朱熹以“天理之节文”来释礼时,学生以同样的命题来发问。有学生问:“礼者,天理之节文;乐者,天理之和乐。仁者,人心之天理。人心若存得这天理,便与礼乐凑合得着,若无这天理,便与礼乐凑合不着。”朱熹答曰:“固是。若人而不仁,空有那周旋百拜,铿锵鼓舞,许多劳攘,当不得那礼乐。”有学生问“克己复礼”之工夫时,朱熹讲:“礼者,天理之节文,起居动作,莫非天理。起居动作之间,莫不浑全是礼,则是仁。若皆不合节文,便都是私意,不可谓仁。”② 朱熹对这些问题,或认可,或补充,或作更进一步阐释,说:“礼是那天地自然之理。理会得时,繁文末节皆在其中。‘礼仪三百,威仪三千’,却只是这个道理。千条万绪,贯通来只是一个道理……盖为道理出来处,只是一源。散见事物,都是一个物事做出底。一草一木,与他夏葛冬裘,渴饮饥食,君臣父子,礼乐器数,都是天理流行,活泼泼地。”③

既然可以天理来释礼,是否意味着天理便可取代礼的概念?从天理中分出一个礼字,其指向又是什么?学生就这一问题求教于朱熹:

又问:“所以唤做礼,而不谓之理者,莫是礼便是实了,有

①[宋]朱熹:《四书章句集注·论语集注》卷1《学而第一》《为政第二》、卷6《颜渊第十二》,朱杰人等编:《朱子全书》第6册,上海:上海古籍出版社、合肥:安徽教育出版社,2002年,第72、76、167页。

②[宋]黎靖德编,王星贤点校:《朱子语类》卷25《论语七·八佾篇·人而不仁如礼何章》、卷41《论语二十三·颜渊篇上·颜渊问仁章》,第604、1046页。

③[宋]黎靖德编,王星贤点校:《朱子语类》卷41《论语二十三·颜渊篇上·颜渊问仁章》,第1049页。

准则，有着实处？”曰：“只说理，却空去了。这个礼，是那天理节文，教人有准则处。”①

为什么说理是空了去的，说礼便是实了？朱熹解释说：“礼即理也，但谓之理，则疑若未有形迹之可言；制而为礼，则有品节文章之可见矣。”②形式上，礼与理虽可视为实与空的相互对立，但实质上，两者必须作为一体之两面来对待，不能悬空说理，亦不能空着说礼。因此，当尹焞（1071—1142）以“去人欲则复天理”来释读程子“礼即理也”的命题时，朱熹认为这一解释已然“失程子之意”，他讲：“某之意，不欲其只说复理而不说‘礼’字。盖说复礼，即说得着实；若说作理，则悬空，是个甚物事？”③

宋儒强调礼即是理，但两者在认识论上却需要分别先后。张载讲：

盖礼者理也，须是学穷理，礼则所以行其义，知理则能制礼，然则礼出于理之后。④

在理礼的序列上，张载认为，先理后礼，知理方能制礼。而后者显然是一个关于思想与行动的话题。依据理先礼后的原则，张载希

①［宋］黎靖德编，王星贤点校：《朱子语类》卷41《论语二十三·颜渊篇上·颜渊问仁章》，第1048页。

②［宋］朱熹：《晦庵先生朱文公文集》卷60《答曾择之》，朱杰人等编：《朱子全书》第23册，第2893页。

③［宋］黎靖德编，王星贤点校：《朱子语类》卷41《论语二十三·颜渊篇上·颜渊问仁章》，第1065页。

④《张子语录·语录下》，［宋］张载著，章锡琛点校：《张载集》，第326—327页。

望去解决礼学传承中的断裂问题,他讲:

> 今礼文残缺,须是先求得礼之意然后观礼,合此理者即是圣人之制,不合者即是诸儒添入,可以去取。今学者所以宜先观礼者类聚一处,他日得理,以意参校。①

在历史的演进中,礼文残缺可能是常态,却并不意味着礼学的必然衰落。在"理先礼后"的认识中,校礼者与制礼者可以先通过求得礼文之意,再以合理、得理作为自己的行动基础,从而去取、参校礼文以复古礼之原貌。同样,"理先礼后"也是学礼者的前提。二程讲:"学礼者考文,必求先王之意,得意乃可以沿革。"② 朱熹同样强调理先礼后的说法:

> 礼学是一大事,不可不讲,然亦须看得义理分明,有余力时及之乃佳。不然,徒弊精神,无补于学问之实也。③

在概念上,礼即理也,但在知识的学习中,把握节文度数的细节,不过是"徒弊精神",学礼者"看礼书,见古人极有精密处,事无微细,各各有义理"才是其中的境界,而这一读书境界,"又须自家工夫到,方看得古人意思出。若自家工夫未到,只见得度数文为

①《张子语录·语录下》,[宋]张载著,章锡琛点校:《张载集》,第327页。

②《河南程氏遗书》卷2上《元丰己未吕与叔东见二先生语》,[宋]程颢、程颐著,王孝鱼点校:《二程集》,第23页。

③[宋]朱熹:《晦庵先生朱文公文集》卷59《答陈才卿》,朱杰人等编:《朱子全书》第23册,第2848页。

之末，如此岂能识得深意”[①]。理先礼后是学礼者获得真知的要旨，同样也是有意教授礼学之人必须坚守的原则。曾有学生向朱熹问《周礼》，他答曰：

> 不敢教人学。非是不可学，亦非是不当学，只为学有先后，先须理会自家身心合做底，学《周礼》却是后一截事。而今且把来说看，还有一句干涉吾人身心上事否？[②]

当理先礼后落实于礼学知识传授的具体行动之时，它所分析和揭示的当然不是学习本身，而是对学习者那些不明言的“自家身心合做底”的行为考量。而明理方能知礼的设定也为家礼的书写者抹上了不一样的色彩，他是明理者、知礼者、制礼者，最后，他还需要对制礼的愿景作出回答。让我们借用程颐的话来给家礼书写者的这一认识论作个总结，他讲：“举礼文，却只是一时事。要所补大，可以风后世，却只是明道。”[③]

---

①［宋］黎靖德编，王星贤点校：《朱子语类》卷84《礼一·论修礼书》，第2186页。

②［宋］黎靖德编，王星贤点校：《朱子语类》卷86《礼三·周礼·总论》，第2203页。

③《河南程氏遗书》卷15《入关语录》，［宋］程颢、程颐著，王孝鱼点校：《二程集》，第146页。

第二章　文本之外的语境：抵制、限制与自省

在过去的百年间，历史学家借助于家礼文本，对宋代冠、婚、丧、祭等历史事象作了相当多的细致描述，与之紧密相关的主题，诸如家族与祠堂，家族、妇女与婚姻，社会生活风俗，服饰风尚，丧服制度等同样进入研究者的视野，取径多样，成果斐然，涉及了社会史、文化史、法律史、礼制史、风俗史、服饰史、性别史等名目众多的历史学专门领域，数量众多，一些主题，例如宋代宗族、祠堂，曾是时代的聚焦话题，经典作品不少[①]。与此同时，我们也应看到，利用同类材料来处理不同的社会现象，是研究过程中十分突出的

① 为了呈现历史视域与研究兴趣上的变化，以下按出版时间列举其中的部分研究专著，并尽量选择多种主题、多个时间序列作为观察范畴（一些作品将在下文中细梳，兹不赘述）。参见陶希圣：《婚姻与家族》，上海：商务印书馆，1934 年；张亮采：《中国风俗史》，上海：商务印书馆，1935 年；彭利芸：《宋代婚俗研究》，台北：新文丰出版公司，1988 年；徐吉军、贺云翱：《中国丧葬礼俗》，杭州：浙江人民出版社，1991 年；沈从文：《中国古代服饰研究》，香港：商务印书馆香港分馆，1993 年；徐扬杰：《宋明家族制度史论》，北京：中华书局，1995 年；朱瑞熙等：《辽宋西夏金社会生活史》，北京：中国社会科学出版社，1998 年；[法]谢和耐著，刘东译：《蒙元入侵前夜的中国日常生活》，南京：江苏人民出版社，1998 年；王善军：《宋代宗族和宗族制度研究》，石家庄：河北教育出版社，1999 年；冯尔康：《中国古代的宗族和祠堂》，北京：商务印书馆，2013 年；张邦炜：《宋代婚姻家族史论》，（转下页）

特点。

不过,在这些利用家礼文本作出的研究之中,历史学家事实上有意或无意地回避着两个问题:其一,历史学家并没有区分出书写的礼文与宋代实际呈现的社会礼俗之间的差别,宋代家礼书写者所制订的礼书中,对当下不合礼的时风的批评与对合乎理的礼的描写并行而立。换言之,家礼文本中既有对社会现实的描写,亦有对理想秩序的设定,前者用以指历史中已发生的事实,后者则是一种有待实践的剧本,因此,以家礼文本来描述宋代冠婚丧祭的礼仪实践以及祠堂、婚姻、丧服等一般历史事实,显然有待研究者的斟酌取舍。其二,历史学家使用“宋代”这样颇具长时段的概念时,事实上不断诱导着人们去犯学科上的错误,即,时间与地点上的误置。当历史学家运用书仪、家礼、世范、家范、家训、家诫之类的材料时,礼文所呈现的时间与地点并不明确,文本之中,除了那些明确指明是时俗之礼的内容,相关礼文的构想是书写者对社会秩序的追求,而非历史的偶然事件或者官员们移风易俗的政治行动。也就是说,家礼文本之中,社会秩序与文化理想的设定并不构成为宋代社会的事实。

不过,家礼文本之内对秩序的追求、对理想文化行为的设定,正可以用来反观家礼文本之外,连续性的书写背后深层的社会和历史语境,它们构成了书写者注礼与制礼背后的文化目的。它既有来自于对外来文化的审视,亦有来自于内部的文化危机感以及自我建设的需求,从这个角度来看,家礼书写在一定程度上培养了一种对自身处境的清晰思考。

(接上页)北京:人民出版社,2003年;[美]伊沛霞著,胡志宏译:《内闱——宋代的婚姻和妇女生活》,南京:江苏人民出版社,2004年;丁凌华:《五服制度与传统法律》,北京:商务印书馆,2013年。

第一节　抵制：丧葬仪式中的异端

淳熙三年（1176），张栻搜集司马光、张载、程颐三家所定《昏丧祭礼》，合为五卷，刊于桂林郡学宫并撰作跋文，他讲：

> 窃惟道莫重乎人伦，教莫先乎礼，礼行则彝伦叙而人道立。先王本天理，因人心而为之节文，其大体固根乎性命之际，而至于毫厘曲折之间，莫不各有精义存焉。当是时，人由于其中，涵泳服习，敦庞淳固，盖有不期而然者。自先王之制日以缺坏，情文之不称，本末之失序，节乖而目疏，甚至于杂以异端之说，沦胥而入于夷，风俗之所以不厚，人才之所以不振，职是故欤！①

张栻从先王制礼的目标说起，于历史寻绎之中，将礼分为两个时期：一为先王之制完备之时，“彝伦叙而人道立”；一为先王之制缺坏之时，异端杂糅，沦胥入夷，以致风俗不厚，人才不振。将外来文化视作是中国文化的破坏者，大体是宋代较为常见的论调。早在北宋时期，石介（1005—1045）那篇闻名于后世的《中国论》中就通过排比的修辞手法来强调这一问题，他说：

> 闻乃有巨人名曰“佛”，自西来入我中国；有庞眉名曰“聃”，自胡来入我中国。各以其人易中国之人，以其道易中国之道，以其俗易中国之俗，以其书易中国之书，以其教易中国

①《新刊南轩先生文集》卷33《跋三家昏丧祭礼》，［宋］张栻著，杨世文点校：《张栻集》，北京：中华书局，2015年，第1275页。

之教，以其居庐易中国之居庐，以其礼乐易中国之礼乐，以其文章易中国之文章，以其衣服易中国之衣服，以其饮食易中国之饮食，以其祭祀易中国之祭祀。[①]

刘宰（1167—1240）接踵此论，亦讲："自佛法入中国，冠昏丧祭之礼、圣人所以防范人心者尽废。"[②] 在异端杂入、礼乐变易的文化语境之下，那些以冠婚丧祭之礼作为书写目标的书写者，该如何来对待外来文化？拷问这一问题时，张栻整理出了一个范本，他刊刻司马光、张载、程颐三家家礼文本的合集，并总结说：

三公之使定，虽有异同，然至其推本先王之意，罢黜异端之说，是则未尝不同也。[③]

在张栻看来，各家所订的礼文虽然不尽相同，但"推本先王之意，罢黜异端之说"以寻求文化上的净化，却是相同的。张栻虽只集三家婚丧祭礼，但在宋代"冠礼今不复议，昏礼无复有古之遗文，而丧礼尽用释氏"[④] 的社会事实之下，"罢黜异端之说"无疑主要集中于丧葬仪式的讨论。

---

①［宋］石介著，陈植锷点校：《徂徕石先生文集》卷10《中国论》，北京：中华书局，1984年，第116—117页。

②［宋］刘宰：《漫塘文集》卷29《故张氏孺人墓志铭》，《宋集珍本丛刊》第72册，北京：线装书局，2004年影印本，第461页。

③《新刊南轩先生文集》卷33《跋三家昏丧祭礼》，［宋］张栻著，杨世文点校：《张栻集》，第1275页。

④［宋］蔡襄著，吴以宁点校：《蔡襄集》卷22《国论要目·一曰兴治道·明礼》，上海：上海古籍出版社，1996年，第376页。

一、佛屠法、夷法与俗礼：丧葬仪式的文化身份

宋人对当时社会流行的丧仪与葬制所作的描写、分析与解释中，多种说法并存。比如，葬制中，关于火葬的文化身份界定，一说来自于地方习俗，一说它为夷法、羌法、羌胡法、释氏法（浮图法、浮屠法）。前者是关于地方的具体指向，后者虽在陈说时使用了夷、羌、羌胡、释氏等不同的词汇，但这些词汇很可能拥有某些交集的内涵与外延，不过，由于它们均是作为本土文化的他者来使用，因此，下文中我们只罗列宋人在不同语境中的各种说法，对夷法、羌法、羌胡法是否等同于释氏法之类的衍伸问题不另作考辨。

将火葬作为本土文化，认为它流行于地方社会，实为一地之俗礼的说法，多来自于个体叙述者对不同地域社会的观察。刘挚（1030—1098）说："楚俗死者焚，而委其骨于野。"① 程颐则指出："晋俗尚焚尸。"② 刘清之（1134—1190）任鄂州通判时，发现当地"死则不葬而畀诸火"③。叶适（1150—1223）记载说，罗源县"丧死者焚尸，糜其骨，众合和，凌风飘飏，命曰升天"④。真德秀（1178—1235）讲，在泉州，"贫窭之家，委之火化，积习岁久，视以为常"⑤。

除了这几个地点外，宋人着墨较多的是对河东与两浙路一带

①［宋］刘挚撰，裴汝诚、陈晓平点校：《忠肃集》卷13《侍御史黄君墓志铭》，北京：中华书局，2002年，第269页。

②《河南程氏文集》卷11《明道先生行状》，［宋］程颢、程颐著，王孝鱼点校：《二程集》，北京：中华书局，2004年，第633页。

③［元］脱脱等：《宋史》卷437《刘清之传》，北京：中华书局，1985年点校本，第12954页。

④《水心文集》卷16《林正仲墓志铭》，［宋］叶适著，刘公纯、王孝鱼、李哲夫点校：《叶适集》，北京：中华书局，2010年，第311—312页。

⑤［宋］真德秀：《西山先生真文忠公文集》卷40《泉州劝孝文》，《宋集珍本丛刊》第76册，北京：线装书局，2004年，第410页。

火葬仪制的描述。比如，据江少虞〔生卒年不详，政和年间（1111—1118）进士〕记载："河东人众而地狭，民家有丧事，虽至亲，悉燔爇，取骨烬寄僧舍中。以至积久，弃捐乃已，习以为俗。"① 哲宗时，毕仲游（1047—1121）记述河东土俗埋葬情况，称："非士大夫之家，中民以下，亲戚丧亡，即焚其尸，纳之缸中，寄放僧寺与墓户之家，类不举葬，盖虽上户亦有不葬而焚之者。"② 又如，绍兴二十八年（1158），户部侍郎荣薿（生卒年不详）说："吴越之俗……贫下之家，送终之具，唯务从简，是以从来率以火化为便，相习成风。"③ 洪迈（1123—1202）则指出："衢人之俗，送死者皆火化于西溪沙洲上。"④ 周煇（1127—？）也讲道："浙右水乡风俗：人死，虽富有力者，不办蕞尔之土以安厝，亦致焚如。"⑤

以上各家多采用描述的方法，以呈现一地之风俗，而朝廷诏令与另一些学者则采用了不同的叙述视角，力图去追溯火葬源起的文化身份。太祖建隆三年（962）的诏令中讲："近代以来，遵用夷法，率多火葬。"⑥ 除了"夷法""夷礼"外，一些学者还选用了羌夷、

①［宋］江少虞：《宋朝事实类苑》卷23《官政治绩·韩稚圭》，上海：上海古籍出版社，1981年，第275—276页。

②［明］黄淮、杨士奇编：《历代名臣奏议》卷116《风俗》，上海：上海古籍出版社，1989年影印本，第1541页。

③［元］脱脱等：《宋史》卷125《礼志二十八·凶礼四·士庶人丧礼》，第2919页。

④［宋］洪迈撰，何卓点校：《夷坚志》志补卷3《七星桥》，北京：中华书局，2006年，第1567页。

⑤［宋］周煇撰，刘永翔校注：《清波杂志校注》卷12《火葬》，北京：中华书局，1994年，第508页。

⑥［宋］王偁：《东都事略》卷2《本纪二》，赵铁寒主编：《宋史资料萃编》第1辑，台北：文海出版社，1979年影印本，第78页。李焘在引此段时，并没有"遵用夷法"四字。参见［宋］李焘：《续资治通鉴长编》卷3，（转下页）

羌法、羌胡法等词汇。上引河东火葬，李清臣（1032—1102）在溯其来源时，认为该地风俗“俗杂羌夷，用火葬”①；司马光指出，火葬“其始盖出于羌胡之俗，浸染中华，行之既久，习以为常，见者恬然，曾莫之怪”②。

除了从族群的角度去追认火葬的文化源头之外，为人们所普遍接受的说法是从宗教生活方式的角度去溯源，认为火葬来自佛教。洪迈讲：民俗火葬“自释氏火化之说起，于是死而焚尸者，所在皆然”③。朱熹与学生的问答中，将火葬称为“僧道火化”④。黄震则说，时人“以焚人为佛法”⑤。当然，亦有人并列族群与宗教两种叙述进路，认为焚死这一做法，“根其由，盖始自桑门之教，西域之胡俗也”⑥。

当宋人从宗教生活方式上去分析丧葬仪式，并宣称“今之举天

（接上页）太祖建隆三年（962）三月丁亥条，北京：中华书局，2004年点校本，第65页。

①［宋］杜大珪撰，洪业等编纂：《琬琰集删存附引得》卷2收李清臣《韩忠献公琦行状》，上海：上海古籍出版社，1990年影印本，第292页。

②［宋］司马光：《司马氏书仪》卷7《丧仪三・卜宅兆葬日》，《丛书集成初编》，北京：中华书局，1985年，第76页。另外，司马光《家范》云：“世又有用羌胡法，自焚其柩，收烬骨而葬之者，人习为常，恬然莫之怪。”（［宋］司马光：《家范》卷五《子下》，《丛书集成续编》第78册，第404页）

③［宋］洪迈撰，孔凡礼点校：《容斋随笔》续笔卷13《民俗火葬》，北京：中华书局，2005年，第381页。

④［宋］黎靖德编，王星贤点校：《朱子语类》卷89《礼六・冠昏丧・丧》，北京：中华书局，1986年，第2281页。

⑤［宋］黄震：《黄氏日抄》卷70《申判府程丞相乞免再起化人亭状》，景印文渊阁《四库全书》第708册，台北：台湾商务印书馆，1986年影印本，第686页。

⑥［宋］吕祖谦编，齐治平点校：《宋文鉴》卷125《禁焚死》，北京：中华书局，2018年，第1751页。

下凡为丧葬，一归之浮屠氏”时[①]，这里，浮屠氏显然并不单指火葬葬制，它还拥有一系列成熟的仪文及礼意。在浮屠葬礼中，“丧家张设器具，吹击螺鼓，家人往往设灵位，辍哭泣而观之”[②]；初丧时，“亲宾各具酒肉聚于其家，与主人同醉饱者”[③]；治丧时，“丧家命僧道诵经，设斋作醮作佛事，曰‘资冥福’也”，出葬用以导引，并用铙钹“鼓吹作乐”[④]，或在出葬时“作香亭、魂亭、寓人、寓马之类”，僧徒引导、广召乡邻[⑤]。为了获得一个更为完整的仪式景观，我们以《马可波罗游记》的记载为例。其中讲道，在杭州——

> 达官显宦和富豪绅商死后的仪式，必须遵照下面的仪式办理，这也是他们的风俗。凡是死者的亲属和亲友必须戴孝，伴送死者到指定的殡葬地点。送葬队伍中有鼓乐队，一路上吹吹打打，僧侣一类的人高声念诵经文，到达葬地后，就把许多纸扎的男女仆人、马、骆驼、金线织成的绸缎以及金银货币投入火中。他们相信，死者在阴间可以享受这些物资和奴仆之利。并且相信，那些假人和殉葬品，都会变成和生的东西一样，连同金钱和绸缎也能恢复其自然的状态。当这一大批的东西都焚化完了以后，他们鼓乐齐奏，喧哗嘈杂经久不息。他们以为举行这样的仪式，可以促使神明菩萨接引一个尸体已

①［宋］吕祖谦编，齐治平点校：《宋文鉴》卷103《礼法》，第1424页。

②［宋］陆游：《放翁家训》，《丛书集成初编》，北京：中华书局，1985年，第2页。

③［宋］司马光：《温国文正司马公文集》卷65《序赙礼》，《四部丛刊初编》，上海：商务印书馆，1929年影印本，第11a页。

④［宋］王栐撰，诚刚点校：《燕翼诒谋录》卷3《丧葬不得用僧道》，北京：中华书局，1981年，第24页。

⑤［宋］陆游：《放翁家训》，《丛书集成初编》，第3页。

化成灰烬的死者的灵魂。①

除此之外，书中又提到沙州（敦煌）佛教徒的葬礼，称：

葬礼一般在城外举行，实行火葬。灵柩送出城外时，在必经之路，每隔一段距离，必须建造一种独木的棚屋，装饰彩绸，作为临时停柩的地方。每逢灵柩停下时，不管时间长短，都必须摆上酒食，停一站摆一站直到棺材到达目的地为止。他们以为这样做，能够让死者的灵魂得到休息，恢复疲劳，有力气跟着前进。同时，他们在殡葬过程中，还有一种风俗，用某种树皮制作的纸，为死者绘制大批的男女马匹骆驼、钱币和衣服的图形，和尸体一起火化。他们以为死者在阴间将会享受纸片上所画的人物和器皿。在举行殡葬仪式的时候，所有乐器全部击响起来，霎时间吵闹喧嚣，震耳欲聋。②

一个游客眼中的13世纪中国士庶的丧葬仪式，不但有仪式的渲染与翔实的场景描绘，其中还夹杂着对行为象征意义的叙述，生动而直接。

此外，浮屠丧仪还是一个历时久长的仪式，丧家“于始死及七七日、百日、期年、再期、除丧，饭僧、设道场，或作水陆大会、写经造像、修建塔庙。云：为此者，灭弥天罪恶，必生天堂，受种种快乐；

①［意］马可·波罗口述，鲁思梯谦笔录，陈开俊等译：《马可波罗游记》，福州：福建科学技术出版社，1981年，第182页。

②［意］马可·波罗口述，鲁思梯谦笔录，陈开俊等译：《马可波罗游记》，第50—51页。

不为者，必入地狱，剉烧舂磨，受无边波吒之苦”[①]。不惟如此，丧家参照浮屠法，“侈于道场斋施之事”[②]，一些地方的置斋聚会还引起了群体性事件以及连锁反应。欧阳修描述福建的浮图葬事时讲：

> 闽俗重凶事，其奉浮图，会宾客，以尽力丰侈为孝，否则深自愧恨，为乡里羞。而奸民、游手、无赖子，幸而贪饮食，利钱财，来者无限极，往往至数百千人。至有亲亡，秘不举哭，必破产办具而后敢发丧者。有力者乘其急时，贱买其田宅，而贫者立券举债，终身困不能偿。[③]

这些记载中，观察者立足于自身的文化立场，在行文中穿插清晰的价值判断，他们将浮屠法的追随者称作是“信浮屠诳诱”的无知者[④]，将佛法道场戏指为“僧徒衒技，几类俳优”[⑤]，并伴有“出葬用以导引，此何义耶”“铙钹，乃胡乐也，胡俗燕乐则击之，而可用于丧柩乎”“鼓吹作乐，又何忍也”[⑥]、“道场锣钹，胡人乐也，天竺人见僧必饭之，因作此乐，今用之于丧家，可乎”[⑦]的谴责与叹息，但

①[宋]司马光：《司马氏书仪》卷5《丧仪一·魂帛》，《丛书集成初编》，第54页。

②[宋]陆游：《放翁家训》，《丛书集成初编》，第2页。

③[宋]欧阳修著，李逸安点校：《欧阳修全集》卷35《端明殿学士蔡公墓志铭》，北京：中华书局，2001年，第521页。

④[宋]司马光：《司马氏书仪》卷5《丧仪一·魂帛》，《丛书集成初编》，第54页。

⑤[宋]陆游：《放翁家训》，《丛书集成初编》，第2页。

⑥[宋]王栐撰，诚刚点校：《燕翼诒谋录》卷3《丧葬不得用僧道》，第24页。

⑦[宋]俞文豹撰，张宗祥校订：《吹剑录全编》四录，上海：古典文学出版社，1958年，第125页。

唯其出于对立面的观察，而非对异文化的解读，他们采用的方式是描述的、经验的，因而也使得他们笔下带有浮屠标签的丧葬仪式更为具体，更有画面感，那些浮屠丧葬仪式中所讲究的，比如"一切火化，投余骨于江"①、丧夜宴客时"置酒燕乐"②，与儒家之道中所要求的"棺椁封树之制""疏食水饮"，两相对照，分野明晰。在这种对比中，浮屠文化与儒家文化被想象成为两个完整的整体，各有边界。

二、禁用、听许与从便：仪式选择中的文化抵制与调适

无论是从观察到的事实中去叙述当时社会流行的丧葬仪式，还是从族群、宗教生活等进路上去解说，其目的均不是为了阐释仪式本身，以便为仪式中的每一个行动提供完整而复杂的理解。事实上，从一地之风俗的角度来描写仪式的相异之处，给仪式冠以简单的、明确的外来文化的标签，提供的是一种文化的界线，并让人们在这种清晰的界定中去认识自身的文化及其所代表的意义。与此同时，它也在一定程度上模糊了一些事实，很明显，那些传入的习俗，很可能激发了原本就潜在于社会的类似习俗，比如，火葬"自宋以来，此风日盛"③是人们基于历史事实的一种认识，但也应该看到，火葬在中国的历史十分久远，先秦的文献记载以及考古发掘均提供了相当多的证据④。

①[宋]洪迈撰，何卓点校：《夷坚志》支乙卷9《鄂州遗骸》，第865页。

②[宋]梁克家纂修：《(淳熙)三山志》卷39《土俗类·戒谕·戒山头斋会》，《宋元方志丛刊》，北京：中华书局，1990年影印本，第8243页。

③[清]顾炎武著，黄汝成集释，栾保群、吕宗力校点：《日知录集释(全校本)》卷15《火葬》，上海：上海古籍出版社，2006年，第901页。

④先秦文献关于焚死的记载，参见《墨子·节葬下》《列子·汤问篇》《吕氏春秋·义赏篇》《荀子·大略篇》等；现代考古发掘报告，参见(转下页)

不过，正是在对相异文化的叙事之中，让我们看到了宋人对外来文化的接受。现代研究者根据文献记载以及考古发现所推算出的宋代火葬比例，也可证明对外来文化的接受度[①]。如果说接受是面对外来文化的一种反应的话，那么，被贴上浮屠标签的丧葬仪式裹挟在整个宋代的辟佛运动之中，朝廷、地方官员以及士大夫们从不同层面所展开的对仪式的抵制，同样也是其中一种文化反应与文化策略。

自唐代开始，对焚尸行为的惩罚便已写入律法之中，两宋因袭这些律规，对包括烧棺椁者、烧尸体者、丧事作乐等均有细密的刑罚与惩处。比如，建隆四年（963）颁行的《宋刑统》基本延续了《唐律疏议》的做法，针对焚尸行为做出如下裁定："诸穿地得死人，不更埋，及于冢墓熏狐狸而烧棺椁者，徒二年；烧尸者，徒三年……若子孙于祖父母、父母，部曲、奴婢于主坟冢熏狐狸者，徒二年；烧棺椁者，流三千里；烧尸者，绞。"[②] 对于居父母丧时作乐，《宋刑统》

（接上页）夏鼐：《临洮寺窪山发掘记》，《中国考古学报》1949年第4册；学者对中国火葬的溯源，参见［日］宫崎市定：《中国火葬考》，收入《塚本善隆博士颂寿纪念佛教史学论文集》，京都：塚本博士颂寿纪念会，1961年；黄敏枝：《中国的火葬习俗》，收入傅乐成教授纪念论文集编辑委员会编：《中国史新论·傅乐成教授纪念论文集》，台北：学生书局，1985年。

① 伊佩霞（Patricia Ebrey）曾初步估计，宋朝大约有10%至30%的人被火葬，当然，这一比例因地区、时期和环境的不同而不同，尤其重要的是，这一统计数据并不包括儿童，而在宋代，死亡人口中有1/3为儿童，他们可能多被选择以火葬，但因记载阙如，很难找到儿童火葬的实例。参见Patricia Ebrey, "Cremation in Sung China", *The American Historical Review*, Vol.95, No.2, 1990, p.413.

②［宋］窦仪等撰，薛梅卿点校：《宋刑统》卷18《贼盗例·残害死尸》，北京：法律出版社，1999年，第327页。

列其为“十恶”之“不孝”[1]。同时，从维护国家礼典的正统性、保护自身文化不受异端之说入侵的角度，朝廷还通过一系列的诏令来禁止浮图丧葬仪式。建隆三年（962），朝廷诏令中讲，火葬“甚愆典礼，自今宜禁之”[2]；开宝三年（970），开封府禁止丧葬之家用道、释威仪及装束异色人物前引[3]；太平兴国六年（981），禁丧葬不得用乐[4]；太平兴国七年（982），朝廷重定士庶丧葬制度，严禁用音乐及栏街设祭；太平兴国九年（984），朝廷又因“丧葬之家，有举乐及令章者”“举奠之际歌吹为娱，灵柩之前令章为戏”等伤风教、紊人伦之事，重申禁令；南宋绍兴二十七年（1157），朝廷再度以火葬“事关风化”，下令禁止[5]。

地方官员在政务中对带有外来文化标签的丧葬仪式，尤其是火葬的处理情形则较为复杂，或禁或行，不可一概而论[6]。不过，各地官员连续不断的请禁书、劝戒文也在相当程度上体现了抵制外来文化的态度。至和年间（1054—1056），福州知州蔡襄（1012—1067）发布《戒山头斋会碑》，要求丧葬之家丧夜宾客不得置酒燕乐，山头不得广置斋筵聚会，并分散钱物以克斋价[7]。毕仲游《乞理

---

①［宋］窦仪等撰，薛梅卿点校：《宋刑统》卷1《名例律·十恶》，第7页。

②［宋］王偁：《东都事略》卷2《本纪二》，赵铁寒主编：《宋史资料萃编》第1辑，第78页；［宋］李焘：《续资治通鉴长编》卷3，太祖建隆三年（962）三月丁亥条，第65页。

③［元］脱脱等：《宋史》卷125《礼志二十八·凶礼四·士庶人丧礼》，第2917页。

④［宋］王林撰，诚刚点校：《燕翼诒谋录》卷3《丧葬不得用僧道》，第24页。

⑤［元］脱脱等：《宋史》卷125《礼志二十八·凶礼四·士庶人丧礼》，第2917—2919页。

⑥参见陆敏珍：《宋代家礼与儒家日常生活的重构》，《文史》2013年第4辑。

⑦［宋］梁克家：《（淳熙）三山志》卷39《土俗类·戒谕·戒山头斋会》，《宋元方志丛刊》，第8243页。

会河东土俗埋葬札子》希望朝廷加意地方上的葬埋之法，以杜绝河东焚尸不葬之俗[①]。真德秀《泉州劝孝文》从孝的伦理出发，严禁地方上的火葬之俗。嘉熙元年（1237），常熟县令王爚（1199—1275）立义阡，并作《劝谕文》禁焚尸之俗[②]。约在景定五年（1264），建安县程知县“曾有谕俗不得火葬文，极言火葬乃人之极刑”[③]。

士大夫在家训与临终戒言中明令不用佛屠法，亦成为抵制外来文化运动中的一环。这些训文与戒言一部分被写入了家礼文本之中，一部分却并没有形成著作，仅散见于各类记载之中。例如，程颐讲：“某家治丧，不用浮图。在洛，亦有一二人家化之，自不用释氏。”[④]范如圭（1102—1160）病中告戒诸子，“毋得用浮屠法治吾丧”[⑤]；王十朋（1112—1171）“遗戒丧事毋得用佛老教”[⑥]；程端蒙（1143—1191）“将卒，悉屏妇女户外，戒治丧无用浮屠法”[⑦]；陆静之（？—1187）于临死前五年“作治命百余言，戒家人勿用浮屠

①［明］黄淮、杨士奇编：《历代名臣奏议》卷116《风俗》，第1541页。

②［宋］孙应时纂修：《琴川志》卷1《叙县·义阡》，《宋元方志丛刊》，北京：中华书局，1990年影印本，第1164—1166页。

③无名氏撰，金心点校：《湖海新闻夷坚续志》前集卷2《拾遗门·焚尸利害》，北京：中华书局，2006年，第70页。

④《河南程氏遗书》卷10《洛阳议论》，［宋］程颢、程颐著，王孝鱼点校：《二程集》，第114页。

⑤［宋］朱熹：《晦庵先生朱文公文集》卷89《直秘阁赠朝议大夫范公神道碑》，朱杰人等编：《朱子全书》第24册，上海：上海古籍出版社，合肥：安徽教育出版社，2002年，第4145页。

⑥［宋］汪应辰：《汪文定公集》卷12《龙图阁学士王公墓志铭》，《宋集珍本丛刊》第46册，北京：线装书局，2004年，第117页。

⑦［宋］朱熹：《晦庵先生朱文公文集》卷90《程君正思墓表》，朱杰人等编：《朱子全书》第24册，第4187页。

法”[①]；林芸斋（生卒年不详）“临终手笔数十百言，戒其家治丧无用浮屠法”[②]；刘珙（1122—1178）“将薨，遗命治丧毋得用浮屠法，后诸贤公往往效之”[③]；向滁（1122—1181）曾“学于文定胡公，故丧祭不事浮屠法”[④]；黄仲玉（生卒年不详）戒其子曰：“我死，谨毋用浮图法，不然，是使我不得正其终也。”[⑤]

朝廷、地方官员以及士大夫个人从伦理与价值观上去抵制异文化的同时，在某些具体的情境里，他们也做出适当的文化调适。宋人对丧葬仪式中普遍存在的浮屠法所进行的文化调适，不外乎以下三种策略：

第一，“听许”。所谓听许并非是否定禁令，而是以分门别类的方式允许不同文化选择的存在，这一策略在两宋时期的刑律之中均有体现。据《宋刑统》载建隆三年（962）敕令：“京城外及诸处，近日多有焚烧尸柩者，宜令今后止绝。若是远路归葬，及僧尼、蕃人之类，听许焚烧。”[⑥]《庆元条法事类》载：“其蕃夷人欲烧骨还乡

①《渭南文集》卷33《浙东安抚司参议陆公墓志铭》，［宋］陆游：《陆游集》，北京：中华书局，1976年点校本，第2311页。

②［宋］朱熹：《晦庵先生朱文公文集》别集卷7《芸斋遗文跋》，朱杰人等编：《朱子全书》第25册，第4981页。

③［宋］朱熹：《晦庵先生朱文公文集》卷88《观文殿学士刘公神道碑》，朱杰人等编：《朱子全书》第24册，第4126页。

④［宋］杨万里：《诚斋集》卷130《通判吉州向侯墓志铭》，《宋集珍本丛刊》第55册，北京：线装书局，2004年影印本，第755页。

⑤［宋］真德秀：《西山先生真文忠公文集》卷45《宋故乡贡进士黄君墓志铭》，《宋集珍本丛刊》第76册，第498页。

⑥［宋］窦仪等撰，薛梅卿点校：《宋刑统》卷18《贼盗律·残害死尸》，第327页。

者，听。"[①]国家法律规定中允许不同身份者来选择其文化认同并进行相关的行动，亦成为地方官在实际政务中的重要参照。比如，韩琦任并州知州时，"惟胡夷洎僧尼，许从夷礼而焚柩，齐民则一皆禁之"[②]，这一事例是宋人谈及官员在地方上进行移风易俗行动中的成功典范，被人广泛征引。另外，听许策略大约也可用以解释宋代寺庙中焚化院、化人亭、撒骨池等大量存在的事实。比如，浙右水乡，"僧寺利有所得，凿方尺水池，积涔蹄之水，以浸枯骨"[③]；又如，平江府城外西南隅有一行香寺，曰通济，寺内有焚人空亭约十间[④]，绍熙元年（1190），提举常平张体仁（1143—1206）又在盘门外高丽亭东一里处创建齐升院，专门拨没官田供院为常住，"贫民死而家不能津送者，则与之棺后焚瘗焉"[⑤]。

第二，"从便"。士人与地方官员在面对某些具体事例时，往往以"从便"的方式允许火葬这类浮屠法的存在，此种面对具体事例所做出的折衷往往只是政务的临时手段，而非连续性的策略。从宋人记载上来看，这些具体事例主要有：首先，针对贫而无地可葬者，包括寄殡者、无主遗骸等，地方官员往往亲自倡导使用火葬的方案。比如，据杨万里（1127—1206）记载："临川近郊无旷土，官有丛冢之捕（圃）曰漏泽者，甚隘，凡小民之死者无所葬，常平使者

---

①［宋］谢深甫：《庆元条法事类》卷77《服制门·丧葬敕令格式申明旁照法》，东京：日本古典研究会静嘉堂文库藏本，1968年影印本，第559页。

②［宋］江少虞：《宋朝事实类苑》卷23《官政治绩·韩稚圭》，第276页。

③［宋］周煇撰，刘永翔校注：《清波杂志校注》卷12《火葬》，第508页。

④［宋］黄震：《黄氏日抄》卷70《申判府程丞相乞免再起化人亭状》，景印文渊阁《四库全书》第708册，第684页。

⑤［宋］范成大纂修：《吴郡志》卷34《郭外寺》，《宋元方志丛刊》，北京：中华书局，1990年影印本，第952页。

居之以屋，岁终，则以浮屠法火之。”[①] 绍兴十八年（1148），广南东路经略安抚使王承可“令诸刹，凡寄殡悉出焚”[②]。在杭州，富室见那些“死无周身之具者，妻儿罔措，莫能支吾，则给散棺木，助其火葬，以终其事”[③]。这里，“助其火葬”作为恤贫济老的善事而被赞美。在因葬俗而引起过诸多争议的鄂州，地方官的处理方法犹值得一观。据洪迈记载：

> 鄂州地狭而人众，故少葬埋之所。近城隙地，积骸重叠，多舆棺置其上，负土他处以掩之。贫无力者，或稍经时月，濒于暴露，过者悯恻焉。乾道八年（1172），有以其事言于诸司，于是相率捐库钱付胜缘寺僧，治具焚瘗。先揭榜衢路，许血肉自陈，为启圹甃甓，举而藏之，且书姓字于外。如无主名者，则为归依佛宝，一切火化，投余骨于江。[④]

即便是对“积骸”的处理，地方官员依然采用分门别类而非一切火葬的方案，只不过，这里的分类标准并非源自死者的文化身份，而是贫富之别、有主无主之分。在宋代士大夫看来，火葬之所以成为选择之一，是因为在地狭人众、物故者又日百计的具体情境中，“若非火化，何所葬埋？”[⑤] 虽然士大夫认为“既葬埋未有处所，

---

①［宋］杨万里：《诚斋集》卷119《奉议郎临川知县刘君行状》，《宋集珍本丛刊》第55册，第589页。

②［宋］洪迈撰，何卓点校：《夷坚志》甲志卷11《张端愨亡友》，第96页。

③［宋］吴自牧撰，黄纯艳整理：《梦粱录》卷18《恤贫济老》，上海师范大学古籍整理研究所编：《全宋笔记》第8编第5册，郑州：大象出版社，2017年，第285页。

④［宋］洪迈撰，何卓点校：《夷坚志》支乙卷9《鄂州遗骸》，第864—865页。

⑤［宋］俞文豹撰，张宗祥校订：《吹剑录全编》四录，第126页。

而行火化之禁，恐非人情所安”[①]，但实际行政处理中的火葬之用，无疑便解开了禁制。

此外，游宦没于远方，“子孙火焚其柩，收烬归葬者”[②]在宋代亦是常例。天圣九年(1031)，富弼(1004—1083)之父过世，其弟富奭“以跋历险远，不能全以归，用浮屠法火化矣”[③]；治平年间(1064—1067)，泽州“郡官有母死者，惮于远致，以投烈火”[④]；淳熙年间(1174—1189)，福州籍太学生王寅病死于浙江长兴大雄寺，“县官为旅殡寺后，仍报其家，其亲戚来，火化尸柩，收骨归矣”[⑤]。当然，除了游宦者之外，亦有其他身份者采用此法，比如，泉州行商苏二十一郎“死于外，同辈以烬骨还其家”[⑥]。

游宦者据从便的原则，“其火葬者，出不得已”[⑦]。尽管如此，依然有儒家学者发出反对的声音并考虑可能的解决之道，诸如“买地而葬之”“即所亡之地而葬之，不犹愈于火焚乎”成为主要的参考

①[元]脱脱等:《宋史》卷125《礼志二十八·凶礼四·士庶人丧礼》，第2919页。

②[宋]司马光:《司马氏书仪》卷7《丧仪三·卜宅兆葬日》，《丛书集成初编》，第76页。

③[宋]杜大珪撰，洪业等编纂:《琬琰集删存附引得》卷2收富弼《富秦公言墓志铭》，第258页。

④《河南程氏文集》卷11《明道先生行状》，[宋]程颢、程颐著，王孝鱼点校:《二程集》，第633页。

⑤[宋]洪迈撰，何卓点校:《夷坚志》三志己卷5《王东卿鬼》，第1337—1338页。

⑥[宋]郭彖撰，李梦生校点:《睽车志》卷3，上海:上海古籍出版社，2012年，第111页。

⑦《河南程氏文集》卷10《葬说》，[宋]程颢、程颐著，王孝鱼点校:《二程集》，第623页。

建议[①]。不过，游宦远方情境下的火葬后来成为一种约定俗成的规习，就如司马光所说的那样："近世宦远方而殁者，子孙多焚其柩，以烬归葬，相习为常，无讥诮者。"[②]

第三，"借用"。如果说"听许"是地方政务应用中的短效处理方法，"从便"是约定俗成下的便宜行事，那么，作为文化策略的借用，借用者及其背后的隐喻可能比仪式本身更值得关注与探讨，在这一文化调适中，借用者使用外来文化的碎片，却并不因袭仪式所阐释的价值观。景德年间（1004—1007），朝廷颁行的丧葬仪制就采用过这一取径。据《渑水燕谈录》记载：

> 京师品官之丧用浮屠法击钟，初无定制，景德中（1004—1007），令文臣卿监、武臣大将军、命妇郡夫人以上，许于天清、开宝击钟，至今为例。[③]

从浮屠法中所提取出的击钟这一仪式，通过调适，从无定制到成为定例，击钟仪即从一种文化改造进入了另一种文化的结构之中。不惟如此，通过再情境化，士人们还以文化借用这一行为来彰显另一层象征意义。比如，丧礼"不做佛事""不用浮屠"是儒家学者不断强调的，但在礼与俗相对的具体情形之中，人们又该如何通

---

①［宋］吕祖谦编，齐治平点校：《宋文鉴》卷125《禁焚死》，第1751页；［宋］应俊辑补，储玲玲整理：《琴堂谕俗编》，上海师范大学古籍整理研究所编：《全宋笔记》第10编第11册，郑州：大象出版社，2018年，第84页。

②［宋］司马光：《温国文正司马公文集》卷75《苏骐骥墓碣铭序》，《四部丛刊初编》，第5a页。

③［宋］王辟之撰，吕友仁点校：《渑水燕谈录》卷5《官制》，北京：中华书局，1981年，第62页；［宋］江少虞：《宋朝事实类苑》卷32《典故沿革·品官丧许击钟》，第412页。

过仪式来表达意义？朱熹在与学生的对答中提供了一些思考：

> 或问："亲死遗嘱教用僧道，则如何？"曰："便是难处。"或曰："也可以不用否？"曰："人子之心有所不忍。这事，须子细商量。"①
>
> 治丧不用浮屠。或亲意欲用之，不知当如何处？且以委曲开释为先。如不可回，则又不可咈亲意也。②

前一种情形中，朱熹并不提供问题的解决方案，而后一种状况下，朱熹直抵问题的关键词，详述"不咈亲意"的解决进程，先从委曲开释着手，继而再进行选择。无独有偶，俞文豹（生卒年不详）同样谈到了遵孝与遵礼之间的张力，他讲：

> 自佛入中国以来，世俗相承，修设道场。今吾欲矫俗行志，施之妻子可也，施之父母，人不谓我以礼送终，而谓我薄于其亲也。③

是遵从亲死遗嘱，不违亲意以成就孝道，还是矫俗行志，不违儒礼，显然并非只是学术论争的话题，而是实际生活中面临的选择。司马光"至不信佛，而有十月斋僧诵经追荐祖考之训"④；当朱

---

①［宋］黎靖德编，王星贤点校：《朱子语类》卷 89《礼六 · 冠昏丧 · 丧》，第 2281 页。

②［宋］朱熹：《晦庵先生朱文公文集》卷 63《答胡伯量》，朱杰人等编：《朱子全书》第 23 册，第 3037 页。

③［宋］俞文豹撰，张宗祥校订：《吹剑录全编》四录，第 125 页。

④［宋］俞文豹撰，张宗祥校订：《吹剑录全编》四录，第 125 页。

熹母亲要求用佛教葬礼为自己治丧时，他强调讲："某家中自先人以来，不用浮屠法，今谨用。"①而在理学盛行的江西，黄荦（1151—1211）过世后，其子黄塄"欲不用僧道，亲族内外群起而排之，遂从半今半古之说，祭享用荤食，追脩用缁黄"②。这几个例子中，司马光的做法，"虽俗礼夷教，犹屈意焉"，但他要表达的是"孝子顺孙，追慕诚切"之意③；朱熹在家中不用浮屠法的传统中为母亲的遗嘱打开一个缺口，谨用浮屠法只是借用的仪式，以表达孝心，而非接受仪式所拥有的价值理念。而黄塄强调儒家文化的纯粹性，在不违儒志不违儒礼的选择之中，"半今半古"显然并非是他所期望的结果。

三、"罢黜异端之说"：先王之道的文化边界

社会上流行的丧葬仪式被贴上外来文化的标签，朝廷的禁令、士大夫的诫言，以及实际政务与行事中的听许、从便与借用，仪式所表达出的文化内容与意义显然超过了仪式本身。那么人们为何应该参与或者不参与其中？它又会将人们带向何方？王安石（1021—1086）讲：

> 父母死，则燔而捐之水中，其不可，明也；禁使葬之，其无不可，亦明也。然而吏相与非之乎上，民相与怪之乎下。盖其习之久也，则至于戕贼父母而无以为不可，顾曰禁之不可也。

---

①［宋］朱熹：《晦庵先生朱文公文集》别集卷 3《程允夫》，朱杰人等编：《朱子全书》第 25 册，第 4878 页。

②［宋］俞文豹撰，张宗祥校订：《吹剑录全编》四录，第 125 页。

③［宋］俞文豹撰，张宗祥校订：《吹剑录全编》四录，第 125 页。

呜呼！吾是以见先王之道难行也。[①]

王安石将禁止火葬这一仪式区分为两个层面：作为伦理道德的“不可”与作为法律规定的“不可”，两者皆明，但人们却“安于故俗，不从朝廷诏令与州县条教”[②]，因此，多数人将关注点集中在火葬之禁与不禁的诟争之中，但在王安石看来，问题的重点显然不在于火葬这一仪式，而在于“先王之道”。

一种外来的仪式之所以成为先王之道的障碍，首先，它在观念与情感上侵害了儒家文化。在宋代，“孝莫重乎丧”[③]、“人道莫先乎孝，送死尤为大事”[④]、“孝莫重于执丧”[⑤] 是皇帝与士大夫念兹在兹的论题，然而，包括火葬在内的丧葬礼俗在社会上的流行却颠覆了孝的观念。对此，贾同（生卒年不详）曾依据经典进行过细致论述，他讲：

《传》曰：“孝子事死如事生。”又曰：“父母全而生之，子全而归之，不亦孝乎？”父母既殁，敛手足形，旋葬，慎护戒洁，奉尸如生，斯之谓事死：身体发肤，无有毁伤，以没于地，斯之谓归全，古今达礼也。夫生而或毁伤之，虽不仁，犹有为也；死而

①［宋］王安石撰，刘成国点校：《王安石文集》卷 69《闵习》，北京：中华书局，2021 年，第 1206 页。

②［宋］黄淮、杨士奇编：《历代名臣奏议》卷 116《风俗》，第 1541 页。

③［宋］宋祁：《景文集》卷 61《孙仆射行状》，《丛书集成初编》，北京：中华书局，1985 年，第 822 页。

④［宋］魏了翁：《重校鹤山先生大全文集》卷 77《直宝章阁提举冲佑观张公墓志铭》，《宋集珍本丛刊》第 77 册，北京：线装书局，2004 年影印本，第 442 页；［元］脱脱等：《宋史》卷 409《张忠恕传》，第 12329 页。

⑤［元］脱脱等：《宋史》卷 391《周必大传》，第 11970 页。

后毁伤之，则其不仁不亦甚矣！故曰："君子慎终"，此之谓欤！噫，今之多焚其死者，何哉？《礼》曰："新宫火，有焚其先人之敝庐，三日哭。"夫宫庙之与庐舍犹然，况自执火而焚其尸者乎？恶不容于诛矣。谓纵不仁之子，弃其尸于中野，使乌鸢狐狸食之，不犹愈于自残之者欤！①

一个应当表达孝心的仪式，却是对孝义的违背，因此，为了维护先王之道的纯粹性，士大夫用激烈的词汇、不加掩饰的情绪力图罢黜异端之说。宋祁讲："父母之重，亲举而焚之，衣冠委于烟埃，骨肉炽于薪炭，神灵凶惧，何痛如之？……今乃礼义之族，习以为常，岂不为长太息哉？"② 程颐说："古人之法，必犯大恶则焚其尸。今风俗之弊，遂以为礼，虽孝子慈孙，亦不以为异……可不哀哉！"③ 真德秀道："古者，背叛恶逆之人，乃有焚骨扬灰之戮。今亲肉未寒，为人子者，何忍付之烈焰，使为灰烬乎？言之犹可痛心，况复忍为其事。"④ 黄震说："人之焚其亲，不孝之大者也"，"举其尸而畀之火，天下惨虐之极，无复人道"，"焚人之亲，以网人之利，伤风败俗，莫此为甚"⑤。对于那些囿于"从便"而采用火葬的士人，贾同批评道：

①［宋］吕祖谦编，齐治平点校：《宋文鉴》卷125《禁焚死》，第1751页。

②［宋］宋祁：《景文集》卷25《孝治篇》，《丛书集成初编》，第323页。

③《河南程氏遗书》卷2下《附东见录后》，［宋］程颢、程颐著，王孝鱼点校：《二程集》，第58页。

④［宋］真德秀：《西山先生真文忠公文集》卷40《泉州劝孝文》，《宋集珍本丛刊》第76册，第410页。

⑤［宋］黄震：《黄氏日抄》卷70《申判府程丞相乞免再起化人亭状》，景印文渊阁《四库全书》第708册，第685、686页。

> 或以守职徼远，葬于先祖之茔域，故焚之以苟其便易。呜呼！先王制礼，士大夫奉以立身，推以化民，如之何其苟便易而弃之也！岂独弃礼哉？抑亦举其亲而弃之也。设不幸道远，而贫，未能负而归；买地而葬之，庐而守之，俟其久也，负骨而归，不亦可乎？又或以恶疾而死，俗云有种，虑染其后者，而焚之，斯则既不仁矣，又惑之甚者。夫修短有命，疾病生乎身，岂有例哉？如云世积殃，遗子孙，则虽焚之无益也。[①]

在贾同看来，以立身化民为责的士大夫因"苟其便易"而废礼，这一轻率的选择事实上不只是弃了外在的礼文，更是因为惑于异端之说而弃了内在的孝亲之意，悖孝违仁。从这个角度去看，出于"便易"而采用的礼仪，遮蔽的却是先王之道的核心理念。

其次，外来文化中的仪式不仅侵害了孝的观念，还带来了一系列的连锁反应，它破坏了先王所制的丧礼体系。先王之丧礼是一整套的礼文，当某一环节被异文化植入时，很可能会造成整个仪文的断裂。比如，车若水（1210—1275）就提到过："今贫民无地可葬，又被他说火化上天，葬礼亦被夺了。"[②]火化不仅取消了葬礼，它还使祭礼名存实亡。在宋代关于火葬的描述中，既有"一切火化，投余骨于江"[③]，又有"举而付之烈焰，权棒碎拆，以燔以炙，余骸不化，则又举而投之深渊"[④]的记载，除此之外，亦有"火焚其柩，收烬

①［宋］吕祖谦编，齐治平点校：《宋文鉴》卷125《禁焚死》，第1751页。

②［宋］车若水撰，李伟国、田芳园整理：《脚气集》卷下，上海师范大学古籍整理研究所编：《全宋笔记》第7编第8册，郑州：大象出版社，2015年，第241页。

③［宋］洪迈撰，何卓点校：《夷坚志》支乙卷9《鄂州遗骸》，第865页。

④［宋］黄震：《黄氏日抄》卷70《申判府程丞相乞免再起化人亭状》，景印文渊阁《四库全书》第708册，第684页。

归葬者"[①]，换言之，选用火化，取用浮屠葬仪，但依然保存墓葬形式的亦大有人在。现代考古中，作为葬具的陶罐的发现亦表明了火葬墓这一形式广泛存在的事实[②]。从这个角度去看，火化与家祭并不存在必然的此起彼消的关系，但是，在另外一些选择火化又不立墓的情况下，祭礼的合法性就成为一个令人困扰的问题。丞相京镗（1138—1200）曾对人说："渠家上世皆用浮屠法葬之水火，每岁寒食，只来江皋酹酒三爵、烧纸钱数束，即是上冢。"[③]对此，罗大经评价说："京丞相仲远，豫章人也，崛起寒微，祖父皆火化无坟墓，每寒食则野祭而已。"[④]吴自牧（生卒年不详）也记载了一则不立墓的情况："蔡汝拨庶母沈氏卒，汝拨尚幼，父用火葬。汝拨伤母无松楸之地，尝言之辄泣。"[⑤]

最后，火葬之类的夷礼不仅侵害了先王之道本身，它还侵害了华夷秩序的设定。作为一个古老的议题，华夷之辨并没有淡出宋

①［宋］司马光：《司马氏书仪》卷7《丧仪三·卜宅兆葬日》，《丛书集成初编》，第76页。

②参见徐苹芳：《宋元时代的火葬》，《文物参考资料》1956年第9期；洪剑民：《略谈成都近郊五代至南宋的墓葬形制》，《考古》1959年第1期；黄宣佩：《上海宋墓》，《考古》1962年第8期；解希恭：《太原小井峪宋、明墓第一次发掘记》，《考古》1963年第5期；代尊德：《太原小井峪宋墓第二次发掘记》，《考古》1963年第5期；王洪涛：《泉州、南安发现宋代火葬墓》，《文物》1975年第3期；成都市文物考古工作队：《四川成都市西郊金鱼村南宋砖室火葬墓》，《考古》1997年第10期。

③［宋］杨万里：《诚斋集》卷110《答罗必先省干》，《宋集珍本丛刊》第55册，第466页。

④［宋］罗大经撰，王瑞来点校：《鹤林玉露》丙编卷6《风水》，北京：中华书局，1983年，第345页。

⑤［宋］吴自牧撰，黄纯艳整理：《梦粱录》卷15《历代古墓》，上海师范大学古籍整理研究所编：《全宋笔记》第8编第5册，第245页。

人的视域,相反,在多个政权并存的环境之下,对这一议题的讨论尤显炽热,宋人是如何展开这一议题,论辩时议题的内涵有无延续与扩展,为避枝蔓,这里存而不论。即依此处所讨论的话题来看,宋人至少接受了两种文化上的华夷秩序设定:其一,中国居中、夷蛮戎狄偏居四周,四夷处四夷、中国处中国,各不相乱的秩序。这一观点的代表者如石介,他讲:

> 夫中国者,君臣所自立也,礼乐所自作也,衣冠所自出也,冠婚祭祀所自用也,缞麻丧泣所自制也,果蓏菜茹所自殖也,稻麻黍稷所自有也。东方曰"夷",被发文身,有不火食者矣;南方曰"蛮",雕题交趾,有不火食者矣;西方曰"戎",被发衣皮,有不粒食者矣;北方曰"狄",毛衣穴居,有不粒食者矣。其俗皆自安也,相易则乱。[1]

在石介看来,中国与四夷,各安其俗,避免交流杂易,"相易则乱"。这种保持文化独立以及文化隔绝的思想,胡安国(1074—1138)也有过相似的表达,曰:"内中国而外四夷,使之各安其所也。"[2]

其二,四夷向化的秩序。让我们将华夷之辨聚焦于对火葬的观察之中,贾同讲:

> 夫圣王御世,制礼作乐,布浃仁义,使天下密如,四夷向化;如之何使夷俗之法,败先王之礼经耶?教天下以不仁耶?

①[宋]石介著,陈植锷点校:《徂徕石先生文集》卷10《中国论》,第116页。

②[宋]胡安国:《春秋胡氏传》卷1《隐公上》,《四部丛刊续编》,上海:商务印书馆,1934年影印本,第4b页。

请禁。①

四夷向化是可接受的文化秩序，但若出现反向的路径，即，中国使用夷俗之法的情况时，它动摇了先王制礼作乐的主旨，必须禁止。程颐则更进一步说："中国而用夷狄礼，则便夷狄之"，"礼一失则为夷狄，再失则为禽兽"②。王爚在劝民禁止火葬时，更是发挥这一观点，说：

> 中国与夷狄异，正以其人伦之亲，恩义无尽。而先王制为丧礼，因其天性以节文之，衣衾棺椁以谨其终事，葬埋祭祀以久其哀思，一有不至，则吾心为之不安，此生民所以为贵，而中国所以为尊也。彼胡羌之俗，譬若禽兽；浮屠氏之立教，固已背弃伦理，绝灭种类，则其死后以天生地长可贵之身，取快于灰飞烟灭而甘心者，不足怪也。若乃吾民家家气脉，世世流通，有子有孙，慎终追远，此乃天经地义之常，永无息歇。何忍舍正道徇异教，陷为礼法之罪人，而终不知惧耶？③

不过，无论是为了坚持文化的隔绝，还是避免中国文化的杂质化，华夷秩序作为一个议题进行讨论时，清晰的观点、坚定的立场无疑十分重要，但当观念落于具体事例时，要保持纯净的先王礼乐，并非是可行的选项。

---

①［宋］吕祖谦编，齐治平点校：《宋文鉴》卷125《禁焚死》，第1751页。

②《河南程氏遗书》卷2上《元丰己未吕与叔东见二先生语》，［宋］程颢、程颐著，王孝鱼点校：《二程集》，第43页。

③［宋］孙应时纂修：《琴川志》卷1《叙县·义阡》，《宋元方志丛刊》，第1165页。

第二节　限制：胡服、戎服与先王衣冠

《左传》定公十年疏云："中国有礼仪之大，故称夏；有服章之美，谓之华。"[①] 华章美服是表达文化内涵的显性符号，人们通过衣服冠履来判断别人，同时也被别人判断。衣服冠履一直是礼文的重要组成内容，国家颁布衣冠之制，使得"品服有章，贵贱以别"[②]。家礼书写者同样关心着冠带衣履，书写中既需符合礼制，又能使其行用于演礼的场景之中。淳熙年间（1174—1189），朱熹所订祭祀冠婚之服中提到：

> 凡士大夫家祭祀、冠、婚，则具盛服。有官者幞头、带、靴、笏，进士则幞头、襕衫、带。处士则幞头、皂衫、带，无官者通用帽子、衫、带，又不能具，则或深衣，或凉衫。有官者亦通用帽子以下，但不为盛服。妇人则假髻、大衣、长裙，女子在室者冠子、背子，众妾则假紒、背子。[③]

朱熹区分了有官者与无官者、妇人与在室者之间的不同盛装，文中为每一类人群所列举出的服饰，诸如幞头、襕衫、皂衫、冠带、帽子、深衣、假髻、大衣、长裙、假紒、背子等无疑均为当时当世所通用，这些内容呈现在礼文之中时，细致、具体而清晰，但在礼文书写之外，诸如长靿靴、蹀躞带、上领衫、氈笠、钓墪等胡服、夷服与蕃服

---

①［晋］杜预注，［唐］孔颖达等正义，黄侃经文句读：《春秋左传正义》卷56《定公十年》，上海：上海古籍出版社，1990年，第976页。

②［清］徐松辑，刘琳等校点：《宋会要辑稿》舆服4之8，上海：上海古籍出版社，2014年，第2233页。

③［清］徐松辑，刘琳等校点：《宋会要辑稿》舆服4之9，第2235页。

之议，以戴冠为礼还是以巾者为礼等时服与古服之争正在士大夫中间尘嚣日上。显然，这些看似琐碎的论辩背后需要对之进行整体性的理解，衣服冠履之争中所折射出的文化反省，或许并不反映在家礼文本之中，但却是书写者不能回避的问题，它们构成了家礼文本之外的历史语境。

一、异国时尚：诏令章奏中的胡服、戎服与蕃服

尽管历史无法再现在观察者面前，无法还原历史人物及其衣冠风貌的真实场景，但借助于时代的舆服志以及文集的记载，我们依然可以获知，宋人于冠履衣饰上的选择并不因为礼制的条条框框而显得单调停滞，相反，从士庶人车服之制"近年以来，颇成踰僭"[①]、"数十年风俗僭侈，车服器玩多踰制度"[②]，以及"衣冠之制，上下混一"[③]、"今衣服无章，上下混淆"[④]的呼声中，可以想见宋人求变尝新的行动普遍存在。奇装异服的新名相，诸如北宋宣和年间（1119—1125），京师士庶流行的腹围"腰上黄"、妇人便服中的"不制衿"[⑤]、鞋底的"错到底"、执扇中的"不彻头"[⑥]，理宗时期

①［清］徐松辑，刘琳等校点：《宋会要辑稿》舆服4之5，第2229页；［元］脱脱等：《宋史》卷153《舆服志五·士庶人服》，第3573页。

②［宋］李焘：《续资治通鉴长编》卷396，哲宗元祐二年（1087）三月戊辰条，第9653页。

③［宋］王得臣撰，黄纯艳整理：《麈史》卷上《礼仪》，朱易安、傅璇琮等主编：《全宋笔记》第1编第10册，郑州：大象出版社，2003年，第14页。

④［宋］黎靖德编，王星贤点校：《朱子语类》卷91《礼八·杂仪》，第2330页。

⑤［宋］岳珂撰，吴企明点校：《桯史》卷5《宣和服妖》，北京：中华书局，1981年，第54页。

⑥［宋］陆游撰，李剑雄、刘德权点校：《老学庵笔记》卷3，北京：中华书局，1979年，第40页。

图2-1 [辽]胡环(传):《番骑图》
资料出处:《宋画全集》第1卷第8册,杭州:浙江大学出版社,2010年。

宫妃的“赶上裙”、“不走落”高髻、“快上马”纤足、粉点眼角的“泪妆”以及“偏顶”“鹁角”发型①等,新名词不断涌现,由此引发的“服妖”话题亦倍受人关注②。在衣冠变易的时代,宋人的记载中还特意辨别出了胡服、蕃服、边服、虏服等服饰,据此,人们亦可明确无误地得出概览式的印象:这是一个充满异国风尚的时代。

必须指出的是,今天我们用以清楚指出宋人服饰中异国标识的文献资料,多数来自于朝廷禁令与大臣请禁的奏章。一般而言,诏令中对所禁衣饰的式样、颜色有细致说明,对禁令的执行时间以及违令后的处罚亦条具分明。尤其重要的是,尽管这些禁令与请禁奏章依然会从文化净化的角度去说明禁绝的必要,但在朝廷看来,着装者本身不过是对异国时尚的猎奇求新,因此,文字表述中鲜少涉及诸如着装者的族群认同等价值观上的考量,诏令所禁之服指向具体而明确,它只是针对异国风尚,尤其是南北宋时期京城之内所流行的新奇服饰。

北宋庆历八年(1048),朝廷禁止胡服的诏令中讲:

①[元]脱脱等:《宋史》卷65《五行志三·木》,第1430页。

② 关于宋代服装时尚及服妖研究,参见朱瑞熙:《宋代的服装风尚》,《文史知识》1989年第2期;刘复生:《宋代“衣服变古”及其时代特征——兼论“服妖”现象的社会意义》,《中国史研究》1998年第2期。

闻士庶仿效胡人衣装，裹番样头巾，着青绿及乘骑番鞍辔，妇人多以铜绿兔褐之类为衣。宜令开封府限一月内止绝，如违，并行重断。仍仰御史台、閤门弹纠以闻。①

这里，裹番样头巾，着青绿衣与铜绿兔褐衣均被视为胡人衣装。之后，禁令中频繁出现了毡笠、钓墪两件服饰。大观四年（1110），朝廷下诏："京城内近日有衣装，杂以外裔形制之人，以戴毡笠子、着战袍、系番束带之类，开封府宜严行禁止。"政和初（1111），朝廷下令禁止"着北服"，后又下令"一应士庶，于京城内不得辄戴毡笠子"②。政和七年（1117），又诏："敢为契丹服若毡笠、钓墪之类者，以违御笔论。"③宣和五年（1123）复有诏令："'勘会禁止蕃装、胡服，断罪、告赏指挥已严，近日士庶于头巾后垂长带，有类胡服，亦合禁止。'诏申明行下，仍令閤门、御史台、太常寺、开封府常切觉察及弹奏。"④不仅胡服被禁止，开封府内"类胡服"的装扮也一并禁止。

北宋的开封府"风俗典礼，四方仰之为师"，而南宋临安府"山水明秀，民物康阜"，比之开封府，"其过十倍矣"⑤。在这个繁华的都市中，"格调是应有尽有的富丽、奢华和雅致"⑥，奇装异服亦不少。隆兴元年（1163）所颁禁令中讲：

①［清］徐松辑，刘琳等校点：《宋会要辑稿》舆服4之7，第2232页。

②［宋］吴曾：《能改斋漫录》卷13《诏禁外制衣装》、卷1《禁蕃曲毡笠》，上海：上海古籍出版社，1979年标点本，第383、16页。

③［清］徐松辑，刘琳等校点：《宋会要辑稿》舆服4之9，第2235页。

④［清］徐松辑，刘琳等校点：《宋会要辑稿》刑法2之88，第8330页。

⑤［宋］耐得翁撰，汤勤福整理：《都城纪胜》序，上海师范大学古籍整理研究所编：《全宋笔记》第8编第5册，郑州：大象出版社，2017年，第5页。

⑥［法］谢和耐著，刘东译：《蒙元入侵前夜的中国日常生活》，第97页。

> 中书门下省言："窃见迩来临安府士庶服饰乱常，声音乱雅，如插掉篦、吹鹧鸪、拨胡琴、作胡舞之类，已降指挥严行禁止外，访闻归朝、(归)正等人往往不改胡服，及诸军有仿效蕃装，所习音乐杂以胡声。乞行下诸军及诸州县，并行禁止。"从之。①

此条禁令中所指出的"服饰乱常"大略是针对三个不同地域的群体：一为临安府中士庶插掉篦等；二为归朝人、归正人不改旧时服饰；三为诸军中的仿效蕃装。臣僚同时指出，禁令之所以针对诸军及诸州县颁行，源于收集到的两种信息：一是对临安府风尚的观察，二是访闻所得归朝、归正等人及诸军情况。到了淳熙年间(1174—1189)，临安知府袁说友(1140—1204)再度就当地衣冠服制问题上奏，他讲：

> 臣窃见今来都下年来衣冠服制，习为虏俗。官民士庶浸相效习，恬不知羞……姑以最甚者言之。紫袍紫衫，必欲为红赤紫色，谓之"顺圣紫"；靴鞋常履，必欲前尖后高，用皂草，谓之"不到头"；巾制则辫发低髻，为短统塌顶巾；棹篦，则虽武夫力士皆插中侧。如此等类，不一而足。岂特习以为仪，略无愧色，兼又身披虏服而敢执事禁庭者，识者见之，不胜羞恨。②

袁说友指出了"顺圣紫""不到头""短统塌顶巾"以及中侧插棹篦等异服，不过，他在叙述异服之耻时，并不是将之当作一般

---

①[清]徐松辑，刘琳等校点：《宋会要辑稿》刑法2之156，第8384页。
②[明]黄淮、杨士奇编：《历代名臣奏议》卷120《礼乐》，第1591页。

求新求奇的尝试，而是视之为“效习敌仇之俗以乱吾中国之耳目”的行径，因此，他在奏章中不仅要求宣谕临安府守臣多方约束，严行止绝，而且，他还强调说：“如有违戾，许人告首，支给厚赏，犯人取旨编配施行，其染并手作人亦编管他郡。”① 从最初的“止绝”到以犯人编配并手作人亦需编管，禁令不断严格，这一点也可用以反观异国时尚的禁而不绝。迄至《庆元条法事类》，法律条文中对异国服饰作了明确的规定：“诸服饰不得效四夷。其蕃商住中国者准此，若暂往来者听身从本俗。”② 并规定“诸服饰辄效四夷者，杖壹伯，许人告，令众伍日命官及有荫人奏裁”，“告获服饰辄效四夷者”，赏钱五十贯③。当禁止胡服、蕃服、外国服最终被写入法律条文之时，人们最初因猎奇所追逐的异国时尚，其性质也随之发生改变。

需要指出的是，上引诏令出现在不同文献中时，叙述内容或增或减，所系年月也各有不同。比如，宣和元年（1119）禁令中讲：

> 先王之法坏，胡乱中华，遂服胡服。习尚既久，人不知耻，未之有禁，非用夏变夷之道。应敢胡服若毡笠、钓墪之类者，以违御笔论。④

将宣和禁令与上引政和七年禁令比对着看，所禁衣饰内容虽然相似，却增加了有关华夷秩序的叙述文字，用以讲明颁布禁令的理据在于“用夏变夷”秩序的乱常。而隆兴元年（1163）的诏书在方志

①［明］黄淮、杨士奇编：《历代名臣奏议》卷120《礼乐》，第1591页。
②［宋］谢深甫：《庆元条法事类》卷3《服饰器物敕令格》，第9页。
③［宋］谢深甫：《庆元条法事类》卷3《服饰器物敕令格》，第8、10页。
④［清］徐松辑，刘琳等校点：《宋会要辑稿》舆服4之7，第2232页。

中则记为乾道四年(1168),其中讲道:

> 臣僚言:"临安府风俗自十数年来服饰乱常,习为胡装,声音乱雅,好为胡乐。如插棹篦不问男女,如吹鹧鸪,如拨胡琴,如作胡舞,所在而然。此皆小人喜新,初则效学以供戏笑,久则习之为非,甚则上之人亦将乐之,与之俱化矣。臣窃伤悼!中原士民,沦于左衽,延首企踵,欲自致于衣冠之化者,三四十年而不可得,而东南礼义之民,乃反堕于胡虏之习而不自知,甚可痛也。今都人静夜十百为群,咬鹧鸪,拨胡琴,使一人黑衣而舞,众人拍手和之,道路聚观,便同夷落。伤风败俗,不可不惩。伏望戒敕守臣检坐。绍兴三十一年指挥严行禁止,犯者断罪,令众自然知惧矣。"诏从之。①

一份记录更为详尽的奏章所提供的信息显然更为多样,此处所提到的绍兴三十一年禁令与隆兴元年禁令关系如何,可暂且不论,需要特别注意的是,奏章中,臣僚梳理了民众习为胡装、好为胡乐的猎奇心态,对于士庶沉溺于世俗之乐、叛离自己文化犹且不自知的现象,他深表痛心,不惟如此,华夷秩序在此又习惯性地成为叙述的基调。然而,下文中我们将揭示,当转换视角,衣冠中的"辨得华夷"便不再保持其一贯的内涵,而是有了另一种解读。

二、"辨得华夷":历史脉络下的中国衣冠

依据华夷秩序的理路,朝廷禁止当时所称的胡服、蕃服、虏服

---

①[宋]潜说友纂修:《(咸淳)临安志》卷47《秩官五》,《宋元方志丛刊》,北京:中华书局,1990年影印本,第3775—3776页。

等异国时尚，然而，在清理衣冠秩序的思考之外，尤其是当士大夫们从时间序列中去观察冠履中的胡服、夷服、虏服等元素时，如何区分其中的华与夷便陷入了窘境。沈括（1031—1095）讲：

> 中国衣冠，自北齐以来乃全用胡服。窄袖、绯绿短衣、长靿靴，有蹀躞带，皆胡服也。窄袖利于驰射，短衣、长靿皆便于涉草。胡人乐茂草，常寝处其间，予使北时皆见之，虽王庭亦在深荐中。予至胡庭日，新雨过，涉草衣袴皆濡，唯胡人都无所霑。带衣所垂蹀躞，盖欲佩带弓剑、帉帨、算囊、刀砺之类，自后虽去蹀躞，而犹存其环，环所以衔蹀躞，如马之鞦根，即今之带銙也。天子必以十三环为节，唐武德、贞观时犹尔，开元之后虽仍旧俗，而稍褒博矣，然带钩尚穿带本为孔，本朝加顺折，茂人文也。①

沈括从历史脉络与渊源之中去探讨中国衣冠之流变，在谈论胡服时，他着眼于服饰的功能，并通过自身的经验来强调这一功能的可取之处。同时，他也指出，中国衣冠溯其脉络，虽悉取用胡服，但经过多年的去存变革，不仅形制上与胡服有了差别，改头换新的服饰还附着了本朝的解释。与沈括这段笔谈相似的文字见于高承《事物纪原》，其中称："《笔谈》曰：中国衣冠，自北齐已来，乃全用胡服，窄袖绯绿。唐武德正观时犹尔，开元之后，稍裒博矣。《通典》曰：宇文护始袍加下襴，遂为后制，即今公服之制也，此盖原

---

①［宋］沈括撰，金良年点校：《梦溪笔谈》卷1《故事一》，北京：中华书局，2015年，第3页；［宋］江少虞：《宋朝事实类苑》卷32《典故沿革・中国衣冠用胡服》，第407页。

矣。”[1] 此段文字对中国衣冠的历史叙述与沈括并无差别，不过，据《永乐大典》所录，高承此段记载语出《王沂公笔谈》，尤其重要的是，它引《通典》另具公服为例，将其源头直指胡服[2]。

朱熹同样从长时段的历史之中去看现行日常衣着的变化，他讲：“中国衣冠之乱，自晋五胡，后来遂相承袭。唐接隋，隋接周，周接元魏，大抵皆胡服。”[3] 他观察本朝的服制，重申道：“今上领衫与靴皆胡服，本朝因唐，唐因隋，隋因周，周因元魏。”[4] 在对上领服所作的具体考辨中，他讲：

> 上领服非古服。看古贤如孔门弟子衣服，如今道服，却有此意。古画亦未有上领者。惟是唐时人便服此，盖自唐初已杂五胡之服矣。[5]

朱熹参看古画中古贤的服饰，利用图像资料来佐证上领服非古服的结论。但是，若本朝服饰因袭唐代而来，那么，在朝代相袭五胡之服的事实之中，人们又该如何来择取今日之衣服？朱熹讲：

> 后世礼服固未能猝复先王之旧，且得华夷稍有辨别，

①［宋］高承著，李果订：《事物纪原》卷3《衣裘带服部十五·公服》，《丛书集成初编》，北京：中华书局，1985年，第106—107页。

②《永乐大典》卷之19792《服·公服》，北京：中华书局，1986年影印本，第7475页。

③［宋］黎靖德编，王星贤点校：《朱子语类》卷91《礼八·杂仪》，第2327页。

④［宋］黎靖德编，王星贤点校：《朱子语类》卷91《礼八·杂仪》，第2328页。

⑤［宋］黎靖德编，王星贤点校：《朱子语类》卷91《礼八·杂仪》，第2326—2327页。

犹得。①

而今衣服未得复古，且要辨得华夷。②

需要指出的是，朱熹在此所执着的华夷之辨，显然并非就当下服饰中辨出哪些是华服、哪些是胡服，以便在华夷秩序的理路中成为禁绝或摒弃的依据。事实上，朱熹的“辨得华夷”与其说是一种事实考量，不如说是一种知识视野，在他看来，只有对历史时期叠加的衣冠故事进行层层剥离，方能导向先王之旧，并据此来整肃后世礼服。比如，在回答学生关于公服起于何时的提问时，朱熹从隋炀游幸，“令群臣皆以戎服从”“只从此起遂为不易之制”③开始溯流，继而在回答“公服何故如许阔”的问题时讲：

亦是积渐而然，初不知所起。尝见唐人画十八学士，裹幞头，公服极窄；画裴晋公诸人，则稍阔；及画晚唐王铎辈，则又阔。相承至今，又益阔也。④

唐初年服袖甚窄，全是胡服；中年渐宽，末年又宽，但看人家画古贤可见。⑤

朱熹认为公服起于戎服，但此后渐为胡服所化，再后又转向华服，他以唐代所绘三个不同时间段的人物画像作为实物证据，说明公服之变是一个积渐而然的过程。显然，朱熹避免轻易得出非此

①［宋］黎靖德编，王星贤点校：《朱子语类》卷91《礼八・杂仪》，第2327页。
②［宋］黎靖德编，王星贤点校：《朱子语类》卷91《礼八・杂仪》，第2328页。
③［宋］黎靖德编，王星贤点校：《朱子语类》卷91《礼八・杂仪》，第2327页。
④［宋］黎靖德编，王星贤点校：《朱子语类》卷91《礼八・杂仪》，第2327页。
⑤［宋］黎靖德编，王星贤点校：《朱子语类》卷91《礼八・杂仪》，第2328页。

即彼的断语。他对幞头的考订同样如此。据《朱子语类》记载：

又问幞头所起。曰："亦不知所起。但诸家小说中，时班驳见一二。如王彦辅《麈史》犹略言之。某少时尚见唐时小说极多，今皆不复存矣。唐人幞头，初止以纱为之，后以其软，遂斫木作一山子在前衬起，名曰'军容头'。其说以为起于鱼朝恩，一时人争效。士大夫欲为幞头，则曰：'为我斫一军容头来。'及朝恩被诛，人以为语谶。其先幞头四角有脚，两脚系向前，两脚系向后；后来遂横两脚，以铁线张之。然惟人主得裹此。世所画唐明皇已裹两脚者，但比今甚短。后来藩镇遂亦僭用，想得士大夫因此亦皆用之。①

朱熹先以幞头"不知所起"，难以细溯其起源来直接回答"幞头所起"的提问，但在后文的叙述中，他却重建前人的所作所言，从笔记小说、传言、典故、画像等多种资料入手，翔实展现了幞头形制的流变以及与幞头相关的各种事件。然而，关于幞头的故事还不止于此，历史上所附会的典故中尚有各种不同的释读，因此，在另一段面对学生关于幞头的提问时，朱熹又从不同角度重申此话题，讲述中对上引几个事例作了相关补充说明，内容有相同之处，但表达层次颇有不同，兹引录如下：

问："横渠说唐庄宗因取伶官幞头带之，后遂成例。"曰："不是恁地。庄宗在位，亦未能便变化风俗。兼是伶人所带，

①[宋]黎靖德编，王星贤点校：《朱子语类》卷91《礼八·杂仪》，第2327—2328页。

士大夫亦未必肯带之。见画本，唐明皇已带长脚幞头。或云藩镇僭礼为之，后遂皆为此样。或云乃是唐宦官要得常似新幞头，故以铁线插带中，又恐坏，其中以桐木为一幞头骨子，常令幞头高起如新，谓之‘军容头’。后来士大夫学之，令匠人‘为我斫个军容头来’。盖以木为之，故谓之斫。及唐末宦者之祸，人皆以此语为谶。王彦辅《麈史》说如此，说得有来历，恐是如此。后人觉得不安，到本朝太宗时，又以藤做骨子，以纱糊于上。后又觉见不安，到仁宗时，方以漆纱为之。尝见南剑沙县人家尚有藤骨子，可见此事未久。盖此非一朝一夕之故，其变必有渐。"①

在一个以幞头作为中心的叙述中，朱熹重建了过去所发生了的，但却属于截然不同层次的事件，变化风俗的唐庄宗、僭越礼制的藩镇、讲究穿戴效果的宦官、富有隐喻的谶语以及后人的心态，诸如此类均构成了幞头的历史，凡此种种"非一朝一夕之故，其变必有渐"。即便经过层层的分析，朱熹也并不急于去追寻其起始，以定其最早的胡服源头。

与朱熹的态度不同，史绳祖（1192—1274）则直接定论说："朝服幞头乃后魏狄制，后唐施长脚，以别伶优之贱。至今士夫安之，曾莫议其非者。"② 这种将幞头作为文化对立面的立场而展开叙述的方式，同样见于他关于履靴、公裳的议论，他讲：

---

①［宋］黎靖德编，王星贤点校：《朱子语类》卷91《礼八 · 杂仪》，第2329页。

②［宋］史绳祖撰，汤勤福整理：《学斋佔毕》卷2《饮食衣服今皆变古》，上海师范大学古籍整理研究所编：《全宋笔记》第8编第3册，郑州：大象出版社，2017年，第71页。

> 古有舄有屦有屐而无靴,故靴字不见于经。至赵武灵王作胡服,方变履为靴,而至今服之。本朝徽宗政、宣间尝变靴为履矣,至高宗时务反政、宣之失,仍变履为靴,此由秦桧不知书而止知有北狄为国爷也……至如上衣下裳,各为长短之制,衣缠至膝,裳乃裙也,今之祭服是也。后魏胡服,便于鞍马,遂施裙于衣,为横幅而缀于下谓之襕,今之公裳是也,则戎狄之服也。①

史绳祖列举当下服制中戎狄胡服的性质,并将这一现象概括为"衣服今皆变古",在他看来,幞头、靴、公裳等"是数者学士大夫皆安之,而莫或建议革之",更令人痛心的是,士大夫不仅没有革除夷服之议,反而将朱熹所倡导的深衣冠履视为怪服、妖服,以从古的深衣冠履为非,以变古的夷服与外域服为安,因此,史绳祖叹息道:"呜呼!可不哀哉,痛哉!姑笔之以俟好古博雅、知礼通方之士而正焉。"② 在这里,史绳祖虽然没有嵌入华夷秩序的论述,隐在文字中的"用夷变夏""圣王之所诛"的声音却呼之欲出。

无论是作为一种惯性理论抑或是陈词滥调,华夷之别是频繁出现于士大夫关于胡服、戎狄之服、虏服等异国服饰议论中的关键词汇,吊诡的是,一旦涉及当下礼服一般性原则的讨论时,它却忽然消失在群体的话语之中。

---

①[宋]史绳组撰,汤勤福整理:《学斋佔毕》卷2《饮食衣服今皆变古》,上海师范大学古籍整理研究所编:《全宋笔记》第8编第3册,第71页。
②[宋]史绳组撰,汤勤福整理:《学斋佔毕》卷2《饮食衣服今皆变古》,上海师范大学古籍整理研究所编:《全宋笔记》第8编第3册,第71页。

三、古服与时服：士大夫的礼服实践与礼服原则

在衣服“今皆变古”的宋代，复古、从古的尝试从未间歇过，士大夫们常常是复古时尚的践行者。元祐年间（1086—1094），司马光、程颐曾“裁皂䌷包首”，时人称之谓“温公帽”“伊川帽”[①]。绍兴年间（1131—1162），韩世忠（1090—1151）家居期间，“常顶一字巾”[②]。朱熹主张以深衣作为“平日之常服”，他与司马光一样将深衣制度写入家礼文本之中，以用于冠、婚、祭祀、宴居、交际等重要场合[③]；而在晚年致仕闲居时，朱熹则以野服见客，并于客位上榜云：

> 荥阳吕公，尝言京、洛致仕官，与人相接，皆以闲居野服为礼，而叹外郡或不能，然其指深矣！衰朽无状，虽幸已叨误恩，许致其事，而前此或蒙宾客不鄙下访，初未敢遽援此例，便以老大自居。近缘久病，艰于动作，诎伸俯仰，皆不自由，遂不免遵用旧京故俗，辄以野服从事。然而上衣下裳，大带方履，比之凉衫，自不为简。其所便者，但取束带足以为礼，解带可以燕居，免有拘绊缠绕之患、脱着疼痛之苦而已。切望深察，恕此病人。且使穷乡下邑，得以复见祖宗盛时京都旧俗，其美如

① [宋]赵彦卫撰，傅根清点校：《云麓漫钞》卷4，北京：中华书局，1996年，第63页。

② [宋]洪迈撰，何卓点校：《夷坚志》甲志卷1《韩郡王荐士》，第9页。

③ 参见[宋]司马光：《司马氏书仪》卷2《冠仪·深衣制度》，《丛书集成初编》，第25—28页；[宋]朱熹：《家礼》卷1《通礼·深衣制度》，朱杰人等编：《朱子全书》第7册，上海：上海古籍出版社，合肥：安徽教育出版社，2002年，第879—880页。关于深衣制度的行用场所，又见于[元]脱脱等：《宋史》卷153《舆服志五·士庶人服》，第3578页。

此，亦补助风教之一端也。①

榜文中，朱熹一方面从久病、艰于动作的个人角度去讲述以野服从事的缘由，另一方面他又宣称自己所制之野服皆有理据，它源出于京洛致仕官的传统，又曾是吕希哲所慨叹的"外郡或不能"的服制。他以榜文的形式宣称，尽管以野服见客起因于病体，但其背后却始终蕴藏着复见盛世京都旧俗、用以补助风教的思考。

士大夫个人所创的一些礼服在人群中颇受关注。比如，温公帽在南宋时期依然流行，签书枢密院事罗点（1150—1194）为从官时，曾雪夜"以铁拄杖拨雪，戴温公帽"而为人所识出②。上引朱熹的野服亦颇引人关注，罗大经曾特意从他人之处获得一见，并详记其制法与用法，称："上衣下裳：衣用黄白青皆可，直领，两带结之，缘以皂，如道服，长与膝齐。裳必用黄，中及两旁皆四幅，不相属，头带皆用一色，取黄裳之义也。别以白绢为大带，两旁以青或皂缘之。见侪辈则系带，见卑者则否。"③十分有意味的是，在宋代，士大夫个体所倡导的衣冠有时亦因学派纷争与政治际遇或被追捧，或受讥讽，或引领时尚，或遭遇废禁。比如，从元祐初年（1086）开始，程氏传人就喜欢以"幅巾大袖"示人，绍兴初年（1131），程氏之学盛行时，"言者排之，至讥其幅巾大袖"④；淳祐年间（1241—

①［宋］张世南撰，张茂鹏点校：《游宦纪闻》卷8，北京：中华书局，1981年，第68—69页。

②［宋］叶绍翁撰，沈锡麟、冯惠民点校：《四朝闻见录》甲集《天子狱》，北京：中华书局，1989年，第25页。

③［宋］罗大经撰，王瑞来点校：《鹤林玉露》乙编卷2《野服》，第146页。

④［宋］陆游撰，李剑雄、刘德权点校：《老学庵笔记》卷9，第118页。

1252），"高巾破履"成为道学士人标识性的服饰[1]；及至庆元党禁期间，朱熹提倡的深衣则被视作"妖服"[2]。

不过，士大夫于礼服上复古、从古的尝试，并不意味着在阐述礼服的一般原则与理念时，具有相同的表达，相反，时服与古服，孰是孰非，意见纷纭。文献记载中，司马光拜见邵雍（1012—1077）的一段文字，颇有意趣，其中提到：

> 司马温公依《礼记》作深衣、冠簪、幅巾、缙带。每出，朝服乘马，用皮匣贮深衣随其后，入独乐园则衣之。常谓康节曰："先生可衣此乎？"康节曰："某为今人，当服今时之衣。"温公叹其言合理。[3]

司马光以古服深衣见邵雍，以示拜礼之庄敬。邵雍对司马光"可衣此乎"的设问并没有作出正面回答，反而跳出问题，去概述了一般性的原则。上引文中所谓"温公叹其言合理"，显然并非是司马光对自己着深衣这一行为的否定，而是他认同邵雍所阐述的服制原则，即，今人"当服今时之衣"。无独有偶，程颐在谈论冠礼服制时，也给出了相同的意见，他讲：

> 今行冠礼，若制古服而冠，冠了又不常着，却是伪也，必须

---

①［宋］周密撰，吴企明点校：《癸辛杂识》续集下《道学》，北京：中华书局，1988年，第169页。

②［宋］史绳祖撰，汤勤福整理：《学斋佔毕》卷2《饮食衣服今皆变古》，上海师范大学古籍整理研究所编：《全宋笔记》第8编第3册，第71页。

③［宋］邵伯温撰，李剑雄、刘德权点校：《邵氏闻见录》卷19，北京：中华书局，1983年，第210页。

用时之服。[1]

从演礼角度，制古服而冠是可以接受的选择，但是从彰明礼义、区别身份角色的立场，行冠礼后不常着冠服，便失去了其中的意义。若将礼停留于表演层面，而没有将之涵咏进入日常生活之中，如此之礼，在程颐看来，便是“伪”。因此，他建议去古服而用时服。朱熹在谈到庙祭的祭服时也曾反对过古服，他说：

(吕)与叔亦曾立庙，用古器。然其祭以古玄服，乃作大袖皂衫，亦怪，不如着公服。[2]

朱熹以“怪”字评价吕大临所制祭服，不过，究竟是大袖皂衫为“怪”还是古玄服为“怪”，有待细品，但以他所建议的“公服”来看，取用的依然是当时正式场合的服制。除此之外，他在论丧服时也讲：“今人吉服皆已变古，独丧服必欲从古，恐不相称。”[3] 换言之，在变古的事实下，坚持从古未必是一条可行的原则。

需要注意的是，朱熹建议时服并不意味着他完全同意邵雍所提出的今人着今时之服的原则，他道：

①《河南程氏遗书》卷17《伊川先生语三》，[宋]程颢、程颐著，王孝鱼点校：《二程集》，第180页。

②[宋]黎靖德编，王星贤点校：《朱子语类》卷89《礼六·冠昏丧·总论》，第2272页。

③[宋]黎靖德编，王星贤点校：《朱子语类》卷89《礼六·冠昏丧·丧》，第2275页。

康节说“某今人，须着今时衣服”，忒煞不理会也。①

康节向温公说：“某今人，着今之服。”亦未是。②

朱熹以今人着今人之服为“未是”，但亦不主张完全以古服为“是”，他说：

“礼时为大。”某尝谓，衣冠本以便身，古人亦未必一一有义。又是逐时增添，名物愈繁。若要可行，须是酌古之制，去其重复，使之简易，然后可。③

从实用性的角度，朱熹在阐述礼服原则时又做了进一步延伸，认为需酌古之制，去繁存易，同时，为了强调这一论点，他还指出古人衣冠“亦未必一一有义”。然而，当有人问“丧服，今人亦有欲用古制者”“丧服用古制，恐徒骇俗，不知当如何”时，朱熹回答说：“骇俗犹些小事，但恐考之未必是耳。若果考得是，用之亦无害。”④换言之，附有“考得是”这一条件下的“从古”亦是可以接受的。至此，我们可以看到，士大夫们摇摆于时服与古服截然两分的讨论之中，或取时服，或选古服，在添加条件的前提下变换着选择，矛盾而有趣。

---

①［宋］黎靖德编，王星贤点校：《朱子语类》卷89《礼六·冠昏丧·丧》，第2275—2276页。

②［宋］黎靖德编，王星贤点校：《朱子语类》卷87《礼四·小戴礼·深衣》，第2265页。

③［宋］黎靖德编，王星贤点校：《朱子语类》卷89《礼六·冠昏丧·丧》，第2275页。

④［宋］黎靖德编，王星贤点校：《朱子语类》卷89《礼六·冠昏丧·丧》，第2276页。

宋代的士大夫们不仅在礼服的叙述与行动中表现出互相牴牾的一面,其中所秉持的理念也没有一以贯之。上引士大夫在宣称礼服“当服今时之衣”“必须用时之服”“不如着公服”“须是酌古之制,使之简易”之时,不知有意还是无意,我们在上文中所讨论的诸如“今世之服,大抵皆胡服”“中国衣冠,皆为胡服”“衣服今皆变古”的判语、公服与胡服的渊源等忽然都淡出讨论之外,束之高阁。换言之,人们相信,相对于古服,将时服应用于冠婚丧祭的日常礼仪中,更有利于礼的遵行,在衣冠讨论之中曾被高高举起的华夷秩序这一习惯性主题,在此置之不理。比如,上引朱熹建议着公服庙祭,与此同时,公服取自胡服,其中可能充满着异族元素这一观点同样盛行于人们的议论之中。是建议时服,还是反对胡服?应该如何理解其中的思想逻辑?嘉祐七年(1062),司马光的奏疏中提供了一个说法:

> 有服古之衣冠于今之世,则骇于州里矣;服今之衣冠于古之世,则僇于有司矣。衣冠乌有是非哉?习与不习而已矣。夫民朝夕见之,其心安焉,以为天下之事,正应如此,一旦驱之,使去此而就彼,则无不忧疑,而莫肯从矣……赵武灵王变华俗效胡服,而群下不悦,后魏孝文帝变胡服效华俗,而群下亦不悦。由此观之,世俗之情,安于所习,骇所未见,固其常也。①

或许“衣冠焉有是非哉?习与不习而已矣”才是士大夫阐述

---

①[宋]司马光:《温国文正司马公文集》卷22《谨习疏》,《四部丛刊初编》,第8b—9a页。

礼服原则中采用折衷立场的缘由，在礼服原则中被回避的华夷之辨，可以用以区分文化的界线，却无法作为衣冠的行用原则，安于所习、骇所未见是世俗之常，若去此就彼，则人情忧疑莫肯从。因此，在士大夫看来，受制于中华衣冠的现状，与其骇俗，不如安俗，人们相信，在面对世俗之情时，不必拘泥于单一的认知和解释模型。

第三节　自省：关于礼之废失的讨论

当宋代士人对外来文化进行观察、分辨、检视之时，对于自身文化的审视作为一体之两面，亦同时展开，所涉及的范畴既广，内容更是复杂，既有对社会现状的观察，又有对国家礼典如何成为实际行用之礼的期待、失望与批判，同时，还有对学术上理论依据不明的思考。需要指出的是，当我们将包括地方官、朝廷、学者等不同序列下的群体文化自省条理化为几个相关议题时，这一做法不免有碎片处理的诘责，然而，这些接近平行的议题中均包含着可识别的逻辑，即，它们是宋代家礼书写背景的不同层面。

一、礼序之失：地方官员的政治话题

针砭当下社会礼文阙失、礼序失范是流行于宋代士人中间的集体呼声，绝大多数的家礼书写者参与了这种声讨，有人对之作笼统性概述，有人则单叙某一礼文在社会行用中失序的一般情况，还有人统一两种叙述方式，先总括后列举。

作为一种集体呼声，士大夫们经常采用一些警句式的表达方式。韩维（1017—1098）曾上言：“近世简弃礼教，不以为务；婚

娶之法，自朝廷以及民庶，荡然无制。”[①] 王安石讲：“呜呼！礼乐之意不传久矣！”[②] 程颐说：“冠昏丧祭，礼之大者，今人都不以为事。”[③] 吕大临讲：“近世丧祭无法。”[④] 庄绰（生卒年不详）道：“礼文亡阙，无若近时，而婚丧尤为乖舛。”[⑤] 朱熹则感慨讲：“呜呼，礼废久矣！”[⑥] 杜范（1182—1245）讲：“今之风俗，礼教废阙，士庶之家，冠昏丧祭皆不复讲。”[⑦] 这里，士人们使用“今之风俗”“今之礼制”“近世”“近时”等为时间节点的指涉词汇，叙述时用词简短，特别能令人产生深刻的印象，同时，又隐含着多层次的解释空间。

不同士大夫之间的相似论调，构成了两宋时期社会礼教不振的一般印象。同时，在简弃礼教、礼废久矣、礼文亡阙的呼声中，士大夫们产生了很多复杂的忧虑。程颐讲：

> 古者冠婚丧祭，车服器用，等差分别，莫敢踰僭，故财用易给，而民有恒心。今礼制未修，奢靡相尚，卿大夫之家莫能中礼，而商贩之类或踰王公，礼制不足以检饬人情，名数不足以

①[宋]吕祖谦编，齐治平点校：《宋文鉴》卷52《请不泛于诸家为颍王择妃》，第791页。

②[宋]王安石撰，刘成国点校：《王安石文集》卷66《礼乐论》，第1152页。

③《河南程氏遗书》卷18《刘元承手编》，[宋]程颢、程颐著，王孝鱼点校：《二程集》，第240页。

④[宋]张载著，章锡琛点校：《张载集》附录《吕大临横渠先生行状》，北京：中华书局，1978年，第383页。

⑤[宋]庄绰撰，萧鲁阳点校：《鸡肋编》卷上，北京：中华书局，1983年，第8页。

⑥[宋]朱熹：《晦庵先生朱文公文集》卷83《跋三家礼范》，朱杰人等编：《朱子全书》第24册，第3920页。

⑦[宋]杜范：《杜清献公集》卷19《黄灏传》，《宋集珍本丛刊》第78册，北京：线装书局，2004年影印本，第480页。

> 旌别贵贱，既无定分，则奸诈攘夺，人人求厌其欲而后已，岂有止息者哉？此争乱之道也。①

程颐从礼制不立、等差不分，因而造成社会秩序混乱、争乱之道兴起的角度来思考礼序之失的后果。朱熹则从另一个角度来阐述，他说：

> 呜呼，礼废久矣！士大夫幼而未尝习于身，是以长而无以行于家。长而无以行于家，是以进而无以议于朝廷，施于郡县；退而无以教于闾里，传之子孙，而莫或知其职之不修也。②

从士大夫幼不习礼这一假设出发，朱熹细析其中的后果，认为士大夫若未尝习礼于身，则无以行于家，无以议于朝廷、施于郡县，最终亦无以教于闾里、传之子孙，而士大夫不知其所应当承担的教化社会的职责，层层相因之后必然导致社会的失范。因此，礼对于士大夫而言，必须“相与深考而力行之，以厚彝伦而新陋俗”③。士大夫在地方上任官，其职责“岂徒责以簿书期会之最，刀笔厢箧之务而已，固将使之宣明教化，以厚人伦而美习俗也”，显然，“相率而为礼义之归，而旧俗为之一变矣”是地方官当政的理想设定④。

---

①《河南程氏文集》卷1《论十事劄子》，[宋]程颢、程颐著，王孝鱼点校：《二程集》，第454页。

②[宋]朱熹：《晦庵先生朱文公文集》卷83《跋三家礼范》，朱杰人等编：《朱子全书》第24册，第3920页。

③[宋]朱熹：《晦庵先生朱文公文集》卷83《跋三家礼范》，朱杰人等编：《朱子全书》第24册，第3920页。

④中国社会科学院历史研究所宋辽金元史研究室点校：《名公书判清明集》卷10《勉寓公举行乡饮酒礼为乡闾倡》，北京：中华书局，1987年，第395页。

在移风易俗的文化诉求中，礼序之失是地方官员所关注的重点，以此为撰写内容的谕俗文、训俗文、劝孝文等公文的发布与张贴，又使礼序之失成为地方官员常设性的政治话题。不同时期的不同官员，观察着任职时期不同地方的习俗，并用文字将地方的旧俗陋习一并记录下来，这些记录下来的内容有明确的地点、可以查考的时间，描述的情状亦各有不同。

比如，蔡襄任福州知州时，曾以"观今之俗"起笔，发布《五戒文》，针对当地婚俗，他讲："观今之俗，娶其妻不顾门户，直求资财，随其贫富，未有婚姻之家不为怨怒。原其由，盖婚礼之夕广糜费，已而校奁橐，朝索其一，暮索其二，姑辱其妇，夫虐其妻，求之不已。若不满意，至有割男女之爱，辄相弃背。习俗日久，不以为怪。"[①]郑至道〔生卒年不详，元丰二年（1079）进士〕描述天台县的婚姻状况，称当地"百姓婚姻之际，多不详审；闺闱之间，恩义甚薄；男女之家，视娶妻如买鸡豚；为妇人者，视夫家如过传舍，偶然而合，忽尔而离，淫奔诱略之风，久而愈炽"[②]。朱熹任同安县主簿时，同样提到了该县婚俗中的奔诱之风，说："本县自旧相承，无婚姻之礼，里巷之民贫不能聘，或至奔诱，则谓之引伴为妻，习以成风。其流及于士子富室，亦或为之，无复忌惮。"[③]张栻任职静江军府事时，访闻

---

①［宋］蔡襄著，吴以宁点校：《蔡襄集》卷34《杂著二·福州五戒文》，第618页；［宋］梁克家纂修：《（淳熙）三山志》卷39《土俗类·戒谕·五戒》，《宋元方志丛刊》，第8243页；［宋］吕祖谦编，齐治平点校：《宋文鉴》卷108《福州五戒》，第1503—1504。文字略有不同。

②［宋］黄罃、齐硕修，陈耆卿纂：《（嘉定）赤城志》卷37《天台令郑至道谕俗七篇·重婚姻》，《宋元方志丛刊》，北京：中华书局，1990年影印本，第7577页。

③［宋］朱熹：《晦庵先生朱文公文集》卷20《申严婚礼状》，朱杰人等编：《朱子全书》第21册，第896页。

当地礼俗，说：

> 访闻愚民无知，丧葬之礼不遵法度，装迎之际务为华饰，墟墓之间，过为屋宇，及听僧人等诳诱，多做缘事，广办斋筵，竭产假贷，以侈靡相夸，不能办者往往停丧，不以时葬……访闻婚姻之际，亦复僭度，以财相徇，以气相高，帏帐酒食，过为华靡，以至男女失时，淫辟之讼多往往由此。[①]

张栻使用大量笔墨批判当地婚丧礼俗中“装迎之际务为华饰”“帏帐酒食，过为华靡”的侈靡之风。真德秀在介绍泉州葬俗时，同样提到了“富者则侈费而伤于礼，贫者则火化而害于恩”的风习，但在描述帏帐酒食之俗时，则将侧重点放在情与礼的表达张力之中，说：“又闻乡俗相承，亲宾送葬，或至刲宰羊豕，酣蕾杯觞，当悲而乐，尤为非礼。”[②]

上引例子中，虽然每个人有各自的观察角度与书写内容，但其中所彰明的礼序失范这一中心论点却保持着一致性与连贯性。士大夫们对“民不见礼义，惟务凶狠，强者欺弱，壮者凌衰，内则不知有亲戚骨肉之恩，外则不知有闾里往来之好，习俗薄恶”[③]、“不知以祖先为念”[④]、“婚姻之际，多事苟合，殊无恩义；五服之亲，问以服

①《新刊南轩先生文集》卷15《谕俗文》，［宋］张栻著，杨世文点校：《张栻集》，第997页。

②［宋］真德秀：《西山先生真文忠公文集》卷40《泉州劝孝文》，《宋集珍本丛刊》第76册，第409、410页。

③［宋］朱熹：《晦庵先生朱文公文集》卷100《龙岩县劝谕榜》，朱杰人等编：《朱子全书》第25册，第4628页。

④ 中国社会科学院历史研究所宋辽金元史研究室点校：《名公书判清明集》卷10《兄弟侵夺之争教之以和睦》，第369页。

纪，全然不知”[1]等社会现象表达不满，同时，他们对采取行动、移风易俗以便矫治这类问题保持着责任感与乐观态度，如此，使得每一个士大夫之间的行动与行动表达相为联系，并成为一种集体行为，从而产生出一种集体认同，最终成为他们书写家礼时的文化语境。

二、礼典之废：《政和五礼新仪》的推行与弛行

宋代立国之初，“礼文仪注往往多草创，不能备一代之典”[2]，国家沿革制度多以《开元礼》为据，至开宝四年（971），由刘温叟（909—971）、李昉（925—996）等人撰定的《开宝通礼》始颁行天下[3]，此后，随着礼仪院等机构的设定，编订礼文仪制的活动渐次展开，先后出现过《通礼义纂》《礼阁新编》《太常新礼》《祀仪》《大享明堂记》《太常因革礼》《朝会仪注》《政和五礼新仪》等国家礼书。南宋时，朝廷又组织编修了《续编太常因革礼》《中兴礼书》《中兴礼书续编》等礼书[4]。

不过，两宋时期，国家所组织编修的礼书虽多，多收于礼院，只作资料搜集与检索之用，有些编撰者一开始便申明编修礼书的本意在于“欲编纂故事，使后世无忘之，非制为典则，使后世遵行之也”[5]。因此，这些礼书中，真正作为礼典颁行天下的并不多，其

①［宋］黄罃、齐硕修，陈耆卿纂：《（嘉定）赤城志》卷37《天台令郑至道谕俗七篇》，第7574页。

②［元］脱脱等：《宋史》卷98《礼志一・吉礼一》，第2421页。

③［宋］王应麟：《玉海（合璧本）》卷69《礼仪・礼制下・开宝通礼》，京都：中文出版社，1986年影印本，第1359页；［元］脱脱等：《宋史》卷98《礼志一・吉礼一》，第2421页。

④［元］脱脱等：《宋史》卷98《礼志一・吉礼一》，第2421—2424页。

⑤［宋］李焘：《续资治通鉴长编》卷206，英宗治平二年（1065）九月辛酉条，第4996页。

中，由郑居中等人奉敕编修的《政和五礼新仪》于徽宗政和三年（1113）颁行天下，为宋代礼制史上的重要事件[①]。不惟如此，在礼书的编纂史上，《政事五礼新仪》打破了传统的礼文书写格局，开始将庶人作为写礼对象，订有“庶人婚仪”“庶人冠仪”“庶人丧仪”等礼文，这一举措被认为是传统社会礼制下移、礼下庶人的标志（参见第一章）。《政和五礼新仪》以整个社会人群作为书写范畴，这一点与唐宋以来私家书写者为大家写礼的想法一致，再加上，“北宋一代典章，如《开宝礼》《太常因革礼》《礼阁新仪》，今俱不传。《中兴礼书》散见《永乐大典》中，亦无完本。惟是书仅存”[②]。基于以上几点，我们仅以《政和五礼新仪》为例来观察宋代国家礼典在社会上的行用状况。

从历史的后见之明中去看，《政和五礼新仪》从政和三年（1113）颁行天下到宣和元年（1119）宣布“更不施行”，前后不超过十年，不过，礼典推行的时间虽不长，结果亦不尽如意，但在其推行过程中，朝廷所订规定的细密程度以及推行力度并不逊于任何时代礼典推行的实例。下面，我们结合《政和五礼新仪》推行期间的诏令、奏疏、札子等资料来条绪朝廷的相关举措，其中包括：

第一，增置并召募礼官与礼生，专门从事新仪的推行事宜。政

---

① 关于《政和五礼新仪》编纂概况及其他相关研究，参见［日］小岛毅：《宋代の国家祭祀——〈政和五礼新仪〉の特徵》，收入池田温编：《中国礼法と日本律令制》，东京：东方书店，1992年，第463—484页；张文昌：《制礼以教天下——唐宋礼书与国家社会》，台北：台大出版中心，2012年，第198—221页；吴羽：《〈政和五礼新仪〉编撰考论》，《学术研究》2013年第6期；朱溢：《中古中国宾礼的构造及其演进——从〈政和五礼新仪〉的宾礼制定谈起》，《中华文史论丛》2015年第2期。

②［清］永瑢等：《四库全书总目》卷82《史部·政书类二》，北京：中华书局，1965年影印本，第702页。

和三年(1113),朝廷推行《政和五礼新仪》时,曾下诏增置礼直官,许士庶就问新仪[①]。政和六年(1116),太府丞王鼎奏请"令州县召礼生隶业,使之推行民间,支以《新仪》从事",从之[②]。政和八年(1118),开封府尹盛章在奏议中明确提到了新仪宣讲过程中所面对的情况以及应对措施,他讲:

> 日者陛下又虑所颁《新仪》天下遵行未遍,在京流俗尚又沿循旧例者,再降处分,令本府立法施行。臣契勘民间冠昏,所用之人多是俚儒、媒妁及阴阳卜祝之人。臣已令四厢并籍定姓名,逐旋勾追赴府,令本府礼生指教。候其通晓,即给文帖,遇民庶之家有冠昏丧葬之礼,即令指受(授)《新仪》。如尚敢沿循旧例,致使民庶有所违戾,及被呼不赴,因缘骚扰,邀阻贿赂,并许本色人递相觉察陈告,勒出本行。其不系逐厢籍定之人,不许使令。所贵各务讲寻《新仪》,上下通晓。[③]

这项奏请中所提供的信息无疑是多样的。盛章所提到的各项推行举措,包括勾籍冠婚礼仪的从业人员,经礼生指教新仪后发给文帖等规定,以及对那些不遵行新仪的从业人员"勒出本行"等处罚,具体而微,细致绵密。同时,我们也可以看到,《政和五礼新仪》不仅是一本将庶人纳入书写范畴的礼书,它还明确提出向民庶之家施力,以期达到礼下庶人、天下遵行的目标。

---

①[元]脱脱等:《宋史》卷98《礼志一·吉礼一》,第2423页。

②[宋]王应麟:《玉海(合璧本)》卷69《礼仪·礼制下·政和五礼新仪》,第1363页。

③[清]徐松辑,刘琳等校点:《宋会要辑稿》刑法2之73、74,第8323页。

第二，编订并刊刻节要本，以广其传播。《政和五礼新仪》除了徽宗序文1卷、《御笔指挥》9卷、《御制冠礼》10卷外，共计220卷。当朝廷将此书颁行天下时，藏在有司中的礼书与拟推向社会行用的典则，显然有着不同的思考方向，前者可能侧重于汇集翔实的资料，后者则追求通俗易懂，易简易行。因此，在《政和五礼新仪》向社会推行的工作进程之中，朝廷与地方官采用多种方式使之通俗化。比如，朝廷下令由开封府尹王革（生卒年不详）编类《政和五礼新仪》的通行本，“刊本给天下，使悉知礼意”①。而地方官李新（1062—？）的札子中，提供了几个十分切近生活的通俗化方式，他讲：

> 臣恭览《五礼新仪》，制作之妙，追踪三代……礼书既成，颁及天下，戴白垂髫，喜见太平之盛典。臣尝谓吉、凶二礼，士民所常用，今州郡将《新仪》指摘，出榜书写墙壁，务为推行之迹，而苟简灭裂、增损脱漏，诵读不行，未越旬时，字画漫灭，不可复攻。民庶所行既未通知，至与《新仪》违戾，或僭或陋，实非民庶之过。臣欲乞诸州并许公库镂板，仪曹局以某礼行下属县，置籍抄录，检示粉壁，及察民间所行之礼过与不及。州委教授，县则有出身官，旦望就学，讲习《新仪》，监司岁终保明具奏，察其勤弛而加劝惩之。如此，则上下皆知礼，风俗日以厚矣。②

---

①［元］脱脱等：《宋史》卷98《礼志一·吉礼一》，第2423页。

②［宋］李新：《跨鳌集》卷13《乞州郡讲习五礼新仪札子》，景印文渊阁《四库全书》第1124册，台北：台湾商务印书馆，1986年影印本，第499—500页。

可以看到，李新所提供的几项措施，例如，“将新仪指摘，出榜书写墙壁”，“许公库镂板”，置籍抄录，以及州县委教授与出身官“就学讲习新仪”等，均非空疏泛语，而是切实可行的具体措施。

第三，对不奉行与违仪者进行处罚，监司负责检察与督促推行工作。《政和五礼新仪》推行之时，有“其不奉行者论罪”的规定[①]。政和八年（1118），开封府尹盛章提到对不奉行《五礼新仪》的处罚原则时，称：“本府恭依处分，立到条法：一违仪不奉行者，以违制论，不以去官、赦降原减。”[②]政和八年（1118）的御笔中则将之纳入监司保明具奏的责任中，称：“《五礼新仪》，州县推行，未臻厥成，可依所奏，令诸路监司因按部考察虔惰，岁择一二以闻，当议赏罚，以观忠厚之俗。”[③]

然而，细密切近的规定、急于推行的督促却并没有起到良好的效果，宣和元年（1119），开封府申请《五礼新仪节要》并前后指挥，更不施行，这份奏议中讲：

> 顷命官修礼，施之天下，冠婚丧祭，莫不有制。俗儒胶古，便于立文，不知达俗。闾阎比户，贫窭细民，无厅寝房牖之制，无阶庭升降之所。礼生教习，责其毕备，少有违犯，遂底于法。至于巫卜媒妁，不敢有行，冠昏丧祭，久不能决。立礼欲以齐民，今为害民之本。开封府申请《五礼新仪节要》并前后指挥、及差礼直官礼生并教行人公文指挥，可更不施行。[④]

①［元］脱脱等：《宋史》卷98《礼志一·吉礼一》，第2423页。
②［清］徐松辑，刘琳等校点：《宋会要辑稿》刑法类2之74，第8323页。
③ 不著撰人：《宋大诏令集》卷148《奉行五礼新仪监司因按部考察虔惰御笔》，北京：中华书局，1962年，第548页。
④ 不著撰人：《宋大诏令集》卷148《开封府申请五礼新仪节要并前后指挥更不施行》，第548页。

在这项要求变更施行的文字中，至少梳理出了三个互为关联的废罢理由：一是礼文本身，《政和五礼新仪》虽以庶人为书写对象，但闾阎比户、贫窭细民却并无行礼的规制与场所；二是礼生教习，不仅泥于文字规定，一味追求仪式的完备，而且还苛以律法，因此，有人将之归纳为“有言其烦扰者，遂罢之”[①]；三是对日常行用之礼的困扰，国家所制的礼文不与时俗相称，礼生的教习与责罚又致使巫卜媒妁不敢擅自行动，使得民庶所用的冠婚丧祭，久不能决。如此一来，国家立礼的本意是希望用以齐民，但实际行用中反而成为“害民之本”。无独有偶，陆游所记父亲之言，结合了他对政治人物的观察以及行礼中的轶事与见闻，表达过相同的意思，他讲：

> 先君言：蔡京设礼制局累年，所费不可胜计……又颁《五礼新义》，置礼生，令举行。而民间丧葬婚姻，礼生辄胁持之，曰：“汝不用《五礼新仪》，我将告汝矣。”必得赂乃已。民庐隘陋，初无堂、寝、陛、户之别，欲行之亦不可得。朝廷悟其非，乃诏以渐施行，其实遂废不行矣。河朔有柳公权书《何进滔德政碑》，号为绝笔，迎合者遂摩之，以刻《五礼新仪》云。[②]

让我们先从陆游之父对蔡京的负面评价中抽身而出，在这段记载中，《五礼新仪》在实际执行中所裹挟的胁持与迎合，事实上导致了“遂废不可行”的状态，而造成这一状态的明显的例证是：“民

①［元］脱脱等：《宋史》卷98《礼志一·吉礼一》，第2423页。
②［宋］陆游撰，孔凡礼点校：《家世旧闻》卷下《先君言蔡京设礼制局及颁五礼新仪之弊》，北京：中华书局，1993年，第203页。

庐隘陋，初无堂、寝、陛、户之别，欲行之亦不可得。”换言之，礼文规定与实际情况的不相称，是朝廷放弃在社会上推广《政和五礼新仪》，并最终令其弛行的主要原因。

《政和五礼新仪》是徽宗以“《开元礼》不足为法”“礼当追述三代之意”[①]这一理想下的产物，他希望所制礼文能“施之天下，以成一代之典”[②]，并在修礼中强调“酌今之宜，修为典训，以贻永世。非徒考辞受登降之宜、金石陶匏之音而已，在乎博究情文，渐熙和睦，致安上治民至德著，移风易俗美化成”[③]。但经由社会检验后的《政和五礼新仪》，其价值不过是一纸虚文，最终只是作为礼书留存下来，“亦论掌故者所宜参考矣”[④]。

表面上看，宋代国家礼典在社会行用中的困境与家礼书写之间不存在着必然的联系，但事实上，家礼书写者却自觉地加入了对国家所制之礼的不满与反思的情境之中。张载说：“朝廷之礼，皆不中节。”[⑤]程颐则表示：“若礼之文，亦非亲作不可也。”[⑥]朱熹对《政和五礼新仪》的批判更是多方面的。比如，在礼文的内容上，朱熹沿袭《政和五礼新仪》在社会行用过程中礼文与世情不相称的看法，讲：

① 郑居中：《政和五礼新仪》卷首《御笔指挥》，景印文渊阁《四库全书》第647册，台北：台湾商务印书馆，1986年影印本，第10页。

②［清］徐松辑，刘琳等校点：《宋会要辑稿》职官5之22，第3131页。

③［清］徐松辑，刘琳等校点：《宋会要辑稿》职官5之21，第3130—3131页。

④［清］永瑢等：《四库全书总目》卷82《史部·政书类二》，第702页。

⑤《河南程氏遗书》卷10《洛阳议论》，［宋］程颢、程颐著，王孝鱼点校：《二程集》，第113页。

⑥《河南程氏遗书》卷18《刘元承手编》，［宋］程颢、程颐著，王孝鱼点校：《二程集》，第240页。

如今朝廷颁行许多礼书，如《五礼新仪》，未是。若是不识礼，便做不识礼，且只依本写在也得。又去杜撰，将古人处改了。①

问《五礼新仪》。曰："古人于礼，直如今人相揖相似，终日周回于其间，自然使人有感他处。后世安得如此！"②

另外，朱熹还从组织与编撰的角度，带着强烈的情绪去批判此书，他说："政和间修《五礼》，一时奸邪以私智损益，疏略牴牾，更没理会，又不如《开宝礼》。"③不过，朱熹对待《政和五礼新仪》的心态无疑是矛盾的，在他批评此书的立意、内容与编撰者的同时，他又希望被朝廷渐次弛行的《政和五礼新仪》能够重新颁布天下。比如，当地方上无婚姻之礼时，朱熹希望"检会《政和五礼》士庶婚娶仪式行下，以凭遵守，约束施行"④。在另一篇乞状中，朱熹又扩大讨论范畴，说：

目今州县春秋释奠、祈报社稷及祀风雨雷师，坛壝器服之度、升降跪起之节，无所据依，循习苟简，而臣民之家冠婚丧祭，亦无颁降礼文可以遵守，无以仰称国家钦崇祀典、防范民彝之意。须至申闻者。

①［宋］黎靖德编，王星贤点校：《朱子语类》卷 90《礼七・祭》，第 2295 页。

②［宋］黎靖德编，王星贤点校：《朱子语类》卷 84《礼一・论后世礼书》，第 2183 页。

③［宋］黎靖德编，王星贤点校：《朱子语类》卷 84《礼一・论考礼纲领》，第 2182 页。

④［宋］朱熹：《晦庵先生朱文公文集》卷 20《申严婚礼状》，朱杰人等编：《朱子全书》第 21 册，第 896 页。

右谨具申行在尚书礼部，欲乞特赐申明，检会《政和五礼新仪》内州县臣民合行礼制，镂板行下诸路州军。[①]

淳熙七年（1180），当他得知《政和五礼》祭祀仪式已准镂版颁降时，称“此诚化民善俗之本，天下幸甚”，同时，他又“窃虑其间未详备处，将来奉行或致牴牾”，于是，他详列增修条例若干，希望“如有可采，乞赐台旨施行，庶编类成书之后，免致疑惑，复有更改”[②]。

从国家礼典的推行与弛行中所得出的经验，构成了宋代士人改写礼文的诉求与依据，他们所批判的《政和五礼新仪》礼文与世情不相称的问题，与其所奉行的“礼，时为大”“以古礼减杀，从今世俗之礼”“必不一切从古之礼”[③] 等修礼提法，存在着一贯的思考路数，它们也成为家礼书写中的圭臬。

三、礼学不明：一种声音多种意涵

当代学者在对宋代礼学进行评估时，自觉或不自觉地将之与宋代理学相提并论，后者由于成就斐然而倍受关注，前者在比较的视域中则较有逊色。有时候，人们还在礼学与理学两者之间建立起此消彼长的关系，认为“礼学在理学兴起的风气冲击下，失去昔日的兴盛”[④]。亦有学者将宋代礼学放入整个历史序列中去观察其自身呈现方式，认为这一时期的礼学或“皆以纂辑旧说为主”，或

①［宋］朱熹：《晦庵先生朱文公文集》卷 20《乞颁降礼书状》，朱杰人等编：《朱子全书》第 21 册，第 929—930 页。

②［宋］朱熹：《晦庵先生朱文公文集》卷 20《乞增修礼书状》，朱杰人等编：《朱子全书》第 21 册，第 930、933 页。

③［宋］黎靖德编，王星贤点校：《朱子语类》卷 84《礼一 · 论修礼书》，第 2185 页。

④ 林存阳：《清初三礼学》，北京：社会科学文献出版社，2002 年，第 86 页。

"掊击古义，穿凿浅陋，殊不足观"①，两种方法俱为后人所批判。不过，这几个观点显然并非是后来者的孤明先发，事实上，宋人对本朝的礼学同样有类似的评断。朱熹曾讲：

> 伊川先生尝讥关中学《礼》者有役文之弊，而吕与叔以守经信古，学者庶几无过而已，义起之事，正在盛德者行之。然则此等苟无大害于义理，不若且依旧说，亦夫子存羊爱礼之意也。熹于《礼经》不熟，而考证亦未及精，且以愚意论之如此，不审高明以为如何？然亦不特如此，熹常以为大凡读书处事，当烦乱疑惑之际，正当虚心博采以求至当。或未有得，亦当且以阙疑阙殆之意处之。若遽以己所粗通之一说而尽废己所未究之众论，则非惟所处之得失或未可知，而此心之量亦不宏矣。②

在这段言说中，朱熹事实上列举出了两种礼学进路：一为役文，一为守经信古，前一种为程颐所讥，后一种虽出于吕大临的辩词，但亦可视为是与役文相对的礼学方法。不过，论辩双方归纳出的两种礼学路径并不具有清晰的边界，也不意味着非此即彼的去取。比如，程颐讥笑役文的做法，但同时也认为守经信古亦不可取，他讲："今之礼书，皆掇拾秦火之余，汉儒所傅会者多矣，而欲句为之解，字为之训，固已不可，又况一一追故迹而行之乎？"③究竟

---

① 刘师培著，陈居渊注：《经学教科书》，上海：上海古籍出版社，2006年，第109、110页。

②［宋］朱熹：《晦庵先生朱文公文集》卷36《答陆子寿》，朱杰人等编：《朱子全书》第21册，第1559—1560页。

③《河南程氏粹言》卷1《论书篇》，［宋］程颢、程颐著，王孝鱼点校：《二程集》，第1206页。

应该以何种学术路子为是,是守旧说还是掊古义?朱熹落笔之处,也颇多犹疑。在他看来,当礼文不害于义理、又合于人情之时,存羊爱礼,且依旧说,然而,当烦乱疑惑之际,则可以博采以求至当,即便未能得当,也可阙疑阙殆。从这个角度来看,宋代礼学究竟该何去何从,其实并无定论。

如果说程颐所讥与吕大临所辩描述出宋代"礼学不明"的其中一种状态的话,那么,多位学者在不同语境下所发出的"礼学不明"的呼声,其中所包含的内涵以及可供分析的层次显然更为丰富。

比如,北宋人徐积(1028—1103)曾写道:"夫礼学不明良可惜也""礼文残阙甚可闵伤"①。而南宋的礼部侍郎高闶"患近世礼学不明,凶礼尤甚,尝著《厚终礼》(在其他文献中,《厚终礼》亦被称为《送终礼》)",在这里,"礼学不明"意味着礼典与礼文的阙失,唯其如此,当高闶《厚终礼》甫一完成,时任清远军节度副使的赵鼎便托人向高闶求此书,尤见迫切②。

与上引两者不同,朱熹则从礼家的角度来阐述宋代"礼学不明"的另一窘境,他讲:

> 古者礼学是专门名家,始终理会此事,故学者有所传授,终身守而行之。凡欲行礼有疑者,辄就质问。所以上自宗庙

①[宋]徐积:《节孝先生文集》卷31《语录》,《宋集珍本丛刊》第15册,北京:线装书局,2004年影印本,第710、712页。

②[宋]李心传编撰,胡坤点校:《建炎以来系年要录》卷152,绍兴十四年七月甲戌条,北京:中华书局,第2869页。又见于[宋]熊克:《中兴小纪》卷31,起绍兴十三年正月尽十四年十二月,《丛书集成初编》,北京:中华书局,1985年,第366—367页。

> 朝廷，下至士庶乡党典礼，各各分明。汉唐时犹有此意。如今直是无人如前者。某人丁所生继母忧，《礼经》必有明文。当时满朝更无一人知道合当是如何，大家打哄一场，后来只说莫若从厚。恰似无奈何，本不当如此，姑徇人情从厚为之。是何所为如此？岂有堂堂中国，朝廷之上以至天下儒生，无一人识此礼者！然而也是无此人。①

在朱熹看来，礼学专门名家的言传身教是礼典各各分明、礼学得以传承的基石，这是因为，"礼学多不可考，盖其为书不全，考来考去，考得更没下梢"，礼制"大抵存于今者，只是个题目在尔"②，因此，在他看来，唯有礼学专门名家才能识礼，并为有疑者解答质问。在判断当世礼学名家时，朱熹以"所著皆据本而言，非出私臆""细考其书，皆有来历，可行""考订精确，极不易得"作为标准③。他对永嘉礼学家张淳评价甚高，称其所校《仪礼》"甚仔细""此本较他本为最胜"，校本印本"号为精密"④，因此，他曾叹惜"朝廷不举用之，使典礼仪"，同时，又向学生探问其近况，"闻其已死，再三称叹，且询其子孙能守其家学否？"⑤"能守其家学否"

①［宋］黎靖德编，王星贤点校：《朱子语类》卷84《礼一·论后世礼书》，第2184页。

②［宋］黎靖德编，王星贤点校：《朱子语类》卷84《礼一·论考礼纲领》，第2177页。

③［宋］黎靖德编，王星贤点校：《朱子语类》卷84《礼一·论后世礼书》，第2183页。

④［宋］黎靖德编，王星贤点校：《朱子语类》卷85《礼二·仪礼·总论》，第2195页；［宋］朱熹：《晦庵先生朱文公文集》卷70《记永嘉仪礼误字》，朱杰人等编：《朱子全书》第23册，第3390页。

⑤［宋］黎靖德编，王星贤点校：《朱子语类》卷84《礼一·论后世礼书》，第2184页。

这一看似不经意的询问背后无疑有着个人的学术思考。而对那些无有传承的学礼者，朱熹评价说，这些人的表现“多迂阔”，“一缘读书不广，兼亦无书可读”①。不只如此，他还扩大批判范畴，认为，当时“州州县县秀才与太学秀才，治《周礼》者不曾理会得《周礼》，治《礼记》者不曾理会得《礼记》，治《周易》者不曾理会得《周易》，至于《春秋》《诗》都恁地，国家何赖焉”②。

魏了翁（1178—1237）在阐述礼学不明时，所采取的角度与前两者又各有不同，他讲：

> 南渡以来，虽号为礼文多阙，然知礼者犹能遵守故实。钱周材既免丧，辞免召命，系朝议大夫銜；张魏公免丧归家，止着白凉衫，客位用干办府名，出手榜云：“丞相未有衣冠见客。”识者是之。今礼学不明，此等事不复讲行，士大夫亦多罔闻知。③

“礼文多阙”依然是魏了翁注意到的事实，但他并不将之作为礼学不明的唯一原因，而是认为，在礼文多阙的情况下，知礼者、遵礼者依然主导着社会的礼仪，但是，当知礼者不再参与社会礼仪之事时，礼文知识传承便出现断裂，如此才造就了礼学不明的现状。

以上列举“礼学不明”在宋人言说中的不同运用与解读，不过

①［宋］黎靖德编，王星贤点校：《朱子语类》卷84《礼一·论考礼纲领》，第2177页。

②［宋］黎靖德编，王星贤点校：《朱子语类》卷84《礼一·论后世礼书》，第2184页。

③［宋］魏了翁：《重校鹤山先生大全文集》卷32《东孙蒲江》，《宋集珍本丛刊》第77册，第79页。

是为了强调，在宋代，礼学的学术进路尚未形成，在阐释多元化的背景下，家礼书写者应该如何去取折衷当时学术的宗旨，是他们所必然面临的学术环境。

总之，家礼的书写离不开书写者的社会、历史与文化语境，唯有立足于对时代的观察，我们才能去把握宋代家礼在漫长的家礼书写史上所处的位置，从而认识它们在整个中国文化发展谱系上的意义。

第三章　文本理据:家礼与《仪礼》

很难否认家礼书写中的累积因素:可供参考的案头书成倍增加,一二百年间,想要了解某个特殊主题的人,可用的资源越来越多。然而,家礼文本的积累在解决问题的同时也制造了一些问题。比如,什么样的文本才是好的家礼文本?作出判断时的理据又是什么?对这些问题关注最多、讨论最详的莫过于朱熹。他在论各家礼书时,曾以《仪礼》作为知识框架来定各家礼书之好坏,比如,朱熹指出,"二程与横渠多是古礼,温公则大概本《仪礼》,而参以今之可行者。要之,温公较稳,其中与古不甚远,是七八分好";"横渠所制礼,多不本诸《仪礼》,有自杜撰处。如温公,却是本诸《仪礼》,最为适古今之宜"[①]。又说,吕大临的礼书"以《仪礼》为骨"[②]。朱熹不吝赞美那些本于《仪礼》的礼书,同样,对于该遵《仪礼》为本,最后却忽略将就的礼书,他也不无微词。比如,绍兴初年(1131),礼官高闶定乡饮酒礼,朱熹评价道:

明州行乡饮酒礼,其仪乃是高抑崇撰。如何不曾看《仪

①[宋]黎靖德编,王星贤点校:《朱子语类》卷84《礼一·论后世礼书》,北京:中华书局,1986年,第2183页。

②[宋]黎靖德编,王星贤点校:《朱子语类》卷84《礼一·论后世礼书》,第2183页。

> 礼》，只将《礼记·乡饮酒义》做这文字。似乎编入《国史实录》，果然是贻笑千古者也！……看他为慎终丧礼，是煞看许多文字，如《仪礼》一齐都考得仔细。如何定乡饮酒礼乃如此疏缪？更不识着《仪礼》，只把《礼记·乡饮酒义》铺排教人行。①

在这段评说下，朱熹例举《仪礼》礼文来说明高闶之非，并讲："古礼看说许多节目，若甚繁缛，到得行时节，只顷刻可了。以旧时所行乡饮酒看之，煞见得不费时节。"② 朱熹一方面用"贻笑千古""如此疏缪"来评说高闶，但另一方面他又曾褒赞高氏《送终礼》，其中依据皆在是否本于《仪礼》。需要指出的是，朱熹以是否"本于《仪礼》"作为家礼文本合宜的理据，这一观点可能只出现在一小部分家礼书写者、阅读者的言说之中，但后来，它逐渐成为家礼文本的主要话语，并参与到文本竞争之中③。

关于编订家礼"以《仪礼》为本""本于《仪礼》"的提法还成为现代学者的思考方式。人们通过文本对比，探讨司马光《书仪》与朱熹《家礼》之间的承继以及与其他相关文献的渊源，并建立了从《仪礼》到《书仪》，再到《家礼》的线性连续④，甚至有学者将

---

①[宋]黎靖德编，王星贤点校：《朱子语类》卷87《礼四·小戴礼·乡饮酒》，第2266页。

②[宋]黎靖德编，王星贤点校：《朱子语类》卷87《礼四·小戴礼·乡饮酒》，第2266页。

③关于家礼文本竞争的讨论，参见第四章。

④参见吴其昌：《朱子著述考》，《国学论丛》1927年第1卷第2号；杨志刚：《〈司马氏书仪〉和〈朱子家礼研究〉》，《浙江学刊》1993年第1期；[日]小岛毅：《中国近世における礼るの言说》，东京：东京大学出版会，（转下页）

《书仪》《家礼》视作宋代《仪礼》学的组成部分①。尽管通过注私家礼来定家礼已成为宋人通行的写作惯例，朱熹亦曾明确宣布他编订家礼时，乃参考诸家之说，裁订增损而得。换言之，与其将家礼文本表述成一个线性的连续，不如说每一本礼书不过是一个参照其他文献、其他文本和其他文字而构成的系统中的网络的结。家礼的书写是一个层累的过程，可能有着不同的沉积层。然而，人们选择性地忽略其他层积，将宋人的书写直承《仪礼》，所有细致的工作，包括逐句逐段地辨读文本，无论比对后罗列出的文献有多么丰富，最后都只是为了叙述出这些礼书其实是以"《仪礼》为本"这一结论，或者说，这一前提②。

因此，我们必须在这一章作一次知识考古，去厘清"《仪礼》为本""本于《仪礼》""《仪礼》为骨"等说法的生成，解释《仪礼》作为家礼理据的确立情况，以此来呼应前一章关于礼学不明、礼学之

（接上页）1996年，第38—55页；安国楼、王志立：《司马光〈书仪〉与〈朱子家礼〉之比较》，《河南社会科学》2012年第10期。

① 参见吴万居：《宋代三礼学研究》，台北：台湾编译馆，1999年，第219—277页。

② 比如，卢仁淑就朱熹《家礼》原文与本注，"检索群经，旁及子史，剔抉爬梳，排比罗列，考其来源，探其依据"，共列包括《诗》《易》《仪礼》《礼记》等13种文献，并据之指出："《文公家礼》之依据为《仪礼》。""《文公家礼》之作，系直接受《温公书仪》之影响……然《温公书仪》一书中所言有滞碍难行者，或有欠缺古礼之根据者，或有违古而待修订者，则《文公家礼》必本诸《仪礼》加以修订。"（[韩]卢仁淑：《朱子家礼与韩国之礼学》，北京：人民文学出版社，2000年，第21、85—86页）又如，姚永辉以司马光《书仪》中的"丧仪"为例，统计其注引文献，共罗列包括《仪礼》《礼记》《孝经》等约十种文献并注明其征引频次，虽然据其所列表格，《礼记》内容为多，但作者依然要言不烦地说："司马光《书仪》的仪文内容主要以《仪礼》为蓝本。"（姚永辉：《从"偏向经注"到"实用仪注"：〈司马氏书仪〉与〈家礼〉之比较——兼论两宋私修士庶仪典的演变》，《孔子研究》2014年第2期）

废的议论，同时观照后一章朱熹以“本于《仪礼》”作为话语参与进入家礼文本竞争中的事实。这就意味着，我们需要一个互相关联的主题，既有关于《仪礼》的历史背景，又需要回溯到朱熹本人的语境之中，而“废罢《仪礼》”与“本于《仪礼》”这一组从朱熹视角出发的两个论题便成为其中的联结点。

第一节 废罢《仪礼》：叙事与历史

“废罢《仪礼》”是指一个具体的历史事件。北宋熙宁年间科举改革，罢词赋而用经义取士，朝廷诏令考试以《诗》《书》《易》《周礼》《礼记》，兼以《论语》《孟子》，而无《仪礼》这一科目。到了南宋，朱熹在叙述这段历史时，将之称为“废罢《仪礼》”，又因科举改制正是王安石新法的重要组成部分，因此，朱熹亦称之为“王安石废罢《仪礼》”。

这一明显从历史时间中单独分割出来的事件，后来成为礼学史分期的关节点。废罢《仪礼》之前，关于《仪礼》学过去的模样可能并不清晰，但废罢《仪礼》之后，朱熹对礼学的式微进行了具体描述，由此亦构成了他通解《仪礼》的历史语境。由宋至清，学者重复并运用着朱熹关于“废罢《仪礼》”的叙述，并以此来结构《仪礼》学史，尽管他们所使用的“废罢《仪礼》”之后的时间标尺与朱熹有了很大差别。另外，若把宋代科举考试中关于《仪礼》的一连贯事件排列起来，我们会发现，“废罢《仪礼》”这一糅合了朱熹关于礼学的思考与具体事件的叙述，有时却和历史事实并没有那么融洽。

一、“废罢《仪礼》”的叙事

据《续资治通鉴长编》记载：熙宁四年（1071）二月，中书言：

> 今定贡举新制，进士罢诗赋、帖经、墨义，各占治《诗》、《书》、《易》、《周礼》、《礼记》一经，兼以《论语》、《孟子》。每试四场，初本经，次兼经并大义十道，务通义理，不须尽用注疏。①

熙宁四年的贡举改制是在“追复古制”“道德一于上，习俗成于下，其人才皆足以有为于世”的呼吁下展开的。诏令颁布之前，围绕着是否要变革贡举之法以“一道德而奖进于人材”，什么样的考试科目才能获得有为于世的人才，是诗赋取士还是经义取士等问题，神宗皇帝曾要求“两制、两省待制以上，御史台、三司、三馆臣僚，各限一月内，具议状闻奏”，在这一要求下，吕公著（1018—1089）、韩维、苏颂（1020—1101）、苏轼（1037—1101）等均有建言，最后神宗采纳王安石所议②。下诏废罢明经科，诸科改应进士科业；进士罢诗赋，“先除去声病偶对之文，使学者得以专意经义”，考试试以《诗》《书》《易》《周礼》《礼记》五经③。从熙宁四年诏令的主旨以及诏

---

①［宋］李焘：《续资治通鉴长编》卷220，神宗熙宁四年（1071）二月丁巳条，北京：中华书局，2004年点校本，第5334页。亦见［清］徐松辑，刘琳等校点：《宋会要辑稿》选举3之44，上海：上海古籍出版社，2004年，第5308页。

②［清］徐松辑，刘琳等校点：《宋会要辑稿》选举3之41—42，第5307页。亦见［元］马端临：《文献通考》卷31《选举考四》，北京：中华书局，1986年影印本，第293页。亦可参见［宋］苏轼撰，孔凡礼点校：《苏轼文集》卷25《议学校贡举状》，北京：中华书局，1986年，第723—725页；［宋］王安石撰，刘成国点校：《王安石文集》卷42《乞改科条制札子》，北京：中华书局，2021年，第702—703页；［宋］赵汝愚编，邓广铭等校点：《宋朝诸臣奏议》卷78《儒学门·学校上》收吕公著《上神宗答诏论学校贡举之法》，上海：上海古籍出版社，1999年，第851—853页。

③［宋］李焘：《续资治通鉴长编》卷220，神宗熙宁四年（1071）二月（转下页）

令颁行前后的各项议论来看，它并不是关于考试经典的争执，更不是专门废罢《仪礼》的诏令。一百二十多年后，朱熹从礼学的角度重新审视了这一次改革，他在《乞修三礼札子》中讲：

> 前此犹有《三礼》、通礼、学究诸科，礼虽不行，而士犹得以诵习而知其说。熙宁以来，王安石变乱旧制，废罢《仪礼》，而独存《礼记》之科，弃经任传，遗本宗末，其失已甚。而博士诸生又不过诵其虚文以供应举，至于其间亦有因仪法度数之实而立文者，则咸幽冥而莫知其源。一有大议，率用耳学臆断而已。[1]

这份札子因"会去国，不及上"[2]，然而，对于有意修具三礼书的朱熹而言，它无疑是一份十分重要的思想表述。在上引这段文字中，朱熹至少指出了宋代礼学的三个面相：第一，科举考试中的三礼、通礼、学究等诸科的设置，是保证礼学知识传承的重要途径，三礼虽未能行用于世，但其学说却在科考士人中间诵习而得以流传；第二，熙宁四年王安石变法中，存《礼记》而无《仪礼》，等于将《礼记》由传上升为经，并在事实上废罢了《仪礼》的礼经地位，这一遗本宗末的做法是礼学史上的一大过失；第三，礼学知识的传承

（接上页）丁巳条，第5334页。［清］徐松辑，刘琳等校点：《宋会要辑稿》选举3之44，第5308页。

①［宋］朱熹：《晦庵先生朱文公文集》卷14《乞修三礼札子》，朱杰人等编：《朱子全书》第20册，上海：上海古籍出版社，合肥：安徽教育出版社，2002年，第687页。

②［清］王懋竑撰，何忠礼点校：《朱熹年谱》，北京：中华书局，1998年，第259页。

出现割裂与断层，考生诵读礼文不过是为了应举，以仪法度数作文之人，所议多出于臆断，其学更莫知源流。

除了这份未及上奏的札子外，朱熹在与学生的对话中表达过相同的观点。比如，他说：

> 《仪礼》旧与《六经》《三传》并行，至王介甫始罢去。其后虽复《春秋》，而《仪礼》卒废。①
>
> 祖宗时有《三礼》科学究，是也。虽不晓义理，却尚自记得。自荆公废了学究科，后来人都不知有《仪礼》。②
>
> 荆公废《仪礼》而取《礼记》，舍本而取末也。③
>
> 祖宗时有开宝通礼科，学究试默义，须是念得《礼》熟，始得，礼官用此等人为之。介甫一切罢去，尽令做大义。故今之礼官，不问是甚人皆可做。某尝谓，朝廷须留此等专科。④

或许，可以将这些言谈当作是上引《乞修三礼札子》的注脚，在这些讲述中，朱熹对废罢明经科、诸科以及《仪礼》之前与之后的礼学稍作了些勾画。王安石废罢《仪礼》之前，六经是一个体系；废罢《仪礼》之后，《仪礼》从六经中抽离了出来。废罢学究科、通礼科之前，礼学虽不晓以义理，但学人熟记礼文，礼官亦是专门之

---

①[宋]黎靖德编，王星贤点校：《朱子语类》卷84《礼一·论修礼书》，第2187页。

②[宋]黎靖德编，王星贤点校：《朱子语类》卷87《礼四·小戴礼·总论》，第2225页。

③[宋]黎靖德编，王星贤点校：《朱子语类》卷87《礼四·小戴礼·总论》，第2225页。

④[宋]黎靖德编，王星贤点校：《朱子语类》卷84《礼一·论后世礼书》，第2183页。

官;废罢学究科、通礼科之后,礼官只做大义,不晓礼文,后人从此不知《仪礼》。总之,在朱熹看来,王安石废罢《仪礼》与诸科,这一事件背后所包涵的表征意义以及它所造成的历史影响是巨大的。

朱熹关于熙宁四年诏令的高度选择性解读,也为后来人所接受,他们重复、化用着“废罢《仪礼》”的说法,用以作为礼学史上的标志性事件。魏了翁列举三礼历史时讲:“至金陵王氏又罢《仪礼》取士,而仅存《周官》、《戴记》之科,而士之习于礼者滋鲜。”[1] 熊禾(1253—1312)曰:“自王安石废罢《仪礼》,但以《小戴》设科,与五经并行,自是学者更不知有周礼之书,岂非宇宙间一大欠事。”[2] 林駉(生卒年不详)也说:“自王氏废罢《仪礼》,独立传记,是以《仪礼》惟有士礼数篇仅存,王侯大夫之礼皆缺,传讹袭舛,世实病之。自是而后,儒生之诵习者知有《礼记》,而不知有《仪礼》;士大夫之好古者知有开元以后之礼,而不知有《仪礼》。”[3] 最激烈的议论来自陈普(1244—1315)《礼编》,该书已佚,据《经义考》载:

> 普自序曰:“自五霸以来至今,天下岂无小康之时?至于人伦尽废,丧纪扫地,若七国争王之日,秦人坑焚之余,东西两汉知力把持之末,魏、晋、齐、梁老、佛之余,唐人室弟之妻、父之妾、子之妇,强藩孽竖恣睢凭陵之极,宋王安石废罢《仪礼》、

①[宋]魏了翁:《重校鹤山先生大全文集》卷54《卫正叔礼记集说序》,《宋集珍本丛刊》第77册,北京:线装书局,2004年影印本,第258页。

②[宋]熊禾:《重刊熊勿轩先生文集》卷3《刊仪礼通解书》,《宋集珍本丛刊》第91册,北京:线装书局,2004年影印本,第287页。

③[宋]林駉:《古今源流至论》前集卷5《朱氏之学》,景印文渊阁《四库全书》第942册,台北:台湾商务印书馆,1986年影印本,第64页。

毁短《春秋》之后，生人之祸，皆蚩尤以来所未有者。”①

陈普列举历史上“人伦尽废、丧纪扫地”的诸种事件，将“王安石废罢《仪礼》”与之相为联贯，用类比的方法，释其为“生人之祸，皆蚩尤以来所未有者”的烈性事件之一。

明代，何乔新（1427—1502）讲：“自王安石废经用传，士大夫知此经者鲜矣。”② 史鉴（1434—1496）也说：“《仪礼》一书……自王安石废罢，后世不复讲。”③ 逮至清代，《仪礼》学达于兴盛，研究著作的数量远超前代。在讲述《仪礼》学的历史时，人们普遍将王安石废罢《仪礼》一事当作是《仪礼》学式微的转折事件。顾炎武（1613—1682）讲：

熙宁以来，王安石变乱旧制，废罢《仪礼》，而独存《礼记》之科。弃经任传，遗本宗末，其失已甚。是则《仪礼》之废，乃自安石始之。至于今朝，此学遂绝。④

顾炎武被认为是清人校勘《仪礼》的“嚆矢”，“为《仪礼》之功臣”⑤。他所叙述的《仪礼》学史，前部分的文字来自朱熹《乞修三

①［清］朱彝尊原著，汪嘉玲等点校：《点校补正经义考》卷166《通礼四·礼编》，台北：“中研院”文哲所筹备处，1997年，第5册第458页。
②［明］何乔新：《椒邱文集》卷18《书仪礼叙录后》，景印文渊阁《四库全书》第1249册，台北：台湾商务印书馆，1986年影印本，第297页。
③［明］史鉴：《西村集》卷6《题司马御史与祝秀才书后》，景印文渊阁《四库全书》第1259册，台北：台湾商务印书馆，1986年影印本，第812页。
④［清］顾炎武著，黄汝成集释，栾保群、吕宗力校点：《日知录集释（全校本）》卷7《九经》，上海：上海古籍出版社，2006年，第454页。
⑤ 彭林：《论清人〈仪礼〉校勘之特色》，《中国史研究》1998年第1期。

礼札子》,末句则将《仪礼》之废的历史从朱熹叙述的时代延长至明代。换言之,顾炎武将《仪礼》衰息的时代从熙宁年间覆盖至清代以前,在这一漫长的时间段中,固然有朱熹及其弟子们致力于通解《仪礼》,但其功并不足以挽回《仪礼》学衰息的局面。四库馆臣称:“宋自熙宁中废罢《仪礼》,学者鲜治是经。”① 在《仪礼经传通解》的提要中,馆臣又讲:

> 自王安石废罢《仪礼》,独存《礼记》,朱子纠其弃经任传、遗本宗末,因撰是书,以存先圣之遗制,分章表目,开卷了然,亦考礼者所不废也。②

显而易见,此处关于《仪礼经传通解》的评价保持着一贯以来的叙述逻辑,即,以朱熹本人的叙述作为线索,强调其在《仪礼》学上的贡献主要是清晰解析了何谓经、何谓传的问题,使人一目了然。而秦蕙田(1702—1764)则跳出文本,重新释读了朱熹之于《仪礼》的意义。他讲:

> 自熙宁改制以后,《仪礼》久不立于学官,士子所习者惟《周礼》、《礼记》耳,以经文较之他经为繁,习者寖少,故有是命。至《仪礼》,乃礼之本经,汉、魏以来专门讲授,代有其人。自王安石废罢《仪礼》,迄于南渡,遂不复立。朱子虽有《乞修三礼札子》,当时亦不能用,非朱子、勉斋、信斋诸公力扶绝学,

①[清]永瑢等:《四库全书总目》卷20《经部·礼类二》,北京:中华书局,1965年影印本,第159页。

②[清]永瑢等:《四库全书总目》卷22《经部·礼类四》,第179页。

礼教何由大明乎？[1]

秦蕙田引入更多的历史事实来解释《仪礼》之废，它既有源于制度设计的因素，亦有因考生偏选而触发的连带影响。在此政治与社会背景下，朱熹及其弟子们致力于通解《仪礼》，不能简单地将之视作一本礼书，而应从更广的视域来提炼其价值。在对《仪礼》学史的整体观照中，源于朱熹的洞见，熙宁四年被视作是《仪礼》学史上的重要时间节点，同样地，朱熹及其弟子们在《仪礼》上的努力也应看作是对熙宁以来废罢《仪礼》事件的重要修正，是力扶绝学、礼教得以大明的关键。

从《仪礼》或礼学的角度来解读熙宁四年的诏令，我们得到了"废罢《仪礼》"这一叙事。不过，如果循着熙宁四年诏令针对贡举进行改革的事实，从科举考试上去考索《仪礼》存废的历史时，我们会发现，"王安石废罢《仪礼》"这一概括的背后可能过滤了许多信息。

二、"废罢"前后：科举制度中的《仪礼》

朱熹从熙宁变法的系列诏令中抽出"废罢《仪礼》""王安石废罢《仪礼》"的叙事，将熙宁变法作为《仪礼》学衰息的源头。而将一件事的源头追溯到哪里显然对后来的解读方式产生非常大的影响，它关联的不只是《仪礼》学的叙事，同时，还有意无意地将历史信息作了某种导向。比如，在上引"介甫一切罢去……故今之礼官，不问是甚人皆可做""至王介甫始罢去……而《仪礼》卒

① [清]秦蕙田撰，方向东、王锷点校：《五礼通考》卷174《嘉礼四十七·学礼》，北京：中华书局，2020年，第8198页。

废”“至金陵王氏又罢《仪礼》取士……而士之习于礼者滋鲜”“自熙宁改制以后,《仪礼》久不立于学官”等等的表述中,在过去与今日的对比之中,在“始罢”诏令到“卒废”的结果中,很容易给人一种印象,即,自熙宁四年之后,科举中已不再继续使用《仪礼》这部经书。这一让人误解的历史信息显然与叙事者只呈现某几个要素、而非完整的叙述有关。在“废罢《仪礼》”的叙事中,有开始,有结束,却并没有呈现中间的过程。因此,为了更好地理解朱熹建构“废罢《仪礼》”这一叙事背后的涵义,需要将原来作为背景的科考制度中的《仪礼》置于前景,以免这一被删滤的历史事实再次被遗忘。让我们将历史进程的时间尺度稍稍拉长些,以便将试图解释的问题的一些关键因素纳入关注范围。

科举制度中的《仪礼》曾列入哪个序列之中?从唐代科举“分经授诸生”起,有九经,有五经。九经分大、中、小三类,《礼记》《春秋左氏传》为大经,《诗》《周礼》《仪礼》为中经,《易》《尚书》《春秋公羊传》《穀梁传》为小经[1]。五经博士以“《周易》、《尚书》、《毛诗》、《左氏春秋》、《礼记》为五经”[2],唐初,曾诏颜师古考定《五经》,颁于天下,“命学者习焉”;又以“儒学多门,章句繁杂”,诏国子祭酒孔颖达与诸儒撰定《五经》义疏,“令天下传习”[3]。综合来看,如果我们要在这些概貌中拎出一条关于《仪礼》的简要线索,大致可以这样表述:作为考试用书,《仪礼》为九经的中经,五经不列《仪礼》。

---

①[宋]欧阳修、宋祁:《新唐书》卷44《选举志上》,北京:中华书局,1975年点校本,第1160页。

②[宋]欧阳修、宋祁:《新唐书》卷48《百官志三》,第1266页。

③[后晋]刘昫等:《旧唐书》卷189上《儒学传上》,北京:中华书局,1975年点校本,第4941页。

宋初，礼部贡举设“进士、《九经》、《五经》、《开元礼》、《三史》、《三礼》、《三传》、学究、明经、明法等科”①。九经至明法，这是考试的科目，也即是文献中所谓的“诸科”。熙宁以前，诸科考试中的场次、试题数、试题形式、判定合格的标准等可能发生变化，但作为考试用书的九经、五经与唐代并没有差别。比如，真宗景德二年（1005），应翰林学士晁迥（948—1031）之议，以“《尚书》、《周易》、学究、明法，经业不广，宜各问疏义六道，经注四道，六通为合格。《三礼》、《三传》所习浩大，精熟尤难，请问经注四道，疏义六道，以疏通三以上为合格”②。又如，仁宗庆历四年（1044），宋祁等准敕详定贡举条制，规定：

诸科举人，九经五经，并罢填帖，六场皆问墨义。其余三礼、三传已下诸科，并依旧法。九经旧是六场十八卷，帖经、墨义相半，今作六场十四卷，并对墨义。第一场《春秋》、《礼记》、《周易》、《尚书》各五道（为二卷），第二场《周礼》、《仪礼》、《公羊》、《穀梁》各五道（为四卷），第三场《毛[诗]》、《孝经》、《论[语]》、《尔雅》各五道（为二卷），第四场《礼记》二十道（为二卷），第五场《春秋》二十道（为二卷），第六场《礼记》、《春秋》各十道（为二卷）。五经旧是六场十一卷，帖经、墨义相半。[今]作六场七卷，并对墨义。第一场《礼记》、《春秋》共十道（为一卷），第二场《毛诗》、《周易》各五道（为二卷），第三场《尚书》、《论语》、《尔雅》、《孝经》各三道（为一卷），第四场、

①[元]脱脱等：《宋史》卷155《选举志一·科目上》，北京：中华书局，1985年点校本，第3604页。

②[宋]李焘：《续资治通鉴长编》卷60，真宗景德二年（1005）秋七月丙子条，第1352—1353页。

第五场《春秋》、《礼记》逐场各十道(为二卷),第六场《礼记》、《春秋》共十道(为一卷)。①

除此之外,这条贡举新制还对《开宝通礼》科的仪典正本、三礼科、三传科、《毛诗》科、《尚书》科、三史科、明法科等愿对大义者,作了详细规定。从上引内容来看,用于考试的经书《仪礼》与唐代一样,列于九经,不入五经。嘉祐二年(1057),别置明经科,同样将九经分别列为大经、中经、小经,"以《礼记》、《春秋左氏传》为大经,《毛诗》、《周礼》、《仪礼》为中经,《周易》、《尚书》、《穀梁传》、《公羊传》为小经"②。很明显,大、中、小经的具体设置与唐制并无差别,不过,在大、小经配选上作了具体规定,"习《礼记》为大经者,许以《周礼》、《仪礼》为中经;习《春秋左氏传》者,许以《穀梁传》、《公羊传》为小经"③。

神宗熙宁四年(1071),科举变革最为明显。首先,诸科改应进士科业,作为考试科目的九经、五经、三礼、学究等罢废;其次,进士"令各占治《诗》、《书》、《易》、《周礼》、《礼记》一经",这五部经书作为一个整体,是新出现的经书系列,它与唐代所设五经博士与《五经正义》中的"五经",明显不一,其中,《诗》《书》《易》《礼记》四部经书相同,《周礼》替换了《春秋左氏传》。不过,此条诏令

①[清]徐松辑,刘琳等校点:《宋会要辑稿》选举3之27—28,第5299页。
②[宋]李焘:《续资治通鉴长编》卷186,仁宗嘉祐二年(1057)十二月戊申条,第4496页;[清]徐松辑,刘琳等校点:《宋会要辑稿》选举3之34,第5302页。
③[宋]李焘:《续资治通鉴长编》卷186,仁宗嘉祐二年(1057)十二月戊申条,第4496页;[清]徐松辑,刘琳等校点:《宋会要辑稿》选举3之34,第5302页。

执行十几年后，到了哲宗元祐时期，复诗赋，与经义并行。元祐四年（1089），将九经由此前的大经、中经、小经的三分法变为大经、中经的二分法，“以《诗》、《礼记》、《周礼》、《左氏春秋》为大经，《书》、《周易》、《公羊》、《穀梁》、《仪礼》为中经。愿习二大经者听，即不得偏占两中经”①。同时，又对经义进士与经义兼诗赋进士的本经与兼经分别规定，经义进士需并习两经，“《左氏春秋》兼《公羊》、《穀梁》或《书》，《周礼》兼《仪礼》或《周易》，《礼记》兼《书》或《毛诗》”②。经义兼诗赋进士听习一经，但考虑到“若将《公羊》、《穀梁》、《仪礼》为本经专治，缘卷数不多，即比其余六经未至均当。所有兼诗、赋进士，自合依元条，于《易》、《诗》、《书》、《周礼》、《礼记》、《春秋左氏传》内各习一经”③。这样，被后人称为“元祐法”的兼诗赋进士考试中，事实上是由熙宁时期的五经变为六经，《春秋》重新进入习经范畴，《仪礼》则不再列入④。不过，元祐四年的规定执行的时间较短。到了绍圣元年（1094），进士罢试诗赋，专治经术，各专治大经一、中经一，愿专二大经者听⑤。南渡后，又兼用经、赋取士，除了个别年份，诗赋进士不再习经义。

从一个较长时间段来梳理科举考试中经书的使用情况，我们同样可以看到，在科举制度的各项变革之中，很难看出有针对《仪礼》这部经书的特别考虑，唐宋时期，它一直是九经中的中经，亦从

①［清］徐松辑，刘琳等校点：《宋会要辑稿》选举3之51，第5312页。

②［清］徐松辑，刘琳等校点：《宋会要辑稿》选举3之51，第5312页。

③［清］徐松辑，刘琳等校点：《宋会要辑稿》选举3之51，第5312—5313页。

④《仪礼》虽不列为科考经书，但九经的名称仍因袭如旧。据王应麟记载：“今所谓九经”者，即，《易》《诗》《书》《周礼》《礼记》《春秋》六经，以及《孟子》《论语》《孝经》三小经。［宋］王应麟：《玉海（合璧本）》卷42《艺文·经解·总六经》，京都：中文出版社，1986年影印本，第827页。

⑤［清］徐松辑，刘琳等校点：《宋会要辑稿》选举3之55，第5314页。

未进入任何五经的序列之中。相比而言，其他经书或由小经升中经，或由中经变大经，其中，变化最明显的是《周礼》，它首先成为熙宁四年诏令中的五部经书之一，后又上升为元祐法中的大经。由此来看，如果要由一部礼书的变化来解读熙宁贡举改制，显然，立足于《周礼》可能会得到一些更为直观的印象。尤其重要的是，王安石以《周礼》作为制度改革的依据，他将《周礼》与《书》《诗》并为"三经"，编《三经新义》颁于学官以"一道德"。王安石与《周礼》之间的密切关系显然要远甚于他与《仪礼》之间的不契，然而，朱熹却抽出了诏令中所缺席的《仪礼》作为主线，而不是将被废罢的所有经书视为一个整体，显然，朱熹本人的立场在"废罢《仪礼》"的叙事中有着至关重要的位置。

三、《仪礼》之废：举子的选择

如上文所言，在构建"废罢《仪礼》""王安石废罢《仪礼》"的叙事中，朱熹以及后来者对废罢之前的《仪礼》并无着墨，但废罢之后《仪礼》的相关历史却是清晰的，"自荆公废了学究科，后来人都不知有《仪礼》"[①]；"《仪礼》既废，学者不复诵习，或不知有是书"[②]；"自是而后，儒生之诵习者知有《礼记》，而不知有《仪礼》"[③]；"自王安石废罢《仪礼》，迄于南渡，遂不复立"[④]。然而，熙宁年间虽是北宋科举大变动的时期，《仪礼》也由此一度废罢，但不久

①［宋］黎靖德编，王星贤点校：《朱子语类》卷 87《礼四・小戴礼・总论》，第 2225 页。
②［元］马端临：《文献通考》卷 180《经籍考七》，第 1552 页。
③［宋］林駉：《古今源流至论》前集卷 5《朱氏之学》，景印文渊阁《四库全书》第 942 册，第 64 页。
④［清］秦蕙田撰，方向东、王锷点校：《五礼通考》卷 174《嘉礼四十七・学礼》，第 8198 页。

它又复归考场，如此一来，学者与儒生之“不复诵习”“不知有《仪礼》”这一结果显然还有其他起作用的因素。为了避免偏离论题，我们仍然立足于科举考试这一视点，从考生与经书的互动上去略补一些缺失的历史事实。

唐宋以来，学者对《仪礼》一书的书名、作者、成书年代、篇章、内容等问题，有过许多讨论。比如，围绕着《仪礼》是否为周公所作，人们给出了两种截然相反的意见。贾公彦认为此乃“周公摄政大（太）平之书”①，魏了翁、熊朋来（1246—1323）等沿袭此说，后者甚至认为《仪礼》“乃周公制作之仅存者”②。乐史（930—1007）则认为“《仪礼》有可疑者五”，其中之一即“非周公之书”③；张淳（1121—1181）也说：“若曰周公作之，则非淳之所知也。”④十分有意思的是，阅读《仪礼》的观感，这一出于不同个体对于文字符号的理解，本应具有多样性与丰富性，士人们却给出了一致的说法。很多学者指出，《仪礼》难读、罕读。韩愈曰：“余尝苦《仪礼》难读。”⑤欧阳修讲：“平生何尝读《仪礼》。”⑥朱熹也曾说：“《仪礼》

①［汉］郑玄注，［唐］贾公彦疏，王辉整理：《仪礼注疏》卷1《仪礼疏序》，上海：上海古籍出版社，2008年，第1页。

②［宋］熊朋来：《经说》卷5《仪礼礼记》，景印文渊阁《四库全书》第184册，台北：台湾商务印书馆，1986年影印本，第308页。

③［宋］章如愚：《群书考索》前集卷9《经史门·仪礼》，北京：书目文献出版社，1992年影印本，第77页。

④［宋］张淳：《仪礼识误》序，景印文渊阁《四库全书》第103册，台北：台湾商务印书馆，1986年影印本，第3页。

⑤［唐］韩愈著，马其昶校注，马茂元整理：《韩昌黎文集校注》卷1《读仪礼》，上海：上海古籍出版社，2014年，第43页。

⑥［宋］王应麟著，栾保群、田松青、吕宗力校点：《困学纪闻（全校本）》卷5《仪礼》，上海：上海古籍出版社，2008年，第588页。

人所罕读。"[①]陈汶《仪礼集释序》中讲:"自汉以来,礼日益坏,其大经大本固已晦蚀不明,所谓颂貌威仪之事,仅存此书,世亦莫有知者……其节目之繁,文义之密,骤而读之,未易晓解,甚或不能以句。"[②]到了清代,四库馆臣在讲三礼时,曰:"古称议礼如聚讼。然《仪礼》难读,儒者罕通,不能聚讼。"[③]

当一本难读、罕读的经书列于科举考试科目,尤其是制度设计存在着选择可能时,应考诸生遇难而退的现象就较为常见了。唐开元八年(720),有人上言:

> 今明经所习,务在出身,咸以《礼记》文少,人皆竞读。《周礼》经邦之轨则,《仪礼》庄敬之楷模,《公羊》、《穀梁》历代崇习。今两监及州县以独学无友,四经殆绝。[④]

唐代明经考试中,有五经、三经、二经、学究一经、三礼、三传等。通二经者,大、小经各一,或中经二;通三经者,大、中、小经各一;通五经者,大经皆通,余经各一,《孝经》《论语》皆通之[⑤]。对于参加科举的考生而言,什么才是最重要的?唐人说:"务在出身。"因此,在考试配选中,作为大经的《礼记》因其文少,"人皆竞读";作为中经的《周礼》《仪礼》与作为小经的《公羊》《穀梁》却在国

①[宋]朱熹:《晦庵先生朱文公文集》卷70《记永嘉仪礼误字》,朱杰人等编:《朱子全书》第23册,第3390页。

②[宋]李如圭:《仪礼集释》卷首陈汶《仪礼集释序》,景印文渊阁《四库全书》第103册,台北:台湾商务印书馆,1986年影印本,第35页。

③[清]永瑢等:《四库全书总目》卷19《经部·礼类一》,第149页。

④[宋]郑樵:《通志》卷58《选举略一·历代制》,北京:中华书局,1987年影印本,第708页。

⑤[宋]欧阳修、宋祁:《新唐书》卷44《选举志上》,第1159、1160页。

子监与州县学校中“独学无友”，文中所谓“四经殆绝”是对举子择选经书的描述，而非经书传承上的断裂。

唐代言官讲：“明经所习，务在出身。”宋人也讲：“举子之取名第，止问得失而已。”既问得失，则“去难就易”“趋时所尚”就成为必然的选择[①]。熙宁科举改革，进士“令各占治《诗》、《书》、《易》、《周礼》、《礼记》一经”[②]，不久之后，士大夫就抱怨说，举子之中“为《书》者不为《诗》，为《诗》者不为《易》，为《易》者不为《礼》，为《礼》者不为《春秋》，是亦知一经而四经不知也”[③]。南宋时，诗赋、经义分科，诗赋不试经义，因此，学子竞习诗赋，习经义者较少。绍兴二十六年（1156），高宗曰：“举人多习诗赋，习经义者绝少。更数年之后，恐经学遂废。当议处此。”[④] 吏部员外郎王晞亮〔生卒年不详，绍兴元年（1131）同进士〕言：

> 国家取士，词赋之科，与经义并行。比学者去难就易，竞习词赋，罕有治经。至于《周礼》一经，乃绝无有。[⑤]

在“去难就易”的心态下，《周礼》渐绝，《仪礼》更无踪影。为

---

①［宋］毕仲游：《西台集》卷1《理会科场奏状》，景印文渊阁《四库全书》第1122册，台北：台湾商务印书馆，1986年影印本，第4页。

②［宋］李焘：《续资治通鉴长编》卷220，神宗熙宁四年（1071）二月丁巳条，第5334页。亦见［清］徐松辑，刘琳等校点：《宋会要辑稿》选举3之44，第5308页。

③［宋］毕仲游：《西台集》卷1《理会科场奏状》，景印文渊阁《四库全书》第1122册，第6页。

④［清］徐松辑，刘琳等校点：《宋会要辑稿》选举4之31，第5333页。

⑤［宋］李心传编撰，胡坤点校：《建炎以来系年要录》卷175，绍兴二十六年十一月癸巳条，北京：中华书局，2013年，第3358页。

了改变这种状况，朝廷有意调整经义与诗赋的取士数额，“稍损诗赋而优经义”①。不过，这些措施并不能从根本上解决问题。到了庆元元年(1195)，朱熹提出了分年考试的主张，他讲：

> 盖天下之事皆学者所当知，而其理之载于经者，则各有所主而不能相通也。况今《乐经》亡而《礼经》缺，二戴之《记》已非正经，而又废其一焉。盖经之所以为教者已不能备，而治之者类皆舍其所难而就其所易，仅窥其一而不及其余，则于天下之事，宜有不能尽通其理者矣……然欲其一旦而尽通，则其势将有所不能，而卒至于不行。若合所当读之书而分之以年，使天下之士各以三年而共通其三四之一，则亦若无甚难者。故今欲以《易》、《书》、《诗》为一科，而子年午年试之；《周礼》、《仪礼》及二戴之《礼》为一科，而卯年试之；《春秋》及《三传》为一科，而酉年试之，诸经皆兼《大学》、《论语》、《中庸》、《孟子》……则士无不通之经，无不习之史，而皆可为当世之用矣。②

在朱熹看来，为当世所用之士，应是“无不通之经”，但当下学者治经“皆舍其所难而就其所易，仅窥其一而不及其余”，如此，便不能尽通天下之事与天下之理，而分年考试，则让举子有充分学习的时间，“三年之间，专心去看得一书”③，如此一来，解决经学寖

① [清]徐松辑，刘琳等校点：《宋会要辑稿》选举4之31，第5333页。
② [宋]朱熹：《晦庵先生朱文公文集》卷69《学校贡举私议》，朱杰人等编：《朱子全书》第23册，第3359—3360页。
③ [宋]黎靖德编，王星贤点校：《朱子语类》卷109《朱子六·论取士》，第2699页。

废，“亦若无甚难者”。在这份“议未上闻，而天下诵之”的《学校贡举私议》中[①]，朱熹也指出了科举考试中经学的状况，他讲：

> 近年以来，习俗苟偷，学无宗主，治经者不复读其经之本文，与夫先儒之传注，但取近时科举中选之文讽诵摹仿，择取经中可为题目之句以意扭捏，妄作主张，明知不是经意，但取便于行文，不暇恤也……主司不惟不知其缪，乃反以为工而置之高等。习以成风，转相祖述，慢侮圣言，日以益甚。名为治经而实为经学之贼，号为作文而实为文字之妖，不可坐视而不之正也。[②]

科举应试之下的经学，在举子与主司的有意推动下，不仅没有带来学术的繁盛，反而成为“经学之贼”，朱熹所谓“不可坐视而不之正”，亦非出于一时之愤慨，他自己便起而行之。而“朱子于经学中，于《礼》特所重视”[③]。因此，只有将“朱子治经重礼”与朱熹所构建的“废罢《仪礼》”这一叙事结合起来观察，叙述者背后的意图才能渐次立体起来。

四、叙述者的立场：罢《仪礼》与废《春秋》

上文以宋代科举制度中关于考试用书的规定以及举子对通经之书的选择两个层面略补从“废罢《仪礼》”到“《仪礼》卒废”的叙

---

①［元］马端临：《文献通考》卷32《选举考五》，第301页。

②［宋］朱熹：《晦庵先生朱文公文集》卷69《学校贡举私议》，朱杰人等编：《朱子全书》第23册，第3360页。

③ 钱穆：《朱子新学案》第4册《朱子之礼学》，北京：九州出版社，2011年，第119页。

事过程，在对熙宁四年贡举改制的解读中，叙述者的立场与态度十分重要，它决定了在书写过去的事实时，叙述者所密切关注的当下与其中的诉求。早在朱熹构建出“废罢《仪礼》”的叙事之前，曾有人将熙宁诏令释读为“废《春秋》”，彰显这一提法最具代表性的人物是胡安国。

胡安国在《春秋传》序中讲：

> 近世推隆王氏新说，按为国是，独于《春秋》，贡举不以取士，庠序不以设官，经筵不以进读，断国论者无所折衷，天下不知所适。人欲日长，天理日消，其效使夷狄乱华，莫之遏也。噫！至此极矣。①

胡安国从意义上去解读王安石不立《春秋》的后果，《宋史》本传在追溯胡安国致力于《春秋》的立意时，也是从《春秋》作为经典的意义上去强调胡安国的学术关怀，曰：

> 自王安石废《春秋》不列于学官，安国谓：“先圣手所笔削之书，乃使人主不得闻讲说，学士不得相传习，乱伦灭理，用夏变夷，殆由乎此。”故潜心是书二十余年，以为天下事物无不备于此。②

除了胡安国外，罗汝楫（1089—1158）也因《春秋》学而得到过皇

①［宋］胡安国：《春秋胡氏传·春秋传序》，《四部丛刊续编》，上海：商务印书馆，1934年影印本，第2b页。

②［元］脱脱等：《宋史》卷435《胡安国传》，第12916页。

帝的褒赞，在一段对答中，皇帝曾说："自王安石废《春秋》学，圣人之旨寖（以）不明。近日（世）得其要者，惟胡安国与卿耳。"①

与"废罢《仪礼》"不同的是，废《春秋》的叙事结构并没有展开。在时间轴线上，熙宁科举改制不列《春秋》，元祐时，《春秋》又重新列入举子的习经范畴之中。因此，人们叙述"王安石废《春秋》"时，往往作为一个片段来处理。与上引胡安国的例子一样，许多人以"废《春秋》"作为追溯学者致力于《春秋》的写作缘起。楼钥（1137—1213）为同乡高闶《春秋集注》所写的序中称："自顷王荆公废《春秋》之学，公独耽玩遗经，专以程氏为本，又博采诸儒之说为之集注，其说粹然一出于正。"② 此外，当人们将"废《春秋》"一事与《春秋》学同列时，亦不是用以指涉《春秋》学寖废的起点。绍兴十年（1140），汪藻（1079—1154）为张根《春秋指南》作序，曰：

> 本朝自熙宁以来，学者废《春秋》不用，数十年间，笃学而好之者，盖不为无人，然一时章分句析之学胜，故虽《春秋》亦穿凿破碎而不见圣人之浑全。③

这里，汪藻虽以"废《春秋》"一事展开叙述，但所指的是《春秋》学

①［宋］洪适：《盘洲文集》卷77《罗尚书墓志铭》，《宋集珍本丛刊》第45册，北京：线装书局，2004年影印本，第507页；［元］脱脱等：《宋史》卷380《罗汝楫传》，第11724页。

②［宋］楼钥：《攻媿集》卷51《息斋春秋集注序》，《四部丛刊初编》，上海：商务印书馆，1929年影印本，第5b页。

③［宋］汪藻：《浮溪文粹》卷8《吴园先生春秋指南序》，《宋集珍本丛刊》第34册，北京：线装书局，2004年影印本，第414页。

研究在不同阶段学术取径的不同。

除了片断处理外，对“王安石废《春秋》”亦没有获得较为一致的叙事主题，反而意见纷纭。上引胡安国所论，是从经典不可废的角度去讲述王安石废《春秋》之失，胡寅则从尊经的角度接续这一说法：“自王安石废黜《春秋》，天下学士不知尊尚，一旦乱臣贼子接迹乎四海。”[1] 还有人试图寻找王安石废《春秋》背后的故事，道：

> 王荆公欲释《春秋》以行于天下，而莘老之书已出，一见而有惎心，自知不复能出其右，遂诋圣经而废之曰此“断烂朝报”也，不列于学官，不用于贡举，储积有年。[2]

“莘老之书”系指孙觉《春秋经解》，在这一叙述中，废《春秋》似乎皆出于王安石的一时嫉妒，而他以“断烂朝报”毁诋《春秋》一事，虽有苏辙（1039—1112）、胡安国等人特别指出，认为此种毁诋“使天下之士不得复学”[3]、“废之不列于学官”[4]，但后来亦有人为之辩说。林希逸（1193—？）讲：“和静曰：‘介甫未尝废《春秋》。废《春秋》以为断烂朝报，皆后来无忌惮者托介甫之言也。’……和静去介甫未远，其言如此，甚公。今人皆以‘断烂朝报’之语为

①［宋］胡寅撰，容肇祖点校：《斐然集》卷11《论遣使札子》，北京：中华书局，1993年，第229页。亦见［宋］徐梦莘：《三朝北盟会编》卷167《炎兴下帙六十七》，绍兴五年五月，上海：上海古籍出版社，2019年影印本，第1207页。

②［宋］周麟之：《海陵集》卷22《跋先君讲春秋序后》，景印文渊阁《四库全书》第1142册，台北：台湾商务印书馆，1986年影印本，第174页。

③［宋］苏辙：《春秋集解》卷首《颍滨先生春秋集解引》，《丛书集成初编》，中华书局，1985年，第1页。

④［宋］胡寅撰，容肇祖点校：《斐然集》卷25《先公行状》，第552页。

荆公之罪，亦冤甚矣。”[①] 枝蔓的猜测、有意的假托以及专门的辩说等等使得“废《春秋》”的叙事主旨不明，线索纷纭。

朱熹使用与“王安石废《春秋》”“不立学官”等几乎相同的遣词来构建“废罢《仪礼》”的叙事，其目标并非是要在“废《春秋》”之上再叠加一个可供考察的历史证据。“废罢《仪礼》”与其说是对历史事实的确认，不如说是对知识体系的反思。在朱熹看来，熙宁改制最大的问题在于“变乱旧制”，废罢诸科，以及进士“令各占治《诗》、《书》、《易》、《周礼》、《礼记》一经”的做法，不仅割裂了原有的知识体系，而且真正将科举变成了蕃篱知识传承的工具。

比如，与礼学密切相关的学究科，他曾细讲该科的沿革，曰：

> 此科即唐之明经是也。进士科则试文字，学究科但试墨义。有才思者多去习进士科，有记性者则应学究科。凡试一大经者，兼一小经。每段举一句，令写上下文，以通不通为去取。应者多是齐鲁河朔间人，只务熟读，和注文也记得，故当时有“董五经”“黄二传”之称。但未必晓文义，正如和尚转经相似。又有司待之之礼，亦不与进士等。进士入试之日，主文则设案焚香，垂帘讲拜。至学究，则彻幕以防传义，其法极严，有渴至饮砚水而黔其口者！当时传以为笑。欧公亦有诗云：“焚香礼进士，彻幕待诸生。”其取厌薄如此，荆公所以恶而罢之。但自此科一罢之后，人多不肯去读书。[②]

---

①［宋］林希逸：《竹溪鬳斋十一稿续集》卷 28《学记》，《宋集珍本丛刊》第 83 册，北京：线装书局，2004 年影印本，第 628 页。

②［宋］黎靖德编，王星贤点校：《朱子语类》卷 128《本朝二 · 法制》，第 3079—3080 页。

朱熹从学究科的历史脉络中去呈现该科目的考试形式、弊端以及针对该科目的各种嘲笑，他认为王安石废学究科，虽有归因，但是，王安石所废的不只是人们的厌薄，同时废的还有最基本的读书方法。他在对比明经科与王安石所编的科举考试用书时讲：

旧来有明经科，便有人去读这般书，注疏都读过。自王介甫新经出，废明经学究科，人更不读书。卒有礼文之变，更无人晓得，为害不细！如今秀才，和那本经也有不看底。朝廷更要将经义、赋、论、策颁行印下教人在。①

关于王安石新经，在他看来，统编教材以“一道德，同风俗”，使学者有所据守，是值得肯定的，他讲：

王介甫《三经义》固非圣人意，然犹使学者知所统一。不过专念本经，及看注解，而以其本注之说为文辞，主司考其工拙，而定去留耳。岂若今之违经背义，恣为奇说，而无所底止哉！当时神宗令介甫造《三经义》，意思本好。只是介甫之学不正，不足以发明圣意为可惜耳。②

朱熹认为，王安石本人学识并不足以让他承担起这样的改制。他在很多场合评价王安石时讲“荆公德行，学则非”③、“学皆不

---

①［宋］黎靖德编，王星贤点校：《朱子语类》卷85《礼二·仪礼》，第2200页。

②［宋］黎靖德编，王星贤点校：《朱子语类》卷109《朱子六·论取士》，第2694页。

③［宋］黎靖德编，王星贤点校：《朱子语类》卷130《本朝四·自熙宁至靖康用人》，第3097页。

正”[1]，认为以“荆公学术之缪，见识之差”这一评语来论之，是的当之辞[2]。同样，对于赞美王安石学问的说法，他则一一辩驳：

> 陈后山说，人为荆公学，唤作“转般仓，模画手。致无赢余，但有亏欠”！东坡云：“荆公之学，未尝不善，只是不合要人同己。”此皆说得未是。若荆公之学是，使人人同己，俱入于是，何不可之有？今却说“未尝不善，而不合要人同”，成何说话！若使弥望者黍稷，都无稂莠，亦何不可？只为荆公之学自有未是处耳。[3]

“道德一于上”本就是王安石贡举改革的要旨，因此，在朱熹看来，“人人同己，俱入于是”“使弥望皆黍稷，都无稂莠”，正是“一道德”的呈现。而苏轼等人脱离这一宗旨，以“不合要人同己”来论王安石之非，以“荆公之学，未尝不善”来虚化问题，皆“说得未是”。荆公之学“未尝不善”，而是自有未是处。那么，荆公之学“未是处”究竟表现在哪里？《朱子语类》载：

> 先生论荆公之学所以差者，以其见道理不透彻。因云：“洞视千古，无有见道理不透彻，而所说所行不差者。但无力量做得来，半上落下底，则其害浅。如庸医不识病，只胡乱下

①［宋］黎靖德编，王星贤点校：《朱子语类》卷130《本朝四·自熙宁至靖康用人》，第3100页。

②［宋］黎靖德编，王星贤点校：《朱子语类》卷130《本朝四·自熙宁至靖康用人》，第3099页。

③［宋］黎靖德编，王星贤点校：《朱子语类》卷130《本朝四·自熙宁至靖康用人》，第3099—3100页。

那没紧要底药，便不至于杀人。若荆公辈，他硬见从那一边去，则如不识病证，而便下大黄、附子底药，便至于杀人！”[①]

朱熹以庸医不识病而下药作为比喻，来描述王安石之学用于社会变革之时与之相类似的特征：“正如医者治病，其心岂不欲活人？却将砒霜与人吃。及病者死，却云我心本欲救其病，死非我之罪，可乎？介甫之心固欲救人，然其术足以杀人。”[②]王安石以《周礼》作为改革之理据，但事实上，“他却将《周礼》来卖弄，有利底事便行之。意欲富国强兵，然后行礼义；不知未富强，人才风俗已先坏了”[③]。在科举考试中，他以《礼记》作为重要经书，但是熙宁元年（1068），当神宗要求王安石在经筵讲《礼记》时，王安石进言说：“《礼记》多驳杂，不如讲《尚书》帝王之制，人主所宜急闻也。”于是，神宗从王安石所言，罢讲《礼记》[④]。于《仪礼》上，王安石同样无识见，朱熹曾评说：“王介甫废了《仪礼》，取《礼记》，某以此知其无识！”[⑤]在朱熹看来，王安石的学术与见识决定了他在社会变革中的格局，他在解读熙宁诏令时，始终以王安石之学作为其言说的对象，以“废罢《仪礼》”为破题，以“本于《仪礼》”为立意，由破而立，展开其个人的礼学思考。与治礼者习惯于故纸堆中用心不

---

①［宋］黎靖德编，王星贤点校：《朱子语类》卷130《本朝四·自熙宁至靖康用人》，第3097—3098页。

②［宋］黎靖德编，王星贤点校：《朱子语类》卷130《本朝四·自熙宁至靖康用人》，第3098页。

③［宋］黎靖德编，王星贤点校：《朱子语类》卷71《易七·无妄》，第1799页。

④［宋］朱弁撰，孔凡礼点校：《曲洧旧闻》卷9《神宗从王介甫言罢讲礼记》，北京：中华书局，2002年，第208页。

⑤［宋］黎靖德：《朱子语类》卷83《春秋·经》，第2176页。

同的是，朱熹治礼，“以社会风教实际应用为主”[1]，因此，“本于《仪礼》”“《仪礼》为本”事实上成为其改革社会的理论依据，亦成为家礼书写的立论根本。

第二节　“《仪礼》为本”：旧题与新论

“废罢《仪礼》”是朱熹在解读本朝制度中得出的叙事，“《仪礼》为本”亦是从历史资源中所获得的命题。不过，为了使《仪礼》成为家礼书写者的依据，朱熹还需要对这一旧题作出新的改造与逻辑论证。

一、“《仪礼》为本”：旧题的改造与再议

作为一个旧时的话题，“《仪礼》为本”是在五经六籍“次第互有不同”的思考中所生发出的议论。陆德明（约 550—630）讲：

> 《周》《仪》二《礼》并周公所制，宜次文王，《礼记》虽有戴圣所录，然忘名已久，又记二《礼》阙遗，（依类）相从次于《诗》下。三《礼》次第，《周》为本，《仪》为末，（先）后可见。[2]

陆德明以《周礼》为本、《仪礼》为末，贾公彦则有与之完全相反的表述，他讲：

> 《周礼》、《仪礼》，发源是一，理有终始，分为二部，并是周公

① 钱穆：《朱子新学案》第 4 册《朱子之礼学》，第 120 页。

②［唐］陆德明撰，张一弓点校：《经典释文》卷 1《序录 · 次第 · 三礼》，上海：上海古籍出版社，2012 年，第 4 页。

摄政大(太)平之书,《周礼》为末,《仪礼》为本。本则难明,末便易晓,是以《周礼》注者则有多门,《仪礼》所注,后郑而已。[①]

用"本末"这一结构来规模三礼时,学者对《周礼》《仪礼》何为本、何为末的表述截然相反。除了本末外,根据郑玄"礼者,体也,履也"的说法,孔颖达认为:"统之于心曰体,践而行之曰履。"若以体、履来训礼,则《周礼》为体,《仪礼》为履,"《周礼》、《仪礼》有体、履之别也"[②]。

唐代关于三礼次第的话题,绵延到了宋代,并且随着《礼记》地位的抬升,"《仪礼》为本"的命题虽因循如旧,但主旨与内容发生了变化,由《周礼》《仪礼》的本末次第,一变而为《仪礼》与《礼记》的本末之争。作为"《仪礼》为本"的主要倡导者,朱熹虽没有提出比之先儒更系统、更完整的论述,但他结合了时代主题所作出的新解,使得旧题具有了当下性的特点。

上引陆德明、贾公彦、孔颖达均认为《周礼》《仪礼》出自周公,"《周礼》言周不言仪,《仪礼》言仪不言周,既同是周公摄政六年所制,题号不同者,《周礼》取别夏、殷,故言周;《仪礼》不言周者,欲见兼有异代之法……故不言周"[③]。而《礼记》之作则较为复杂,其文本"未能尽知所记之人也"[④]。朱熹在讨论三礼时,对一些

①[汉]郑玄注,[唐]贾公彦疏,王辉整理:《仪礼注疏》卷1《仪礼疏序》,第1页。

②[汉]郑玄注,[唐]孔颖达正义,吕友仁整理:《礼记正义》卷1《礼记正义篇首疏》,上海:上海古籍出版社,2008年,第3页。

③[汉]郑玄注,[唐]贾公彦疏,王辉整理:《仪礼注疏》卷1《士冠礼第一・仪礼》,第3页。

④[汉]郑玄注,[唐]孔颖达正义,吕友仁整理:《礼记正义》卷1《礼记正义篇首疏》,第4页。

学术公案同样作出了反应。比如，关于三礼的作者，朱熹认为，《仪礼》为圣人之书，《礼记》则为秦汉诸儒之书，而《周礼》“是周公遗典也”[①]，有时候，他也会略作调整，称《周礼》“未必是周公自作，恐是当时如今日编修官之类为之”[②]，“《周礼》为周道盛时圣贤制作之书”[③]。毋庸置疑，宋代关于三礼撰作者等诸问题的讨论肇端于前代，随着疑古惑经风气的盛行，参与讨论的人数众多，意见纷纭，又因王安石以《周礼》作为制度变革的理论依据，源于政治歧见而引发的《周礼》学术之争更趋复杂[④]，“毁《周礼》”亦成为议经的常态[⑤]。比如，欧阳修被认为是宋代最早对《周礼》提出疑问的学者，后来，不断有学者响应其观点，苏辙认为：“言周公所以治周者，莫详于《周礼》，然以吾观之，秦汉诸儒以意损益之者众矣，非周公之完书也。”[⑥] 晁说之（1059—1129）斥《周礼》为“残伪之物”[⑦]；胡宏

①［宋］黎靖德编，王星贤点校：《朱子语类》卷86《礼三・周礼・总论》，第2204页。

②［宋］黎靖德编，王星贤点校：《朱子语类》卷86《礼三・周礼・总论》，第2203页。

③［宋］朱熹：《晦庵先生朱文公文集》卷63《答余正甫》，朱杰人等编：《朱子全书》第23册，第3080页。

④ 参见姚瀛艇：《宋儒关于〈周礼〉的争议》，《史学月刊》1982年第3期；陈植锷：《北宋文化史述论》，北京：中国社会科学出版社，1992年，第190—203页。

⑤［宋］王应麟著，栾保群、田松青、吕宗力校点：《困学纪闻（全校本）》卷8《经说》，第1095页。

⑥《栾城后集》卷7《历代论一・周公》，［宋］苏辙著，曾枣庄、马德富校点：《栾城集》，上海：上海古籍出版社，2009年，第1215页。

⑦［宋］晁说之：《嵩山文集》卷14《辩诬》，《四部丛刊续编》，上海：商务印书馆，1934年影印本，第10a页。

(1102—1161)则极论《周礼》为伪作[①]。在关于三礼问题的学术探讨上,朱熹虽曾参与其间,其观点既不激越,论说亦无出人意表之处。不过,在学者聚焦的问题之外,朱熹变换了思考的主题,试着去探论三礼之间的关系。

首先,他提出了"三礼同为一经"的说法[②],因此,在科举考试中,他主张"三礼为一类"[③];同样,在编礼时,"某尝要取三礼编成一书"[④]。三礼同为一经,并不意味着三者简单合并、共为一经,而是各有序列。朱熹讲:

> 《周官》一书,固为礼之纲领,至其仪法度数,则《仪礼》乃其本经,而《礼记》《郊特牲》、《冠义》等篇乃其义说耳。[⑤]

在"三礼同为一经"的前提下,以经书次第来论三礼的思维方式显然不再适宜,因此,朱熹将三礼视作一个具有内核、边缘及纲领的结构。作为内核的《仪礼》,是其中的本经。朱熹说:

> 《仪礼》,不是古人预作一书如此。初间只以义起,渐渐相袭,行得好,只管巧,至于情文极细密,极周经处。圣人见此意

① 参见《皇王大纪论·极论周礼》,[宋]胡宏著,吴仁华点校:《胡宏集》,北京:中华书局,1987年,第254—260页。

②[宋]黎靖德编,王星贤点校:《朱子语类》卷83《春秋·经》,第2176页。

③[宋]黎靖德编,王星贤点校:《朱子语类》卷109《朱子六·论取士》,第2699页。

④[宋]黎靖德编,王星贤点校:《朱子语类》卷93《孔孟周程张子》,第2363页。

⑤[宋]朱熹:《晦庵先生朱文公文集》卷14《乞修三礼札子》,朱杰人等编:《朱子全书》第20册,第687页。

思好，故录成书。[①]

《仪礼》不是预先规划的结果，也不是人为的强制规定，它是由义而起的自然，因此，“《仪礼》事事都载在里面，其间曲折难行处，他都有个措置得恰好”[②]。《仪礼》此书并非出自圣人的个体构思，而是他照录的代代相袭的自然秩序，因而此书“情文极细密，极周经处”。与本经不同，作为礼之纲领的《周礼》“多有说事之纲目者”[③]，其书“规模皆是周公做，但其言语是他人做”[④]，换言之，它是经过计划的规定和预设的理想秩序，前者令其书“做得缜密，真个盛水不漏”，后者使得“《周礼》一书好看，广大精密，周家法度在里”[⑤]。而《礼记》“乃秦汉上下诸儒解释《仪礼》之书”[⑥]，作为本经的附属，它位于三礼结构的边缘处。

其次，在“三礼同为一经”的思想框架下，当朱熹以本末来论三礼时，唐代学者那种将《周礼》与《仪礼》并立观照的方式显然并不适用于他的考量范畴，他必须重组三礼本末的形式与内容，对此，朱熹将重心放在了《仪礼》与《礼记》的文本关系上。他讲：

---

①［宋］黎靖德编，王星贤点校：《朱子语类》卷 85《礼二 · 仪礼 · 总论》，第 2194 页。

②［宋］黎靖德编，王星贤点校：《朱子语类》卷 85《礼二 · 仪礼 · 丧服经传》，第 2199 页。

③［宋］黎靖德编，王星贤点校：《朱子语类》卷 86《礼三 · 周礼 · 总论》，第 2205 页。

④［宋］黎靖德编，王星贤点校：《朱子语类》卷 86《礼三 · 周礼 · 总论》，第 2203 页。

⑤［宋］黎靖德编，王星贤点校：《朱子语类》卷 86《礼三 · 周礼 · 总论》，第 2204 页。

⑥［宋］黎靖德编，王星贤点校：《朱子语类》卷 84《礼一 · 论修礼书》，第 2186 页。

“《仪礼》是经,《礼记》是解《仪礼》。”① “《礼记》只是解《仪礼》。”②又讲:“《仪礼》,礼之根本,而《礼记》乃其枝叶。”③ 这些提法虽见于不同的场合,使用的比喻修辞,比如本经与解经、树根与枝叶等亦有不同,然其本质上无非是强调一为本、一为末的对应。基于这一认识,在评说熙宁年间的科举改革时,朱熹称:“荆公废《仪礼》而取《礼记》,舍本而取末也。”④ “王安石变乱旧制,废罢《仪礼》,而独存《礼记》之科,弃经任传,遗本宗末。”⑤

最后,在朱熹看来,理解三礼的本末之分是十分重要的,它必须成为一种基本的思考方式,因为,它关乎着对礼文本的学习次第与内容理解。比如,历史以来,《仪礼》难读似乎是士人们的一般印象,而造成其难读的原因,在于没有区分礼书的本末。朱熹讲:

> 前贤常患《仪礼》难读,以今观之,只是经不分章,记不随经,而注疏各为一书,故使读者不能遽晓。⑥

因此,在朱熹看来,礼书的学习是需要排出次第的,“学礼,先

①[宋]黎靖德编,王星贤点校:《朱子语类》卷85《礼二·仪礼·总论》,第2194页。
②[宋]黎靖德编,王星贤点校:《朱子语类》卷87《礼四·小戴礼·总论》,第2226页。
③[宋]黎靖德编,王星贤点校:《朱子语类》卷84《礼一·论修礼书》,第2186页。
④[宋]黎靖德编,王星贤点校:《朱子语类》卷87《礼四·小戴礼·总论》,第2225页。
⑤[宋]朱熹:《晦庵先生朱文公文集》卷14《乞修三礼札子》,朱杰人等编:《朱子全书》第20册,第687页。
⑥[宋]朱熹:《晦庵先生朱文公文集》卷54《答应仁仲》,朱杰人等编:《朱子全书》第23册,第2550页。

看《仪礼》。《仪礼》是全书，其他皆是讲说"①。又讲："读《礼记》，须先读《仪礼》。""《礼记》要兼《仪礼》读，如冠礼、丧礼、乡饮酒礼之类，《仪礼》皆载其事，《礼记》只发明其理。读《礼记》而不读《仪礼》，许多理皆无安着处。"②换言之，《仪礼》与《礼记》的本、传关系不只是关乎经书地位，还关乎文本的互证。后来，撰有《仪礼要义》的魏了翁则将这一涵义泛化，他将"诸经义疏重与疏剔一遍"后，称："《仪礼》一书，幸而存者，以之参考诸经，尤为有功。"③

除此之外，不读本经，也造成《礼记》解说的格调平庸。朱熹讲：

> 今士人读《礼记》，而不读《仪礼》，故不能见其本末。场屋中《礼记》义，格调皆凡下。盖《礼记》解行于世者，如方马之属，源流出于熙丰。士人作义者多读此，故然。④

方、马之属是指方悫、马希孟等人。方悫有《礼记解》20卷，"政和二年（1112）表进……以王氏父子独无解义，乃取其所撰《三经义》及《字说》，申而明之，著为此解"。马希孟有《礼记解》70

---

①［宋］黎靖德编，王星贤点校：《朱子语类》卷87《礼四・小戴礼・总论》，第2225页。

②［宋］黎靖德编，王星贤点校：《朱子语类》卷87《礼四・小戴礼・总论》，第2225页。

③［宋］魏了翁：《重校鹤山先生大全文集》卷34《答许介之解元玠》，《宋集珍本丛刊》第77册，第95页。

④［宋］黎靖德编，王星贤点校：《朱子语类》卷84《礼一・论修礼书》，第2187页。

卷,陈振孙称其"亦宗王氏"[1]。两书虽在主旨上与王安石思想保持一致,但在朱熹看来,仅就《礼记》解说而论,"方马二解,合当参考,尽有说好处,不可以其新学而黜之"[2]。然而,北宋时期,"《礼记》之学的基本趋势,在企图建立精简明确的礼学基本教材"[3],将简约为教材的方、马礼书放置于整个礼学的视域来观察时,显然格调不高。

如上文所言,当朱熹以"本末"来规模《仪礼》与《礼记》时,其论辩的焦点在于两书的文本关联性上;他强调"三礼同为一经"的结构,因此,作为礼之纲领的《周礼》,并没有涵盖在文本的本末关系之中;又由于主题的变换,他没有分心去考辩历史上三礼本末观的演变。但在后世,朱熹不辩"《仪礼》为本、《周礼》为末"的做法,却受到了学者的诘责。比如,明代人舒芬(1484—1527)"以倡明绝学为己任",其学贯穿诸经,尤精于《周礼》,尝曰:"《周礼》视《仪礼》、《礼记》,犹蜀之视吴、魏也。贾氏谓《仪礼》为本,《周礼》为末,妄矣。朱子不加是正,何也?"[4]后来,陆陇其(1630—1692)引舒芬此段时,则称:"舒氏尊《周礼》是也,而以此抑《仪礼》,则过矣。"[5]方观承(1698—1768)则和合了《周礼》《仪礼》的本末之

---

①[宋]陈振孙撰,徐小蛮、顾美华点校:《直斋书录解题》卷2《礼类》,上海:上海古籍出版社,2015年,第48页。

②[宋]黎靖德编,王星贤点校:《朱子语类》卷87《礼四·小戴礼·总论》,第2227页。

③萧公彦:《礼学之内涵与北宋礼学的发展》,台湾大学历史学研究所硕士论文,1988年。

④[清]张廷玉等:《明史》卷179《舒芬传》,北京:中华书局,1974年点校本,第4762页。

⑤[清]陆陇其撰,秦跃宇点校:《三鱼堂剩言》卷1,济南:山东人民出版社,2018年,第87页。

说，他讲：

> 陆氏谓"《周》为本，《仪》为末"者，《周礼》乃礼之纲要，《仪礼》乃礼之节目也。贾氏又谓"《周礼》为末，《仪礼》为本"者，《周礼》乃经世宰物之宜，《仪礼》乃敦行实践之事也。①

这显然是历史时期各家说法的综合，既取朱熹《周礼》为礼之纲领的观点，又拈出从郑玄"礼者，体也，履也"一说演化而来的《周礼》为体、《仪礼》为履的具体对应，折衷意味明显。

需要指出的是，朱熹关于"《仪礼》为本"的论证只是就三礼的结构而论，因此，这里的"《仪礼》为本"与家礼中的"本于《仪礼》""《仪礼》为骨"的说法并不是同一层面的话题。在三礼结构中所确认的"《仪礼》为本"，只是为人们依据《仪礼》制订家礼提供了归向本经的逻辑认证，而非"本于《仪礼》"的形式认同。关于后者，朱熹同样需要在旧题中寻找新的生长点，才能来回答家礼书写者以《仪礼》作为摹本的书写理据。

二、经礼曲礼之辨："本于《仪礼》"的理路

经礼、曲礼也是一个古老的话题。《礼记·礼器》中讲："经礼三百，曲礼三千。"郑玄注曰："经礼，谓《周礼》也。《周礼》六篇，其官有三百六十。曲，犹事也。事礼，谓今《礼》也。礼篇多亡，本数未闻，其中事仪三千。"② 贾公彦引郑玄的说法，认为《礼器》"曲

①［清］秦蕙田撰，方向东、王锷点校：《五礼通考》卷首第一《礼经作述源流上·礼经作述大指》，第2页。

②［汉］郑玄注，［唐］孔颖达正义，吕友仁整理：《礼记正义》卷32《礼器第十》，第986页。

礼三千”的曲礼即指《仪礼》,“言仪者,见行事有威仪;言曲者,见行事有屈曲。故有二名也”[①]。孔颖达则通过罗列《孝经说》《礼器》《中庸》《春秋说》《礼说》《周官外题》《汉书·艺文志》七种典籍与篇章中关于《周礼》《仪礼》的不同名称,认为其中提到的“礼经三百”“经礼三百”“礼仪三百”“正经三百”俱是指《周礼》,“威仪三千”“曲礼三千”“动仪三千”是指《仪礼》[②]。同样地,在对《礼记·曲礼》篇目的疏释中,陆德明讲:“曲礼者,是《仪礼》之旧名,委曲说礼之事。”[③] 孔颖达则曰:“《曲礼》之与《仪礼》,其事是一,以其屈曲行事则曰《曲礼》,见于威仪则曰《仪礼》。”[④]

上引各家虽然表述不一,但其实思考的路径是一致的,即,将经礼与曲礼特指向某本礼书:《周礼》为经、《仪礼》为曲。当宋儒将《仪礼》作为本经来对待时,关于经礼、曲礼的辨析也提上了日程。他们继承了前代的一些理解方式,又走出了自己的特色。总体上看,宋儒至少有三个渐次递进的论证:

第一,确定《仪礼》为经礼。早在汉代时,臣瓒(生卒年不详)就讲:“礼经三百,谓冠婚吉凶,《周礼》三百,是官名也。”[⑤] 显然,臣瓒意欲另辟蹊径,以打破“经礼三百”的传统阐释。不过,这一崭

---

①[汉]郑玄注,[唐]贾公彦疏,王辉整理:《仪礼注疏》卷1《士冠礼第一·仪礼》,第3页。

②[汉]郑玄注,[唐]孔颖达正义,吕友仁整理:《礼记正义》卷1《礼记正义篇首疏》,第3页。

③[唐]陆德明撰,张一弓点校:《经典释文》卷11《礼记音义之一·曲礼第一》,第254页。

④[汉]郑玄注,[唐]孔颖达正义,吕友仁整理:《礼记正义》卷1《曲礼上第一》,第5页。

⑤[汉]班固撰,[唐]颜师古注:《汉书艺文志·六艺略》,上海:商务印书馆,1955年,第9页。

新的观点受到了颜师古(581—645)的批评,他坚持认为,冠婚吉凶应指威仪三千,即《仪礼》,“经礼三百”即是韦昭所讲的“《周礼》三百六十官也”,之所以作“三百”,乃是“举成数也”①。到了宋代,朱熹重提臣瓒的说法,称:

> 臣瓒曰:“《周礼》三百,特官名耳。经礼,谓冠、昏、吉、凶。”盖以《仪礼》为经礼也。②

在朱熹看来,当臣瓒将经礼指向冠婚吉凶时,其重点在于将经礼的名号冠给《仪礼》,他强调说:“《仪礼》,则其中冠、昏、丧、祭、燕、射、朝聘自为经礼大目,亦不容专以曲礼名之也。”③在肯定《仪礼》为经礼而不能以曲礼名之的同时,朱熹又否认《周礼》为经礼的说法。他讲:

> 盖《周礼》乃制治立法、设官分职之书,于天下事无不该摄,礼典固在其中,而非专为礼设也。故此志列其经传之目,但曰《周官》而不曰《周礼》,自不应指其官目以当礼篇之目,又况其中或以一官兼掌众礼,或以数官通行一事,亦难计其官数以充礼篇之数。④

---

①[汉]班固撰,[唐]颜师古注:《汉书艺文志·六艺略》,第9页。

②[宋]朱熹:《仪礼经传通解》卷首《篇第目录序题》,朱杰人等编:《朱子全书》第2册,第27页。

③[宋]朱熹:《仪礼经传通解》卷首《篇第目录序题》,朱杰人等编:《朱子全书》第2册,第28页。

④[宋]朱熹:《仪礼经传通解》卷首《篇第目录序题》,朱杰人等编:《朱子全书》第2册,第28页。

这段话中包含两个要点：一、《周礼》包括礼典，却并非专为礼设；二、《周礼》为设官分职之书，因此，亦称《周官》，其经目可以官目来列，但官目与礼篇之目不可混同。这一解释，后来被王应麟定性为"朱子从瓒说"①。

第二，重新阐释经礼与曲礼的概念。如果《仪礼》是经礼，那么"经礼三百"该如何解释？又如何理解曲礼以及曲礼三千的问题？对此，宋儒的解说是多样的。吕大临讲：

> 《礼》云：经礼三百，曲礼三千，其致一也。《中庸》云：礼仪三百，威仪三千，待其人而后行。然则曲礼者，威仪之谓，皆礼之细也。布帛之有经，一成而不可变者也，故经礼象之。经礼三百，盖若祭祀朝聘燕飨冠昏乡射丧纪之礼，其节文之不可变者有三百也。布帛之有纬，其文曲折有变而不可常者也，故曲礼象之。曲礼三千，盖大小尊卑亲疏长幼并行兼举，屈伸损益之不可常者有三千也。②

吕大临以布帛之经、纬来比喻经、曲，将经礼三百确定为节文之不可变者三百，将曲礼三千确定为曲折有变不可常者三千。在这一解释中，吕大临将经、曲概念以比喻方式形象化，又将三百、三千的指向以抽象方式概括化，这一取径与前人迥然不同。

朱熹同样认为需重新定义经、曲的概念，他引用别人的观点，

---

①［宋］王应麟著，栾保群、田松青、吕宗力校点：《困学纪闻（全校本）》卷 4《周礼》，第 469 页。

②［宋］卫湜：《礼记集说》卷 1《曲礼上第一》，景印文渊阁《四库全书》第 117 册，台北：台湾商务印书馆，1986 年影印本，第 17 页。

说："近世括苍叶梦得曰：'经礼，制之凡也；曲礼，文之目也。'"[1]因此，所谓三百、三千皆指礼制礼文的具体目类。朱熹分述说：

> "经礼三百"，便是《仪礼》中士冠、诸侯冠、天子冠礼之类。此是大节，有三百条。如始加，再加，三加，又如"坐如尸，立如齐"之类，皆是其中之小目，便有三千条。或有变礼，亦是小目。[2]

经礼是指大节的三百条，"盖'经礼三百'，只是冠、昏、丧、祭之类。如冠礼之中，便有天子冠、士冠礼，他类皆然，岂无三百事"[3]。曲礼是礼文的小目，"'曲礼三千'，乃其中之小目。如冠礼中筮日、筮宾、三加之类，又如'上于东阶，则先右足，上于西阶，则先左足'，皆是也"[4]。那么，所谓大节与小目在礼书中是如何呈现的，是否就等于篇目，或者说礼目？朱熹认为答案是肯定的，只不过，"《仪礼》五十六篇今皆亡阙，只存十七篇，故不全尔"[5]。但是，这一界说显然过于笼统，因此，朱熹设问道：

---

①［宋］朱熹：《仪礼经传通解》卷首《篇第目录序题》，朱杰人等编：《朱子全书》第2册，第27页。

②［宋］黎靖德编，王星贤点校：《朱子语类》卷87《礼四·小戴礼·礼器》，第2243页。

③［宋］黎靖德编，王星贤点校：《朱子语类》卷87《礼四·小戴礼·礼器》，第2243页。

④［宋］黎靖德编，王星贤点校：《朱子语类》卷87《礼四·小戴礼·礼器》，第2243—2244页。

⑤［宋］黎靖德编，王星贤点校：《朱子语类》卷87《礼四·小戴礼·礼器》，第2243页。

> 三百、三千之数，又将何以充之耳？又尝考之，经礼固今之《仪礼》，其存者十七篇。而其逸见于它书者，犹有《投壶》、《奔丧》、《迁庙》、《衅庙》、《中霤》等篇。其不可见者，又有《古经》增多三十九篇，而《明堂阴阳》、《王史氏记》数十篇。及河间献王所辑礼乐古事多至五百余篇，倘或犹有逸在其间者，大率且以《春官》所颁五礼之目约之，则其初固当有三百余篇亡疑矣。所谓曲礼，则皆礼之微文小节，如今《曲礼》、《少仪》、《内则》、《玉藻》、《弟子职》篇所记事亲事长、起居饮食、容貌辞气之法，制器备物、宗庙宫室、衣冠车旗之等。凡所以行乎经礼之中者，其篇之全数虽不可知，然条而析之，亦应不下三千有余矣。①

尽管重新界定了经、曲的概念，但在三百、三千的解释上，朱熹仍然接续前人的做法，将之释为篇目（礼目）。朱熹通观历史时，以臣瓒的言说作为依据，并判断说“臣瓒之说，已非康成之说矣”②。同样，当后来者观察到他在经曲礼的辨析上与前儒的差别时，也作了类似的判语，比如，真德秀在读书记中讲：“愚按郑氏诸人皆以《周礼》三百六十官为经礼，《仪礼》为曲礼，朱子始以臣瓒及叶氏之说辨其不然。姑记其略于此，以见经礼、曲礼之别云。”③

第三，分疏经礼、曲礼中的常与变。当经、曲指向礼篇目类的

---

①［宋］朱熹：《仪礼经传通解》卷首《篇第目录序题》，朱杰人等编：《朱子全书》第2册，第28页。

②［宋］黎靖德编，王星贤点校：《朱子语类》卷87《礼四·小戴礼·礼器》，第2243页。

③［宋］真德秀：《西山读书记》卷24《礼要旨》，景印文渊阁《四库全书》第705册，台北：台湾商务印书馆，1986年影印本，第724—725页。

时候，应该如何界定其性质？前引吕大临曾以“其节文之不可变者”与“曲折有变而不可常者”来定经、曲涵义[①]，但是朱熹并不认同这一说法，他讲：

吕与叔云：“经便是常行底，纬便是变底。”恐不然。经中自有常、有变，纬中亦自有常、有变。[②]

经礼、曲礼与常礼、变礼并不是一组替代概念，在他看来，后者应视为前者的性质，经中有常与变，曲中也有常与变。他讲：

礼有经，有变。经者，常也；变者，常之变也。先儒以《曲礼》为变礼，看来全以为变礼，亦不可。盖曲者，委曲之义，故以《曲礼》为变礼。然“毋不敬，安定辞，安民哉”！此三句，岂可谓之变礼？先儒以《仪礼》为经礼。然《仪礼》中亦自有变，变礼中又自有经，不可一律看也。[③]

又讲：

若或者专以经礼为常礼，曲礼为变礼，则如《冠礼》之不醴而醮、用酒杀牲而有折俎、若孤子冠母不在之类，皆礼之变

①［宋］卫湜：《礼记集说》卷1《曲礼上第一》，景印文渊阁《四库全书》第117册，第17页。
②［宋］黎靖德编，王星贤点校：《朱子语类》卷87《礼四·小戴礼·礼器》，第2243页。
③［宋］黎靖德编，王星贤点校：《朱子语类》卷85《礼二·仪礼·总论》，第2194页。

而未尝不在经礼篇中；坐如尸、立如齐、毋放饭、毋流歠之类，虽在曲礼之中，而不得谓之变礼，其说误也。①

两段引文中，朱熹采用例举的方式来证明曲中有常、经中有变之理。比如，《礼记》中的“毋不敬”，朱熹认为：“《礼》言‘毋不敬’，是正心、诚意之事。”② 又讲：“‘毋不敬’，是统言主宰处；‘俨若思’，敬者之貌也；‘安定辞’，敬者之言也；‘安民哉’，敬者之效也。”③ 而“‘坐如尸，立如斋’，此是天理当如此”④。换言之，上引礼辞虽出自曲礼，但言说的却是不可更改之理。同样，“不醴而醮、用酒杀牲而有折俎、若孤子冠母不在之类”，虽是出自经礼，但其礼却可因时而变，从而证明“经中有变”之理。

经、曲礼之辨虽是旧题，但旧题焕新颜的同时，也为《仪礼》作为家礼书写的理想摹本提供了理论基础。首先，从《仪礼》为“经礼”这一认识出发，家礼的书写者必须“本于《仪礼》”；其次，“经中有变”意味着新的书写者们斟酌损益《仪礼》的理路，是有其依据的；最后，正是可以借助于《仪礼》之“变”，方可再“立一个简易之法，与民由之”⑤。

---

①［宋］朱熹：《仪礼经传通解》卷首《篇第目录序题》，朱杰人等编：《朱子全书》第2册，第28页。

②［宋］黎靖德编，王星贤点校：《朱子语类》卷23《论语五 · 为政篇上 · 诗三百章》，第546页。

③［宋］朱熹：《晦庵先生朱文公文集》卷40《答何叔京》，朱杰人等编：《朱子全书》第22册，第1843页。

④［宋］黎靖德编，王星贤点校：《朱子语类》卷42《论语二十四 · 颜渊篇下 · 仲弓问仁章》，第1079页。

⑤［宋］黎靖德编，王星贤点校：《朱子语类》卷108《朱子五 · 论治道》，第2683页。

三、拆洗礼书："以为当代之典"

将《仪礼》定为经礼，并承认《仪礼》中有经、曲之分，虽然阐释了"《仪礼》为本"的说法依据，并为以《仪礼》作为写作范本提供了理论基础，但与这一结论并不匹配的事实是，在宋代，三礼礼文还面临着另一个流行的话题，即，礼学不明。那些有意接续文本的传承者则将礼学不明直接表达为礼学文本之不清晰。

两宋时期，士大夫在讲述礼学不明的话题时，经常以举例的方式来说明三礼文本之舛谬。徐积讲：

> 《戴礼》之所记，驳杂讹舛，不可胜道。盖多出于汉儒之私见，其首不以冠昏而以曲礼，其终乃以丧服四制，而制度又多舛杂而不近于人情，极可怪也。①

在这段不长的文字中，徐积至少从三个层面论述了《戴礼》之驳杂讹舛与不可胜道：一、撰者；二、文本体例；三、内容。程颐则采用比喻的方式来论《礼记》之混杂。他说：

> 《礼记》之文，亦删定未了，盖其中有圣人格言，亦有俗儒乖谬之说。乖谬之说，本不能混格言，只为学者不能辨别，如珠玉之在泥沙。泥沙岂能混珠玉？只为无人识，则不知孰为泥沙，孰为珠玉也。圣人文章，自然与学为文者不同……且如生出一枝花，或有翦裁为之者，或有绘画为之者，看时虽似相

①［宋］徐积：《节孝先生集》卷31《语录》，《宋集珍本丛刊》第15册，北京：线装书局，2004年影印本，第712—713页。

类,然终不若化工所生,自有一般生意。①

程颐不仅以珠玉与泥沙来描写和渲染《礼记》之混杂,而且还以化工所生之花与翦裁者、绘画者手下的花为喻,以回答出自圣人之手的文章与混杂《礼记》之间的差别。

程颐之后,《礼记》之杂是许多士大夫的结论。周谞〔生卒年不详,熙宁六年(1073)进士〕讲:"《礼记》者,杂记先王之法言,而尚多汉儒附会之疵。"② 周行已(1067—1124)曰:"《礼记》四十九篇,杂出诸儒传记,不能悉得圣人之旨。"③ 朱熹也说:"礼非全书,而《礼记》尤杂。"④ 同时,对于《礼记》为汉儒说的看法,他持有不同的意见⑤。除此之外,他还从三礼文本的可信度上,否认《礼记》在知识上的可靠性:"大抵说制度之书,惟《周礼》《仪礼》可信,《礼记》便不可深信";"今只有《周礼》《仪礼》可全信"⑥。

不过,《周礼》虽然可信,其间也有相当多的讹误。门人问程颐:"《周礼》之书有讹缺否?"答:"甚多。"⑦ 张载则说:"《周礼》是

①《河南程氏遗书》卷18《刘元承手编》,[宋]程颢、程颐著,王孝鱼点校:《二程集》,北京:中华书局,2004年,第240页。

②[宋]卫湜:《礼记集说》卷首《统说》,景印文渊阁《四库全书》第117册,第7页。

③[宋]周行己著,周梦江笺校:《周行己集》卷4《礼记讲义序》,上海:上海社会科学院出版社,2002年,第64页。

④[宋]黎靖德编,王星贤点校:《朱子语类》卷83《春秋·经》,第2176页。

⑤[宋]黎靖德编,王星贤点校:《朱子语类》卷87《礼四·小戴礼·总论》,第2226页。

⑥[宋]黎靖德编,王星贤点校:《朱子语类》卷86《礼三·周礼·总论》,第2203页。

⑦《河南程氏遗书》卷18《刘元承手编》,[宋]程颢、程颐著,王孝鱼点校:《二程集》,第230页。

的当之书，然其间必有末世添入者。”[1]《仪礼》也同样如此。有门人问程颐：“如《仪礼》中礼制，可考而信否？”程颐回答：“信其可信。如言昏礼云，问名、纳吉、纳币，皆须卜，岂有问名了而又卜？苟卜不吉，事可已邪？若此等处难信也。”[2]三礼文本如此之混杂，因此，朱熹讲：

> 礼乐废坏两千余年，若以大数观之，亦未为远，然已都无稽考处。后来须有一个大大底人出来，尽数拆洗一番，但未知远近在几时。[3]

自北宋中期开始，疑经已发展成为一种潮流，学者的著述方式也在发生改变，从删经、改经，进而出现了摹拟圣人之语言和体例的拟圣派[4]。而对于“都无稽考处”的礼乐，朱熹在这里推出了一种新的撰作路径——拆洗。在朱熹看来，“礼学多不可考，盖其为书不全，考来考去，考得更没下梢”[5]，因此，要解决礼学“无处可考”“无书可读”的窘境，不如诉诸于新的方式。必须指出的是，拆洗并不是如字面上所表达的那样是一个分解的手法，相反，它是一个将礼书“离而合之”的整合思路。

---

①《经书礼窟·周礼》，[宋]张载著，章锡琛点校：《张载集》，北京：中华书局，1978年，第248页。

②《河南程氏遗书》卷22上《伊川杂录》，[宋]程颢、程颐著，王孝鱼点校：《二程集》，第286页。

③[宋]黎靖德编，王星贤点校：《朱子语类》卷84《礼一·论考礼纲领》，第2177页。

④ 陈植锷：《北宋文化史述论》，第190—218页。

⑤[宋]黎靖德编，王星贤点校：《朱子语类》卷84《礼一·论考礼纲领》，第2177页。

拆洗虽是一个新出现的提法，但在后世的视域中，礼学上的拆洗做法早在郑玄定三礼时就已开始，他“以《周礼》为经，《礼记》为记，其别异处皆以《周礼》为正”①，这一案例无疑即是拆洗礼书的先导。因此，朱熹一方面叹息能尽数拆洗礼文的“大大底人”未知远近在几时，另一方面，在奏章以及与学生的对答、讨论中，他开始论证拆洗的一般原则、纲要并尝试着付之实践。

如何来拆洗？作为拆洗对象的礼书应该包含哪些？朱熹讲：

> 欲以《仪礼》为经，而取《礼记》及诸经史杂书所载有及于礼者，皆以附于本经之下，具列注疏诸儒之说。②

当学生问“礼合如何修”时，朱熹使用了相同的说法：“今合取《仪礼》为正，然后取《礼记》诸书之说以类相从，更取诸儒剖击之说各附其下，庶便搜阅。”③

关于以《仪礼》作为本经的论证，上文已有分析。除此之外，就文本的完整度而言，宋儒也认为《仪礼》较其他礼书全面。徐积曾讲：“夫礼学不明良可惜也，惟《仪礼》稍为完书。”④学生向朱熹问《礼》书时，朱熹曰：“惟《仪礼》是古全书。”⑤“礼书如《仪礼》，

---

①[清]皮锡瑞：《经学通论·三礼》，北京：中华书局，1954年，第55页。

②[宋]朱熹：《晦庵先生朱文公文集》卷14《乞修三礼札子》，朱杰人等编：《朱子全书》第20册，第687—688页。

③[宋]黎靖德编，王星贤点校：《朱子语类》卷83《春秋·经》，第2176页。

④[宋]徐积：《节孝先生文集》卷31《语录》，《宋集珍本丛刊》第15册，第712页。

⑤[宋]黎靖德编，王星贤点校：《朱子语类》卷84《礼一·论修礼书》，第2187页。

尚完备如他书。”[①]因此，相对完备的文本为整合礼书这一思路提供了可能性。

那么，该如何将《礼记》以及诸儒注疏等更多的礼书与礼论附于本经之下呢？朱熹对拆洗方法，尤其关于尽数拆洗《礼记》的具体原则与具体方法，曾有过细密的论证。

首先，确立编纂的总原则为："通修作为一书。"朱熹讲：

> 《礼记》须与《仪礼》相参，通修作一书乃可观。[②]

在表达自己编礼的想法时，他同样提到："尝欲编《礼记》附于《仪礼》，但须著和注写。"而诸如《曲礼》《檀弓》之类无法附写的文本，则"自编作一处"[③]。在这些表述中，"通修"或者"须著和注写"的要义不只是两种礼书内容上的相互参通，而是构架上的"修作一书"，它意味着要重定礼书框架与结构。对此，朱熹曾提出以礼门类作为线索的思路，他讲："《礼经》要须编成门类，如冠、昏、丧、祭，及他杂碎礼数，皆须分门类编出，考其异同，而订其当否，方见得。"[④]当然，在行动中，这一原则性思路尚有待具体化。朱熹编礼目类渐次明晰的过程，见于他与门人友人的书信中。在与潘友恭的信中，朱熹讲：

---

①［宋］黎靖德编，王星贤点校：《朱子语类》卷85《礼二·仪礼·总论》，第2194页。

②［宋］朱熹：《晦庵先生朱文公文集》卷50《答潘恭叔》，朱杰人等编：《朱子全书》第22册，第2307页。

③［宋］黎靖德编，王星贤点校：《朱子语类》卷87《礼四·小戴礼·总论》，第2225页。

④［宋］黎靖德编，王星贤点校：《朱子语类》卷83《春秋·经》，第2176页。

分为五类，先儒未有此说。第一类皆上下大小通用之礼，第二类即国家之大制度，第三类乃礼乐之说，第四类皆论学之精语，第五类论学之粗者也。①

这一编目又经过反复商定，最终，在答余正甫的书信中，朱熹讲："示喻编礼，并示其目，三复叹仰不能已。前此思虑，安排百端，终觉未稳。今如所定，更无可疑。"② 这里，所谓"分为五类，先儒未有此说"彰显了朱熹"离而合之"的通修礼书并非是再现礼典，而是不泥于先儒之说，根据后世的理念来构建礼学的框架，实现礼学的体系性，以表现出礼的整体结构③。

其次，编礼既是修作一书，亦需别为书名。朱熹认为："通以《礼书》名之，而以《仪礼附记》为先、《礼记分类》为后。"④ 关于《仪礼附记》与《礼记分类》的篇目，朱熹曾向吕祖谦咨询，以"更详之"。现照录如下：

《仪礼附记》上篇：《士冠礼》（《冠义》附）、《士婚礼》（《婚义》附）、《士相见礼》、《乡饮酒礼》（《乡饮酒义》附）、《乡射礼》（《射义》附）、《燕礼》（《燕义》附）、《大射礼》、《聘礼》（《聘义》附）、《公食大夫礼》、《觐礼》。

---

①［宋］朱熹：《晦庵先生朱文公文集》卷50《答潘恭叔》，朱杰人等编：《朱子全书》第22册，第2314页。

②［宋］朱熹：《晦庵先生朱文公文集》卷63《答余正甫》，朱杰人等编：《朱子全书》第23册，第3079页。

③ 参见陆敏珍：《标签与去标签：黄震〈读礼记〉发微》，《浙江社会科学》2020年第5期。

④［宋］朱熹：《晦庵先生朱文公文集》卷50《答潘恭叔》，朱杰人等编：《朱子全书》第22册，第2314页。

《仪礼附记》下篇：《丧服》(《丧服小记》《大传》《月服问》《间传》附)、《士丧礼》、《既夕礼》、《士虞礼》(《丧大记》《奔丧》《问丧》《曾子问》《檀弓》附)、《特牲馈食礼》、《少牢馈食礼》、《有司》(《祭义》《祭统》附)。

《礼记》篇次：《曲礼》、《内则》、《玉藻》、《少衣》、《投壶》、《深衣》(六篇为一类)。《王制》、《月令》、《祭法》(三篇为一类)。《文王世子》、《礼运》、《礼器》、《郊特牲》、《明堂位》、《大传》、《乐记》(七篇为一类)。《经解》、《哀公问》、《仲尼燕居》、《坊记》、《儒行》(六篇为一类)。《学记》、《中庸》、《表记》、《缁衣》、《大学》(五篇为一类)。①

在书信中，朱熹并未明言这些篇次的制订原则，但完全可以在他处找到与之相为佐证的言说，并成为其注脚。比如，朱熹曾有"《仪礼》为经、《礼记》是解《仪礼》"的论点，他说："如《仪礼》有《冠礼》，《礼记》便有《冠义》；《仪礼》有《昏礼》，《礼记》便有《昏义》；以至燕、射之类，莫不皆然。只是《仪礼》有《士相见礼》，《礼记》却无士相见义。"②而《仪礼附记》上篇篇目忠实地诠释了这段言论，同样，拆《礼记》附于《仪礼》，"离而合之"的编礼思想亦斑斑可见。

不过，拆洗以通修的方式，很容易出现分散文本的现象，因此，朱熹提醒道：

①[宋]朱熹：《晦庵先生朱文公文集》卷74《问吕伯恭三礼篇次》，朱杰人等编：《朱子全书》第24册，第3579—3581页。

②[宋]黎靖德编，王星贤点校：《朱子语类》卷85《礼二·仪礼·总论》，第2194页。

《仪礼附记》,似合只依德章本子,盖免得拆碎《记》文本篇。如要逐段参照,即于章末结云:"右第几章。"《仪礼》即云:"《记》某篇第几章当附此。"(不必载其全文,只如此亦自便于检阅。)《礼记》即云:"当附《仪礼》某篇第几章。"又如此《大戴礼》亦合收入,可附《仪礼》者附之,不可者分入五类。如《管子·弟子职》篇,亦合附入《曲礼》类,其他经传类书说礼文者并合编集,别为一书。①

所谓路德章本子,指的是学者路德章依据《仪礼》《礼记》相参通修原则而编的两篇,朱熹曾赞其"颇有次第"②。而参考这一实例,再结合编礼的效果,朱熹将拆洗的范畴扩大至其他说礼之书。

最后,朱熹还对礼书的版式提出了参考凡例。比如,他讲:"今所定例,传记之附经者低一字,它书低二字,《礼记》则以篇名别之。"③对于《仪礼附记》与《礼记分类》,则有详细的分行题法,他讲:

《附记》初卷首即云"礼书第一",本行下写"仪礼附记"五字。次行云"士冠礼第一",本行下写"仪礼一"三字;"冠义第二",本行下写"礼记一"三字。《分类》初卷首第一行云"礼书

①[宋]朱熹:《晦庵先生朱文公文集》卷50《答潘恭叔》,朱杰人等编:《朱子全书》第22册,第2313页。
②[宋]朱熹:《晦庵先生朱文公文集》卷50《答潘端叔》,朱杰人等编:《朱子全书》第22册,第2293页。
③[宋]朱熹:《晦庵先生朱文公文集》卷63《答余正甫》,朱杰人等编:《朱子全书》第23册,第3075页。

> 第几”，本行下写“礼记分类一”五字；次行云“曲礼上第一”，本行下写“礼记几”。（通前篇数计之。）其《大戴》、《管子》等书亦依此分题之。[①]

礼书版式这一看似与编礼不甚紧密的内容，在朱熹看来，不仅不可等闲视之，而且还能支撑起礼书的整个框架，并清楚地勾画出拆洗的立面图。

朱熹对于拆解《礼记》整合进入礼书之中，态度坚定，方法具体。但对于是否应该以及如何拆分《周礼》、如何将之编入礼书则颇有疑虑。他曾讲：“《周礼》即以祭礼、宾客、师田、丧纪之属事别为门，自为一书。”[②] 但是，“自为一书”似又与“通修”相抵牾，因此，他又讲：“《周礼》自是全书。如今《礼书》欲编入，又恐分拆了《周礼》，殊未有所处。”[③] 除此之外，当涉及授田、地政等相关目类时，若不取《周礼》而杂取别家之说，“恐无纲领，是乃名尊《周礼》而实贬之”[④]。尤其是当别人表示欲用《国语》而不用《周礼》时，朱熹的态度变得激越，称：

> 《周礼》岂可不入！《国语》辞多理寡，乃衰世之书，支离

---

①［宋］朱熹：《晦庵先生朱文公文集》卷 50《答潘恭叔》，朱杰人等编：《朱子全书》第 22 册，第 2314 页。

②［宋］朱熹：《晦庵先生朱文公文集》卷 50《答潘恭叔》，朱杰人等编：《朱子全书》第 22 册，第 2313 页。

③［宋］黎靖德编，王星贤点校：《朱子语类》卷 84《礼一 · 论修礼书》，第 2187 页。

④［宋］朱熹：《晦庵先生朱文公文集》卷 63《答余正甫》，朱杰人等编：《朱子全书》第 23 册，第 3079 页。

蔓衍，大不及《左传》。看此时文章若此，如何会兴起国家！[①]

在礼书的取舍中，究竟采用支离蔓衍的“衰周末流文字”，还是“周道盛时圣贤制作之书”[②]，其中所包含的价值判断显而易见。从这个向度去看，对朱熹修撰礼书的评述显然不能只停留于学术层面的总结，而是需要从“兴起国家”的角度去观察其中的志向。后人在叙述朱熹编礼之志时，称：

> 文公初志，欲将《通典》及诸史志、会要等书，与夫开元、开宝、政和礼，斟酌损益，以为百王不易之大法，而志则未遂。[③]

无独有偶，《宋史·礼志》在叙述国家志书编纂的一般概况时，将朱熹修礼的未竟之志插叙其中，曰：

> 朱熹讲明详备，尝欲取《仪礼》、《周官》、《二戴记》为本，编次朝廷公卿大夫士民之礼，尽取汉、晋而下及唐诸儒之说，考订辨正，以为当代之典，未及成书而没。[④]

---

①[宋]黎靖德编，王星贤点校：《朱子语类》卷84《礼一·论修礼书》，第2187页。

②[宋]朱熹：《晦庵先生朱文公文集》卷63《答余正甫》，朱杰人等编：《朱子全书》第23册，第3080页。

③[宋]熊禾：《重刊熊勿轩先生文集》卷3《刊仪礼通解书》，《宋集珍本丛刊》第91册，第287页。

④[元]脱脱等：《宋史》卷98《礼志一·吉礼一》，第2424页。

"以为百王不易之大法""以为当代之典"虽是后人的追认，但未尝不是朱熹的念兹在兹。朱熹曾对学生讲，欲使礼书大备，"须得数人分手乃可成耳"[①]，他在长沙、杭州时，"欲招诸公来同理会"[②]、"尽唤天下识礼者修书"[③]；在朝时，则"欲奏乞专创一局，召四方朋友习礼者数人编修"[④]，但均未果。他虽慨叹"衰病耗昏，朋友星散，不能得了"[⑤]，却又常存冀望，说："病日益衰，甚望贤者之来，了却《礼》书。"[⑥]通修的礼书并没有在他有生之年完成，但与门人弟子共同编撰的《仪礼经传通解》得以作为成书流传刊行[⑦]。不过，此书实不可视为朱熹编礼的终极愿景，因此，熊禾在刊板《仪礼经传通解》时讲：

---

①[宋]朱熹：《晦庵先生朱文公文集》卷50《答潘恭叔》，朱杰人等编：《朱子全书》第22册，第2313页。

②[宋]黎靖德编，王星贤点校：《朱子语类》卷84《礼一・论修礼书》，第2191页。

③[宋]黎靖德编，王星贤点校：《朱子语类》卷84《礼一・论修礼书》，第2192页。

④[宋]黎靖德编，王星贤点校：《朱子语类》卷84《礼一・论修礼书》，第2192页。

⑤[宋]朱熹：《晦庵先生朱文公文集》续集卷8《答冯奇之》，朱杰人等编：《朱子全书》第25册，第4788页。

⑥[宋]朱熹：《晦庵先生朱文公文集》续集卷1《答黄直卿》，朱杰人等编：《朱子全书》第25册，第4667页。

⑦关于《仪礼经传通解》的编礼人员，参见[清]夏炘：《述朱质疑》卷7《跋仪礼经传通解》，《续修四库全书》第952册，上海：上海古籍出版社，1996年影印本，第73—75页；白寿彝：《仪礼经传通解考证》，《国立北平研究院院务汇报》1936年第7卷第4期；戴君仁《朱子〈仪礼经传通解〉与修门人及修书年岁考》，《台大文史哲学报》1967年第16期；钱穆：《朱子新学案》第4册《朱子之礼学》，第171—173页。

> 今得考亭诸名儒参校订定墨本，拟就书林板行，以便流布。仍于所补《仪礼》各卷篇目之下，参以历代沿革之制，及关洛以来诸儒折衷之说，酌古准今，损文就质，辑为《仪礼外传》以附其后，或可继先儒所未毕之志，仰裨昭代制作之万一，其于风化亦非小补。①

在后来的时代，由于历史语境的不一，又由于对话对象的变迁，拆洗礼书、离而合之的修礼方式受到了挑战，人们对《仪礼经传通解》这一拆洗案例颇有微词。比如，清代姚际恒（1647—约1715）讲："《仪礼经传通解》一书，经传颠倒，前已言之。然吾实不解作者意指，以为尊《仪礼》耶？全录注、疏，毫无发明，一抄书吏可为也。尊之之义安在？以裁割《礼记》、《周礼》、史传等书附益之为能耶？检摘事迹可相类者，合于一处，不别是非同异，一粗识文字童子亦可为也。"② 皮锡瑞（1850—1908）评《仪礼经传通解》："其失在厘析《仪礼》诸篇，多非旧次……未免宋儒割裂经文之习。"③ 当脱离了社会风教的关怀，仅从经学这一维度来观察拆洗礼书的效果时，其不足之处恰好也在于"拆洗"。

在结束《仪礼》这一似乎脱离了家礼主题的讨论之前，我们必须对"废罢《仪礼》"与"《仪礼》为本"两个论题作一统观。两者的相同点是显而易见的，它们同出于朱熹的观察，同是关于《仪

①［宋］熊禾：《重刊熊勿轩先生文集》卷3《刊仪礼通解书》，《宋集珍本丛刊》第91册，第287页。

②［清］姚际恒著，陈祖武点校：《仪礼通论》卷前《仪礼论旨》，北京：中国社会科学出版社，1998年，第13页。

③［清］皮锡瑞：《经学通论·三礼通论》，第24页。

礼》这一礼书的讨论。两者的相异处亦是昭昭可见。比如，以朱熹作为历史的时间节点，废罢《仪礼》是从过去到现在的历史叙述，“《仪礼》为本”是当下的思想建构与对《仪礼》未来方向的规划；再如，按照现代学科分野，“废罢《仪礼》”主要涉及政治领域，“《仪礼》为本”关乎学术主题。如果要在两个论题之间寻找彼此的关联处，若以朱熹的《仪礼》观作为基点，前者或可视为后者的外缘因素，就如上文所言，朱熹个人的礼学是以“废罢《仪礼》”作为破题，以“本于《仪礼》”作为立意，由破而立的思考过程。然而，在家礼书写者的视域之中，这两个论题不仅具有关联性，而且还彼此内嵌。“废罢《仪礼》”这一论题，就事实范畴而言，朱熹对本朝制度的有意解读与历史事实颇有不相契合之处，不过，若将之当作是朱熹对事实进行理解和描述得出的结论，借由废罢《仪礼》的叙事，朱熹所要指明的是科举考试导向下《仪礼》的缺位，以及由此带来的礼学不明的知识根源。在礼学传承出现断层、身为礼官却不知礼的语境中，士大夫借由“家礼”这一传统形式，通过回溯、发现和重构过去，意欲书写新的社会秩序。在“《仪礼》为本”这一论题中，朱熹重定三礼结构，强调《仪礼》为本经，又重拾经曲礼之辨的讨论，并立意拆洗礼书以为礼典，这一对礼学的清理工作，为家礼书写者们斟酌损益《仪礼》提供了学术依据。正是在对《仪礼》的重新塑造中，家礼文本竞争之中的原则也得以明确起来。

第四章　文本竞争:《书仪》《家礼》与日用类书

宋代家礼文本中,最著名、影响最广泛的莫过于司马光《书仪》与朱熹《家礼》,后世家礼文本往往并列两者作为书写时的参考用书。现代学科范式下,学者对两种文本的礼文对象、礼学思想、文献传承作了相当多细致又细腻的比较研究,明确了两文本以及与其他文本之间的联系与传承[①]。需要指出的是,除了文本之间的联系外,随着文本的社会化,书写者亦将之置于竞争性的体系之中。

在宋代,家礼书写者在礼文的订立中,"从温公《书仪》"是常见的表述,《书仪》是礼书的文献来源、参考注释与引用书目。元代人撰写家族规范时,则说:立祠堂,"其仪式并遵《文公家礼》";子弟当冠,"其仪式并遵《文公家礼》";婚姻乃人道之本,"其仪式

① 相关研究参见牧野巽:《司马氏书仪の大家族主义と文公家礼の宗法主义》,收入氏著:《牧野巽著作集》卷3《近世中国宗族研究》,东京:御茶の水书房,1980年,第13—28页;杨志刚:《〈司马氏书仪〉和〈朱子家礼〉研究》,《浙江学刊》1993年第1期;[日]木田知生:《略论宋代礼俗思想——以司马光〈书仪〉和〈家范〉为主》,收入漆侠主编:《宋史研究论文集》,保定:河北大学出版社,2002年,第489—515页;安国楼、王志立:《司马光〈书仪〉与〈朱子家礼〉之比较》,《河南社会科学》2012年第10期;曾礼军:《吕祖谦〈家范〉与朱熹〈家礼〉的比较研究》,《朱子学刊》2017年第2辑。

并遵《文公家礼》";丧礼,"其仪式并遵《文公家礼》"[1]。到了明代,士大夫则不无夸张地讲:"自朱子注《楚词》而王逸之注废矣,作《家礼》而温公之《书仪》隐矣。"[2]这里,所谓废与隐显然并非是礼书的废止,而是指礼书所代表的话语权的退隐。从《书仪》到《家礼》,《书仪》之前、《家礼》之后,每个文本虽然表现各异,但书写者通过评说制造着礼仪的文本秩序,规范并维持着写礼的整体要求,或者对之进行某种改进。正是在文本的竞争中,书写者以调整集体书写策略的方式,生产并再生产着家礼文本。

第一节　传承与断裂:从书仪到司马光《书仪》

在家礼史上,司马光《书仪》是一本标志性的著作,因为它不仅是流传至今最早的书仪[3],而且还具有书写史上的里程碑意义。《书仪》之前,家礼书写结构随意,《书仪》之后,家礼的书写脉络渐次清晰,并型构了此后家礼的书写系统,有人称"此书为礼家之典型"[4],并非是无的放矢。与此同时,它也成为后世书写者的参考书与对话者,并被相当多人所遵行与实践。

---

①[元]郑太和:《郑氏规范》,《丛书集成初编》,北京:中华书局,1985年,第1、9、10页。

②[明]马峦撰,冯惠民点校:《司马光年谱》卷6《附录》,北京:中华书局,1990年,第414页。

③今人关于书仪的研究中讲:"五代以前的书仪,史籍著录颇多,却一部也没有流传下来;五代以后流传至今的,最早的当推北宋司马光撰《书仪》。"(周一良、赵和平:《唐五代书仪研究》序,北京:中国社会科学出版社,1995年,第1页)

④[清]永瑢等:《四库全书总目》卷22《经部·礼类四》,北京:中华书局,1965年影印本,第180页。

一、文本传承：司马光《书仪》之前的书仪

四库馆臣讲：

> 考《隋书·经籍志》：谢元有《内外书仪》四卷、蔡超有《书仪》二卷，以至王宏、王俭、唐瑾皆有此著，又有《妇人书仪》八卷、《僧家书仪》五卷。盖书仪者，古私家仪注之通名。《崇文总目》载唐裴茝、郑余庆、宋杜有晋、刘岳，尚皆用斯目。①

馆臣试图从文本传承的角度去构建书仪的历史，从而给出书仪的概念。不过，这份书单显然并不完整。《隋书·经籍志》所载的书仪书目，除了文中所提到的谢元《内外书仪》四卷、蔡超《书仪》二卷、王弘《书仪》十卷、王俭《吊答仪》十卷（《旧唐书·经籍志》《新唐书·艺文志》中记为《吊答书仪》）、《吉书仪》二卷（《新唐书·艺文志》记为《吉仪》）、唐瑾《书仪》十卷、不著撰人《妇人书仪》八卷（《旧唐书·经籍志》《新唐书·艺文志》记该书作者为唐瑾）、释昙瑗《僧家书仪》五卷，尚有鲍行卿《皇室仪》十三卷（《旧唐书·经籍志》记为《皇室书仪》、《新唐书·艺文志》中记为鲍衡卿《皇室书仪》）、周捨《书仪疏》一卷、谢朏《书笔仪》二十一卷（《旧唐书·经籍志》《新唐书·艺文志》记为二十卷）、《言语仪》一卷、不著撰人《宋长沙檀太妃薨吊答书》十二卷等。馆臣所提到"尚皆用斯目"的作者，在《崇文总目》中，其书名分别为裴茝《书仪》三卷（《旧唐书·经籍志》记为裴矩《大唐书仪》十卷，《新唐

① [清]永瑢等：《四库全书总目》卷22《经部·礼类四》，第180页。在不同文献中，王宏，或记为王弘；裴茝，或记为裴矩、裴莒。以下不作统一处理，仅按所引文献列其名。

书·艺文志》记为裴矩、虞世南《大唐书仪》十卷)、郑余庆《书仪》二卷(《新唐书·艺文志》记为《郑氏书仪》)、杜有晋《书仪》二卷、刘岳《新定书仪》二卷①。

四库馆臣给出的这份书单,显然是据书仪的定义而作出的有意筛选。以"古私家仪注之通名"来限定书仪,因此,馆臣列举《妇人书仪》《僧家书仪》,却将《皇室书仪》《太妃薨吊答书》等可能属于公礼范畴的书目省去不列。此外,馆臣在理解"私家仪注"时,偏向于将重心放在仪文礼规的内容上,因此,《书笔仪》《言语仪》等可能只记述书答往来之类单项内容的书目亦同时隐去。

宋代以前的书仪之目虽多,但在文本内容上,后来者对前人的承继与改写是一个十分明显的惯例。著名的例子便是郑余庆"尝采唐士庶吉凶书疏之式,杂以当时家人之礼",而为《书仪》两卷,唐明宗则以郑余庆《书仪》作为考察范例,诏令刘岳"选文学通知古今之士,共删定之",刘岳等人"增损其书",而为刘岳《书仪》②。现代学者对敦煌写本书仪的研究也可证明书仪书写中的传承性③。

① 参见[唐]魏徵、令狐德棻:《隋书》卷33《经籍志二》,北京:中华书局,1973年点校本,第971页;[宋]王尧臣等编:《崇文总目》卷2《仪注类》,《丛书集成初编》,北京:中华书局,1985年,第79、80页;[后晋]刘昫等:《旧唐书》卷46《经籍志上》,北京:中华书局,1975年点校本,第2008、2009页;[宋]欧阳修、宋祁:《新唐书》卷58《艺文志二》,北京:中华书局,1975年点校本,第1490、1491、1493页。

②[宋]欧阳修撰,[宋]徐无党注:《新五代史》卷55《刘岳传》,北京:中华书局,1974年点校本,第632页。

③ 比如,学者曾指出:"敦煌写本综合类书仪中,可以清楚地看到这样一个发展线索:杜友晋《吉凶书仪》到郑余庆《大唐新定吉凶书仪》到张敖《新集吉凶书仪》(含《新集诸家九族尊卑书仪》)到五代佚名撰《新集书仪》(一卷)。每一种时代稍后的书仪,既对前一种书仪有承继,又都根据当时的情况有所改变。"(周一良、赵和平:《唐五代书仪研究》,第19页)

宋代，援引前人书写，增以今人之例，从而新订书仪，依然是书写者所秉持的传统。《郡斋读书志》载有胡瑗《吉凶书仪》二卷，“略依古礼，而以今礼书疏仪式附之”①。因胡瑗所撰礼书已佚，难以考源其古今礼书的文献依据。司马光《书仪》虽得以存世，却因此前的书仪均无传本，亦无法通过比对来追溯其对前代礼书的具体承继概况。不过，司马光《书仪》在引用前人著作时，或列其为参考，或以其为批驳对象，因此会特别标明具体礼文的出处，裴茝、郑余庆、刘岳所撰之书仪是其中经常出现的参考书目②，特别是后者，至少在宋代，已有人认为司马光《书仪》的主要文献来源是刘岳《书仪》。王应麟讲：

> 郑余庆采士庶吉凶书疏之式，杂以当时家人之礼，为《书仪》两卷。后唐刘岳等增损其书，司马公《书仪》本于此。③

从郑余庆到刘岳再到司马光《书仪》，这条文本演进的线索似是十分确凿，后世学者对这一脉络虽有省并，但多存此说。清代《佩文韵府》释“书仪”时讲：“郑余庆尝采唐士庶吉凶书疏之式，杂

①［宋］晁公武撰，孙猛校正：《郡斋读书志校证》卷8《仪注类》，上海：上海古籍出版社，2011年，第329页。

②参见［宋］司马光：《司马氏书仪》卷1《私书·上尊官时候启状》《家书·上内外尊属》《家书·上内外长属》《家书·与妻书》《家书·与幼属书》、卷5《丧仪一·讣告》、卷6《丧仪二·五服制度》、卷9《丧仪五·居丧杂仪（附书式二十则）·慰人父母亡疏状》《丧仪五·居丧杂仪（附书式二十则）·子孙亡答人状》，《丛书集成初编》，北京：中华书局，1985年，第7、14、15、16、49、68、105、111页。

③［宋］王应麟著，栾保群、田松青、吕宗力校点：《困学纪闻（全校本）》卷14《考史》，上海：上海古籍出版社，2008年，第1617页。

以当时家人之礼，为《书仪》两卷，温公书因之而作。”[①]在该释义中，直接略去了刘岳《书仪》这一中间环节。清人王鸣盛（1722—1798）在考察刘岳《书仪》时，提出：

> 古为《书仪》者甚多，若唐瑾、鲍行卿、裴矩诸家，见《旧唐书·经籍志》，今诸家与（刘）岳书皆亡，司马温公《书仪》正是吉凶书疏家人之礼，疑以岳为蓝本。[②]

刘岳《书仪》是否为司马光《书仪》的蓝本，可暂存不论，但司马光引用刘岳《书仪》却是可以找到明证的。大体而言，司马光在引用刘岳《书仪》时主要有以下几种情况：

第一，以备注形式用作具体礼文的参考与选择。比如，在《家书·上内外长属》“弟妹、内外弟妹，随所当称”下，司马光注曰：“刘岳《书仪》云：舅之子称内弟，不书姓；姑之子称外弟，书姓。今人亦通称表弟也。”[③]《慰人父母亡疏状》中，司马光明确指出疏状书写时的主要参考书目是郑余庆、裴莒与刘岳三人的书仪格式，“参取三本，但尊卑之间语言轻重差异耳”。在列举这些差异时，司马光有时候会具体指明，比如在“不备、谨疏”条下，称“平交已下，云不宣，郑裴用不次”；“某位大孝”下注曰：“苫前，日月远，云哀前，平交已下，云哀次。刘岳《书仪》，百日内，苫前，百日外，云服

①［清］张玉书等编：《佩文韵府》卷4上《上平声·四支韵·仪·韵藻·书仪》，上海：上海古籍出版社，1983年影印本，第94页。

②［清］王鸣盛著，黄曙辉点校：《十七史商榷》卷95《新旧五代史三·书仪》，上海：上海书店出版社，2005年，第897页。

③［宋］司马光：《司马氏书仪》卷1《家书·上内外长属》，《丛书集成初编》，第14页。

次、服前。"[1] 这些备注无一不是在勾划着礼文的历史,于细节处揭示着其间的变化。

第二,以刘岳《书仪》所反映的知识体系来驳斥当下礼俗。比如,司马光对"娘子"这一称谓的古今对比,他讲:

> 古人谓父为阿郎、谓母为娘子,故刘岳《书仪》"上父母书"称阿郎娘子,其后奴婢尊其主如父母,故亦谓之阿郎娘子,以其主之宗族多,故更以行第加之。今人与妻之父母书,称其妻为几娘子,殊乱尊卑,名不正则言不顺,士君子宜有以易之。[2]

司马光先肯定刘岳《书仪》中对父母称谓这一知识渊源的正当性,然后驳斥时人称妻为"几娘子"的乱象。在"娘子"这一古今称谓的变化上,他显然希望能不徇时俗,尤其要求士君子这一群体应自觉承担起责任,"有以易之"。

第三,仅存刘岳《书仪》等前人之制度,以今俗变通。比如,在五服用布中,司马光讲:

> 古者,五服皆用布,以升数为别……裴茝、刘岳《书仪》五服皆用布,衣裳上下异,制度略相同,但以精粗及无负版衰为异耳。然则唐五代之际,士大夫家丧服犹如古礼也,近世俗多忌讳,自非子为父母、妇为舅姑、妻为夫、妾为君之外,莫肯服

---

①[宋]司马光:《司马氏书仪》卷9《丧仪五·居丧杂仪(附书式二十则)·慰人父母亡疏状》,《丛书集成初编》,第105、106页。

②[宋]司马光:《司马氏书仪》卷1《家书·上内外尊属》,《丛书集成初编》,第14页。

> 布，有服之者，必为尊长所不容、众人所讥诮，此必不可强，此无如之何者也。今且于父母舅姑夫君之服，粗存古制度，庶几有好礼者，犹能行之。①

同样是源自对近世风俗的观察，上引对今人称妻为“娘子”的做法，司马光斥其为“殊乱尊卑，名不正则言不顺”，但在五服用布的问题上，则采用了较为折衷的意见，他虽趋向于古礼，但考虑到世俗的忌讳，既然“必不可强”，则“无如之何者也”，因此粗存制度，只待好礼者行之。

第四，对刘岳《书仪》所记礼文的反驳。比如，司马光在《丧仪·讣告》“护丧、司书，为之发书，讣告于亲戚及僚友”条下，注曰：

> 《檀弓》曰：父兄命赴者。然则主人不自赴也，若无护丧及司书，则主人自赴亲戚，不赴僚友。刘岳《书仪》卒哭然后发外人书疏，盖以哀痛方深，未暇与人通问故也。然问候庆贺之书，居丧诚不当发，必若有事不获已，须至有闻于人者，虽未卒哭，岂可以不发也。②

司马光所引《礼记·檀弓》与刘岳《书仪》分别阐述不同情形下的处理方式，前一条注释护丧、司书，以作为“父兄命赴者”中主人自赴与主人不自赴的前提；后一条附注发外人书，以事类分，阐明“不

①[宋]司马光：《司马氏书仪》卷6《丧仪二·五服制度》，《丛书集成初编》，第68页。

②[宋]司马光：《司马氏书仪》卷5《丧仪一·讣告》，《丛书集成初编》，第49页。

当发”与“不可不发”两种情形。

由上述几点来看，刘岳《书仪》是司马光《书仪》的重要参考资源，应是可以确定的结论。必须指出的是，在宋代，刘岳《书仪》的影响显然不只限于家礼礼文传写中的承继，它还在宋初律法的制定中起过一定的作用。据《续资治通鉴长编》记载：太祖乾德三年（965）十一月，

> 秘书监判大理寺汝阴尹拙等言：“后唐刘岳《书仪》，称妇为舅姑服三年，与礼律不同。然亦准敕行用，请别裁定之。”诏百官集议。尚书省左仆射魏仁浦等二十一人奏议曰：“谨按《礼·内则》云：‘妇事舅姑，如事父母。’即舅姑与父母一也。古礼有期年之说，虽于义可稽，《书仪》著三年之文，实在理为当。盖五服制度，前代增益已多。只如嫂叔无服，唐太宗令服小功；曾祖父母旧服三月，增为五月；嫡子妇大功，增为期；众子妇小功，增为大功。父在为母服周，高宗增为三年。妇人为夫之姨舅无服，明皇令从夫而服，又增姨舅同服缌麻及堂姨舅服袒免。迄今遵行，遂为典制。何况三年之内，几筵尚存，岂可夫衣衰粗，妇袭纨绮？夫妇齐体，哀乐不同，求之人情，实伤至治。况妇人为夫有三年之服，于舅姑而止服周，是尊夫而卑舅姑也。且昭宪皇太后丧，孝明皇后亲行三年之服，可以为万代法矣。”十二月丁酉，始令妇为舅姑三年齐斩，一从其夫。①

①［宋］李焘：《续资治通鉴长编》卷6，太祖乾德三年（965）十一月戊子条，北京：中华书局，2004年点校本，第160—161页。

宋人对刘岳《书仪》的评价，既有"文约而理当"[①]的美誉，亦有相当数量的恶评，比如，欧阳修称："(刘)岳当五代干戈之际，礼乐废坏之时，不暇讲求三王之制度，苟取一时世俗所用吉凶仪式，略整齐之，固不足为后世法矣。"[②]不过，欧阳修笔下这部不足为后世法的刘岳《书仪》，在宋初被素有"博通经史"之名、时人"伏其该博"[③]的尹拙(891—971)引以为据，在上言时将它与礼律规定等同观之，从而牵出关于五服制度"妇为舅姑服三年"的讨论。而魏仁浦(911—969)等人在裁定"《书仪》著三年之文，实在理为当"的奏议中，先从《礼记》中找出其文献依据，又以追溯五服制度在唐太宗、高宗、明皇时期的多次增益与改动作为事实依据，再举以当世孝明皇后为昭宪皇太后举三年之服的实例来论证观点。上言者与集议者之间就刘岳《书仪》所做的互动与讨论，说明了此书的社会影响与文本地位。不过，宋人很快在司马光《书仪》中找到了更为满意的礼文，此书的声名鹊起结束了以刘岳《书仪》为代表的文本时代，前人书仪终究不过是后世家礼文本的注脚。

二、文本断裂：《书仪》与被弃置的"书仪"

书仪是一种什么类型的文体？现代学者从各自所面对的文本出发，给出了不同的定义。比如，一种认为，"所谓书仪，是写信的

---

①[宋]薛居正等：《旧五代史》卷68《刘岳传》，北京：中华书局，1976年点校本，第902页。

②[宋]欧阳修撰，李伟国点校：《归田录》卷2，北京：中华书局，1981年，第35页；[宋]江少虞：《宋朝事实类苑》卷18《典礼音律·婚礼坐鞍》，上海：上海古籍出版社，1981年，第216页。

③[元]脱脱等：《宋史》卷431《尹拙传》，北京：中华书局，1985年点校本，第12818页。

程式和范本，供人模仿和套用"，"古代所谓书仪，是写信的范本"①，"书仪从一般的意义理解，是书信的程式与范本"②；另一种则认为，将书仪视为古代书信文书的规范程式是不完整的，书仪实际上是书翰仪体，是旧时关于书札体式、典礼仪注的著作，它是两者的专名，而不是泛指各种实用文样的统称③。这两种定义中，后一种虽然包含着对前一种说法的明显诘责，但事实上，两种定义均只是概要的描述，它们都无法摆脱对于一定数量的书仪文本的参照，其本身并非是真正意义上的抽象，因此，在定义使用中，就显得十分灵活。比如，以书信来定义书仪的学者，同样指出，书仪的类型是多样的，一种称为吉凶书仪的，"则是在书札的范文之外，还包括婚丧礼俗的叙述与规定"④。换言之，将书仪定义为写信范本的学者并不否认典礼仪注也是书仪的基本内容之一。

与现代学者不同，四库馆臣则立足于传统的书写惯例去叙述书仪的含义，曰：

> 盖书仪者，古私家仪注之通名。《崇文总目》载唐裴茝、郑余庆、宋杜友晋、刘岳，尚皆用斯目。光（按：司马光）是书亦从

① 周一良：《书仪源流考》，《历史研究》1990年第5期；周一良：《敦煌写本书仪中所见的唐代婚丧礼俗》，《文物》1985年第7期。亦见于周一良、赵和平：《唐五代书仪研究》，第94、285页。

② 吴丽娱：《唐礼摭遗——中古书仪研究》，北京：商务印书馆，2002年，第1页。

③ 陈静：《书仪的名与实》，《中国典籍与文化》2000年第1期；张小艳：《敦煌书仪语言研究》，北京：商务印书馆，2007年，第11页。

④ 周一良：《敦煌写本书仪中所见的唐代婚丧礼俗》，《文物》1985年第7期。亦见于周一良、赵和平：《唐五代书仪研究》，第285页。

旧称也。①

四库馆臣从对多种文本的观察之中去概述书仪的定义，并勾联出一条自唐至宋的文本史，它暗示着这些目类相同的文本之间可能有一条前后影响的线索。因此，所谓司马光《书仪》"从旧称"的说法，显然不只是沿用"书仪"这一旧的通名，它可能还包括了写作体例以及内容设计上的承袭。另外，从司马光的写作经历来看，与《书仪》同类的作品，尚有《涑水祭仪》《家范》《居家杂仪》等行于世，这些具列书名的文本可能是从《书仪》中节出而成单行本的，或者反之，以单行本入《书仪》之中②。无论何种情况，很明显，当司马光"从旧称"以"书仪"作为书名时，他对这一目类的文本所代表的叙述类型，必然是清晰而明了的。

《书仪》也称《温公书仪》《司马氏书仪》，成书年代不详，一般认为是司马光晚年作品③。陈振孙《直斋书录解题》记为"《温公书仪》一卷"，又细说其内容分布，称："前一卷为表章、书启式，余则冠

①[清]永瑢等：《四库全书总目》卷22《经部·礼类四》，第180页。

② 比如，清人周中孚就认为："(《书仪》)卷五至卷十为丧仪，卷十所载，即《祭仪》也。陈、马两家及《宋志》又载《居家杂仪》一卷，《宋志》又有《涑水祭仪》一卷，当即此书卷三、卷四之文，因宋志误减为八卷也。"参见[清]周中孚著，黄曙辉、印晓峰标校：《郑堂读书记》卷6《经部三之四·杂礼书》，上海：上海书店出版社，2009年，第91页。

③《书仪》中曾提到"仁宗时"，则其成书必在仁宗朝之后。又据苏轼《司马温公行状》记载，司马光"晚节尤好礼，为冠婚丧祭法"，学者判断，所谓"冠婚丧祭法"很可能是指《书仪》《家范》，而《书仪》可能成书于元丰四年(1081)冬季或稍晚。参见杨志刚：《〈司马氏书仪〉和〈朱子家礼〉研究》，《浙江学刊》1993年第1期；[日]木田知生：《略论宋代礼俗思想——以司马光〈书仪〉和〈家范〉为主》，收入漆侠主编：《宋史研究论文集》，第499页。

昏、丧祭之礼详焉。”马端临《文献通考》引用陈氏的说法，亦记为一卷[①]。不过，宋刻本中，《书仪》就以十卷本行于世，因此，清人说：“《书录解题·史部礼注类》、《通考·仪注》俱作温公《书仪》一卷，一当为十之误。”[②]今本《书仪》均为十卷，其内容包括：卷一，表奏、公文、私书、家书；卷二，冠仪；卷三、四，婚仪；卷五至卷十，丧仪（祭）。这十卷内容虽然包含着不同的论题，每一个论题中又充满着礼文细规，但毫无疑问，作为一种文本惯例，它有着自己独特的融贯性和结构。卷一所载的表奏书札与随后几卷的冠婚丧祭等内容，虽被今人两分为典礼仪注与书札体式，但在传统时代的认识中，书札体式表达时所需要的礼节与冠婚丧祭中的礼文在性质上并无差别。十分有意味的是，在宋代（以及宋代以后），人们对《书仪》这种类型叙述的文本作了有意的切割，典礼仪注与书札体式两部分内容被差别对待，前者成为家礼书写者的基本框架，后者则被弃置不论。

宋代士人对《书仪》中冠婚丧祭等有关典礼仪注的内容有过多种推荐。比如，将之作为学礼者的重要书目。朱熹说：

> 《礼》之为书，浩瀚难理会，卒急如何看得许多？且如个《仪礼》，也是几多头项。某因为思得一策：不若且买一本温公《书仪》，归去子细看。看得这个，不惟人家冠、昏、丧、祭之礼，

---

①［宋］陈振孙撰，徐小蛮、顾美华点校：《直斋书录解题》卷6《礼注类》，上海：上海古籍出版社，2015年，第188页；［元］马端临：《文献通考》卷188《经籍考十五》，北京：中华书局，1986年影印本，第1601页。

②［清］周中孚著，黄曙辉、印晓峰标校：《郑堂读书记》卷6《经部三之四·杂礼书》，第91页。关于司马光《书仪》版本的相关研究，参见宫云维：《司马光〈书仪〉版本考略》，《浙江工业大学学报（社会科学）》2002年第6期。

便得他用；兼以之看其他礼书，如《礼记》《仪礼》《周礼》之属，少间自然易，不过只是许多路径节目。①

朱熹将《书仪》作为读礼的入门书推荐给学人，在他看来，三礼固然是经典，但对那些未曾接受系统礼学教育的人而言，《书仪》才是通一而百之书。他特别强调，这一推荐不是随意所指，而是仔细考量下的策略。

其次，将《书仪》冠婚丧祭的内容作为实际演礼时的可用之书来推荐。吕祖谦在给亲故奔丧的友人信中，细嘱其丧礼各项事宜，并说："丧礼废弛已久，振而复之，当自昆仲始。"他又论及丧葬礼数，建议道："温公《书仪》大略皆善熟看为佳。"又道："温公《书仪》说'居庐'一段深切至到，曾细观之否？其间说陈寿事尤切，但行其实。"②

朱熹在与学生、友人关于礼的讨论之时，不同语境下的同一推荐更是十分丰富。比如，学生问："冠、昏、丧、祭，何书可用？"朱熹答："只温公《书仪》略可行。"③而在回答关于礼的问题时，朱熹同样推荐说："所问礼文曲折，此在经训甚明，但今世人情有不能行者，且依温公《书仪》之说，亦不为无据也。"④学生询问丧礼，朱熹

①［宋］黎靖德编，王星贤点校：《朱子语类》卷120《朱子十七·训门人八》，北京：中华书局，1986年，第2902页。

②［宋］吕祖谦：《东莱吕太史别集》卷10《尺牍四·答潘叔度》，黄灵庚、吴战垒主编：《吕祖谦全集》第1册，杭州：浙江古籍出版社，2008年，第485页。

③［宋］黎靖德编，王星贤点校：《朱子语类》卷89《礼六·冠昏丧·总论》，第2271页。

④［宋］朱熹：《晦庵先生朱文公文集》卷49《答王子合》，朱杰人等编：《朱子全书》第22册，上海：上海古籍出版社，合肥：安徽教育出版社，2002年，第2250页。

阐述了其中的具体进程，但又认为自己的说法“亦考未精”“恐未必是，更可转询知礼之士”，因此，在信末，他特别提示：“愚见如此，未知是否？告更以温公《书仪》及高氏《送终礼》参考之，当有定论也。”① 有弟子问礼，朱熹说：“问礼之意甚善，顾浅陋何足以议此？旧所遵守者，温公《书仪》、程氏《新礼》耳。两书想皆见之，择其善者可也。”② 朱熹又从自己的经验来讲论此书，说：“某始成服时，据《三礼图》、温公《书仪》、高氏《送终礼》参酌为冠绖、衰裳、腰绖、绞带。”③ 又说：“某往年与先兄异居，不知考《礼经》，辄从世俗，立家先龛子。妄意按温公《书仪》立牌子。”④

最后，司马光《书仪》中冠婚丧祭的内容更是家礼书写者写作时参酌的范本。比如，胡铨（1102—1180）一篇跋文中提到：“孙氏《祭仪》，大抵规模温公《书仪》，少损之耳。”⑤ 朱熹在书写祭礼时，同样如此，有人问他：“《祭仪》更有修收否？”答曰：“大概只是温公《仪》，无修改处。”⑥ 在给学生的信中，朱熹讲：“《祭礼》只是于温公《仪》内少增损之。”⑦ “某之《祭礼》不成书，只是将司马公

①［宋］朱熹：《晦庵先生朱文公文集》卷 43《答陈明仲》，朱杰人等编：《朱子全书》第 22 册，第 1947—1948 页。

②［宋］朱熹：《晦庵先生朱文公续集》卷 6《与方耕道》，朱杰人等编：《朱子全书》第 25 册，第 4762 页。

③［宋］朱熹：《晦庵先生朱文公文集》卷 63《答胡伯量》，朱杰人等编：《朱子全书》第 23 册，第 3040 页。

④［宋］朱熹：《晦庵先生朱文公文集》卷 57《答李尧卿》，朱杰人等编：《朱子全书》第 23 册，第 2704 页。

⑤［宋］胡铨：《胡澹庵先生文集》卷 32《跋孙氏书仪》，清道光十三年（1833）胡文思重刊本，第 4a 页。

⑥［宋］黎靖德编，王星贤点校：《朱子语类》卷 90《礼七·祭》，第 2313 页。

⑦［宋］朱熹：《晦庵先生朱文公文集》卷 44《答蔡季通》，朱杰人等编：《朱子全书》第 22 册，第 1997 页。

者减却几处。”[1] 吕祖谦的《家范》中颇以《温公书仪》为对话的主要对象,在订立礼文时或明辨温公《书仪》之非,或“且从温公《书仪》”[2]。

《书仪》中的冠婚丧祭内容频繁出现于士人们的讲说与书写中,与之相比,卷一表章奏启之类属于书札体式的内容则显然被冷落一旁。让我们先看看这部分内容的组成,它包括:

> 一、表奏:包括表奏、表式、奏状式;
>
> 二、公文:包括申状式、牒式;
>
> 三、私书:包括上尊官问候贺谢大状、与平交平状、上书、启事、上尊官时候启状、上稍尊时候启状、与稍卑时候启状、上尊官手启、别简、上稍尊手启、与平交手简、与稍卑手简、谒大官大状、谒诸官平状、平交手刺、名纸;
>
> 四、家书:包括上祖父母父母、上内外尊属、上内外长属、与妻书、与内外卑属、与幼属书、与子孙书、与外甥女婿书、妇人与夫书、与仆隶委曲。[3]

我们在这里详列《书仪》中的书札体式,也即今人所定义的“写信范式”的书仪,不过是为了从这些目录信息的阅读中得出一些显而易见的结论:表章、公文、私书、家书这类贴近生活的内容,从未消失在士大夫与普通士人的日常生活之中,它们始终在人们的交流中起着重要作用。现代学者认为,《书仪》卷一部分的表奏、

---

①[宋]黎靖德编,王星贤点校:《朱子语类》卷 90《礼七·祭》,第 2313 页。

②[宋]吕祖谦:《东莱吕太史别集》卷 3《家范三·葬仪·亲宾奠赙赠》,黄灵庚、吴战垒主编:《吕祖谦全集》第 1 册,第 323 页。

③[宋]司马光:《司马氏书仪》卷 1,《丛书集成初编》,第 1—17 页。

公文格式，“实用性不大”，它们“对官宦之家或有些必要，而相对于普通大众家族而言并不适用”[1]。这一结论可能流于臆测。

与此同时，书札体式的变化、轶事见闻也是宋人常见的讨论话题，比如，沈括对今人门状称“牒件状如前，谨牒”的来历与礼意作过考订，认为“此唐人都堂见宰相之礼”，然而“近世谄敬者无高下一例用之，谓之‘大状’”[2]。叶梦得则区分了门状、公状、申状等行用与书写时的差别[3]。赵彦卫（约1140—1210）讨论过士大夫辈行相等者之间的互称，以及尺牍之制与公状制式的演变[4]。吴曾（生卒年不详）通过考订轶事，解释宋人“书简务为多幅”的来历[5]。在这些讨论中，刘岳《书仪》曾作为其中的参考书目出现，比如，据周煇记载：

> 五代刘岳《书仪》，以“不宣”、“不备”分轻重。今之尺牍，尤谨于此。《文选》杨修《答临淄王书》末云：“反答造次，不能宣备”，乃并言之。盖著裁剡，不克周悉。意二字其果有轻重耶？三四十年前，占辞修敬以“顿首再拜”为重，今非“上覆”则有简驩之嫌。要知“拜”重于“覆”。又门状曰“谨祗候”，

① 安国楼、王志立：《司马光〈书仪〉与〈朱子家礼〉之比较》，《河南社会科学》2012年第10期。

②［宋］沈括撰，金良年点校：《梦溪笔谈》补笔谈卷1《故事》，北京：中华书局，2015年，第270页。

③［宋］叶梦得撰，侯忠义点校：《石林燕语》卷3，北京：中华书局，1984年，第32页。

④［宋］赵彦卫撰，傅根清点校：《云麓漫钞》卷4，北京：中华书局，1996年，第63、64页。

⑤［宋］吴曾：《能改斋漫录》卷2《书简用多幅》，上海：上海古籍出版社，1979年标点本，第26页。

“谨”即“祗”也。是皆时所尚,不容理晓。[①]

此处所涉及的礼辞表达,在司马光《书仪》中均有讨论,而且,两者观点十分接近。比如,关于是否应该以及如何区别“不宣”“不备”,司马光解释说:“备具宣悉,据理亦同,但世俗有此分别,今须从众。”他又在“慰人父母亡疏状”中批评前人书仪中的不当之处,讲:“平交已下,云不宣,郑裴用不次,自非有丧,恐不当称。”[②] 关于“谨祗侯”,司马光讲:“世俗皆云谨祗候,按,谨即祗也,语涉复重,今不取。”[③] 至于“顿首再拜”,更是司马光订立书疏时所采用的重要敬语[④]。但是,《书仪》中的这些内容显然没有进入后来者的观察视域之中,亦没能形成某种思想上的交织。

总体而言,司马光“从旧称”,以“书仪”为题来写作时,《书仪》一书不只是沿用了旧题名,也同时因袭了书仪的类型化写作方式,保持着以典礼仪注与书札体式作为主体内容的传统。这一现象亦可用以证明,至少在司马光的时代,家礼文本尚未固化为冠婚丧祭的四礼写作格式。不过,随着士人们关注问题的聚焦,冠婚丧祭成为热点,《书仪》中书札体式这一部分内容则逐渐被筛选出局,司马

① [宋]周煇撰,刘永翔、许丹整理:《清波别志》卷上《不宣不备》,上海师范大学古籍整理研究所编:《全宋笔记》第5编第9册,郑州:大象出版社,2012年,第153页。

② [宋]司马光:《司马氏书仪》卷1《私书·上尊官手启》、卷9《丧仪五·居丧杂仪(附书式二十则)·慰人父母亡疏状》,《丛书集成初编》,第9、106页。

③ [宋]司马光:《司马氏书仪》卷1《私书·谒诸官平状》,《丛书集成初编》,第12页。

④ 参见[宋]司马光:《司马氏书仪》卷1《私书·上书》《私书·上尊官手启》《私书·别简》、卷9《丧仪五·居丧杂仪(附书式二十则)·慰人父母亡疏状》,《丛书集成初编》,第6、9、10、105页。

光之后的家礼书写者，比如朱熹、吕祖谦等人均以冠婚丧祭作为写礼的框架。或许正是在文本的对话与互动之中，旧时的写作内容发生了断裂。

三、“是”与“不是”：朱熹对《书仪》的评说

司马光是家范、居家杂仪以及冠、婚、丧、祭之礼的书写者，与此同时，他亦因治家有法而颇受士林称誉。王铚（生卒年不详）曾记父亲所讲的一则轶事：

> 先公言：与阎二丈询仁同赴省试，遇少年风骨竦秀于相国寺。及下马去毛衫，乃王元泽也。是时盛冬，因相与于一小院中拥火。询仁问荆公出处，曰：“舍人何久召不赴？”答曰：“大人久病，非有他也。近以朝廷恩数至重，不晚且来。雱不惟赴省试，盖大人先遣来京寻宅子尔。”询仁云：“舍人既来，谁不愿赁宅，何必预寻？”元泽答曰：“大人之意不然，须与司马君实相近者。每在家中云：‘择邻必须司马十二，此人居家事事可法，欲令儿曹有所观效焉。’”①

这段记载情节活泼有致，冬日拥火，从国事聊及家事，极富画面感，而王安石对司马光的评论通过“风骨竦秀”的王雱来转述，丰富了故事的表现力，使得“欲令儿曹有所观效”的言说更有张力。庆元六年（1200），陆游在为《居家杂仪》所写的跋文中重提此轶事，并慨叹道：“某闻此语六十年矣，偶读《居家杂仪》，遂识之。”②

①［宋］王铚撰，朱杰人点校：《默记》卷下，北京：中华书局，1981年，第45页。
②［宋］陆游：《渭南文集》卷28《跋居家杂仪》，《陆游集》，北京：中华书局，1976年点校本，第2258页。

以个人读书所得来印证故事，显然是从另一角度褒赞了此书。

《书仪》成书后，广受欢迎，“元丰中（1078—1085），荐绅家争相传写，往往皆珍秘之。自中原俶扰，有能保存渡江者，百无一二，士大夫虽时□，其仿佛根无全编”[①]。取用此书、珍藏此书者多，评论者同样不少。每个人从各自的角度来观察此书，有人详考《书仪》中所述礼文的出处，论证司马光所订冠婚丧祭之礼在社会上推行的可能性；有人则揭示说《书仪》中的某些论说“未知何据”，甚而有僭越之嫌；亦有人通过对不同礼书的比较，去斟酌《书仪》舍此取彼背后的思考逻辑。作为重要的评论者，同时又作为《书仪》的继承者，朱熹的观点在此显得十分突出，它一方面构成了朱熹礼论的重要组成部分，另一方面在后继者所叙述的不足与缺点中，以及他们所唤起的对这些欠缺的警惕中，亦可看见文本之间的传承与更新。

与许多评论者一样，朱熹对《书仪》的观感与说法同样是多样的。不过，如果列举朱熹对《书仪》每一项礼文的讨论，那么，铺陈的各种细节与事实，终究会在弥散的引文与个人叙述的交织中失却了评论者的宗旨。借用朱熹的话来说，“只见得度数文为之末，如此岂能识得深意！如将一碗干硬底饭来吃，有甚滋味”，“只去理会这个，下梢溺于器数，一齐都昏倒了。如今度得未可尽晓其意，且要识得大纲”[②]。为了能够“识得大纲”，这里，我们选取朱熹在评说《书仪》礼文中经常选用的“是”与“不是”这两个简单的字词，以“是”与“不是”这一组对立词汇作为条分缕析的框架，从而观照

①［清］瞿中溶：《古泉山馆题跋残稿》翻宋《司马氏书仪》十卷二册，清宣统二年（1910）缪荃孙辑《藕香零拾》刻本，第15b页。

②［宋］黎靖德编，王星贤点校：《朱子语类》卷84《礼一·论修礼书》，第2186页。

朱熹评说的轴线。

朱熹讲:"温公《书仪》固有是有非,然他那个大概是。"[①] 这里,所谓"大概是"在朱熹言说中是有所特指的,他曾应学生的要求点评二程、张载与司马光几家之礼,说:

> 二程与横渠多是古礼,温公则大概本《仪礼》,而参以今之可行者。要之,温公较稳,其中与古不甚远,是七八分好。[②]

这份评说无疑给出了朱熹判断礼书"是"的两条标准:其一,以《仪礼》为判断理据[③]。在朱熹看来,礼书中"惟《仪礼》是古全书","《仪礼》,礼之根本"[④],在传统的三礼之中,《周礼》与《礼记》为"制度之书",只有《仪礼》才是构建社会日常生活秩序的理据[⑤]。在这一认识下,以冠婚丧祭作为书写内容的家礼礼书,其评价基准无疑亦当以《仪礼》为准。而朱熹所提出的《书仪》"是七八分好",就在于该书一半以上的文字皆本诸《仪礼》。除了司马光,吕大临的礼书亦是以《仪礼》为本,朱熹甚至评价说:"吕与叔集诸家之说补《仪礼》,以《仪礼》为骨。"[⑥] 以《仪礼》作为基底显然是为了

---

①[宋]黎靖德编,王星贤点校:《朱子语类》卷120《朱子十七·训门人八》,第2902页。

②[宋]黎靖德编,王星贤点校:《朱子语类》卷84《礼一·论后世礼书》,第2183页。

③ 宋人关于《仪礼》作为家礼书写理据的论证,参见第三章。

④[宋]黎靖德编,王星贤点校:《朱子语类》卷84《礼一·论修礼书》,第2186、2187页。

⑤ 参见陆敏珍:《宋代家礼与儒家日常生活的重构》,《文史》2013年第4辑。

⑥[宋]黎靖德编,王星贤点校:《朱子语类》卷84《礼一·论后世礼书》,第2183页。

确保今人说礼时“皆有证据”，而不是礼文书写者的一系列主观意见与“杜撰胡说”。既然以本于《仪礼》为“是”，那么，显然，不本诸《仪礼》的礼书便很可能被轻易地认为“不是”了。朱熹说：“横渠所制礼，多不本诸《仪礼》，有自杜撰处。如温公，却是本诸《仪礼》，最为适古今之宜。”①

其二，“参以今之可行者”。古礼虽是今人制礼的理据，但同样应该看到，尽复古礼不过是难以企及的文化理想，朱熹讲：“使有圣王复兴，为今日礼，怕必不能悉如古制。”“后世有圣人出，亦须著变。”② 因此，“礼，时为大”是宋代家礼书写者念兹在兹的一般性原则，在用礼时，“以古礼减杀，从今世俗之礼，令稍有防范节文”③。然而，“参以今之可行者”虽是一条必需的进路，但实际操作时则并不具有规定性，所谓从今从俗的取用，端看个人对俗礼的理解。比如，前文中引《书仪》婚仪“亲迎”下有“前期一日，女氏使人张陈其壻之室”条，司马光明确讲：“俗谓之铺房，古虽无之，然今世俗所用，不可废也。”④ 朱熹《家礼》“亲迎”条将这段文字略作裁减后直接写入，显然同意司马光所说的参考俗礼，不废铺房之礼。然而，同样是俗礼，朱熹对《书仪》中丧服的从俗则颇以为非，他讲：

民私丧五服制度皆如此礼，但以亲疏分五等，而衣服之制

①［宋］黎靖德编，王星贤点校：《朱子语类》卷84《礼一·论后世礼书》，第2183页。

②［宋］黎靖德编，王星贤点校：《朱子语类》卷84《礼一·论修礼书》，第2185页。

③［宋］黎靖德编，王星贤点校：《朱子语类》卷84《礼一·论修礼书》，第2185页。

④［宋］司马光：《司马氏书仪》卷3《婚仪上·亲迎》，《丛书集成初编》，第33页。

> 不殊。温公《书仪》但斩衰、齐衰用此制，而大功以下从俗礼，非是。惟高氏《送终礼》，其说甚详，当更讨论订正，别为公私通行丧服制度，颁行民间，令其遵守。①

所谓“大功以下从俗礼”是指以绢为四脚包头帕额、别其轻重，此条下，司马光引子思所谓“有其礼，有其财，无其时，君子弗行者”一句，来说明自己对如此从俗可能难以把握，因此“以俟后贤，庶谓厘正之耳”②。但朱熹以“从俗礼，非是”来定其性质，则颇有难以解释之处。

或许正是因为“参今之可用者”是一个十分模糊的原则，很难达成一致而明确的判断，因此，吕祖谦完全以《仪礼》来对照与映衬《书仪》的“是”与“不是”，从而为自己的书写做出取舍。一般来说，在两书并无牴牾之处，他先列《仪礼》，并于条文后参注温公《书仪》，而两者有所出入之时，则多从《仪礼》。比如，他在葬仪“卜日”条讲：“《仪礼》筮宅无用卜之文，卜日无用筮之文。温公《书仪》参用卜、筮。今从古礼。”③在“朝祖”条下，按：“温公《书仪》‘置柩于席，北首’，不唯于事不便，亦于礼不合。”于是，据《仪礼·既夕礼》将礼文改为“置柩于床”，不于席④。在“祖奠”条列《仪礼·既夕礼》的礼文后，曰：“温公《书仪》亲宾奠乃在祖奠之

①［宋］朱熹：《晦庵先生朱文公文集》卷69《君臣服议》，朱杰人等编：《朱子全书》第23册，第3352页。

②［宋］司马光：《司马氏书仪》卷6《丧仪二·五服制度》，《丛书集成初编》，第69页。

③［宋］吕祖谦：《东莱吕太史别集》卷3《家范三·葬仪·卜日》，黄灵庚、吴战垒主编：《吕祖谦全集》第1册，第316页。

④［宋］吕祖谦：《东莱吕太史别集》卷3《家范三·葬仪·朝祖》，黄灵庚、吴战垒主编：《吕祖谦全集》第1册，第320页。

前，似未合古。今移祖奠在亲宾奠之前。”[①] 在“陈器”条下，按：“温公《书仪》止言醯，醢，不言屑，又不言所盛之物。今从《仪礼》。”又按：“《仪礼》用二甒。温公《书仪》止用酒一斗，盛以瓶。今从《仪礼》。”[②] 在“虞祭”条下，称：“温公《书仪》参用《开元礼》祝辞，今改从古。”[③] 当然，在一些古今异制的情况下，吕祖谦则会参用《书仪》的说法以适应时代的变化。同样以葬仪为例。“筮宅”条，他讲：“《仪礼》称‘为其父某甫’，古人尚质，故称父字。今恐非人子所安，止从《书仪》。”[④] “赙赠”条下讲：“古礼非有服亲不致奠。今恐有交契厚而难却者，故且从温公《书仪》。”[⑤]

毋庸置疑，上引不同礼书中的礼文比较所呈现的事实是相当琐碎的，不过，朱熹以“本《仪礼》”“参以今之可行者”来论《书仪》的“是”，实际上是采用概括性的视角来总结贯穿其中的写作宗旨。与这一取径不同的是，当他来论《书仪》之“不是”时，则采用了描述性的方法来说明礼文之繁冗，他讲：

> 读者见其节文度数之详，有若未易究者，往往未见习行，而已有望风退怯之意。又或见其堂室之广，给使之多，仪物之

①[宋]吕祖谦：《东莱吕太史别集》卷3《家范三·葬仪·祖奠》，黄灵庚、吴战垒主编：《吕祖谦全集》第1册，第321—322页。

②[宋]吕祖谦：《东莱吕太史别集》卷3《家范三·葬仪·陈器》，黄灵庚、吴战垒主编：《吕祖谦全集》第1册，第326—327页。

③[宋]吕祖谦：《东莱吕太史别集》卷3《家范三·葬仪·虞祭》，黄灵庚、吴战垒主编：《吕祖谦全集》第1册，第337页。

④[宋]吕祖谦：《东莱吕太史别集》卷3《家范三·葬仪·筮宅》，黄灵庚、吴战垒主编：《吕祖谦全集》第1册，第314页。

⑤[宋]吕祖谦：《东莱吕太史别集》卷3《家范三·葬仪·赙赠》，黄灵庚、吴战垒主编：《吕祖谦全集》第1册，第323页。

> 盛，而窃自病其力之不足，是以其书虽布，而传者徒为箧笥之藏，未有能举而行之者也。①

在这段文字中，朱熹描写了两个层面的繁冗：一是礼节度数之详，二是礼器名物之多。在回答有关"温公所集礼如何"的问题时，朱熹曾给过一个十分印象式的简单答案，说："早是详了。"又追加说：

> 丧服一节也太详。为人子者方遭丧祸，使其一一欲纤悉尽如古人制度，有甚么心情去理会！古人此等衣服冠履，每日接熟于耳目，所以一旦丧祸，不待讲究，便可以如礼。今却闲时不曾理会，一旦荒迷之际，欲旋讲究，势必难行。②

在朱熹看来，作为文本的礼文与进入人们生活的礼文是两种不同的知识方式，古人习礼"每日接熟于耳目"，所以能"不待讲究，便可以如礼"，然而《书仪》中的礼文，"其实行礼处无多"，但是，"温公《仪》人所惮行者，只为闲辞多，长篇浩瀚，令人难读"，书写的礼文无法成为通俗化的知识，"势必难行"。朱熹曾以此作为自己写作的起因，说："某尝修《祭仪》，只就中间行礼处分作五六段，甚简易晓。后被人窃去，亡之矣。"③ 又据陈淳记载，绍熙元年（1190），他向朱熹请教冠、婚、丧、祭礼，曰："温公有成仪，罕见行于

① [宋]朱熹：《晦庵先生朱文公文集》卷83《跋三家礼范》，朱杰人等编：《朱子全书》第24册，第3920页。

② [宋]黎靖德编，王星贤点校：《朱子语类》卷84《礼一·论修礼书》，第2185页。

③ [宋]黎靖德编，王星贤点校：《朱子语类》卷90《礼七·祭》，第2313页。

世者，以为闲词繁冗，长篇浩瀚，令人难读，往往未及习行而已畏惮退缩。盖尝深病之，欲为之裁订增损，举纲张目，别为一书，令人易晓而易行。"[①] 此段话后成为朱子撰作《家礼》的明证。

除了礼文繁冗，使得习礼困难外，《书仪》中演礼时所需礼器名物之多，造成演礼不易，也颇为朱熹所诟病。比如，祭礼中，朱熹批评说："温公《书仪》所说堂室等处，贫家自无许多所在，如何要行得？"[②] 又讲："温公《书仪》，人已以为难行，其殽馔十五味，亦难办。"[③] "温公《祭仪》，庶羞面食米食共十五品"，"且如温公所定者，亦自费钱"[④]。

从书写者的立场，朱熹以《书仪》礼文繁冗、习行不易作为其主要的缺点，并以此作为自己书写家礼时冀望的更新之处。不过，从一个有意推进社会移风易俗的地方官的角度，则又有另一种解说。陈宓（1171—1226）曾在安溪县刊刻司马光《书仪》于学宫，在刊书的跋文中讲：

> 某尝叹此邑民俗不知习礼，冠昏丧祭漫无所据，不牵于淫巫，则溺于释老，此无他，礼教不素明故也。朝廷礼典，非闾巷所得有，简而易行，古而使今，唯司马一书可施于用。[⑤]

---

①［宋］陈淳：《北溪先生大全文集》卷14《代陈宪跋家礼》，《宋集珍本丛刊》第70册，北京：线装书局，2004年影印本，第81页。

②［宋］黎靖德编，王星贤点校：《朱子语类》卷90《礼七·祭》，第2312页。

③［宋］黎靖德编，王星贤点校：《朱子语类》卷89《礼六·冠昏丧·总论》，第2272页。

④［宋］黎靖德编，王星贤点校：《朱子语类》卷90《礼七·祭》，第2313页。

⑤［宋］陈宓：《复斋先生龙图陈公文集》卷10《跋安溪县刊司马温公书仪》，《宋集珍本丛刊》第73册，北京：线装书局，2004年影印本，第476页。

在后文中我们将提到，陈宓也曾为莆田所刊刻的朱熹《家礼》作序，认为“晦庵文公参酌古今之宜而作是书，即今之器、行古之礼，通而严，便而不失其正，俾从事冠昏丧祭者有以自别于俚俗，而不惑于释老，于以兴起人心，助成礼教”，然其书“世未多见”，因此莆田“锓置学官以淑同志”，以“兴起人心，助成礼教”[①]。显然，地方官眼中所见的礼书之可施于用，与家礼书写者眼中的可用于世，在认识上有着质的差别。

需要指出的是，朱熹称赞《书仪》能够依《仪礼》，有时亦指出其有不完全合乎古制之处，甚至怀疑其有僭越之嫌。比如，他论“降神”条，讲：“温公《仪》降神一节，亦似僭礼。大夫无灌献，亦无爇萧。灌献爇萧，乃天子诸侯礼。”[②] 尽管《书仪》有这些那些不足，但朱熹同时也告诫学生，《书仪》不可轻改，他讲：

> 温公《书仪》诚有未尽合古制处，然兼而存之，自可考见得失。今以其一词之不合便欲削去，似亦草率。且彼以俗尚而杂古礼，吾以臆见而改古乐，安知后之视今不犹今之视昔耶？[③]

朱熹不仅主张保留《书仪》作为礼书的独立性，以作为“兼而存之”“考见得失”的礼典，他临终时还给后人留下了一桩并用《仪礼》与《书仪》的故事。据史载：

---

①［宋］陈宓：《复斋先生龙图陈公文集》卷10《文公朱先生家礼序》，《宋集珍本丛刊》第73册，第474页。

②［宋］黎靖德编，王星贤点校：《朱子语类》卷90《礼七·祭》，第2315页。

③［宋］朱熹：《晦庵先生朱文公文集》卷56《答赵子钦》，朱杰人等编：《朱子全书》第23册，第2644页。

(庆元六年三月)甲子,命移寝中堂,诸生复入问疾。因请曰:"先生(之)疾革矣,万一不讳,当用《书仪》乎?"先生摇首。"然则,当用《仪礼》乎?"亦摇首。"然则以《仪礼》《书仪》参用之?"乃颔之。①

行《书仪》似不够,行《仪礼》似不妥,若将这则故事作为隐喻,大略可用以解释朱熹对两书的态度:时移世变,单纯复古礼并不可取,依古礼循俗礼的《书仪》却又不足以令他信服,因此,依据《仪礼》,超越《书仪》,大略可视为他对新一代家礼书写的期许。

第二节 更新与有待:从《书仪》到《家礼》

从对古今礼书的观察与评判中,在面对不同学生的问礼与解答中,朱熹阐述了关于家礼书写的意见与建议。比如,他讲:

"礼,时为大。"使圣贤用礼,必不一切从古之礼。疑只是以古礼减杀,从今世俗之礼,令稍有防范节文,不至太简而已。②

古礼繁缛,后人于礼日益疏略。然居今而欲行古礼,亦恐情文不相称,不若只就今人所行礼中删修,令有节文、制数、等

---

①[宋]李幼武纂集:《宋名臣言行录外集》卷12《朱熹晦庵先生徽国文公》,景印文渊阁《四库全书》第449册,台北:台湾商务印书馆,1986年影印本,第782页;[宋]真德秀:《西山读书记》卷31《朱子传授》,景印文渊阁《四库全书》第706册,台北:台湾商务印书馆,1986年影印本,第127页。

②[宋]黎靖德编,王星贤点校:《朱子语类》卷84《礼一·论后世礼书》,第2185页。

威足矣。①

古礼，于今实是难行……窃谓后世有大圣人者作，与他整理一过，令人苏醒，必不一一如古人之繁，但放（仿）古人大意，简而易行耳。②

古今异便，风俗不同，虽有崇儒重道之君，知经好学之士，亦不得尽由古礼，以复于三代之盛。其因时述作，随事讨论，以为一国一家之制者，固未必皆得先王义起之意。③

问冠、昏、丧、祭礼。曰："今日行之正要简，简则人易从。"④

据某看来，苟有作者兴礼乐，必有简而易行之理。⑤

这些说法散见于各处，却于表达中常常使用重复的词汇。不过，这些表面上相近的文字背后，其实缺乏统一的叙述逻辑。比如，"以古礼减杀，从今世俗之礼""就今人所行礼中删修"等讨论的是修礼的入手方法；"放（仿）古人大意，简而易行""简则人易从"讲论的是书写宗旨及其意义。与此同时，如果将这些说法铺陈于《家礼》的具体礼文之中，我们会发现，上述方法与原则有时候密嵌其中，有时候顾此失彼，有时候，朱熹又跳出各种论说，走向

①［宋］黎靖德编，王星贤点校：《朱子语类》卷84《礼一·论考礼纲领》，第2177页。

②［宋］黎靖德编，王星贤点校：《朱子语类》卷90《礼七·祭》，第2313页。

③［宋］朱熹：《晦庵先生朱文公文集》卷81《跋古今家祭礼》，朱杰人等编：《朱子全书》第24册，第3826页。

④［宋］黎靖德编，王星贤点校：《朱子语类》卷89《礼六·冠昏丧·总论》，第2272页。

⑤［宋］黎靖德编，王星贤点校：《朱子语类》卷90《礼七·祭》，第2312—2313页。

自己的对立面。这些矛盾而复杂的呈现,使得我们在阅读《家礼》时,留下了许多思考的空隙。

与之相反,在写作体例上,《家礼》却是一本结构严密的礼书,它以冠婚丧祭作为书写框架,又于卷一设"通礼"统领全篇。书写布局时区分为礼文与礼注两类,礼文务为紧凑、简洁,礼注则详列参考注文、细考其中曲折。

结合这几点来看,分析《家礼》这样一本框架完备,却又于行文中充满不同叙事逻辑的礼书,要解决的问题显然很多。下文我们将根据讨论的主旨分述其中几项礼文:首先,从朱熹折衷去取各家婚礼礼文的细节中,略窥他以古礼减杀与删修今人所行之礼的事实;其次,从祠堂礼文的创新中,观察他如何"因时述作",仿古人大意,并使古礼与今时"情文相称";最后,通过对大宗小宗的探讨来看他爱礼存羊的思考。

一、折衷去取:婚仪的节文

朱熹讲:

> 窃惟礼律之文,婚姻为重,所以别男女、经夫妇,正风俗而防祸乱之原也。①

这里,朱熹跳出"昏礼者,将合二姓之好"②的个体性阐释,将之放于社会行为的性质上,认为它是社会秩序的重要体现,是礼律之文

①[宋]朱熹:《晦庵先生朱文公文集》卷20《申严婚礼状》,朱杰人等编:《朱子全书》第21册,第896页。

②[汉]郑玄注,[唐]孔颖达正义,吕友仁整理:《礼记正义》卷68《昏义第四十四》,上海:上海古籍出版社,2008年,第2274页。

的关键。很明显，这一叙述视角背后包含着复杂的社会风习、观念变迁等各种因素[①]。不过，在这段文字之下，朱熹却并没有引入这些层面的探讨，而是要求申严士庶婚娶仪式行下，以凭遵守，约束施行。而对于婚礼礼文在社会上的施行，朱熹曾以简易与繁复这一词组来评估，说：

> 今之冠昏礼易行，丧祭礼繁多，所以难行。[②]

此处“礼易”所包含的意思层次很多，比如，它有可能指当下婚礼礼文简易、易行，抑或指婚礼的礼意较易表达，所以礼文可简。朱熹不仅于四礼中区分出冠婚礼易，又于冠婚中再行区分，说：“昏礼事属两家，恐未必信礼，恐或难行。若冠礼，是自家屋里事，却易行。”[③] 如何才能找到“信礼”？朱熹提议朝廷将早已废弛的《政和

---

① 宋人关于婚姻变迁的讨论十分多见，比如，指出五季以来“婚姻不为阀阅”的现象（［宋］郑樵：《通志》卷25《氏族略一》，北京：中华书局，1987年影印本，第439页）；批评“娶其妻不顾门户，直求资财”等社会现象（［宋］蔡襄著，吴以宁点校：《蔡襄集》卷34《杂著二·福州五戒文》，上海：上海古籍出版社，1996年，第618页；［宋］梁克家纂修：《（淳熙）三山志》卷39《土俗美·戒渝·五戒》，《宋元方志丛刊》，北京：中华书局，1990年影印本，第8243页；［宋］吕祖谦编，齐治平点校：《宋文鉴》卷108《福州五戒》，北京：中华书局，2018年，第1503页）；讥笑科场年“榜下捉壻”的风气，将捉壻之“系捉钱”与京师买妾“遍手钱”相提并论（［宋］朱彧撰，李伟国点校：《萍洲可谈》卷1，北京：中华书局，2007年，第127页）。相关研究参见张邦炜：《试论宋代“婚姻不问阀阅”》，《历史研究》1985年第6期；方建新：《宋代婚姻论财》，《历史研究》1986年第3期；吴旭霞：《试论宋代婚姻重科举士人》，《广东社会科学》1990年第1期。

②［宋］黎靖德编，王星贤点校：《朱子语类》卷90《礼七·祭》，第2313页。

③［宋］黎靖德编，王星贤点校：《朱子语类》卷89《礼六·冠昏丧·总论》，第2271页。

五礼》的婚娶仪式落于实处，而他自己在书写家礼时，于婚礼一节则“参诸司马氏、程氏”①。当然，参诸前人之说，并不意味着他照搬旧说，在朱熹看来，“程氏《昏仪》与温公《仪》”互有得失，“迎妇以前，温公底是；妇入门以后，程《仪》是”②，于是他在书写时，于两人之说中去取折衷，“前一截依温公，后一截依伊川”③，“婚礼，亲迎用温公，入门以后则从伊川”，不仅如此，对于他所认为的相对易行的婚礼，朱熹又进行了大量的删改，“以发明家礼之意者”④。

《家礼》“婚仪”的礼文几乎对应了朱熹所述的多数家礼书写原则，纠正了他所批评的许多书写弊端。比如，在程颐与司马光的家礼文本中，婚礼依然保持着六礼的礼序，但朱熹主张制礼时以古礼减杀，于是将婚礼中的六礼减为三礼，并明确讲明更新的起因及其原则，说：“古礼有问名、纳吉，今不能尽用，止用纳采、纳币，以从简便。”⑤而在礼器名数上，保持简易可行表现得更为突出。司马光书写婚礼时，曾将《仪礼》士婚礼纳币中规定的“元纁束帛”改为“用杂色缯五匹为束”，并注曰：“纁既染为元纁，则不堪他用，且恐贫家不能办，故但杂色缯五匹，卷其两端，合为一束而已。”⑥朱熹在

---

①[元]马端临：《文献通考》卷188《经籍考十五》收杨复《朱文公家礼序》，第1602页。

②[宋]黎靖德编，王星贤点校：《朱子语类》卷89《礼六·冠昏丧·昏》，第2273页。

③[宋]黎靖德编，王星贤点校：《朱子语类》卷89《礼六·冠昏丧·总论》，第2271页。

④[元]马端临：《文献通考》卷188《经籍考十五》收杨复《朱文公家礼序》，第1602页。

⑤[宋]朱熹：《家礼》卷3《昏礼·纳币》，朱杰人等编：《朱子全书》第7册，上海：上海古籍出版社，合肥：安徽教育出版社，2002年，第897页。

⑥[宋]司马光：《司马氏书仪》卷3《婚仪上·纳币》，《丛书集成初编》，第32页。

此基础上，再作更易，说："币用色缯，贫富随宜，少不过两，多不踰十，今人更用钗钏、羊酒、果实之属，亦可。"① 显然，为贫富不同的群体设置最多与最少限额，又承认可更用俗礼，无疑是为了使礼文易行，以杜绝贫者不达、富者矜夸。

将朱熹所订婚礼与其所参酌的礼书一一对比，我们不仅可以发现"折衷去取"中所呈现与贯彻的书写原则，还可在具体礼文中细细体会其思考的过程。下面，我们依然顺着"折衷去取"这一视点，按礼序先后，列举几项礼文，以观察朱熹在折衷各家礼仪时的一些理解、分析与质疑。

例一，折衷去取之"亲迎"拜妻之父抑或见妻之党。这一问题来自于朱熹对司马光与程颐两人所订婚礼的对比。《书仪》"亲迎"条："迎壻于门外，揖让以入，壻执雁以从，至于厅事。主人升自阼阶，立，西向，壻升自西阶，北向跪，置雁于地。主人侍者受之，壻俯伏兴，再拜，主人不答拜。"② 程颐所订亲迎礼，现存文集中记为"成婚"，其中有："主人肃宾而先，宾从之见于庙。至于中堂，见女之尊者，遍见女之党于东序。"③ 朱熹评价这两段礼文时，称前者为"拜妻之父"，后者为"见妻之党"，说："温公《仪》，亲迎只拜妻之父两拜，便受妇以行，却是；程《仪》遍见妻之党，则不是。"④ 在解释

①［宋］朱熹：《家礼》卷3《昏礼·纳币》，朱杰人等编：《朱子全书》第7册，第897页。

②［宋］司马光：《司马氏书仪》卷3《婚仪上·亲迎》，《丛书集成初编》，第35页。

③《河南程氏文集》卷10《婚礼·成婚》，［宋］程颢、程颐著，王孝鱼点校：《二程集》，北京：中华书局，2004年，第621—622页。按：今天所见二程文集中的婚礼礼文可能与朱熹所见不同。

④［宋］黎靖德编，王星贤点校：《朱子语类》卷89《礼六·冠昏丧·昏》，第2273页。

"是"与"不是"的原因时,朱熹讲:

> 人著书,只是自入些己意,便做病痛。司马与伊川定昏礼,都是依《仪礼》,只是各改了一处,便不是古人意。司马礼云:"亲迎,奠雁,见主昏者即出。"(不先见妻父母者,以妇未见舅姑也。)是古礼如此。伊川却教拜了,又入堂拜大男小女,这不是。①

朱熹肯定两人依《仪礼》参定婚礼的理据,但是,程颐据己意虽"略改",却乱了整个礼序,他同意司马光所说的"亲迎之夕,不当见妇母及诸亲,亦不当行私礼设酒馔,以妇未见舅姑故也"②。因此,自己的书写时,朱熹一律以司马光所制"亲迎"条为依据。

例二,折衷去取之亲迎"婚礼用乐"抑或"不用乐"。婚礼不用乐是一个古老的话题。《礼记》曰:"取妇之家,三日不举乐,思嗣亲也。""昏礼不用乐,幽阴之义也。"对这两段话,孔颖达分别疏云:"所以'不举乐'者,思念己之取妻,嗣续其亲,则是亲之代谢,所以悲哀感伤,重世之改变也。""昏礼所以不用乐者,幽,深也,欲使其妇深思阴静之义以修妇道。'乐,阳气也'者,阳是动散,若其用乐,则令妇人志意动散,故不用乐也。"③孔疏后被人广泛征引,或者省

---

①[宋]黎靖德编,王星贤点校:《朱子语类》卷89《礼六·冠昏丧·昏》,第2274页。

②[宋]司马光:《司马氏书仪》卷4《婚仪下·壻见妇之父母》,《丛书集成初编》,第41页;[宋]朱熹:《家礼》卷3《昏礼·婿见妇之父母》,朱杰人等编:《朱子全书》第7册,第901页。文字略有变动。

③[汉]郑玄注,[唐]孔颖达正义,吕友仁整理:《礼记正义》卷26《曾子问第七》、卷36《郊特牲第十一》,第771、773、1093、1095页。

减、改写进入各种《礼记》集解、集说之中。

不过，礼文的繁杂阐述与连贯相续，并不等于它在社会上的实际践行。宋代以前，朝廷诏令与士大夫的奏议中，常有“婚不举乐议”[①]，“禁诸婚娶，不得作乐”[②]，以及“婚姻礼废，嫁娶之辰，多举音乐”，因而请求“禁断”的相关议论[③]。宋代，开封府民间娶妇中，有“作乐催妆上车”[④]一节。而在皇室婚姻中，亦曾有过用乐与不用乐的争论。据《清波杂志》记载：

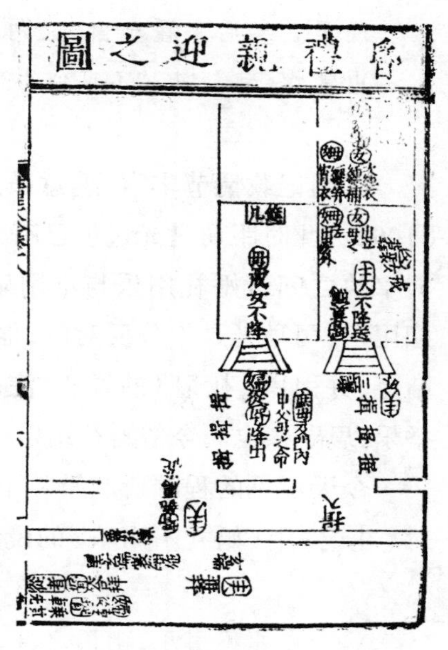

图4-1　婚礼亲迎之图

> 元祐大昏，吕正献公当国，执议不用乐。宣仁云：“寻常人家，娶个新妇，尚点几个乐人，如何官家却不得用？”钦圣云：“更休与他懑宰执理会，但自安排着！”遂令教坊、钧容伏宣德

①［唐］杜佑撰，王文锦等点校：《通典》卷59《礼十九·沿革十九·嘉礼四·婚不举乐议》，北京：中华书局，1988年，第1673—1674页。

②［北齐］魏收：《魏书》卷48《高允传》，北京：中华书局，1974年点校本，第1074页；［唐］李延寿：《北史》卷31《高允传》，北京：中华书局，1974年点校本，第1122页。

③［唐］令狐德棻等：《周书》卷35《崔猷传》，北京：中华书局，1971年点校本，第615页。

④［宋］孟元老撰，邓之诚注：《东京梦华录注》卷5《娶妇》，北京：中华书局，1982年，第144页。

> 门里。皇后乘翟车甫入,两部阑门,众乐具举。久之,伶官辇出赏物,语人曰:“不可似得这个科第相公,却不教用。”[①]

这则记载情节丰富,趣意昂然。“元祐大昏”发生在元祐七年(1092),此时距司马光过世已有六年,他无缘得见这起两宫皇太后与宰执之间就婚礼用乐与不用乐的争执。不过,对于当时民间婚姻用乐,司马光是十分反对的,他以“不用乐”作为“亲迎”礼文的结尾,并引用《礼记》的说法,注曰:“曾子问曰:取妇之家,三日不举乐,思嗣亲也。今俗婚礼用乐,殊为非礼。”[②]

今天所见的程颐所制婚礼中虽无“婚姻不用乐”的礼文,他却对《礼记》中“婚礼不用乐”的说法表达过不同的见解,他说:

> 昏礼不用乐,幽阴之义,此说非是。昏礼岂是幽阴?但古人重此大礼,严肃其事,不用乐也。昏礼不贺,人之序也,此说却是。妇质明而见舅姑,成妇也;三日而后宴乐,礼毕也。[③]

所谓“成妇”一说可暂且不论,程颐对“幽阴”两字显然不满,他以“严肃其事”来解释,认同婚姻不用乐,但同时,他也注明,三日后可用宴乐,以显示礼毕。绍兴年间出任过丞相的张浚(1097—1164)在遗令中说:“婚礼不用乐,三日后管领亲家,即随宜使酒,

---

①[宋]周煇撰,刘永翔校注:《清波杂志校注》卷1《元祐大昏》,北京:中华书局,1994年,第18页。

②[宋]司马光:《司马氏书仪》卷3《婚仪上·亲迎》,《丛书集成初编》,第37页。

③《河南程氏遗书》卷18《刘元承手编》,[宋]程颢、程颐著,王孝鱼点校:《二程集》,第244页。

成礼可矣。”[①] 吕祖谦则照抄司马光之说，亦是“不用乐”[②]。

朱熹在《家礼》中并无“婚礼不用乐”的礼文，但在《仪礼经传通解》中，曾引《礼记·郊特牲》“昏礼不用乐，幽阴之义”，并郑玄注与孔颖达疏，又于“昏礼不贺，人之序”下引用了程颐的解释[③]。然而，在《家礼》“昏礼”条下，他既不引司马光之说，亦不用程颐之论，毋庸置疑，不引不论亦可视作是另一种折衷去取。

例三，折衷去取之“三月庙见”抑或“三日庙见”。《礼记》云：“三月而庙见，称来妇也。择日而祭于祢，成妇之义也。”庙见礼可说是女子进入另一个家庭群体的最后、也是最重要的通过仪式。曾子问礼于孔子时，设问道：“女未庙见而死，则如之何？”孔子答曰：“不迁于祖，不袝于皇姑，壻不杖、不菲、不次，归葬于女氏之党，示未成妇也。”[④] 换言之，未庙见的女子因尚未完成通过仪式，无法作为成妇这一家庭角色来安排葬礼与葬制。不过，古代礼书与礼家对“三月庙见”的具体内涵有着多种解释，比如，《仪礼·士昏礼》曰“若舅姑既没，则妇入三月乃奠菜”，因此，有人认为此处奠菜即“祭于祢”，三月庙见，特为“舅姑没者”而设；另有人则认为“大夫以上，无问舅姑在否，皆三月见祖庙之后，乃始成昏”[⑤]。围绕

①［宋］刘清之：《戒子通录》卷5《张忠献遗令》，景印文渊阁《四库全书》第703册，台北：台湾商务印书馆，1986年影印本，第56页。

②［宋］吕祖谦：《东莱吕太史别集》卷2《家范二·昏礼·亲迎》，黄灵庚、吴战垒主编：《吕祖谦全集》第1册，第312页。

③［宋］朱熹：《仪礼经传通解》卷2《昏义第四》，朱杰人等编：《朱子全书》第2册，第117页。

④［汉］郑玄注，［唐］孔颖达正义，吕友仁整理：《礼记正义》卷26《曾子问第七》，第771页。

⑤［汉］郑玄注，［唐］贾公彦疏，王辉整理：《仪礼注疏》卷6《士昏礼第二》，上海：上海古籍出版社，2008年，第137页；［汉］郑玄注，［唐］孔颖达正义，吕友仁整理：《礼记正义》卷26《曾子问第七》，第773页。

着庙见、奠菜究竟是一事还是两事、庙见与祭祢是否为一事，以及由“三月庙见”而派生出的“先配而后祖”的历史公案，“致女”“反马”等究竟是否得礼等，礼家聚讼纷纭。

司马光《书仪》中有意废除庙见之礼，所以在“亲迎”条有婿与妇立于影堂“拜如常仪”的礼文，并注曰：“古无此礼，今谓之拜先灵，亦不可废也。”① 又于“妇见舅姑”条下讲：“古有三月庙见之礼，今已拜先灵，更不行。”② 前者“不可废”，后者“更不行”，显然，司马光欲以“拜先灵”来替代“三月庙见之礼”，用以作为妇人进入另一家庭的通过仪式。程颐所订“婚礼”中有“奠菜”条：“三月预祭祀，事舅姑，复三月然后奠菜。”不过，此条实在颇令人费解，可能“义有未详”③。而朱熹在引用程氏仪时，则说：“伊川云‘婿迎妇既至，即揖入内，次日见舅姑，三月而庙见。’”④ 从朱熹的引用中，大略可判断，程颐显然沿袭古礼，采用三月庙见说。

朱熹对“三月庙见”有过许多解释。在《仪礼经传通解》中，他于“三月庙见”下列各家注疏，并提到可能“庙见奠菜、祭祢是一事也”，但在舅姑“偏有没者”的情况下，“三月不须庙见亡者”还是“三月又庙见于其亡者”，则有“未知孰是”的存疑⑤。在回答学生

①[宋]司马光：《司马氏书仪》卷3《婚仪上·亲迎》，《丛书集成初编》，第36页。

②[宋]司马光：《司马氏书仪》卷4《婚仪下·妇见舅姑》，《丛书集成初编》，第40页。

③《河南程氏文集》卷10《婚礼·奠菜》，[宋]程颢、程颐著，王孝鱼点校：《二程集》，第622页。

④[宋]黎靖德编，王星贤点校：《朱子语类》卷89《礼六·冠昏丧·昏》，第2274页。

⑤[宋]朱熹：《仪礼经传通解》卷2《昏义第四》，朱杰人等编：《朱子全书》第2册，第131页。

"古者妇三月庙见"以及"何必待三月"等问题时，朱熹答曰：

> 未知得妇人性行如何。三月之久，则妇仪亦熟，方成妇矣。
>
> 古人是从下做上，其初且是行夫妇礼；次日方见舅姑；服事舅姑已及三月，不得罪于舅姑，方得奉祭祀。
>
> 古人初未成妇，次日方见舅姑。盖先得于夫，方可见舅姑；到两三月得舅姑意了，舅姑方令见祖庙。①

这些回答散见各处，但主旨相似。很明显，朱熹跳开"三月庙见"中争端迭起的"舅姑没""舅姑在"的话题，而顺以人情，将三月解释为女人成为成妇的通过仪式中的考察时期，古代尚未成妇的女子与舅姑之间的相处，以服事、不得罪来论女子令见祖庙的可能。顺着人情出发，朱熹主张不废庙见礼。对于司马光的拜先灵，朱熹极为反感，就此，他与学生曾有过一番对话：

> 问："妇当日庙见，非礼否？"曰："固然。温公如此，他是取《左氏》'先配后祖'之说。不知《左氏》之语何足凭？岂可取不足凭之《左氏》，而弃可信之《仪礼》乎！"②

不信《仪礼》而取《左传》之说，这是朱熹对司马光"拜先灵"一说的解释。要依《仪礼》不废庙见礼，"然今也不能到三月，只做

①［宋］黎靖德编，王星贤点校：《朱子语类》卷89《礼六・冠昏丧・昏》，第2273—2274页。

②［宋］黎靖德编，王星贤点校：《朱子语类》卷89《礼六・冠昏丧・昏》，第2274页。

个节次如此”,“某思量,今亦不能三月之久,亦须第二日见舅姑,第三日庙见,乃安”①。于是,他将“三月庙见”易之为:“三日,主人以妇见于祠堂。”并注曰:“古者三月而庙见,今以其太远,改用三日。”②

二、礼文的革新:祠堂之制与祠堂之礼

祠堂是《家礼》流播最为广泛的礼文,对宋代以后国家礼典中关于祠堂制度的规定以及民间社会建祠立堂产生过深远影响。围绕着祠堂、家庙、宗族等,学界已有过相当多的研究③。为了避免枝蔓,以下仅就朱熹《家礼》中关于祠堂的礼文及其背后的历史语境作些分析。

---

①[宋]黎靖德编,王星贤点校:《朱子语类》卷89《礼六·冠昏丧·昏》,第2273、2274页。

②[宋]朱熹:《家礼》卷3《昏礼·庙见》,朱杰人等编:《朱子全书》第7册,第900页。

③可参见黄敏枝《宋代的功德坟寺》,《宋史研究集》第20辑,台北:台湾编译馆,1990年,第257—326页;Patricia Ebrey, *Confucianism and Family Rituals in Imperial China: A Social History of Writing about Rites*, New Jersey: Princeton University Press, 1991, pp.45-67;常建华:《中华文化通志·宗族志》,上海:上海人民出版社,1998年,第82—95页;科大卫:《祠堂与家庙——从宋末到明中叶宗族礼仪的演变》,《历史人类学学刊》2003年第1卷第2期;杨建宏:《宋代家庙制度文本与运作考论》,《求索》2005年第11期;游彪:《宋代的宗族祠堂、祭祀及其它》,《安徽师范大学学报(人文社会科学版)》2006年第3期;赵旭:《唐宋时期私家祖考祭祀礼制考论》,《中国史研究》2008年第3期;[日]远藤隆俊:《宋元宗族的坟墓和祠堂》,《中国社会历史评论》2008年第9卷;刘雅萍:《宋代家庙制度考略》,《兰州大学学报(社会科学版)》2009年第1期;[日]吾妻重二著,吴震编:《朱熹〈家礼〉实证研究》,上海:华东师范大学出版社,2012年,第101—158页;王鹤鸣、王澄:《中国祠堂通论》,上海:上海古籍出版社,2013年,第105—125页。

朱熹于“通礼”下立“祠堂”条，并注曰：

> 此章本合在《祭礼》篇，今以报本返始之心，尊祖敬宗之意，实有家名分之守，所以开业传世之本也，故特著此冠于篇端，使览者知所以先立乎其大者，而凡后篇所以周旋升降、出入向背之曲折，亦有所据以考焉。然古之庙制不见于经，且今士庶人之贱亦有所不得为者，故特以祠堂名之，而其制度亦多用俗礼云。①

这段注文无疑是对祠堂的概说，用词极简，却包含着复杂而庞大的信息。从注文中看，它至少揭示了以下三个问题：

第一，篇端设祠堂的考量，或者改用现代式的提问，为什么要将“祠堂”一节从更合适的《祭礼》篇的位置移至篇端？朱熹一开始便指出，祠堂是祭祀的物理场所，从演礼的角度来看，将之置于《祭礼》篇最为契合。就祠堂作为实体的建筑而言，其形制本身并无特别之处，也无特殊讲究，但在礼的世界，它所要表达的却是“报本返始”“尊祖敬宗”的伦理意义，将祠堂“冠于篇端”，实际上是希望借助于这个实存的祭先场所来象征“家”的意象②，与此同时，“家”这一抽象也通过“祠堂”而具象为名分之守的实体。因此，注文所注的不只是祠堂，更是为了点出“家礼”的题旨。

第二，祠堂之名的来处。为什么要将祭先场所“特以祠堂名之”？朱熹从古今两个维度来论，“古之庙制不见于经”“今士庶人

① [宋]朱熹：《家礼》卷1《通礼·祠堂》，朱杰人等编：《朱子全书》第7册，第875页。

② 陆敏珍：《重写世界：宋人从家庙到祠堂的构想》，《浙江学刊》2017年第3期。

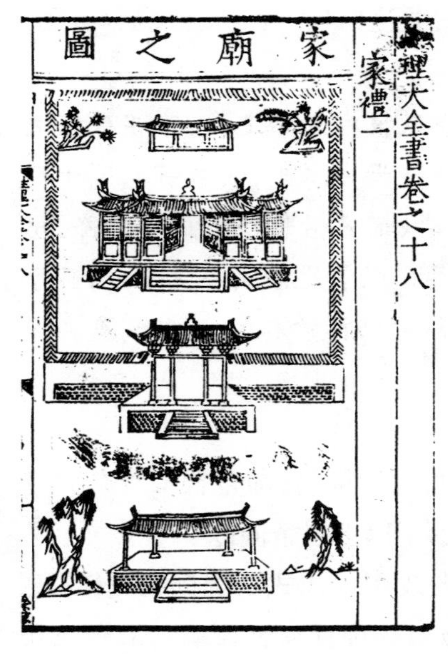

图4–2　家庙图

之贱亦有所不得为者”，这两个简要的叙述所需要展开的历史卷轴跨越古今，显然过于庞大，非此处所能涉及。这里，我们借用司马光对历史时期庙制的梳理来略补朱熹论述中的空白，他讲：

> 先王之制，自天子至于官师皆有庙。君子将营宫室，宗庙为先，居室为后。及秦，非笑圣人，荡灭典礼，务尊君卑臣，于是天子之外，无敢营宗庙者。汉世公卿贵人多建祠堂于墓所，在都邑则鲜焉。魏晋以降，渐复庙制，其后遂著于令，以官品为所祀世数之差。唐侍中王珪不立私庙，为执法所纠，太宗命有司为之营构以耻之，是以唐世贵臣皆有庙。及五代荡析，士民求生有所未遑，礼颓教隳，庙制遂绝。宋兴，夷乱苏疲，久而未讲。①

司马光按时间轴线，从秦、汉、魏晋、唐、五代来勾勒庙制兴废以及表现形式，用词虽简，却条理明晰。接续司马光这段言论，到了宋代，在士大夫们的呼吁下，朝廷逐渐推行“久而未讲”的庙制，

---

①［宋］司马光：《温国文正司马公文集》卷79《文潞公家庙碑》，《四部丛刊初编》，上海：商务印书馆，1929年影印本，第9a—b页。

允许文武臣僚建立家庙，不过，尽管诏令迭出，两宋时期由朝廷诏令建庙的大臣并不多。在一些批判者看来，朝廷推行的庙制，庙虽立却无制，庙制流于形式[①]。以世官世爵作为立制基础的庙制，在社会流动性不断加大的事实下，已无法保持其连续性，因此，士大夫感慨说："乃知古今异制，终不可尽行也。"[②]

从古至今，无论家庙兴复情况如何，庙制规定中，庶人不得立庙是一个从未改变的礼规，而朱熹在祠堂一节中则提出要营建宫室作为士庶人的祭祀之地，并为之命名，革新意味甚浓。需要指出的是，在朱熹"以祠堂名之"之前，士大夫们已对祭先场所有过多种尝试。曹州济阴人任中师（生卒年不详）为家中新建祭先堂，"请号曰'家祠堂'"[③]。庆历元年（1041），石介比照周制与唐制中的家庙，根据自己的理解构建了"祭堂"[④]。司马光《书仪》"但以'影堂'言之"[⑤]。程颐也主张将影堂这一形制纳入礼文之中，建议说："如富家及士，置一影堂亦可。"[⑥] 因此，当朱熹为士庶人制设"祠堂"时，已经有了相当多的参考实例，他无意在礼文中去赘述祠堂这一思考的来龙去脉，却强调祭祀场所"今士庶人之贱亦有所不得为者"。

---

① 陆敏珍：《重写世界：宋人从家庙到祠堂的构想》，《浙江学刊》2017年第3期。

② [宋]叶梦得撰，侯忠义点校：《石林燕语》卷1，第9页。

③ [宋]穆修：《河南集》卷3《任氏家祠堂记》，《宋集珍本丛刊》第2册，北京：线装书局，2004年影印本，第418页。

④ [宋]石介著，陈植锷点校：《徂徕石先生文集》卷19《祭堂记》，北京：中华书局，1984年，第234—235页。

⑤ [宋]司马光：《司马氏书仪》卷10《丧礼六·祭》，《丛书集成初编》，第113页。

⑥《河南程氏遗书》卷22上《伊川杂录》，[宋]程颢、程颐著，王孝鱼点校：《二程集》，第286页。

后人在分析朱熹为什么要以“祠堂”为名时，均相信这是朱熹对前人的承袭。吴澄（1249—1333）就说：“新安朱子损益司马氏《书仪》，撰《家祭礼》，以家庙非有赐不得立，乃名之曰‘祠堂’。”① 刘垓孙（生卒年不详）指出：“今文公先生乃曰‘祠堂’者，盖以伊川先生谓祭时不可用影，故改‘影堂’曰‘祠堂’云。”② 从家祠堂、祭堂到影堂、祠堂，这是一个“不断纠正、修改的过程”，因此，朱熹命名的“祠堂”并非是单个个体的书写，而是“士大夫们共同创造的文化符号”③。不过，“祠堂”这一符号显然越过了此前的各种称谓。比如，吕祖谦亦主张“于所居之左，盖祠堂一间两厦”，不过，他虽采用祠堂之名，却称其理据仿自“《王制》‘士一庙’之义”，并解说道：“存家庙之名，以名祠堂，使子孙不忘古焉。”④ 至此，以祠堂代替家庙的想法被明确表达出来。

如果说，祠堂的命名来自于集体智慧的话，那么，朱熹的革新就在于，他在赓续前人的基础上，系统化了祠堂的礼文，并赋予了祠堂不一样的意义。

第三，祠堂制度。“祠堂”条下注文的末句称：“其制度亦多用俗礼云。”“多用俗礼”这个颇为模糊的说法在后文中逐步展开，朱熹从两个视角来叙述祠堂制度的礼文：一为祠堂之制，一为祠堂之仪。

①［元］吴澄：《吴文正公集》卷25《豫章甘氏祠堂后记》，《元人文集珍本丛刊》第3册，台北：新文丰出版公司，1985年影印本，第440页。

②［明］胡广等：《性理大全》卷19《家礼二·祠堂》，明嘉靖三十八年（1559）樊献科重刻本，第3a页。

③ 陆敏珍：《重写世界：宋人从家庙到祠堂的构想》，《浙江学刊》2017年第3期。

④［宋］吕祖谦：《东莱吕太史别集》卷4《家范四·祭礼·庙制》，黄灵庚、吴战垒主编：《吕祖谦全集》第1册，第348页。

与前文一样，朱熹依然只用了几句礼文来书写祠堂的形制与布局，他讲：

> 君子将营宫室，先立祠堂于正寝之东。为四龛，以奉先世神主。旁亲之无后者，以其班祔。置祭田。具祭器。①

礼文下对祠堂的形制、朝向、空间布局、神主安置、班祔序列、祭田来源、祭器使用等情况作了具体说明。比如，祠堂的形制上，朱熹主张："三间，外为中门，中门外为两阶，皆三级，东曰阼阶，西曰西阶。阶下随地广狭以屋覆之，令可容家众叙立。又为遗书、衣物、祭器库及神厨于其东。缭以周垣，别为外门，常加扃闭。"在后文中，朱熹又提供了家贫地狭者的祠堂选择："止为一间，不立厨库，而东西壁下置立两柜，西藏遗书、衣物，东藏祭器亦可。"②可以看到，注文中对祠堂各处作了细致描述，操作性强。

那么，祠堂之仪应该如何？朱熹同样简单叙述道：

> 主人晨谒于大门之内，出入必告。正至、朔望则参，俗节则献以时食，有事则告。③

①［宋］朱熹：《家礼》卷1《通礼·祠堂》，朱杰人等编：《朱子全书》第7册，第875—876页。

②［宋］朱熹：《家礼》卷1《通礼·祠堂》，朱杰人等编：《朱子全书》第7册，第875页。

③［宋］朱熹：《家礼》卷1《通礼·祠堂》，朱杰人等编：《朱子全书》第7册，第876—878页。

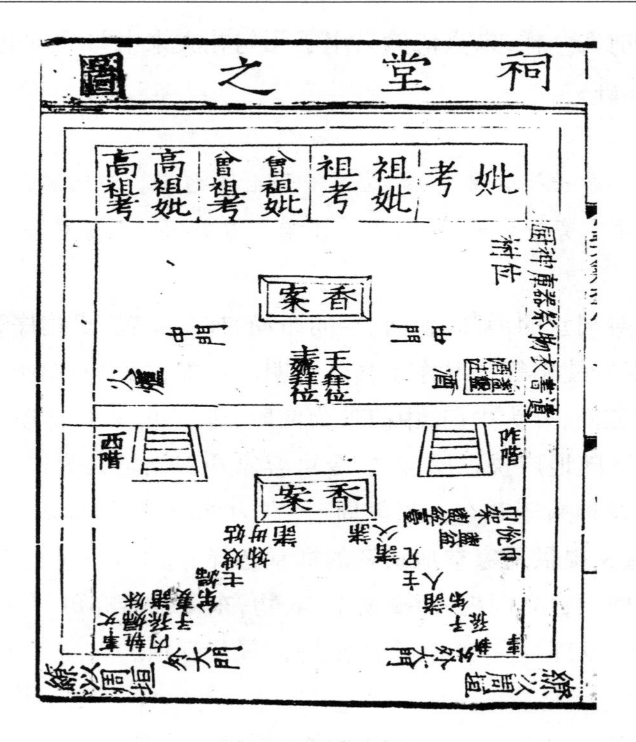

图4-3　祠堂之图

这段礼文下，有篇幅数倍于礼文的注释，对日常晨谒仪节、正至朔望之仪，授官或贬降、赠诰或嫡长子满月等重要事情的告祭仪均作了详细解说，涉及各项礼仪举行时祠堂的张设，包括主人、主妇、长子、子妇、执事者等参加人员所应当遵行的礼序、着装，告祭时的祝版等细节。

无论是祠堂之制还是祠堂之仪，朱熹给出了体系化的礼文，这个被特别命名的祭先空间，不再只是一个演礼的布景，而是礼仪本身最重要的组成部分之一，被置于前端。这里，可将之与司马光《书仪》中的影堂进行对比，以见其中的不同。

《书仪》在述冠婚丧祭时，影堂亦是必需的演礼空间。比如，在"冠仪"中，主人"筮日于影堂门外"，孤子冠礼答拜时，需于第二日"具香酒馔于影堂"；婚仪"纳采"时，主人需于前一日"先告于影堂"，"亲迎"时，舅姑盛服立于影堂，待婿与妇至于阶下后，焚香跪祝；丧仪"启殡"时，又需置席于影堂前阶上，"朝祖"时需"役者举柩，诣影堂前"，"祔"时需奉祠版匣诣影堂，"小祥"时"卜筮日于影堂外"，"大祥"时祭毕，木主"迁影堂及祠匣于影堂"，"禫祭"结束时，"祝匣祠版，奉之还于影堂"；祭日，主人及弟子孙皆盛服，亲临筮日于影堂外，得吉日乃入影堂。除此之外，《书仪》尾章中另有"影堂杂仪"，讲述日常祭祀礼仪①。从上述所举的例证中，我们可以看到，影堂亦是《书仪》冠婚丧祭及日常谒告礼的主要展演空间。但是，在《书仪》中，影堂只是演礼时的布景，司马光并没有为之单独设立礼文，亦没有细述影堂的形制、布置及其象征意义。另有一则颇为有趣的例子可用来说明两者之间的差别。

在司马光"影堂杂仪"与朱熹"祠堂"下均有一节关于突发情况下的处理办法。《书仪》称："遇水火盗贼，则先救先公遗文，次祠版，次影，然后救家财。"②《家礼》中讲："或有水火盗贼，则先救祠堂，迁神主、遗书，次及祭器，然后及家财。"③ 这里，先救、次救与后

---

①［宋］司马光：《司马氏书仪》卷2《冠仪·冠》、卷3《婚仪上·纳采》《婚仪上·亲迎》、卷7《丧仪三·启殡》《丧仪三·朝祖》、卷8《丧仪四·祔》、卷9《丧仪五·小祥》《丧仪五·大祥》、卷10《丧仪六·祭》《丧仪六·影堂杂仪》，《丛书集成初编》，第19、24、30、35、82、83、97、99、102、113、120—121页。

②［宋］司马光：《司马氏书仪》卷10《丧仪六·影堂杂仪》，《丛书集成初编》，第121页。

③［宋］朱熹：《家礼》卷1《通礼·祠堂》，朱杰人等编：《朱子全书》第7册，第879页。

救的次序设定是值得解读的礼文，以此处所讨论的祠堂而言，在前一段礼文中，影堂只是一个收置先公遗文、祠版与影的空间，它只是背景，并不需要作为焦点出现于礼文之中；而在《家礼》“先救祠堂”的设定中，祠堂被作为一个特别强调的、独立的象征符号出现。

三、“爱礼存羊”：大宗小宗之法

重宗法是《家礼》礼文中最为人所称道的内容。杨复（？—1234）说：“若夫明大宗小宗之法，以寓爱礼存羊之意，此又《家礼》之大义所系，盖诸书所未暇及，而先生于此尤拳拳也。”① 于朱子之学用力甚深的清代人王懋竑（1668—约1741）也讲：“《家礼》重宗法，此程、张、司马氏所未及。”②

宗法是与分封制密切关联的制度③，这一点宋人早已指出，比如，王应麟就讲：“周封建诸侯，与大家巨室共守之，以为社稷之镇。‘九两’所谓‘宗，以族得民’。《公刘》之雅，所谓‘君之宗之’。此封建之根本也。”④ 宗族内既有大宗，又有小宗，始其家者“自使其嫡子后之，则为大宗，族人宗之”，别子为祖，继别为宗，继祢者为小宗。自秦汉以来，“天下无世卿”，宗法制度湮废，士大夫对于“有族而无宗”“族人而不相亲”“族散而忘其祖”等社会现象的感慨较

---

①［元］马端临：《文献通考》卷188《经籍考十五》收杨复《朱文公家礼序》，第1602页。

②［清］王懋竑：《白田杂著》卷2《家礼考》，景印文渊阁《四库全书》第859册，台北：台湾商务印书馆，1986年影印本，第662页。

③ 参见王国维：《观堂集林（外二种）》卷10《殷周制度论》，石家庄：河北教育出版社，2001年，第231—244页；钱杭：《周代宗法制度史研究》，上海：学林出版社，1991年，第48—65页。

④［宋］王应麟著，栾保群、田松青、吕宗力校点：《困学纪闻（全校本）》卷2《书》，第237页。

为多见[①]。在宗法制度的立制基础不复存在的情况下,朱熹于《家礼》中书写大宗小宗之礼仪节文,这种爱礼存羊的做法,用其原话来解释,“所惜者是礼”,“所存者大”,“须见得圣人意思大”,如此“自家意思方宽展,方有个活动长进处”[②]。不过,上引杨复与王懋竑所讲的宗法“诸书所未暇及”“程、张、司马光所未及”,其意思是指程颐、张载、司马光等人未将宗法写入家礼文本之中,并非指他们不涉及宗法的讨论。事实上,包括苏洵、欧阳修、程颐、张载等一大批宋代士大夫们主张恢复宗法制度[③],他们围绕着小宗、宗子等问题所提出的各种主张与意见,后来在《家礼》的礼文中均有所体现。

比如,苏洵(1009—1066)认为,按照古代礼制,“惟天子之子与始为大夫者,而后可以为大宗,其余则否”,因此,在当时“天下之宗法不立”的情况下,“独小宗之法,犹可施于天下”,若用小宗法,“凡天下之人,皆得而用之”[④]。苏洵之子苏轼亦从社会伦理的角度来强调宗族的重要性,认为“今欲教民和亲,则其道必始于宗族”,鉴于“大宗之法,不可以复立”,他希望“复古之小宗,以收天下不相亲属之心”。在复小宗的倡议中,苏轼强调宗子的作用,“使族人相率而尊其宗子”,在他看来,“今夫良民之家,士大夫之族,亦未必无孝弟相亲之心,而族无宗子,莫为之纠率,其势不得

①[宋]苏轼撰,孔凡礼点校:《苏轼文集》卷8《策别安万民二》,北京:中华书局,1986年,第256—257页。

②[宋]黎靖德编,王星贤点校:《朱子语类》卷25《论语七·八佾篇·子贡欲去告朔之饩羊章》,第625页。

③ Patricia Ebrey, “Conceptions of the Family in the Sung Dynasty”, *The Journal of Asian Studies*, 1984, Vol.43, No. 2, pp229-232.

④[宋]苏洵著,曾枣庄、金成礼笺注:《嘉祐集笺注》卷14《族谱后录上篇》《大宗谱法》,上海:上海古籍出版社,1993年,第380、388页。

相亲”[①]。

关于宗子法更为精详的论述来自于张载。首先,他强调立宗子法的社会功能,称:“管摄天下人心,收宗族,厚风俗,使人不忘本,须是明谱系世族与立宗子法。宗法不立,则人不知统系来处。”又讲:“宗子之法不立,则朝廷无世臣。且如公卿一日崛起于贫贱之中以至公相,宗法不立,既死遂族散,其家不传。宗法若立,则人人各知来处,朝廷大有所益。”其次,张载明确定义了作为宗族象征的宗子之义:“言宗子者,谓宗主祭祀。”如果一人有数子,他主张嫡长子为大宗,他赞同支子不祭的说法,不过,同时,他又解释说:“支子虽不得祭,至于斋戒致其诚意,则与祭者不异;与则以身执事,不可与则以物助之,但不别立庙,为位行事而已。”其三,宗子之立虽基于其出生事实,但宗子的培育却是整个家族的事务。宗子需有专人教授,“宗子之得失,责在教授”;族人需“据所有家计厚给以养宗子”,同时,还需将转官恩泽、奏荐子弟恩泽回授于宗子。最后,张载特别指出,若宗子不善,“则别择其次贤者立之”[②]。

程颐接续张载的说法,讲:“宗子法坏,则人不自知来处,以至流转四方,往往亲未绝,不相识。今且试以一二巨公之家行之。”[③]“宗子之法不立,则朝廷无世臣。宗法须是一二巨公之家立法。宗法立,则人人各知来处。”[④]在宗子的界定上,同样强调“宗

①[宋]苏轼撰,孔凡礼点校:《苏轼文集》卷8《策别安万民二》,第256—257页。

②《经学理窟·宗法》,[宋]张载著,章锡琛点校:《张载集》,北京:中华书局,1978年,第258—260页。

③《河南程氏遗书》卷15《人关语录》,[宋]程颢、程颐著,王孝鱼点校:《二程集》,第150页。

④《河南程氏遗书》卷17《伊川先生语三》,[宋]程颢、程颐著,王孝鱼点校:《二程集》,第179页。

子者，谓宗主祭祀也”[①]。与此同时，程颐还提出了夺宗法，认为："立宗必有夺宗法，如卑幼为大臣。以今之法，自合立庙，不可使从宗子以祭。"[②]

值得注意的是，宋代士大夫讨论宗法时，在各自的理解与阐释中，对旧有制度的内涵、意义进行着整合、转移与再定义，比如张载使用"宗法"这一词汇来概称西周大宗小宗的全部制度，程颐则讲："凡大宗与小宗，皆不在庙数。"[③]因此，当朱熹在《家礼》中订立关于宗法的礼文时，虽是使用了旧有的词汇，但词汇中所含的意蕴与指示范畴可能已发生转变，他虽以"爱礼存羊以有待也"的想法来订立宗法，但所立宗法的内容很可能是在与当代学者的对话之中产生的结果。

《家礼》中，关于宗法的内容铺陈较散，以下分述几项礼文。

第一，虚龛以分大宗小宗。在"祠堂"先世神主的设位上，朱熹讲：

> 祠堂之内，以近北一架为四龛，每龛内置一卓。大宗及继高祖之小宗，则高祖居西，曾祖次之，祖次之，父次之。继曾祖之小宗，则不敢祭高祖而虚其西龛一。继祖之小宗，则不敢祭曾祖而虚其西龛二。继祢之小宗，则不敢祭祖而虚其西龛三。

---

①《河南程氏遗书》卷17《伊川先生语三》，[宋]程颢、程颐著，王孝鱼点校：《二程集》，第179页。

②《河南程氏外书》卷11《时氏本拾遗》，[宋]程颢、程颐著，王孝鱼点校：《二程集》，第414页。

③《河南程氏遗书》卷17《伊川先生语三》，[宋]程颢、程颐著，王孝鱼点校：《二程集》，第179页。

若大宗世数未满，则亦虚其西龛，如小宗之制。[①]

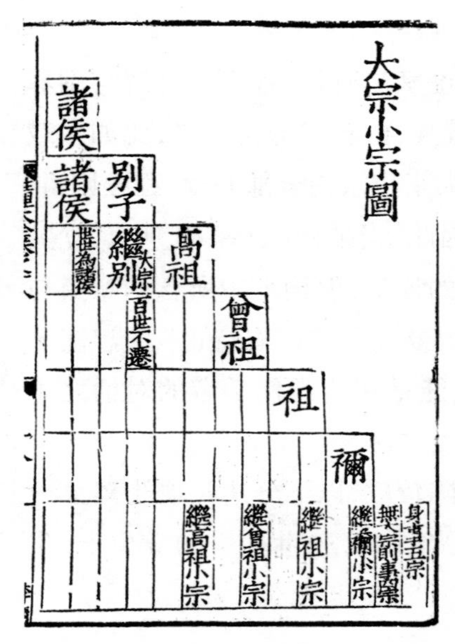

图4-4　大宗小宗图

朱熹以设龛法来区分大宗与小宗，强调大宗世数未满，则如“小宗之制”，在祭祀时又规定祭及高祖、曾祖、祖、父四代。必需指出的是，朱熹关于祭祀中究竟应祭几代祖先的问题，有一个颇具转折意义的思想历程，经历了依据程颐之说提倡始祖之祭，到“某当初也祭，后来觉得僭，遂不敢祭”[②]、“尝疑其礼近于禘祫，非臣民所得用，遂不敢行”的过程[③]。在“祠堂”章，无论大宗小宗，朱熹主张仅祭及高祖，但在《家礼》“祭礼”章中则又设有“初祖”“先祖”一节，主张因循程颐“始祖、先祖之祭”，礼文之间的抵牾可暂且不论，然而，毫无疑问，就如朱熹所强调的那样，始祖

①[宋]朱熹：《家礼》卷1《通礼·祠堂》，朱杰人等编：《朱子全书》第7册，第876页。

②[宋]黎靖德编，王星贤点校：《朱子语类》卷90《礼七·祭》，第2318页。

③[宋]朱熹：《晦庵先生朱文公文集》卷63《答叶仁父》，朱杰人等编：《朱子全书》第23册，第3060—3061页。对于朱熹在祭祀始祖、高祖等思想变化上的研究，参见[日]吾妻重二著，吴震编：《朱熹〈家礼〉实证研究》，第144—148页；吴飞：《祭及高祖——宋代理学家论大夫士庙数》，《中国哲学史》2012年第4期。

"亦只是祭于大宗之家"，"若小宗，则祭止高祖而下"①。因此，所谓"明大宗小宗之法"，其要旨在于复小宗之法。他曾明确讲："大宗法既立不得，亦当立小宗法，祭自高祖以下，亲尽则请出高祖就伯叔位，服未尽者祭之。"②

第二，强调宗子主祭，支子不祭。在"祠堂"礼注中，朱熹说：

> 非嫡长子，则不敢祭其父。若与嫡长同居，则死而后其子孙为立祠堂于私室，且随所继世数为龛，俟其出而异居乃备其制。若生而异居，则预于其地立斋以居，如祠堂之制，死则因以为祠堂。③

朱熹同意宗子主祭、支子不许各祭的说法，他讲："祭祀，须是用宗子法，方不乱。"④当学生问"支子不祭"时，朱熹明确说："不当祭。"⑤但又如何来展现前人所说"支子虽不得祭，至于斋戒致其诚意，则与祭者不异"的思想呢？朱熹认为在"法制不立，家自为俗"的社会语境下，支子之祭"且从俗可也"，他曾与人商议道："窃谓只于宗子之家立主而祭，其支子则只用牌子，其形如木主，而不判前后，不为陷中及两窍，不为椟，以从降杀之义。"⑥又道："牌子亦无

①［宋］朱熹：《晦庵先生朱文公文集》卷 64《答潘立之》，朱杰人等编：《朱子全书》第 23 册，第 3123 页。

②［宋］黎靖德编，王星贤点校：《朱子语类》卷 90《礼七 · 祭》，第 2308 页。

③［宋］朱熹：《家礼》卷 1《通礼 · 祠堂》，朱杰人等编：《朱子全书》第 7 册，第 876 页。

④［宋］黎靖德编，王星贤点校：《朱子语类》卷 90《礼七 · 祭》，第 2308 页。

⑤［宋］黎靖德编，王星贤点校：《朱子语类》卷 90《礼七 · 祭》，第 2316 页。

⑥［宋］朱熹：《晦庵先生朱文公文集》卷 64《答潘立之》，朱杰人等编：《朱子全书》第 23 册，第 3123 页。

定制，窃意亦须似主之大小高下，但不为判合、陷中可也。凡此皆是后贤义起之制，今复以意斟酌如此，若古礼则未有考也。”①

牌子与木主分列的想法，亦见于程颐之说。他认为士大夫得有重、有主，“有庙即当有主”②；富家与士可置影堂，但“祭时不可用影”，“白屋之家”亦不可用主，“只用牌子可矣”③。显然，程颐所谓木主与牌子的差别用法关乎的是品官等级。朱熹则不再坚持这一区分，当有人问：“庶人家亦可用主否？”朱熹答曰：“用亦不妨。”④在朱熹这里，木主与牌子不用于区别社会阶层，而是用于区分宗子与支子，宗子之家立主而祭，支子之祭用牌子。这一设定，魏了翁曾赞曰：“此论最近人情，可通行。”⑤不过，木主与牌子之分虽提供了一种思路，亦被认为“可通行”，但在礼的实际行用中，支子之祭所面临的问题十分复杂。

朱熹记录个人祭先的经验中，亦有立牌子与支子如何祭先的内容，其中讲道：

某往年与先兄异居，不知考《礼经》，辄从世俗，立家先龛

①［宋］朱熹：《晦庵先生朱文公文集》卷61《答曾光祖》，朱杰人等编：《朱子全书》第23册，第2971页。

②《河南程氏遗书》卷6《二先生语六》，［宋］程颢、程颐著，王孝鱼点校：《二程集》，第86页。关于丧葬仪式中重与主的研究，参见［日］西冈弘：《‘重’から‘主’へ——中国古代葬制の一考察》，《国学院杂志》1955年第55卷第4号，第23—34页。关于程颐木主样式的讨论，参见［日］吾妻重二著，吴震编：《朱熹〈家礼〉实证研究》，第181—188页。

③《河南程氏遗书》卷22上《伊川杂录》，［宋］程颢、程颐著，王孝鱼点校：《二程集》，第286页。

④［宋］黎靖德编，王星贤点校：《朱子语类》卷90《礼七·祭》，第2311页。

⑤［宋］魏了翁：《重校鹤山先生大全文集》卷109《师友雅言》，《宋集珍本丛刊》第77册，北京：线装书局，2004年影印本，第750页。

子。妄意按温公《书仪》立牌子，不知用古尺，只用匠者尺，颇长大。且实植于趺，考用紫囊，妣用绯囊，考妣共用一木匣，从上罩下至趺。伏承台诲云“而今不可动”，谨辄再有恳请。家中所设之主既不可动，寻常只讲俗节之祭。向来祭礼行于先兄之家，时祭及祢祭，某皆预陪祭执事之列。自先兄去后，舍姪承祭祀，祧高祖而祀先兄为祢。某家中既有家先，上阙高祖之祭，下无祢祭，于心实不安。欲于时祭毕，移馔一分祭高祖于某家，某主之。遇当祭祢之月，亦欲私举祢祭，如何？若举此二祭，又成支子有祭、庶子祭祢，于《礼经》不合。①

朱熹所叙述的个体实践与其说是提供了一个支子之祭的实例，不如说引起了更多的困惑与反思。即就牌子的形制而言，朱熹本人亦无有定论。上引文字中，朱熹言自己曾依《书仪》立牌子，但当有人问：“牌子式当如何？”朱熹答曰：“温公用大板子。今但依程氏古式，而勿陷其中，可也。”又讲：“牌子当如主制，只不消做二片相合，及窍其旁以通中。”② 在朱熹的个人实践中，他讲述立牌子过程中的各种考量，家中设主祭先的一般概况，以及先兄去后，祭礼更新之际，自己处于遵《礼经》则“于心实不安”、循人情则“于《礼经》不合”的窘境。可以看到，原则上的清晰并不必定意味着操作上的简单易行。支子之祭究竟应该如何来书写与行用，在现存《家礼》中并没有得到很好的体现，但却是在强调宗子主祭时无法被忽视的问题。

①［宋］朱熹：《晦庵先生朱文公文集》卷57《答李尧卿》，朱杰人等编：《朱子全书》第23册，第2704页。

②［宋］黎靖德编，王星贤点校：《朱子语类》卷90《礼七·祭》，第2311页。

第三,重宗子。如何立宗子,《家礼》中并没有单独订立礼文,不过朱熹对之曾有过说法,他讲:

> 宗子只得立適(嫡),虽庶长,立不得。若无適(嫡)子,则亦立庶子,所谓“世子之同母弟”。世子是適(嫡),若世子死,则立世子之亲弟,亦是次適(嫡)也,是庶子不得立也。本朝哲庙上仙,哲庙弟有申王,次端王,次简王,乃哲庙亲弟。当时章厚欲立简王。是时向后犹在,乃曰“老身无子,诸王皆”云云。当以次立申王,目眇不足以视天下,乃立端王,是为徽宗。章厚殊不知礼意。同母弟便须皆是適(嫡)子,方可言。既皆庶子,安得不依次第!今臣庶家要立宗也难……又曰:“今要立宗,亦只在人,有甚难处?只是而今时节,更做事不得,奈何!奈何!”①

朱熹与上引张载等人的说法保持一致,主张立嫡子为宗子,不过,在这段夹杂了对本朝立储事件的评说之中,朱熹忽来叹息立宗很难,忽而又讲立宗并无难处,一切全在人为,只不过而今所得非时,不便易行。言语中的矛盾似乎也揭示出,士大夫们关于宗子的设想与该设想执行中实际可能遇见的障碍,存在着不易解决的冲突。不过,《家礼》虽没有专门列“宗子”条,却将重宗子的思想贯彻于整个家礼体系之中。

比如,在“祠堂”章,朱熹强调“宗子世守之,不得分析”,祭田“宗子主之”,同时,又由宗子来主持祠堂的晨谒告礼、正至朔望相参礼。在“冠礼”中,告祠堂一节,强调必由宗子主之,即便有故,

①[宋]黎靖德编,王星贤点校:《朱子语类》卷90《礼七·祭》,第2307页。

亦需在祝版中体现宗子之命，又于其中单列宗子自冠的礼文。婚礼中亦强调宗子主婚，并为非宗子之子者单列婚礼礼文；丧礼中区分了宗子自为丧主与丧主非宗子两种不同的礼文。因此，在《家礼》之中，整个礼文的设定、礼程的推进均是以宗子作为核心来带动与完成的。

朱熹论大宗小宗之法，本是“寓爱羊存礼，以有待也”，而在未来，这个时代的儒家学者关于宗法的设想不仅成为后世祭祖礼仪的理论基础与操作规范，而且还引起了学界旷日持久的讨论，为重建地方社会秩序、型构中国的宗族社会提供了洞见[①]。

第三节　与时推移：从朱子《家礼》到日用类书

宋代，朱子《家礼》已用来指导士人冠婚丧祭之礼，不过，这一时期的实践者多为服膺朱学者的一种自觉。当人们在各地所刊刻的《家礼》书序、书跋中，用极其复杂的思辨方式追溯该书的价值时，恰好说明了以朱子《家礼》为依据的演礼活动只是少部分人群的实践，朱子《家礼》作为民间通用礼的时代尚未到来。不过，《家礼》虽未成为普及的礼用之书，却在流播中被编入了百科全书式的类书之中。编订者将《家礼》的主体内容安置于类书的分类系统，

① 参见 Timothy Brook, “Funerary Ritual and the Building of Lineages in Late Imperial China”, *Harvard Journal of Asiatic Studies*, Vol. 49, No. 2, 1989, pp465-499；何淑宜：《香火：江南士人与元明时期祭祖传统的建构》，台北：稻乡出版社，2009年，第179—251页；[美]周启荣著，毛立坤译：《清代儒家礼教主义的兴起——以伦理道德、儒学经典和宗族为切入点的观察》，天津：天津人民出版社，2017年，第171—222页。

与当时所行的俗礼粘合在一起，而不必去考虑从俗抑或遵古之间的理据与统绪。这种民间日用的书写方式，使得《家礼》在纯学术化的知识之外，另辟出一种以常识性、实用性为主要目标的知识类型，在保留与扩大《家礼》的传播上起了重要作用。

一、"遵而行之"：朱子《家礼》在宋代的实践

朱子《家礼》一书的面世过程虽颇为复杂[①]，但自其面世后，"取是书锓诸木以广传"[②]一直是朱熹弟子们绵延相续的工作。按陈淳（1159—1223）的说法，《家礼》最初本为临漳传本三卷，又有朱在传本《时祭仪》一篇，但临漳本与朱在传本体制迥异，后来，朱在得《家礼》一编五篇传入广州，朱熹弟子廖德明（生卒年不详）认为此本"为成书定本，遂刊诸帅府"，因此一般将广州本（五羊本）视为《家礼》的最早刊本[③]。《家礼》最早的注本则是由杨复以廖德明所刊广州本注出，杨复之后，又有刘垓孙增注、刘璋补注本。自广

① 关于《家礼》一书的面世故事及其后续话题，参见第五章。

②［宋］黄榦：《勉斋先生黄文肃公文集》卷20《书晦庵先生家礼》，《宋集珍本丛刊》第68册，北京：线装书局，2004年影印本，第527页。

③ 陈淳讲："《祭仪》始得王郎中子正传本三卷……盖最初本也。"（［宋］陈淳：《北溪先生大全文集》卷14《代陈宪跋家礼》，《宋集珍本丛刊》第70册，第81页）又据方大琮讲："文公先生《家礼》……乾道己丑，成于寒泉精舍……越三十有二年，唐石会葬，乃有持出者。又十年，廖槎溪守广，刊之学，视诸本为最早。"（［宋］朱熹：《家礼》附录引方大琮《家礼附注后序》，朱杰人等编：《朱子全书》第7册，第948页）关于廖德明刊刻《家礼》一事，亦见于［元］脱脱等：《宋史》卷437《廖德明传》，第12972页。

另外，学界关于《家礼》的最早刻本有过一定的争论。阿部吉雄曾以余杭本为最早，吾妻重二则认为此观点应当给以订正。参见［日］阿部吉雄：《文公家礼に就いて》，《服部先生古稀祝贺纪念论文集》，东京：富山房，1936年，第25—40页；［日］吾妻重二著，吴震编：《朱熹〈家礼〉实证研究》，第75—79页。

州本刊出后，在此后的三四十年间，浙江余杭、温州、严州，江西萍乡、上饶，福建莆田等地均曾刊刻、重刻过《家礼》（参见表4—1）。某些刊刻地，比如严州，多年以后州郡内所藏八十种经史诗文类书中，《家礼》便是其中一种①。需要指出的是，刊刻地点虽然不一，但刊刻者对前后刊本、注本互有考订与参校。广州本刊刻时，陈淳以临漳传本与朱在传本等"前后本相参订"；余杭本刊刻时，"再就五羊本为之考订"；严州重刻余杭本时"复精加校"②；杨复《家礼附注》本刊出后，周复"恐其间断文公本书"，在上饶刊本中将杨复注文"别出之，以附于书之后"③。

表4-1　宋代朱子《家礼》刊刻情况一览表

刊本名称	卷数	刊刻者/注者	时间	资料来源
临漳本	三卷			陈淳《代陈宪跋家礼》
朱在传本	一篇			陈淳《代陈宪跋家礼》
广州本（五羊本）	五篇	廖德明	嘉定四年（1211）	陈淳《代陈宪跋家礼》 陈淳《家礼跋》 方大琮《家礼附注后序》 《宋史》卷437《廖德明传》
余杭本	五卷	赵师恕	嘉定九年（1216）	黄榦《书晦庵先生家礼》 陈淳《家礼跋》

①［宋］钱可则修，郑瑶、方仁荣纂：《（景定）严州续志》卷4《书籍》，《宋元方志丛刊》，北京：中华书局，1990年影印本，第4382页。

②［宋］陈淳：《北溪先生大全文集》卷14《代陈宪跋家礼》《家礼跋》，《宋集珍本丛刊》第70册，第81—82页。

③［宋］朱熹：《家礼》附录收周复《家礼附录跋》，朱杰人等编：《朱子全书》第7册，第948页。

续表

刊本名称	卷数	刊刻者/注者	时间	资料来源
余杭本严州重刻	五卷	郑之悌	约嘉定十年（1217）	陈淳《家礼跋》 陈淳《代郑寺丞跋家礼》
萍乡本	五卷	赵崇思		赵希弁《郡斋读书志附志》卷上
莆田本		陈君汲		陈宓《复斋先生龙图陈公文集》卷10《文公朱先生家礼序》
《家礼附注》		杨复	约绍定四年（1231）	方大琮《家礼附注后序》
《家礼附注》广州本		方大琮	淳祐二年（1242）	方大琮《家礼附注后序》
《家礼附注》上饶本		周复	淳祐五年（1245）	周复《家礼附录跋》
《家礼附注》温州本		陈雷		赵希弁《郡斋读书志附志》卷上
《纂图集注文公家礼》	十卷	杨复附注、刘垓孙增注	（宋刊本）	瞿镛《铁琴铜剑楼藏书目录》卷4

文献出处：

1. 朱熹：《家礼》附录收方大琮《家礼附注后序》、周复《家礼附录跋》，《朱子全书》第7册，第948页。

2. 黄榦：《勉斋先生黄文肃公文集》卷20《书晦庵先生家礼》，《宋集珍本丛刊》第68册，第527页。

3. 陈淳：《北溪先生大全文集》卷14《家礼跋》《代郑寺丞跋家礼》，《宋集珍本丛刊》第70册，第82页。

4. 赵希弁：《郡斋读书志附志》卷上，晁公武撰，孙猛校证：《郡斋读书志校证》，上海：上海古籍出版社，2011年，第1122页。

5. 陈宓：《复斋先生龙图陈公文集》卷10《文公朱先生家礼序》，《宋集珍本丛刊》第73册，第474页。

6. 瞿镛：《铁琴铜剑楼藏书目录》卷4《经部四·礼类》，上海：上海古籍出版社，2000年，第94页。

在上述致力于刊刻、校订《家礼》的人群中，除了作为朱熹弟子的学者身份之外，他们还拥有另一种政治身份，即，多数刊刻者正在当时当地为官。《家礼》最早的刊刻者廖德明时任广州知州，余杭本刊刻者赵师恕（生卒年不详）为余杭县知事，余杭本严州重刻者郑之悌（1155—1219）为严州知县，莆田本刊刻者陈君汲（生卒年不详）为地方教官，萍乡本刊刻者赵崇思（生卒年不详）于嘉定七年（1214）以宗子正奏入仕[①]。地方官员在郡县、学宫推行一本礼书，其行为本身显然有着除学术之外的意义设定，他们在刊刻《家礼》时所写或请人代写的书序与书跋中，这些意义被清楚地表达出来。陈宓讲：

> 礼者，圣人所以节文天理，施诸日用，使人有所据依也。典礼不明，虽大夫士家未免因陋同俗。晦庵文公参酌古今之宜而作是书，即今之器，行古之礼，通而严，便而不失其正，俾从事冠昏丧祭者有以自别于俚俗，而不惑于释老，于以兴起人心，助成礼教，岂小补哉！然其书世未多见，三山陈君汲分教莆田，锓置学官以淑同志，可谓知教人先务矣。不鄙谓某志其岁月，某喜乡人由是而习于礼也，遂为之书。[②]

① 关于赵崇思的记载，参见［宋］梁克家纂修：《（淳熙）三山志》卷31《人物》，《宋元方志丛刊》，北京：中华书局，1990年影印本，第8098页。

②［宋］陈宓：《复斋先生龙图陈公文集》卷10《文公朱先生家礼序》，《宋集珍本丛刊》第73册，第474页。

在士人为《家礼》刊本所写的序跋中(参见表4—2),陈宓此篇并不突出,但它却综合体现了各个序跋中所要表达的两个意义:其一,从儒家礼教的角度出发,给朱子《家礼》一个广阔的意义背景与社会价值。陈宓在此归纳为"于以兴起人心,助成礼教";同样的意思,黄榦表达为"礼教之行,庶乎有望矣"①,陈淳则为"于以助成斯世礼俗,而推圣朝道化之美","成此邦礼义之风"②。其二,强调刊刻朱子《家礼》一书的意义在于传播与推广礼文知识。陈淳说此书"最有关于风教之大,人人当服习,而家家当讲行也"③;陈宓提出礼文知识向社会推进的具体过程,应该"学官以淑同志,教人先务",然后"乡人由是而习于礼";方大琮认为"此书传于世之艰,用于世之易,何幸有所据依,遵而行之,当自士大夫始"④。历史记载亦表明,《家礼》已是指导宋代士人尤其是朱熹弟子与再传弟子的重要礼书。

蔡元定之子蔡渊(1156—1236)躬耕不仕,他"内学于父,外师事晦庵文公"。后蔡元定因伪学之禁被贬湖南道州,于庆元四年(1198)逝于贬所,旨许归葬。彼时,奉母家居的蔡渊闻听讣音——

哀毁骨立,一以文公《家礼》为准,庐于墓侧,泣血三年,与当世绝。丁母忧,年及耳顺,哀毁踰礼。文公高弟黄榦

①[宋]黄榦:《勉斋先生黄文肃公文集》卷20《书晦庵先生家礼》,《宋集珍本丛刊》第68册,第528页。

②[宋]陈淳:《北溪先生大全文集》卷14《代陈宪跋家礼》《代郑氏丞跋家礼》,《宋集珍本丛刊》第70册,第82页。

③[宋]陈淳:《北溪先生大全文集》卷14《代郑氏丞跋家礼》,《宋集珍本丛刊》第70册,第82页。

④[宋]朱熹:《家礼》附录收方大琮《家礼附注后序》,朱杰人等编:《朱子全书》第7册,第949页。

（榦）、廖德明、张洽、万人杰、辅广、陈孔硕既折年辈以从之游学，徒包扬、陈文蔚、潘柄、杨复、李燔、林夔孙、李闳祖、李方子、叶采、沈僩、戴蒙、刘弥劭皆执经抱疑以质其学，真德秀、陈宓、陈韡、黄自然、王埜莫不曲巷过门以问出处之实、理乱之由。①

这段记载提到蔡渊按《家礼》居丧礼，然而，蔡元定过世时，朱熹尚在，而遵照当时的说法，《家礼》书成后被窃，待朱熹易箦之时方得归来，则蔡渊所持《家礼》究竟出自何处？是后人书写蔡渊生平时出现的记忆偏差，还是别的原因？未可详考②。不过，文中所列与蔡渊过从往来、学问上抱疑相质的名单之中，有多人曾与朱子《家礼》发生过关联：黄榦、陈宓曾为《家礼》写过书跋、书序，杨复有《家礼附注》，廖德明在广州刊刻《家礼》，李方子所订《朱子年谱》中提到过朱熹编写《家礼》一事③。从这个角度来看，后人以蔡

①［清］李清馥：《闽中理学渊源考》卷25《处士蔡节斋先生渊》，景印文渊阁《四库全书》第460册，台北：台湾商务印书馆，1986年影印本，第325—326页。

②这段记载虽有令人费解之处，但学者相信，此文的史源可靠性较强。参见汤勤福：《朱熹〈家礼〉的真伪及对社会的影响》，姜锡东主编：《宋史研究论丛》第11辑，保定：河北大学出版社，2010年，第539页。

③参见［宋］黄榦：《勉斋先生黄文肃公文集》卷20《书晦庵先生家礼》，《宋集珍本丛刊》第68册，第527—528页；［宋］陈淳：《北溪先生大全文集》卷14《代陈宪跋家礼》，《宋集珍本丛刊》第70册，第81页；［宋］朱熹：《家礼》附录收杨复《家礼附录（节录）》，朱杰人等编：《朱子全书》第7册，第947页；［元］脱脱等：《宋史》卷437《廖德明传》，第12972页；［宋］李幼武：《宋名臣言行录外集》卷12《朱熹晦庵先生徽国文公》，《景印文渊阁四库全书》第449册，第774页；［元］马端临：《文献通考》卷188《经籍考十五》收杨复《朱文公家礼序》，第1602页。

渊依据《家礼》为父居丧这一视角来讲述他对朱学的尊崇，亦是可以理解的。

黄榦（1152—1221）在为贡士黄振龙（1169—1219）所写的行状中，详细记述了“谨守礼法”的黄振龙如何遵守朱子《家礼》来安排自己的丧葬之礼，他讲：

> 君疾革，命取新衣易之，家人方环立侍疾。君整襟肃容，呼其子曰：“养吾疾者，莫若子，男子不死于妇人之手，妇人退。”又曰：“我死，谨毋用浮屠法，不然，是使我不得正其终也。”君之学既行于妻子，又尝以朱文公《家礼》帅其家人，使守之，故其治丧奉君之治命惟谨。[1]

《家礼·丧礼》“初终”讲：“凡疾病，迁居正寝，内外安静，以俟气绝。男子不绝于妇人之手，妇人不绝于男子之手。”[2] 黄振龙在临终之时，按照自己的理解，冷静安排并使用与《家礼》相同的语言来要求亲人，而提醒家人“毋用浮屠法”，则是宋代许多士人的选择，在一定程度上成为身份认同的标识性做法[3]。

陈淳弟子陈沂（生卒年不详）“笃志文公之学，遍参刘爚、廖德明、李方子、杨至诸先生之门，而陈淳又沂终身所卒业者。凡一时及门之士，皆推沂为嫡嗣。继复受《书》《易》于蔡渊、蔡沈，若陈宓、潘柄、蔡和、刘弥邵、蔡模，皆其交游也。平日以礼法自将，丧祭

---

①［宋］黄榦：《勉斋先生黄文肃公文集》卷33《贡士黄君仲玉行状》，《宋集珍本丛刊》第68册，第697页。

②［宋］朱熹：《家礼》卷4《丧礼·初终》，朱杰人等编：《朱子全书》第7册，第902页。

③ 参见陆敏珍：《宋代家礼与儒家日常生活的重构》，《文史》2013年第4期。

一遵朱子《家礼》”①。阳枋（1187—1267）师事朱熹门人度正、暖渊，“尽得其传”。早年时，“居丧读礼，暇，则取释老书阅之，辄洞其源委，而叹其虚无也，免丧，为书深诋之”，他父亲过世时，“时伪禁严，《家礼》未见于世，公请于度公而行之，衰麻敛奠一遵古制”。《家礼》面世后，阳枋以此指导儿子，说：“暨冠，举龙潭居士（按：阳枋父亲）所定冠礼，参之文公《家礼》。”②阳枋是一个十分重礼之人。他母亲过世时，阳枋“执礼过哀，有白蛛垂倚庐者七日，闾里聚观，咸称孝感”，他尊祖奉先时“居室陋，家庙务严洁，家虽贫，烝尝必备礼，每祭，必思祖祢，嗜而荐之，濯溉灌鬯，必躬必亲。前期致斋至恪，及祀之日，涕泗呜咽不胜，望松楸悲恻感慨”。他也曾有意推行《吕氏乡约》，讲明乡饮之礼，“以维持孝弟忠信之风，一乡化焉”③。

从上述例子来看，《家礼》遵行者均为朱熹弟子与再传弟子，对于这些人的践行，黄榦讲：

> 学者得是书（按：《家礼》）而习之，又于先生所以教人者深致意焉，然后知是书之作，无非天理之自然，人事之当然，而不可一日缺也。④

①［清］李清馥：《闽中理学渊源考》卷28《推官陈伯澡先生沂》，景印文渊阁《四库全书》第460册，第361页。

②［宋］阳枋：《字溪集》卷12《有宋朝散大夫字溪先生阳公行状》，《景印文渊阁四库全书》第1183册，台北：台湾商务印书馆，1986年影印本，第440、442、467页。

③［宋］阳枋：《字溪集》卷12《有宋朝散大夫字溪先生阳公行状》，《景印文渊阁四库全书》第1183册，第441—442页。

④［宋］黄榦：《勉斋先生黄文肃公文集》卷20《书晦庵先生家礼》，《宋集珍本丛刊》第68册，第527—528页。

黄榦在这里特别指出了“学者”这一群体，当人们用极其繁琐与思辨的方式追溯朱子《家礼》的价值时，《家礼》仍只是少部分人群的自觉选择，人们据《家礼》而起的演礼活动，是用以反观儒学天理、人事的知识验证。在宋代，尽管有服膺朱学者遵朱子《家礼》行冠婚丧祭之礼，但在这一时代，《家礼》尚未成为指导整个社会日常生活的范本，它还面临着知识检验与社会实践，来证明其应用的可能性与有效性，朱子《家礼》作为民间通用礼的时代尚未到来。

表4-2　宋代朱子《家礼》刊刻序、跋一览表

<table>
<tr><th>作者</th><th>篇名</th><th>写作时间</th><th>资料来源</th></tr>
<tr><td>潘时举</td><td>篇名佚，内容实为《家礼》木主图题识</td><td>嘉定六年（1213）</td><td>赵希弁《郡斋读书志附志》卷上</td></tr>
<tr><td>黄榦</td><td>《书晦庵先生家礼》</td><td>嘉定九年（1216）</td><td>黄榦《勉斋先生黄文肃公集》卷20</td></tr>
<tr><td rowspan="3">陈淳</td><td>《代陈宪跋家礼》</td><td></td><td rowspan="3">陈淳《北溪先生大集文集》卷14</td></tr>
<tr><td>《家礼跋》</td><td>嘉定十年（1217）</td></tr>
<tr><td>《代郑寺丞跋家礼》</td><td></td></tr>
<tr><td>陈宓（1171—1226）</td><td>《文公朱先生家礼序》</td><td></td><td>陈宓《复斋先生龙图陈公文集》卷10</td></tr>
<tr><td>杨复</td><td>《家礼附录》</td><td>约绍定四年（1231）</td><td>马端临《文献通考》卷188《经籍考十五》</td></tr>
<tr><td>方大琮</td><td>《家礼附注后序》</td><td>淳祐二年（1242）</td><td>朱熹《家礼》附录</td></tr>
<tr><td>周复</td><td>《家礼附录跋》</td><td>淳祐五年（1245）</td><td>朱熹《家礼》附录</td></tr>
<tr><td>李道传</td><td>佚</td><td></td><td>赵希弁《郡斋读书志附志》卷上</td></tr>
</table>

资料文献出处：

1. 赵希弁：《郡斋读书志附志》卷上，晁公武撰，孙猛校证：《郡斋读书志校证》，上海：上海古籍出版社，2011年，第1122页。

2. 黄榦：《勉斋先生黄文肃公文集》卷20《书晦庵先生家礼》，《宋集珍本丛刊》第68册，第527页。

3. 陈淳：《北溪先生大全文集》卷14《家礼跋》《代郑寺丞跋家礼》，《宋集珍本丛刊》第70册，第82页。

4. 陈宓：《复斋先生龙图陈公文集》卷10《文公朱先生家礼序》，《宋集珍本丛刊》第73册，第474页。

5. 马端临：《文献通考》卷188《经籍考十五》，北京：中华书局，1986年影印本，第1602页。

6. 朱熹：《家礼》附录收方大琮《家礼附注后序》、周复《家礼附录跋》，《朱子全书》第7册，第948页。

二、"礼行于下者难"：基于朱熹的思考

如何在社会上推广一部礼书？实践中会遇到什么样的问题？如何为这些问题提供可能的应对措施？对此，朱熹有过详细论说，并有"礼不难行于上，而欲其行于下者难"的判语。在阐明这一判断时，朱熹先简单罗列了"礼不难行于上"的两个缘由：一是礼典制度在朝廷之上"典章明具"，器币牢醴"皆有常制"；二是人事措置上，礼部官员既可"案故事施行之"，又可"相与聚而谋之"，执事之人"习熟见闻，无所违失"，一有不当，又可"援据古今而质正之"。但是，对于州县的士庶之家来说，"礼之不可已而欲行之，则其势可谓难矣"。朱熹详列礼之行于下时，五种"得其所以不合者"的情况，以及"必欲举而正之"的五种应对措置。

所谓"得其所以不合者五"，实指礼行于下时所面临的五个难题：其一，礼书颁布后往往与律令同藏于理官，而从事于法礼者又

多俗吏,不足以知其说,官员又不能以时布宣,因此,如何将礼文知识"通于下"便成为难题。其二,礼书虽存,但"沿习苟简,平时既莫之习,临事则骤而学焉",因此"多所谬盭",朝廷不能督察绳纠,这样一来,如何习礼亦成为难题。其三,州县所用祭器应该如何颁降?其四,州县所用祭服如何走出"古今杂糅,雅俗不辨""不应礼典"的乱象?其五,如何解决礼书中"前后自相矛盾,及疏略不备处"?

针对这五个问题,朱熹提出了"必将举而正之"的五种应对措置:第一,关于颁行礼书。朱熹建议,礼书下达州县时无需尽颁,但取州县官民所应用者,"锓板模印而颁行之州县,各为三通",分别藏于守令厅事、学宫与名山寺观;民庶所用州县锓板,"正岁则摹而揭之市井村落,使通知之"。第二,关于讲诵礼书。州县选择"士人之笃厚好礼者"若干,"廪之于学,名曰治礼,每将举事,则使教焉",同时,监察、绳治那些"奉行不如法者"。第三,关于祭器准式。朱熹认为,祭器不一,郡县所用又多,无法悉由朝廷给付,因此,他建议由朝廷颁行准式,付之州郡,椟藏于太守厅事,"以其制为之,以给州用,以赋诸县"。第四,统一祭服,"举其所有者,议其所无者补之,使皆为古礼服",制造与颁降的办法悉如祭器法。第五,详考、厘正礼书之不备者,"仍为图其班序、陈设、行事、升降之所事为一图,与书通班之",如此,"则见者晓然矣"[1]。

朱熹关于礼行于下者所预设的五个难题与五种应对措置是针对朝廷如何推行《政和五礼》而来,不过,抛开礼书的性质,任何礼书在向社会推行过程中或多或少会遇见相同的问题。宋代,《家礼》尚未成为国家礼书,朱熹所讨论的礼行于下者中的一些问题,

①[宋]朱熹:《晦庵先生朱文公文集》卷69《民臣礼议》,朱杰人等编:《朱子全书》第23册,第3352—3354页。

比如,礼器准式的颁行与礼服的统一等尚未出现,但亦有一些措置却比人们预想中开展得更早些。比如,颁行礼书,上引地方官员锓板刊刻《家礼》,某些郡县藏此书于州郡厅事之中等行为,便与朱熹所议相为契合。又如,讲诵礼书,廖德明刊《家礼》书时,“公余延僚属及诸生亲为讲说”①;《家礼》莆田本的刊刻者陈君汲即以学官身份来推行此书“以淑同志,可谓知教人先务矣”②。方岳(1199—1262)在整顿白鹿洞书院时,与人辨明《家礼》中“盛服”的含义,也可视作是推明礼文的实际行动,他讲:

> 白鹿书院实先贤讲道之地,水木幽茂,雅宜藏修。而比年以来,师道不立,士之处其间者,亦多粥饭僧耳。某初至,见学校不肃,令之曰:“紫衫戎服,凉衫凶服,恐不可以见先圣先师,自今以来,不具襕幞者,其勿与殿谒,不具深衣者,其勿与听讲。”则皆不以为是。有一寄居曰陶教授持文公《家礼》来,曰:“凉衫,盛服也,文公自言之矣,何不可之有?”某笑指旁一虞兵而谓之曰:“若此辈祭其祖先,亦着襕幞,岂非怪事?文公《家礼》为祭祖先言也,不为拜先圣言也,故曰:凡言盛服者,官员公裳,士人襕幞,庶人凉衫。市井小人亦有祖先也,则凉衫其盛服矣。文公之礼,士人犹不可以凉衫见其祖先,而谓可以凉衫见先圣先师乎?”盖礼文之粗浅者,其议尚如此,则其所讲明可类推矣。③

①[元]脱脱等:《宋史》卷437《廖德明传》,第12972页。

②[宋]陈宓:《复斋先生龙图陈公文集》卷10《文公朱先生家礼序》,《宋集珍本丛刊》第73册,第474页。

③[宋]方岳:《秋崖先生小稿》卷20《与蔡宪》,《宋集珍本丛刊》第85册,北京:线装书局,2004年影印本,第53页。

深衣与盛服的差别在《家礼》中有明确说明。朱熹以深衣为“平时之常服”，晨谒祠堂以及四时祭、初祖、先祖、祢、忌日等许多祭奠场合，主人皆可着深衣。朱熹又说：“凡言盛服者，有官则幞头、公服、带、靴、笏；进士则幞头、襕衫、带；处士则幞头、皂衫、带；无官者通用帽子、衫、带，又不能具，则或深衣或凉衫。”[①] 这里，虽然深衣与凉衫并列，但深衣与盛服的差别十分明显。陶教授主张以凉衫为盛服，与深衣同用，方岳以为有误，因为陶教授虽取用了“盛服”的概念，却模糊了朱熹关于不同身份者盛服亦不同的设定，在方岳看来，书院学生可着襕幞、深衣祭先圣，却不可着凉衫。这段讲述的结尾，方岳以“礼文之粗浅者，其议尚如此”来感慨讲诵礼书、推明礼文的难度。

上引关于颁行、讲诵《家礼》的例子，均只是某些地方、某些官员零散、自发的行为，而非国家礼典意义上的系列行政运作。相对而言，在《家礼》成为国家礼典之前，宋代士人对此书本身的考订与完善的工作则更为系统，对后世的影响也更大。

《家礼》一书未经朱熹本人审定便被人窃走，这一故事一直是朱门弟子在刊刻、推行此书时念兹在兹之事。陈淳讲：

> 惜其书既亡而复出，不出于先生无恙之前，而出于先生既没之后，不及先生再修为一定之成仪以行万世，而反为未成之缺典，至贻后学千古无穷之恨，甚可痛也。[②]

①［宋］朱熹：《家礼》卷1《通礼·祠堂》，朱杰人等编：《朱子全书》第7册，第878页。

②［宋］陈淳：《北溪先生大全文集》卷14《代陈宪跋家礼》，《宋集珍本丛刊》第70册，第81页。

这段文字辞旨甚切[①]。“未成之缺典”意味着书中存在着篇章缺失、礼意不合之处，使人“恨不及面订于先生”，至于“缺文而未及补，脱句而未及填，与讹舛字之未获正者，或多见之”[②]。在这样的情形下，注释《家礼》以纠谬、正误成为其中的诉求。这个工作最早由杨复着手，他以廖德明所刊广州本为底本，逐条注释，希望“粗有以见先生之意”[③]。杨复的工作得到肯定，《家礼》逸而复出，“辅以注而益详”，通过注文，“当时损益折衷之意始见”[④]。杨复之后，又有刘垓孙的增注与刘璋的注本，在此后相当长时间内，三人的注本合刊为集注本，成为元明时期最重要的《家礼》刊本[⑤]。

如果说附注本只是依据《家礼》礼文对之进行阐述的话，车垓《内外服制通释》则是另一种形式的释文。车垓为朱子的三传弟子，《内外服制通释》“仿文公《家礼》而补其所未备，有图、有说、有名义、有提要，凡正服、义服、加服、降服，皆推阐明晰，具有条理”。因此，有人称赞说：“《家礼》著所当然，此释其所以然。”[⑥]

除了注文、释文外，朱熹曾提出“为图”的方式来处理礼书中

① 此段文字后被杨复转引，文字略作调整，曰：“惜其书既亡，至先生既没而后出，先生不及再修为一定之成仪以幸万世，而反为未成之阙典。”［元］马端临：《文献通考》卷 188《经籍考十五》收杨复《朱文公家礼序》，第 1602 页。

②［宋］陈淳：《北溪先生大全文集》卷 14《代陈宪跋家礼》，《宋集珍本丛刊》第 70 册，第 81 页。

③［元］马端临：《文献通考》卷 188《经籍考十五》收杨复《朱文公家礼序》，第 1602 页。

④［宋］朱熹：《家礼》附录引方大琮《家礼附注后序》，朱杰人等编：《朱子全书》第 7 册，第 948—949 页。

⑤ 元明《家礼》刊刻情况，参见［日］吾妻重二著，吴震编：《朱熹〈家礼〉实证研究》，第 88—94 页。

⑥［清］永瑢等：《四库全书总目》卷 20《经部·礼类二》，第 168 页。

"前后自相矛盾,及疏略不备处"[①]。而后来者给《家礼》附以图例方式,这个工作也早就开始了。嘉定六年(1213),朱熹弟子潘时举(生卒年不详)撰写了一篇关于木主图的题识,他引用了程颐关于木主材质、取法、象征、尺寸、形状、属称、旁题等说法后,讲:

> 程先生木主之制,取象甚精,可以为万世法。然用其制者,多失其真,往往不考用尺之长短故也。盖周尺当今省尺七寸五分弱,而程氏文集与温公《书仪》多误注为五寸五分弱,而所谓省尺者,亦莫知其为何尺。时举旧尝质之晦翁先生,答云:"省尺乃是京尺,温公有图子。所谓三司布帛尺者是也。"继从会稽司马侍郎家求得此图。其间有古尺数等,周尺居其右,三司布帛尺居其左。以周尺校之布帛尺,正是七寸五分弱。于是造主之制始定。今不敢自隐,因图主式及二尺长短,而著伊川之说于其旁,庶几用其制者,可以晓然无惑也。[②]

潘时举参考程颐所订木主之制,又辅以司马侍郎家所藏图式来制订木主图,图旁又附上文字说明。显然,这样的附图与此前的礼图,比如聂崇义《新定三礼图》的绘制方式并无二致[③],与后世通过明确形象来推动《家礼》通俗化的插图的表现手法则有较大差

---

①[宋]朱熹:《晦庵先生朱文公文集》卷69《民臣礼议》,朱杰人等编:《朱子全书》第23册,第3353页。

②[明]胡广等:《性理大全》卷18《家礼一·木主图·椟韬藉式》,第16a—b页。

③ 参见[宋]聂崇义:《新定三礼图》,郑振铎编:《中国古代版画丛刊》,上海:上海古籍出版社,1988年。因可供参比的礼图较多,加之表现手法大略类同,兹不一一列举。

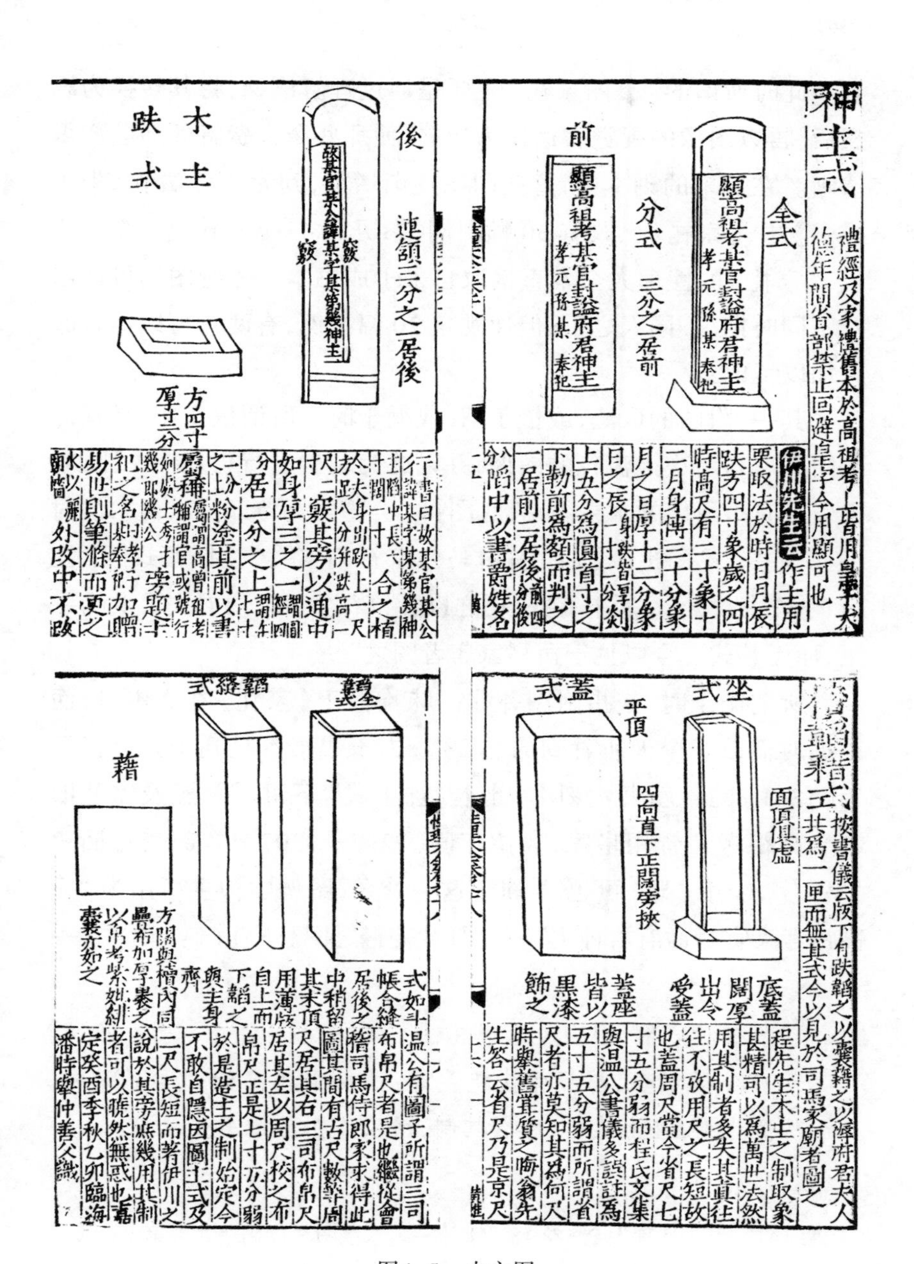

图4-5　木主图

别。此时所谓的“纂图家礼”主要是通过理解语词,将其转换为思想后,再以图像的视觉表达作为导向,使那些令人费解的问题变得清晰。在后来的刻本中,这些附图逐渐增加,到元代黄瑞节《朱子成书》中,《家礼》已收有30幅图例(参见表4—3),刊成一卷。明代,《家礼》的性理大全本直接取自朱子成书本。尽管图例可能出自不同时期、不同人之手,但通观这30幅图例,有两点可以结合起来加以考虑:

其一,附图的取法,或依于旧,或循于时。所谓依于旧,是指一些附图取自历史上流传的图像,并以此为基础进行再加工。比如,上引潘时举所用的木主图,其底图自“会稽司马侍郎家求得”,潘时举又于“尺式”图下注曰“右司马公家石刻本”,“椟韬藉式”下注曰“按《书仪》云:版下有趺,韬之以囊,藉之以褥,府君夫人共为一匣,而无其式。今以见于司马家庙者图之”①。

所谓循于时,是指附图并非一味拘泥于《家礼》礼文本身,而是据时而改。今天所看到的《家礼》朱子成书本是刊于元至正元年(1341)的日新书堂刻本,此本“神主式”下讲:“礼经及家礼旧本于高祖考上皆用皇家,大德年间(1297—1307),省部禁止回避‘皇’字,今用‘显’可也。”囿于这一禁令,图例中神主所用为“显高祖考某官封谥府君神主”。又如,“丧轝之图”下注曰:

柳车之制,具见《三家礼图》及《书仪》注中。然《书仪》云:“今既难备,略设帷幌花头等,不必繁华高大。”今《家礼》从俗为轝,且为竹格,已有其制,用以作图易柳车云。②

①[明]胡广等:《性理大全》卷18《家礼一·木主图·椟韬藉式》,第16a页。
②[明]胡广等:《性理大全》卷18《家礼一·丧轝之图》,第11b页。

注文叙述丧轝易柳车之始末，图式却依时俗而来。正是基于“循于时”的思路，使得附图本身流转于可察觉的历史语境之中，以一种可描述的、可变动的方式进行着。

其二，附图的构图方式。除了家庙图外，多数附图是由简单的线条与大量的文字构成。比如，同为祭礼的物理场所，家庙之图类似于一幅形象的景观图，而“祠堂之图”却是以线条连贯文字而作出的指示图；其他如“行冠礼图”“昏礼亲迎之图”“小敛图”“哭含袭图”“大敛图”均是如此构图；而“大宗小宗图”则将文字以直方图的形式排列，边上再附以刘垓孙的注文以详细说明；“深衣冠履之图”下虽有缁冠、幅巾、黑履等实物的形象图示，但图示下仍列示文字以说明图例中没有讲到的颜色、材质等。这些附图的结构，与其说图像是对礼文的重绘，不如说是以图例、图示、表格等方式，

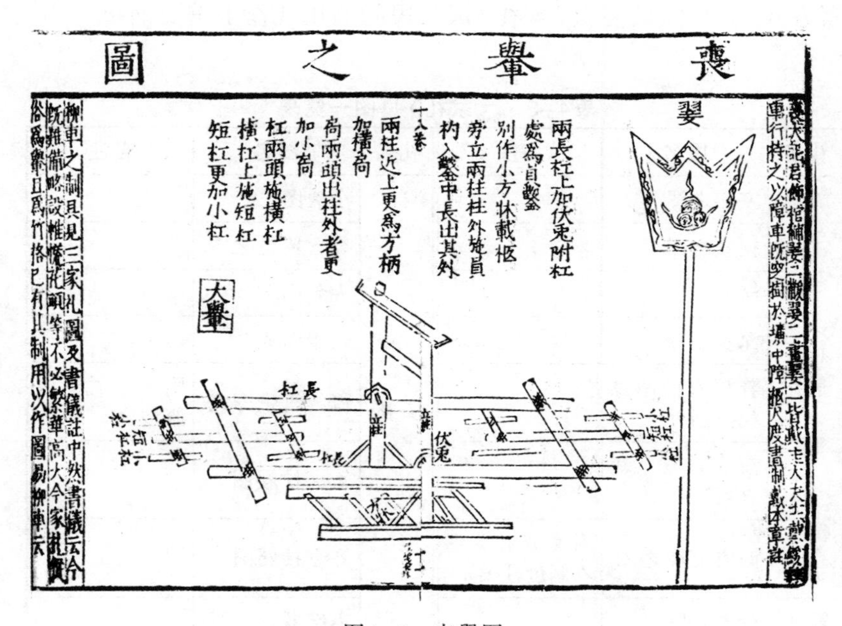

图4-6　丧轝图

结合文字或省减部分文字，来例示、标记、表解礼文中所表达的方位、亲属关系的谱系、冠服与礼器的制式及尺寸、行礼时众人的站位、场所布置等具体信息。附图本身并非是对文字的原则性转换，它只是力所能及地传达文字的指向，以使礼文表达得更为清晰与具体。

综而论之，当我们尝试观察朱子《家礼》这本礼书向社会实际推行的具体过程及面临的问题时，其中所涉及的事实与材料十分零碎，我们以朱熹关于“礼行于下者难”的论述作为思考基底，从朱熹所论的五个要素来通观《家礼》行于下时部分工作的开展与成效，毫无疑问，注释、附图等工作仍然只是少部分人的努力，他们生产着纯学术化的知识，对加深礼书的理解有着不可替代的作用。但在不久之后，纯学术化的知识却被编入了一种较为通俗化的书写方式之中，并最终为《家礼》成为民间通用礼作了重要铺垫。

表4－3　《家礼》纂图一览表

<table>
<tr><th>礼名</th><th>图名</th><th>备注</th><th>礼名</th><th>图名</th><th>备注</th></tr>
<tr><td rowspan="7">通礼</td><td>家庙之图</td><td></td><td rowspan="8">丧礼</td><td>小敛图</td><td></td></tr>
<tr><td>祠堂之图</td><td></td><td>袭含哭位之图</td><td></td></tr>
<tr><td>深衣前图</td><td></td><td>大敛图</td><td></td></tr>
<tr><td>深衣后图</td><td></td><td>丧服图式</td><td></td></tr>
<tr><td>着深衣前两襟相掩图</td><td></td><td>冠绖绞带图式</td><td>附《家礼》成服注文</td></tr>
<tr><td>裁衣前法、裁衣后法</td><td></td><td>斩衰杖屦图</td><td></td></tr>
<tr><td>深衣冠履之图</td><td>附《家礼》深衣制度注文</td><td>齐衰杖屦图</td><td></td></tr>
<tr><td>冠礼</td><td>行冠礼图</td><td></td><td>丧祭器具之图</td><td></td></tr>
</table>

续表

礼名	图名	备注	礼名	图名	备注
昏礼	昏礼亲迎之图		丧礼	丧轝之图	附丧举易柳车始末
	衿鞶箧笥椫椸图			本宗五服之图	
祭礼	大宗小宗图	附“增注”，《性理大全》本作“刘氏垓孙曰”		三父八母服制之图	
	正寝时祭之图			妻为夫党服图	
	每位设馔之图			外族母党妻党服图	
				神主式	附潘时举题识
				椟韬藉式	
				椟式	
				尺式	司马家石刻本

文献来源：

1. 黄瑞节：《朱子成书》卷6《家礼》，日新书堂刻本。

2. 胡广等：《性理大全》卷18《家礼一》，明嘉靖三十八年（1559）樊献科重刻本。

三、有用的知识：日用类书的碎片

《礼记·曲礼》中讲：“礼从宜，使从俗。”“从俗”是礼论中一条亘古的准绳。宋代家礼的书写者在多种情况下讨论过从俗的可能性与必要性，尤其是在古礼难行、今法不立的困境下，这一原则被书写者具体运用着。叶梦得曾强调妇人之首饰衣服“宜从俗”[①]；司马光认为上尊官之仪中关于“阁下”的称呼，古人尚右、今人尚左的方位选择上，“且须从俗”[②]；朱熹提出“古者葬地葬日皆决于卜筮，今人不晓占法，且从俗择之可也”[③]。在从俗的同时，书写者反对世俗之礼中的“恶俗”，避免某种“鄙俗”的讨论亦时有发生。司马光批评早婚之弊与婚仪之陋俗，说：“世俗好于襁褓童幼之时轻许为婚。”“今世俗有结发之仪，此尤可笑。”丧礼中，“世俗或用冠帽衣屦装饰如人状，此尤鄙俚”[④]。这些对时俗的批评同样反映在朱熹《家礼》之中[⑤]。不可否认，无论是“从俗”还是“恶俗”“避俗”，书写者在彼此所遵行的书写原则，以及礼文释读的旨趣下各有选择，这一组矛盾构成了家礼书写者的复杂心态，同时又可用来说明，当个体以书写的方式构建理想的礼仪秩序时，始终需要关注社会现实，因为，如果脱离了当下社会中的文化形式，书写的礼文很可能无法获得公共表达的基础。

家礼书写者在从俗或恶俗、避俗的取径下与俗礼相遇，而在另一条相反的路径下，俗礼的参与者、观察者与结集者则从严肃的家礼书写者那里改编、借用着他们所书写的礼文，将之编入实用型的类书之中，使之成为民间日用知识体系的其中一种，广为流传。宝

①［宋］叶梦得：《石林治生家训要略》，《丛书集成续编》第 78 册，上海：上海书店，1994 年影印本，第 446 页。

②［宋］司马光：《司马氏书仪》卷 1《私书·上书》、卷 3《婚仪上·亲迎》，《丛书集成初编》，第 6、36 页。

③［宋］朱熹：《家礼》卷 4《丧礼·治葬》，朱杰人等编：《朱子全书》第 7 册，第 916 页。

④［宋］司马光：《司马氏书仪》卷 3《婚仪上·婚》《婚仪上·亲迎》、卷 5《丧仪一·魂帛》，《丛书集成初编》，第 29、37、54 页。

⑤ 参见［宋］朱熹：《家礼》卷 3《昏礼·议昏》《昏礼·亲迎》、卷 4《丧礼·魂帛》，朱杰人等编：《朱子全书》第 7 册，第 895—896、899、905 页。

祐五年(1257),福建文人谢维新(生卒年不详)因友人"以类书见嘱,且以合璧事类备要名"而编就的综合型类书,将"吉凶庆吊冠婚丧祭之仪"同列为"莫不类而得其备"的内容之一[①];同为福建人的丁昇之(生卒年不详)则专以婚礼制度、仪程与典故作为类编要目,辑为《婚礼新编》[②]。而就"家礼"这一门类的传播而言,以南宋末陈元靓及其所编纂的《事林广记》最为重要[③]。

陈元靓是一个名不见经传的士人,有关其个人的基本信息,比如生卒年、仕履、籍贯等并无直接记载。四库馆臣讲:

> 元靓不知其里贯,自署曰广寒仙裔,而刘纯作后序,称为"隐君子",其始末亦未详言,莫之考也。书前又有"知无为军巢县事朱鉴序"一篇,鉴乃朱子之孙,即尝辑诗传遗说者,后仕至湖广总领。元靓与之相识,则理宗时人矣。[④]

馆臣通过陈元靓与刘纯、朱鉴等人的社交网络来考订其生平,更以朱鉴之生卒年来定陈元靓在历史上的活动时期。此后,丁丙(1832—1899)沿袭了"元靓里贯未详"的说法,却特意引用刘纯序中所称"龟峰之麓、梅溪之湾,有隐君子,广寒之孙,涕唾功名,金玉

---

①[宋]谢维新:《古今合璧事类备要》,景印文渊阁《四库全书》第939册,台北:台湾商务印书馆,1986年影印本,第2页。

②[宋]丁昇之辑:《婚礼新编》,《北京图书馆古籍珍本丛刊》第72册,北京:书目文献出版社,1995年影印本。

③《事林广记》版本众多,各个版本书名并不一致,此处主要使用北京中华书局1963年影印至顺(1330—1333)建安椿庄书院刻本《新编纂图增类群书类要事林广记》,为避免行文拖沓,只以《事林广记》简称。

④[清]永瑢等:《四库全书总目》卷67《史部·时令类》,第592页。

篇籍，萃成一书”的说法，以讲述陈元靓可能的籍贯与不仕信息[①]。陆心源（1838—1894）推断说，陈元靓“仕履无考，当为季宋人”，并强调《事林广记》“是编各类所征引皆至南宋止”[②]，他详考陈元靓家世，称其为“福建崇安人”，祖父为陈抟弟子，父亲为绍圣四年进士[③]。当代学者胡道静则将刘纯的序文与地方志相结合，考订了龟峰之麓、梅溪之湾的地理位置，肯定陈元靓为福建崇安五夫里人，离建阳麻沙镇甚近[④]；王珂扩大方志的考察范围，认为陈元靓为福建建阳崇政下乡北洛里人[⑤]。

在对史料的层层梳理之下，南宋人陈元靓的里贯慢慢浮现。这一信息的确认对窥见陈元靓本人具有十分重要的意义，因为，不管出于何种考虑，研究者相信陈元靓所生活的场所与他的编纂生涯似乎有着一种不言而喻的关联。陈元靓的著书中，除了编有“一部日用百科全书型的古代民间类书”—《事林广记》[⑥]，还编有“本天道之宜以立人事之节者”的时令类书《岁时广记》[⑦]，以及《博闻录》三编，后者虽已佚，但残存的文字表明它与陈元靓其他作品一

①［清］丁丙：《善本书室藏书志》卷10《史部八》，清光绪二十七年（1901）钱塘丁氏刻本，第13a页。

②［清］陆心源：《皕宋楼藏书志》卷60《子部·类书类二》，清光绪八年（1882）十万卷楼刻本，第16b页。

③［宋］陈元靓：《岁时广记》卷首收陆心源《重刊足本岁时广记序》，《丛书集成初编》，北京：中华书局，1985年，第1页。

④ 胡道静：《元至顺刊本〈事林广记〉解题》，《百科知识》1979年第5期。又见于氏著：《中国古代典籍十讲》，上海：复旦大学出版社，2004年，第161页。

⑤ 王珂：《陈元靓家世生平新证》，《图书馆理论与实践》2011年第3期。

⑥ 胡道静：《元至顺刊本〈事林广记〉解题》，《百科知识》1979年第5期。又见于氏著：《中国古代典籍十讲》，第160—161、169页。

⑦［清］永瑢等：《四库全书总目》卷67《史部·时令类》，第592页。

样，俱是杂钞群书、取便流俗通用而编。这些编著中，知识门类纷杂、引用材料繁多，作为一个仕履无法考详的“隐君子”，陈元靓从何处获得杂钞群书的渠道？如何收集知识信息？于此问题中，作者所生活的场所似乎给出一种可能的解释。就如学者所考订的那样，陈元靓本人可能因科场失利，并无功名，是佣于地方书肆，以编写为生的士人①。众所周知，建阳麻沙、崇化为宋代产书的“图书之府”，宋人甚至在地理志中将“书籍行四方”记为当地的“土产”②，建本（麻沙本）因其品质问题在当时就已聚讼纷纭③，同样也因其印版数量之多、销量之广而著称，即朱熹所谓建阳版本书籍“行四方者，无远不至”④。虽然没有直接证据说明陈元靓编书与麻沙镇的关联，但他采集与类编知识信息的方式，显然需要满足一些基本条件，比如，需要有杂钞群书的时间与机遇，而“图书之府”的麻沙镇

① 胡道静：《元至顺刊本〈事林广记〉解题》，《百科知识》1979年第5期。又见于氏著：《中国古代典籍十讲》，第161页。

②［宋］祝穆撰，施和金点校：《方舆胜览》卷11《福建路·建宁府》，北京：中华书局，2003年，第181页。

③ 宋人笔记中有关于麻沙本评价的不同事例。《老学庵笔记》载：“三舍法行时，有教官出《易》义题云：‘乾为金，坤又为金，何也？’诸生乃怀监本《易》至帘前请云：‘题有疑，请问。’教官作色曰：‘经义岂当上请？’……诸生徐出监本，复请云：‘先生恐是看了麻沙本。若监本，则坤为釜也。’教授皇恐，乃谢曰：‘某当罚。’”（［宋］陆游撰，李剑雄、刘德权点校：《老学庵笔记》卷7，北京：中华书局，1979年，第94页）王应麟则从《荀子》的《劝学篇》与《赋篇》的具体版本上考订，说：“《劝学篇》‘青出之蓝’作‘青取之于蓝’，‘圣心循焉’作‘备焉’，‘玉在山而木润’作‘草木润’，‘君子如向矣’作‘知向矣’。《赋篇》‘请占之五泰’作‘五帝’。监本未必是，建本未必非，余不胜纪。”（［宋］王应麟著，栾保群、田松青、吕宗力校点：《困学纪闻（全校本）》卷10《诸子》，第1197页）

④［宋］朱熹：《晦庵先生朱文公文集》卷78《建宁府建阳县学藏书记》，朱杰人等编：《朱子全书》第24册，第3745页。

或可成为像陈元靓这类生活于此地的下层士人的图书馆或者“知识储藏室”,他采用一种新的书写视角,跳出社会等级,以民间日用知识作为采集对象,这些知识零碎、细琐,因此,他在整理时,将这些碎片化的知识形态通过分门别类结集编撰成书。

《事林广记》即是如此类编的典型。此书仿如由不同知识碎片构成的拼图。这些碎片中,家礼作为一个知识门类单独出现,成为与天文、历候、节序、地舆、郡邑、方国、胜迹、仙境、人纪、人事、仪礼、农桑、花果、竹木、帝系、纪年、历代、圣贤、先贤、宫室、学校、文籍、辞章、儒教、幼学、文房、服饰、闺妆、器用、音乐、音谱、武艺、道教、禅教、文艺、官制、刑法、公理、货宝、筭法、茶果、酒麹等 43 种知识门类的其中之一①。《事林广记》中对民间百科知识进行门类划分的标准与秩序是如何形成的,因与本章所讨论的主题并无紧密关系,为避免枝蔓,这里存而不论。以《事林广记》中“家礼”这一知识门类而言,关注日常知识、实用知识是其中的关键。

《事林广记》将日常生活中行用的礼仪分列“家礼”与“仪礼”两类。“家礼”举冠、婚、丧、祭四礼,“仪礼”列乡饮酒仪、乡居杂仪、拜见新礼、彝俗接谈等内容,前者重点落在行用于家之礼,后者聚焦于家之外的礼仪。

在“家礼”类中,陈元靓明确指出钞编礼书与礼说的名称为:程颐《葬说》《柏棺说》《作神主说》、司马光《书仪》、吕大临《乡仪》、朱熹《家礼》,其他内容则以“徇俗,姑存”来记其出处。在布局上,冠婚丧祭四礼前分列总叙,其中,“冠礼总叙”“婚礼总叙”来自吕大临《乡仪》,丧礼总叙以《书仪》中的“居丧杂仪”来替代,

①《事林广记》元明刻本较多,门类划分略异,此处门类仅据 1963 年中华书局影印元至顺建安椿庄书院刻本罗列。

"祭礼总叙"不记出处。作者以冠婚丧祭四礼来类编民间家用之礼，但在占幅分布上，婚、丧内容居多，尤其是婚礼，除了总叙及"文公《家礼》凡七条"之外，其他均为世俗婚礼，包括草贴新式、婚书新式、聘定礼物状新式、唱拜致语、绮席诗词、撒帐致语、嫁娶新例等，其中，嫁娶新例很多内容明显为后来刻本新增，如，"聘财等第"为大德八年（1304）三月诏书，"同姓不婚"以至元八年（1271）正月二十五日为法令执行的分界日期。而士大夫普遍重视的祭礼内容占幅最少。

作为民间日用百科全书，陈元靓将不同礼书分别以冠婚丧祭这一分类体系进行钞编时，四礼的划分只用来分选标记不同的材料，作者无意区分礼书中礼文的不同，因此，在面对司马光《书仪》与朱熹《家礼》时，因两书存在着较多的传承，陈元靓钞编时对相关内容既不比较也不阐释与解读，仅作简单标记。比如，冠礼中，作者不记具体礼文出处，只标"温公《家仪》与文公《冠礼》大略一同"；丧礼中某些内容单独标注出处，如，"初终"出自"文公《丧礼》"，"五服年月"注其出处为"司马温公《丧仪》"，未特意标明处，则注云："以上并是司马温公《丧礼》，与文公《丧礼》大略皆同。"这种钞编方式，编者称之为"群书类要"。从现存《事林广记》元明刊本来看，无论后世刊刻者如何变换《事林广记》的整个书名，比如，从元刊本的"新编纂图增类群书类要事林广记""纂图增新群书类要事林广记"，到明刊本的"新刊纂图大字群书类要事林广记""新刊纂图群书类要事林广记""新编群书类要事林广记"等等，其中的"群书类要"四字从不曾被取消①。

① 现存《事林广记》诸本名称，参见［日］森田宪司：《关于在日本的〈事林广记〉诸本》，邓广铭、漆侠主编：《国际宋史研讨会论文选集》，保定：（转下页）

从一定程度上讲，尽管后世学者肯定《事林广记》的史料价值[①]，但从书写者的角度，这一实用型的编著比纯礼书的专业写作可能要低等——至少部分学者是这样看的，类编不过是一种老练的借用，更何况，在某些学者看来，书写"农家日用、闾阎风俗"等民事者，素来为浅识者所歧视[②]。这是一种根深蒂固的传统观念，但是，正是在这些非专业化的编著之中，诸如司马光《书仪》、朱熹《家礼》等"闲词繁冗，长篇浩瀚，令人难读"[③]的专门礼书，裹挟在民间日用百科知识体系之中，与世俗礼仪一起作为实用型的知识被广泛普及。现存《事林广记》刊本中，最古的是元至顺（1330—1332）刊本，最新的是明嘉靖二十年（1541）刊本，前后刊本相距两百多年[④]，而且，后世在刊刻时，"自元而明，屡刊屡增，即其所分子目，恐亦非元靓之旧矣"[⑤]。绵延相续的刊刻事实与不断更新的增类，不仅反映了实用型知识的普及性，而且，这类知识不断的活态

（接上页）河北大学出版社，1992年，第276—280页。该书所收森田宪司一文的题目，正文与目录页不同（目录页题为"《关于日本现存〈事林广记〉诸本》"），此据正文所列。

① 关于《事林广记》一书的价值，参见胡道静：《元至顺刊本〈事林广记〉解题》，《百科知识》1979年第5期。又见于氏著：《中国古代典籍十讲》，第164—172页。

②［清］永瑢等：《四库全书总目》卷67《史部·时令类》，第592页。

③［宋］陈淳：《北溪先生大全集》卷14《代陈宪跋家礼》，《宋集珍本丛刊》第70册，第81页。

④［日］森田宪司：《关于在日本的〈事林广记〉诸本》，邓广铭、漆侠主编：《国际宋史研讨会论文选集》，第266页。关于《事林广记》刊本的研究，可参见胡道静：《元至顺刊本〈事林广记〉解题》，《百科知识》1979年第5期。又见于氏著：《中国古代典籍十讲》，第173—177页；王珂：《〈事林广记〉版本考略》，《南京师范大学文学院学报》2016年第2期。

⑤［清］陆心源：《皕宋楼藏书志》卷60《子部·类书类二》，第17a页。

化,使之表现得更为流动,更易于传播。

需要指出的是,《事林广记》中“家礼”这一民间日用知识门类的出现对书籍的重新分类并无多大实际效果,因为,在历代书目中,以家礼作为书写内容的著作一直被列入仪注类、礼注类[①],但“家礼”这一类目对普通民众头脑中知识谱系形象的确立却有着重要作用,它对那些士大夫专业化的写作进行了通俗化的努力,对后世日用类书,如元代的《居家必用事类全集》、明代《万书渊源》、清代《酬世锦囊家礼集成》均产生了影响,当然,这些日用类书如何来取用、改编宋代家礼文本,因超出了本章所要讨论的时代,无法一一详述,但是,家礼知识的类书化,对于家礼文本的传播与民间化的作用是不可轻视的。

---

① 家礼著作在书目中的收录情况,参见第一章。

第五章　文本实践：宋代以后的朱子《家礼》

自古至今，大约从未出现过像朱子《家礼》这样一本礼书，它的重要性毋庸置疑，官方将之法典化，士人使之通俗化，民间以之移风易俗；与此同时，关于此书的真伪问题间有争论、连绵相续，甚至成为当下观察此书的学术热点。一本礼书所生发的两种看似必然产生矛盾的议题，却并没有彼此纠缠，反而并行不悖、互不困绕。这一复杂而有趣的现象构成了我们看待宋代以后朱子《家礼》的重要视域，尤其关键的是，朱子《家礼》在宋代以后的实践不只是《家礼》礼文的实践，它也是对整个宋代书写者所创造的家礼知识的检验。

第一节　发现与发明：书的历史

朱子《家礼》是本有“故事”的书。这里所谓的故事并非是指一种虚构的主题，而是指关于此书的多种叙事以及由这类叙事所引发的不同解释。对于《家礼》而言，最有名的学术公案莫过于此书的真伪问题，这一话题从元代开始出现，绵延相续至今，若将涉及该话题的研究著述数量放置于将近千年的时间轴线之中，虽不能说十分丰富，但对之进行研究上的回顾与展望依然引起了学者的兴趣[1]。这里,借着学术史整理之际将旧题重拾,并不意味着我们要习惯性地进入判断《家礼》一书真与伪的语境之中,而是希望从一个较长的时间段去看该话题的生成及其背后的意义。

需要指出的是,下文讨论中所涉及的文献虽均为常见、常用的史料,但在运用中多少存在着进退维谷的境况。宋代多位学者,尤其是朱熹弟子们为朱子《家礼》所写的序跋是我们用来观察此书的重要资料,今天它们或以附录的形式刊于朱子《家礼》一书之后,或搜集于撰作者的文集与全集之中。然而,自元代"《家礼》非朱子所作"这一问题问世以来,这些序跋便连带存在着写作上的合理性问题。若同时要去考源这些序跋的记录状况、辨别其写作时代与作者真伪,则不仅使论题散化,而且还极有可能最终走向怀疑一切的空洞与虚无之中。更何况,以宋人的各种记载去回答元代人所发明的《家礼》系伪书的问题,除非扭转时间的轴线,否则投向史料的批判性目光并没有多少的效用。因此,下文按事件序列来讨论议题,不溯文献记载出现的历史逻辑。

一、发现的故事:写书、窃书与刻书

宋代,朱子《家礼》一书的面世过程虽然有些复杂,但爬梳史料,将各种记载进行排列,我们会发现,这是一个具有开头、中间与结尾的连贯性故事,包含着朱熹写书、被窃以及后续的录书、刻书等情节。

---

① 参见周鑫:《〈朱子家礼〉研究回顾与展望》,常建华主编:《中国社会历史评论》第12卷,天津:天津古籍出版社,2011年,第432—446页;毛国民:《〈朱子家礼〉真伪考的历史回顾与探索》,《现代哲学》2018年第1期;杨英:《近四十年来宋元明清朱子〈家礼〉、乡约及民间家礼文献研究》,《孔子研究》2019年第5期。

朱熹缘何会撰写《家礼》？朱熹门人对此有几种说法。黄榦讲：

> 圣人沿人情而制礼，既本于天理之正，隆古之世，习俗醇厚，亦安行于是理之中。世降俗末，人心邪僻，天理堙晦，于是始以礼为强世之具矣。先儒取其施于家者，著为一家之书，为斯世虑至切也。晦庵朱先生以其本末详略犹有可疑，斟酌损益，更为《家礼》，务从本实，以惠后学。①

黄榦从建立社会秩序的诉求中去讲述朱熹撰作《家礼》的目的与目标，并给这样的书写赋予了从先儒至朱熹，再由后学相继的连续不断的内在意义。陈淳则从礼之可用的角度来讲述朱熹的撰作理由，他借用朱熹的原话说：

> 温公有成仪，罕见行于世者，以为闲词繁冗，长篇浩瀚，令人难读，往往未及习行而已畏惮退缩。盖尝深病之，欲为之裁订增损，举纲张目，别为一书，令人易晓而易行。②

这段话改写自朱熹作于绍熙五年（1194）的《跋三家礼范》③。在另一篇跋中，陈淳用几乎相同的文字表达着同样的观点，称："嗟

---

①［宋］黄榦：《勉斋先生黄文肃公文集》卷20《书晦庵先生家礼》，《宋集珍本丛刊》第68册，北京：线装书局，2004年影印本，第527页。

②［宋］陈淳：《北溪先生大全文集》卷14《代陈宪跋家礼》，《宋集珍本丛刊》第70册，北京：线装书局，2004年影印本，第81页。

③ 朱熹原文为："熹尝欲因司马氏之书，参考诸家之说，裁订增损，举纲张目，以附其后，使览之者得提其要，以及其详，而不惮其难行之者。（转下页）

乎！礼教之废，于世也久矣……惟司马公有成书，而读者又厌其长篇浩瀚，未及习行而已望风畏缩。先生盖深病之，旧因举纲目别为是书，以示斯世，欲其易知而易从。”[①] 在他看来，朱熹之所以“举纲张目”，原因在于前儒所作太过冗繁，而朱熹的目标是给出一本易晓易行、易知易从的礼书。与此两人不同，李方子〔生卒年不详，嘉定七年（1214）进士〕倾向于从更切近的实际中去考量朱熹撰作的缘由，他说：

> 乾道五年（1169）九月，先生（按：朱熹）丁母祝令人忧，居丧尽礼，参酌古今，因成丧、葬、祭礼，又推之于冠、昏，共为一编，命曰《家礼》。[②]

李方子将朱熹的写作动因与其自身的生活经历相联系，并讲明此书的编次过程：先由丧葬祭礼再推及冠婚。尤其重要的是，

（接上页）虽贫且贱，亦得以具其大节，略其繁文，而不失其本意也。”朱熹：《晦庵先生朱文公文集》卷83《跋三家礼范》，朱杰人等编：《朱子全书》第24册，上海：上海古籍出版社，合肥：安徽教育出版社，2002年，第3920页。

①［宋］陈淳：《北溪先生大全文集》卷14《家礼跋》，《宋集珍本丛刊》第70册，第82页。

②［宋］朱熹：《家礼》附录收杨复《家礼附录（节录）》，朱杰人等编：《朱子全书》第7册，上海：上海古籍出版社，合肥：安徽教育出版社，2002年，第947页。这段文字在不同文献中的记载稍有差别，李幼武载曰：“（乾道）六年（1170），居丧尽礼，既葬日，居墓侧，旦望，则归奠几筵，盖自始死至祥禫，参酌古今，咸尽其变，用成丧葬祭礼，又推之于冠昏，共为一编，命曰《家礼》。”（［宋］李幼武纂集：《宋名臣言行录外集》卷12《朱熹晦庵先生徽国文公》，景印文渊阁《四库全书》第449册，台北：台湾商务印书馆，1986年影印本，第774页）马端临所记与此段大略相同（参见［元］马端临：《文献通考》卷188《经籍考十五》，北京：中华书局，1986年影印本，第1601页）。

他直接点明了撰写的时间起点[①]。嘉熙二年（1238），李性传（？—1254）在列举朱熹几种著述撰成年代时，则讲："先生《家礼》成于乾道庚寅（1170）。"[②]两者所记载的时间略有差异，但可能并无分歧。到了淳祐二年（1242），方大琮则说："文公先生《家礼》……乾道己丑（1169），成于寒泉精舍。"[③]不仅有成书的时间，还有写书的地点。

如果说《家礼》一书的故事是以撰写时间、地点、缘由作为开头的话，那么，故事中间部分显然更具场景化的特点。因为"《家礼》编成而逸"[④]，"虽门人未之见"[⑤]。甫一面世，除了作者，几乎无人见过的书稿，却在作者死后戏剧性地归来：朱熹《家礼》出现在他自己的葬礼上。故事隐喻性是如此突出，以至于人们情不自禁怀疑，携书来葬礼的士人是否有其更深层次的表达？然而，朱熹弟子们在叙述此事时，却并没有扩张故事的内涵与意义，而是平实地讲述着整个过程。黄榦（1147—1212）说：

---

① 当然，该如何理解这个时间节点，有待再议。上山春平就认为，此处所谓"乾道五年九月"乃是指朱熹母亲去世之时，并非《家礼》成书时间。参见［日］上山春平：《朱子〈家礼〉与〈仪礼经传通解〉》，收入吴震、吾妻重二主编：《思想与文献：日本学者宋明儒学研究》，上海：华东师范大学出版社，2010年，第156页。

②［宋］黎靖德编，王星贤点校：《朱子语类》附《语录》收李性传《饶州刊朱子语续录后序》，北京：中华书局，1986年，第3页。

③［宋］朱熹：《家礼》附录收方大琮《家礼附注后序》，朱杰人等编：《朱子全书》第7册，第948页。

④［宋］黎靖德编，王星贤点校：《朱子语类》附《语录》收李性传《饶州刊朱子语续录后序》，第3页。

⑤［宋］朱熹：《家礼》附录收方大琮《家礼附注后序》，朱杰人等编：《朱子全书》第7册，第948页。

先生既成《家礼》,为一行童窃以逃。先生易箦,其书始出,今行于世。[①]

朱熹逝后十一年,陈淳与朱熹季子朱在聊到此事,他在一篇跋文中讲:

在僧寺,为行童窃去,遂亡本子……嘉定辛未(1211),自南官回过温陵,值敬之(按:朱在)倅郡,出示《家礼》一编,云:此往年僧寺所亡本也,有士人录得,会先生葬日携来,因得之,即就传而归焉。[②]

在另一篇《家礼》跋文中,陈淳又有相类似的文字,说:"方尔草定,即为僧童窃去。"[③] 朱熹逝后四十二年,方大琮重述《家礼》一书的面世故事:《家礼》自乾道五年成书后,"越三十有二年,唐石会葬,乃有持出者"[④]。

上引各家所说明确指出被窃的是《家礼》一书,朱熹个人的讲述则略有不同,他说:"某尝修《祭仪》,只就中间行礼处分作五六

①[宋]朱熹:《家礼》附录收杨复《家礼附录(节录)》,朱杰人等编:《朱子全书》第7册,第947页。[元]马端临:《文献通考》卷188《经籍考十五》收杨复《朱文公家礼序》,第1601—1602页。

②[宋]陈淳:《北溪先生大全文集》卷14《代陈宪跋家礼》,《宋集珍本丛刊》第70册,第81页。

③[宋]陈淳:《北溪先生大全文集》卷14《家礼跋》,《宋集珍本丛刊》第70册,第82页。

④[宋]朱熹:《家礼》附录收方大琮《家礼附注后序》,朱杰人等编:《朱子全书》第7册,第948页。

段，甚简易晓。后被人窃去，亡之矣。”[①]这段讲说中，确实提到了有一书被人所窃，但未指明是否为《家礼》[②]。

朱熹本人以及弟子们的叙述，一般用词不多，却并不妨碍我们得出“窃书”发生的时间、地点、人物、过程等故事所需的要素。不过，这些记载中，虽有关于携书前来的士人的记录，却未录士人名姓；虽有失书于僧寺的记载，却未有何地僧寺的说明；虽有为行童所窃的描述，却未有如何由行童处最后兜转至士人之手的文字。缺失的信息、断裂的情节，但朱熹的门人们并没有对此书的传奇归来提出任何异议。

《家礼》一书面世后，朱熹弟子们便致力于刊刻此书以广其传，他们在各地刊刻此书时所写的序跋，为我们构建《家礼》的书籍史提供了一些信息。最初，《家礼》至少有两种传本，并且体制迥异；不久，经过刊刻者的甄别，作为《家礼》定本的广州本开始出现；此后，余杭、温州、严州、萍乡、上饶、莆田等地均曾刊刻、重刻过《家礼》；其间，《家礼》注本也应时而生。在刊刻时，弟子们注重考订、精校前后刊本与注本，务使此书趋于完善[③]。

总体而言，在宋代，朱熹弟子、再传弟子、私淑弟子等人在叙述

---

① [宋]黎靖德编，王星贤点校：《朱子语类》卷90《礼七·祭》，第2313页。

② 朱熹本人关于被窃一书的讲述后来成为朱子《家礼》真伪争论中的焦点。清代王懋竑以此作为论据来论《家礼》非朱子之书，他讲：“考之《文集》、《语录》，则有《祭礼》、《祭说》，而无云《家礼》者。所云‘被人窃去亡之’者，亦《祭礼》，而非《家礼》也。”（[清]王懋竑撰，何忠礼点校：《朱熹年谱·考异卷之一》，北京：中华书局，1998年，第315页）然而，与之针锋相对的是，现代学者通过考订朱熹《祭仪》稿本来证明《家礼》为朱熹所作。参见陈来：《朱子〈家礼〉真伪考议》，《北京大学学报（哲学社会科学版）》1989年第3期；吴万居：《宋代三礼学研究》，台北：台湾编译馆，1999年，第219—232页；束景南：《朱熹〈家礼〉真伪辨》，《朱子学刊》1993年第1辑。

③ 关于《家礼》在宋代的刊刻情况，参见第四章。

《家礼》一书撰作、被窃、复出、刻书的整个故事进程中，只陈事实，各人的记载虽有误差，却没有人对旁人的叙述提出异议或形成某种交集，唯有在刊刻、校注《家礼》时才有过相互的参考与评价。

二、发明的话题：未定之书与非朱子之书

尽管现代学界对朱熹是否书写过《家礼》是围绕着“真伪”这一颇具判识性的话语而展开的[①]，但在生成这一话题的最初阶段，却存有两种声音：一为未定之书，一为非朱子之书。前者虽然肯定了朱熹的作者身份，但却斟酌着文本内容可能存在着的舛误与乖谬；后者则完全否定了朱熹的书写事实。

关于《家礼》为朱熹“未定之书”的说法早在宋代就有了。黄榦在跋赵师恕所刊《家礼》中讲，朱熹希望通过讨论家乡侯国王朝之礼，“以复三代之坠典，未及脱稿而先生殁矣，此百世之遗恨也”[②]，虽然后人对黄榦所提出的“未及脱稿而先生殁”的具体意涵

---

① 现代学者以“《家礼》真伪”为主要论题的研究中，普遍认为此书为朱熹所撰。参见上山春平：《朱子〈家礼〉与〈仪礼经传通解〉》，吴震、[日]吾妻重二主编：《思想与文献：日本学者宋明儒学研究》，第147—176页；[日]吾妻重二著，吴震编：《朱熹〈家礼〉实证研究》，上海：华东师范大学出版社，2012年，第14—15页；陈来：《朱子〈家礼〉真伪考议》，《北京大学学报(哲学社会科学版)》1989年第3期；束景南：《朱熹〈家礼〉真伪辨》，《朱子学刊》1993年第1辑；吴万居：《宋代三礼学研究》，第219—232页；汤勤福：《朱熹〈家礼〉的真伪及对社会的影响》，姜锡东主编：《宋史研究论丛》第11辑，保定：河北大学出版社，2010年，第536—552页；苑学正：《朱子作〈家礼〉说祛疑》，《中华文史论丛》2018年第1期。现代学者认为《家礼》非朱子之书的论者并不多见，可参见彭林：《朱子作〈家礼〉说考辨》，《文史》2012年第3辑。

②[宋]黄榦：《勉斋先生黄文肃公文集》卷20《书晦庵先生家礼》，《宋集珍本丛刊》第68册，第527页。

有多种解释[①]，但在宋代，“未及脱稿而先生殁”或“不及考订而先生没”是一种常见的叙事。陈淳说：“先生没而后遗编始出，不及先生一修。”[②]杨复讲：“《家礼》始成而失之，不及再加考订。先生既没，而书始出。”[③]嘉熙二年（1238），李性传同样重申了这一信息：朱子“既殁而其书出”[④]。

殁而其书始出，意味着朱熹完成《家礼》之后，终身未能再见，因此，黄畲讲《家礼》内容中“有与先生晚岁之论不合者，故未尝为学者道也”[⑤]。嘉熙二年（1238），李性传也说：《家礼》编成后“既殁而其书出，与晚岁之说不合，先生盖未尝为学者道也”[⑥]。

《家礼》为朱子“未定之书”的说法也被元代学者因袭。至元二十五年（1288），陈栎（1252—1334）《深衣说》中讲：

> 文公《家礼》成于初年，未几为一童行窃之，终身不及见，

---

① 比如，元代武林应氏称：黄榦所谓“未及脱稿而文公没”，可以证明《家礼》“非文公所编”；而明代丘濬则说此处所谓“未及脱稿”者，是指朱熹的《仪礼经传通解》。参见［明］丘濬：《文公家礼仪节》序，《四库全书存目丛书》经部第114册，济南：齐鲁书社，1997年影印本，第435页。

②［宋］陈淳：《北溪先生大全文集》卷14《家礼跋》，《宋集珍本丛刊》第70册，第82页。

③［宋］朱熹：《家礼》附录收杨复《家礼附录（节录）》，朱杰人等编：《朱子全书》第7册，第947页。又见于［元］马端临：《文献通考》卷188《经籍考十五》收杨复《朱文公家礼序》，第1602页。

④［宋］黎靖德编，王星贤点校：《朱子语类》附《语录》收李性传《饶州刊朱子语续录后序》，第3页。

⑤［宋］朱熹：《家礼》附录收杨复《家礼附录（节录）》，朱杰人等编：《朱子全书》第7册，第947页；［元］马端临：《文献通考》卷188《经籍考十五》收杨复《朱文公家礼序》，第1602页。

⑥［宋］黎靖德编，王星贤点校：《朱子语类》附《语录》收李性传《饶州刊朱子语续录后序》，第3页。

> 以故终身不及改，是以未尝为学者道之。至文公葬日，始有录之以来，会葬，授文公季子敬之者，然后此书复出。此说见于黄君畲、陈君淳之语录，今载之杨氏附注《家礼》中，非不明也！文公诸书终身修改，后来定本，其中有与初年所著全无一语同者。使《家礼》不失，公及改之，岂终于此而已乎？①

这里，陈栎通过梳理宋人的各类说法，还原朱子《家礼》一书的始末，他并不否认《家礼》为朱熹所撰，但是，通过辨别朱熹的撰作习惯，他强调朱熹未定之书与定本的差别，认为"文公诸书终身修改，后来定本，其中有与初年所著全无一语同者"，从这个角度出发，陈栎提到自己订立规制时，"何为不遵用之（按：文公之说）"，"未必不曰学文公之学"，而是"学文公而不敢泥未定之书，以学文公也"②。我们可以对比一下朱子本人对"未定之书"的看法，他曾经向学生提过对某一未定之书的意见："更自思索为佳，不可恃此未定之书，便以为是也。"③陈栎认为自己之所以不采用《家礼》的做法，正是阐扬朱子对"未定之书"的看法。

如果说陈栎尚肯定朱熹作为未定之书《家礼》的作者，之后的武林应氏却将"未定之书"直接演绎为了"非朱子之书"的观点。元至正年间（1341—1370），武林应氏作《家礼辨》，说：

---

①［元］陈栎：《陈定宇先生文集》卷6《深衣说》，《元人文集珍本丛刊》第4册，台北：新文丰出版公司，1985年影印本，第329页。

②［元］陈栎：《陈定宇先生文集》卷6《深衣说》，《元人文集珍本丛刊》第4册，第329页。

③［宋］朱熹：《晦庵先生朱文公文集》卷62《答张元德》，朱杰人等编：《朱子全书》第23册，第2988页。

文公先生于绍熙甲寅(1194)八月《跋三家礼范》云:"某尝欲因司马氏之书,参考诸家之说,裁定增损,举纲张目,以附其后,顾以衰病不能及已。"勉斋先生《家礼》后序云:"文公以先儒之书本末详略犹有可疑,斟酌损益,更为《家礼》,追其晚年讨论家乡侯国王朝之礼,未及脱稿而先生没,此百世之遗恨也。"今且以其书之出不同置之,姑以年月考之,宋光宗绍熙甲寅,文公已于《三家礼范》自言"顾以病衰不能及已",岂于孝宗乾道己丑(1169)已有此书?况勉斋先生亦云未及脱稿而文公没,则是书非文公所编,不待辨而明矣。①

陈栎虽不参用朱子《家礼》,甚至提到朱子未定之书与已定之书的巨大差别,但他始终没有否认朱子作者这一身份。而武林应氏关于《家礼》"非文公所编"的推断无疑是一个大的转折点。不过,应氏是一个身份模糊、连名字都被忽略的人物,尽管后人通过考辨文献,试图复原应氏的面貌,但显然,这些研究是围绕着应氏作为《家礼》"非朱子之书"这一问题的发明者而产生的,他的观点比起他的学识、身份更为后人所津津乐道。

当一个问题提出之后,如果没有后来者的关注、重复与讨论,很有可能问题的提出不过是个偶然事件。然而,元代人武林应氏的问题在明清时期有了反诘者与呼应者,并有更多的人卷入讨论之中,这一问题渐次发酵。尤其重要的是,无论是反诘者还是呼应者在提到问题时,往往立场鲜明、观点突出。

明代丘濬(约1420—1495)发现了武林应氏所发明的问题,

---

①[明]丘濬:《文公家礼仪节》序,《四库全书存目丛书》经部第114册,第435页。

但作为应氏问题的反诘者,他问道:"应氏此言谓《家礼》为未成之书,虽成而未尽用,可也,乃并以为无是书,可乎?"[①] 显然,丘濬同意"未定之书"一说,否认"非朱子之说"的观点。清代王懋竑则是应氏问题的呼应者,他在《家礼考》一文起句中便讲:"《家礼》,非朱子之书也。"后文又追加说:"乃今反复考之,而知决非朱子之书也。"[②] 需要指出的是,这里,我们将王懋竑当作是应氏问题的响应者,但王懋竑本人则视自己为话题的创始人,他讲:"《家礼》非朱子书,乃余所独创。"[③] 王懋竑以后,夏炘(1789—1871)同样在文首摆出自己的观点,说:"《家礼》一书,朱子所编辑,以为草创之所未定则可,以为他人之所伪托则不可也。"[④] 四库馆臣则直接取用王懋竑的观点,并评价说:"其说并精核有据。"[⑤]

显然,关于《家礼》是否为朱熹所定这一话题的生成来自各人之间的交互讨论,每个人采用不同的路径去与自己的对话者辩驳。武林应氏通过对比文献记载来论证观点,他聚焦于《家礼》一书的编成年代这一问题,以此来看朱熹个人与弟子们叙述中所存在着

---

①[清]王懋竑:《白田杂著》卷2《家礼后考》,景印文渊阁《四库全书》第859册,台北:台湾商务印书馆,1986年影印本,第666页。

②[清]王懋竑:《白田杂著》卷2《家礼考》,景印文渊阁《四库全书》第859册,第662页。

③王懋竑不仅认为自己是"非朱子之书"的创见者,他还希望将之作为基本事实来书写朱熹的历史。对于自己的提法与黄榦、陈淳等朱门弟子"相违异",他"心窃不安",但当他的友人邹琢在订正朱熹年谱时响应其观点,"削去《家礼》成一条"时,他大加赞赏。[清]王懋竑:《白田杂著》卷8《记朱子年谱正讹后》,景印文渊阁《四库全书》第859册,第771页。

④[清]夏炘:《述朱质疑》卷7《跋家礼》,《续修四库全书》第952册,上海:上海古籍出版社,1996年影印本,第78页。

⑤[清]永瑢等:《四库全书总目》卷22《经部·礼类四》,北京:中华书局,1965年影印本,第181页。

的矛盾，从而得出《家礼》非朱子所编的结论。丘濬则从引用武林应氏的观点开始，以朱熹文集中所收《家礼》序文作为反驳应氏的证据，并质问道："既无此书，则胡为而有此序？"与此同时，他还给出了应氏所提到的"未及脱稿者"的具体指向，并用十分强烈的词句写道："噫！应氏之为此言，其亦浅妄之甚矣！""应氏生元至正间，一旦，乃肆意辨论。""愚恐学者惑于其说，故载其语而略辨之。"① 后来的王懋竑则以更大的篇幅来详论"非朱子之书"一说。他认为应氏观点多只以《跋三家礼范》为据，"多疏略，未有以解世人之惑"，因此，他引用了更多的文献资料，辑集所有关于《家礼》一书的叙述，"遍考年谱、行状及朱子文集、语录所载，俱附于后，而一一详注之"，同时，又将"应氏、丘氏语亦并附焉"，以明确自己的对话对象。王懋竑评价对这一问题的考订工作时讲："庶来者有以知《家礼》决非朱子之书，而余亦得免于凿空妄言之罪也夫。"② 然而，一些人，比如四库馆臣接受王懋竑的说法，另一些人则又旧题再议。后者如夏炘，他回顾了《家礼》"非朱子之书"这一问题的历史脉络，认为黄榦、杨复、李方子、陈淳等"诸公皆朱子升堂入室之高第弟子也……六先生不以为疑"，而武林应氏"以为非朱子之书"，丘濬以为"决非朱子不能作"，王懋竑"复拾应氏之唾余"，遍检文集语录，"以发明应氏之说"，在夏炘看来，"如《家礼》一书，又必多方以斥之为伪，则吾未之敢信也"③。

---

①［明］丘濬：《文公家礼仪节》序，《四库全书存目丛书》经部第114册，第435—436页。

②［清］王懋竑：《白田杂著》卷2《家礼考》，景印文渊阁《四库全书》第859册，第663页。

③［清］夏炘：《述朱质疑》卷7《跋家礼》，《续修四库全书》第952册，第78页。

可以看到，随着话题的生成，每个个体隔着时间的距离交换着彼此的意见，阐述着个人的观点、立场与思想，而这一话题也借由这些人的参与得以延续。

三、话题的延续：事实与解释事实

上文分疏出宋、宋代以后两个时间节点来论述朱子《家礼》真伪话题的历史，在时间中按顺序排列话题的两个情境：在第一个历史情境中，宋代朱熹之书被窃的故事是构成后来《家礼》真伪问题的基本事实，朱熹本人以及包括黄榦、陈淳在内的朱熹重要弟子均记录并强调过这一事实；在第二个历史情境中，后来者站在自己的立场对宋人的叙述进行释读与评论，比如，王懋竑认为朱熹弟子的叙述："究其所从来，则沉沦诡秘而无确然可据之实，乃朱门诸公绝不致疑，而相率尊而信之，此所谓不待七十子丧而大义已乖者。"[①]而陈来认为，从这些叙述中来看，"《家礼》的遗失在朱门好像是一件尽人皆知的事情"[②]。

需要指出的是，在第二个历史情境之中，《家礼》为朱子"未定之书"抑或"非朱子之书"的话题渐次形成之时，正是《家礼》一书被政府、官员、士人频繁关注的时段。很明显，对这个话题的讨论无关乎该书的社会价值，即便是"非朱子之书"观点的持有者也承认不可轻易否认此书被广泛沿用的历史事实，亦认为不可轻易否定此书，王懋竑说"自宋以来，遵而用之"[③]，四库馆臣称"自元明以

---

①［清］王懋竑：《白田杂著》卷2《家礼后考》，景印文渊阁《四库全书》第859册，第665页。

② 陈来：《朱子〈家礼〉真伪考议》，《北京大学学报（哲学社会科学版）》1989年第3期。

③［清］王懋竑：《白田杂著》卷2《家礼考》，景印文渊阁《四库全书》第859册，第662页。

来，流俗沿用，故仍录而存之，亦记所谓礼从宜、使从俗也”[①]，诸如此类的表述多少彰显了这一态度。另外，这一问题的诉争似乎亦无关于学者个人在学问上的情感偏好。“非朱子之书”观点的重要论证者王懋竑一生考订朱子及其著述，用力极深，因此，四库馆臣引用他的观点时，讲：

> 懋竑之学，笃信朱子，独于《易本义》《九图》及是书（按：《家礼》）断断辨论，不肯附会，则是书之不出朱子，可灼然无疑。[②]

以个人学问上的用力之处去佐证其观点上的正确性，虽然有失偏颇，但朱子之学权威研究者的参与，至少证明，在《家礼》“非朱子之书”这一问题的阐述上，并不带有论者对朱熹本人的某种偏见。

由宋至元明清，将话题的两个情境在时间轴线中铺展开来，我们可以清楚地看到，从第一个情境出发如何生成后来的第二个情境。今天关于朱子家礼真伪问题的研究中，以宋代人的材料去回答元代人的问题，从宋人所记载的基本事实开始，或归纳或演绎，仍然是普遍采用的进路。因此，为了增加解释效果，学者致力于搜集更多宋人记载，包括宋刊本，以作为论述的证据，比如，有学者在论述中持有与前人相同的结论，却不欲使用相同的材料来阐述观点[③]，又有学者借用存世宋刊本中收有朱熹手书《家礼序》及其落

①［清］永瑢等：《四库全书总目》卷22《经部·礼类四》，第181页。

②［清］永瑢等：《四库全书总目》卷22《经部·礼类四》，第181页。

③ 例如，汤勤福以1992年束景南《朱熹〈家礼〉真伪辨》一文所作的考证作为对话对象，他同意朱熹作《家礼》是“无可怀疑的事实”这一观点，为了“使结论更加坚实”，汤先生重论旧题，并说：“本文尽可能不用束文（转下页）

款来证明其撰作的真实性[①]。与此同时，历史材料亦是双方据以为争的底牌，有学者以“未能全面掌握相关材料，特别是对朱子本人言论的梳理考证不足，以致误读和轻疑朱子门人的相关记述”[②]来质疑不同观点的持有者。也有学者将历史材料的各个相关要素置于演绎式的论证关系之中，从考量行动者的处境中去解释，称：“朱子卒及其葬，距其跋《三家礼范》先后不过六年。又值党禁方严，谓有人焉，据其《跋文》，伪造《家礼》，又伪作《序文》，及朱子之卒而献之其家，有是人，有是理乎！”[③]需要指出的是，无论如何发掘事实、阐释事实，自古至今，朱子《家礼》真伪问题的持论者在论证方法上并没有发生重要的改变或突破。

不过，更多学者的加入使得话题出现几个有趣的现象：其一，现代学者参与进入这个话题时，将《家礼》系朱子“未定之书”与“非朱子之书”的争论表述为“朱子《家礼》真伪问题”，尽管那些肯定《家礼》为朱子所作的研究中，依然不脱此书为朱熹“未定之书”的结论，但“真伪”这个颇具判断性的术语的引入，至少说明研究者希望使用更直接、在情感上更令人满意的语词，以彰显出这一问题争论中的主旨。

其二，绝大多数参与讨论“朱子《家礼》真伪问题”的现代学者得出了相同的答案，就如有人指出的那样，“朱熹曾作《家礼》，现本

（接上页）所用过的资料。”汤勤福：《朱熹〈家礼〉的真伪及对社会的影响》，姜锡东主编：《宋史研究论丛》第11辑，第537页。

① 参见张国风：《〈家礼〉新考》，《北京图书馆馆刊》1992年第1期；束景南：《朱熹〈家礼〉真伪辨》，《朱子学刊》1993年第1辑。

② 苑学正：《朱子作〈家礼〉说祛疑》，《中华文史论丛》2018年第1期。

③ 钱穆：《朱子新学案》第4册《朱子之礼学》，北京：九州出版社，2011年，第178页。

《家礼》基本反映朱熹的礼学思想，已确凿无疑，可成定论"，"主张《家礼》为朱熹所作的观点已逐渐成为主流、定论"[①]。换言之，当多数现代学者复拾元明清关于《家礼》一书的诟争并将之寻绎为"真伪"问题时，论辨事实上并没有在现代学者之间针锋相对地展开，它只是对前代"非朱子之书"的进一步回答。

其三，或许是囿于近年来学界答案的一致性，有学者在总结朱熹《家礼》成书之真伪话题时讲："由于关键史料的缺失，《家礼》成书史本身似已题无剩义。"[②]且不论"题无剩义"究竟是希望给该话题打上中止的信号，还是另有所指，这里至少可以指出的部分事实是，这段"题无剩义"的论说之后，关于朱子《家礼》真伪问题的讨论并没有中止，不仅相关研究成果依然不间断出现，而且，多名研究者不约而同地致力于综述与展望近年来朱熹《家礼》（包括真伪话题）的研究概况[③]。

即使有再多的研究者进入该话题，由于话题自身的预设，在未

---

① Patricia Buckley Ebrey, *Chu His's Family Rituals : A Twelfth-Century Chinese Manual for the Performance of Capping, Weddings, Funerals, and Ancestral Rites*, Princeton : Princeton University Press, 1991, xiii-xxxi；杨志刚：《论〈朱子家礼〉及其影响》，《朱子学刊》1994年第1辑；陈峰、肖永明：《王懋竑〈家礼〉辨伪的逻辑进路与思想意义》，《现代哲学》2018年第5期。

② 周鑫：《〈朱子家礼〉研究回顾与展望》，常建华主编：《中国社会历史评论》2011年第12卷，第433页。

③ "题无剩义"见于2011年，此后，继续进入"朱子《家礼》真伪"话题的讨论与研究回顾，参见彭林：《朱子作〈家礼〉说考辨》，《文史》2012年第3辑；苑学正：《朱子作〈家礼〉说祛疑》，《中华文史论丛》2018年第1期；毛国民：《〈朱子家礼〉真伪考的历史回顾与探索》，《现代哲学》2018年第1期；杨英：《近四十年来宋元明清朱子〈家礼〉、乡约及民间家礼文献研究》，《孔子研究》2019年第5期。

来的研究中，关于朱子《家礼》系真或伪的答案不会变得新颖，那么，这场从元代开始一直绵延至今却依然聚讼纷纭的真伪之辨是否有其超越问题本身的意义？

众所周知，当学者对"朱熹《家礼》真伪问题"进行解释、阐释抑或曲解时，问题的提出与回答增加了朱熹与《家礼》等相关历史事实的复杂性、多样性甚至是不确定性，因此，这个问题将来还会被其他人继续阐释。与此同时，当人们将"朱熹《家礼》真伪问题"进行话题化时，"真"或"伪"的词语表述又将这一问题概括和类型化为摘要的性质。比如，许多学者涉及了朱熹所提到的《祭仪》及其撰写的《仪礼经传通解》，人们列举复杂的事实、丰富的信息，采取多样的形式来讲述它们与《家礼》的关系，但最终却以"真"或"伪"来概括，将复杂的信息整合进一个统一的形式之中，简化认知。显然，这一简化同时导致对抗和夸张，观点持有者之间的差别变得前所未有的清晰，它在一定程度上增加了彼此之间的归属感，建立起某种带有标签性质的阵列。

囿于对结论的简单预设，当聚焦于"朱熹《家礼》真伪问题"时，人们的注意力与其说是建立在对观点的把握上，还不如说是放在了减少困惑上。典型的例子是关于朱熹文集、语录中不提朱熹曾写过《家礼》一书的事实，真与伪的持论者双方或以之作为论据、或以之作为反驳的要点。伪书持论者提出困惑，说："《家礼》既有成书，何为绝不之及？"而真书持论者则认为，这样的论难逻辑并非十分有力，不能因为没有提及《家礼》书名而否认此书。朱熹之所以不提及《家礼》，可能与其学术兴趣转移有关[①]。尽管个人均

---

① 参见［清］王懋竑：《白田杂著》卷2《家礼考》，景印文渊阁《四库全书》第859册，第662—663页；［清］夏炘：《述朱质疑》卷7《跋家礼》，（转下页）

是从各自的理解与意图中去回答这一困惑，但是，正是在与同时代抑或与历史上的观点持有者的对话与互动之中，话题才得以延续，当相关的话题进行到某一程度之时，很可能就会变成一种陈词滥调式的复述，但是，当人们将那些历史记载中纷杂无绪、或隐或显的叙述归入同一问题中进行回答时，话题中答案的固定性同时也是一种使大量的信息得以秩序化的方法，从而使之成为认知的手段，并产生学术意义。从这个角度来看，虽然“朱熹《家礼》真伪问题”的答案不会变得新颖，但是，它们可以提供新的理解，积累新的洞察力。

第二节　自下而上：《家礼》文本的经典化

尽管宋代关于朱子《家礼》的叙述有着相当故事性的一面，但是，这些历史叙述不仅是有限的，而且故事本身并不精彩，既无口耳相传的传播度，关注故事的人亦主要集中于相关研究者，而非社会大众。然而，宋代以后，朱子《家礼》这本私人所修撰的礼书却以自己的方式记录着它与“化民成俗”“移风易俗”之间的因果关系，讲述着它如何成为建立社会秩序的重要范本。宋代以后关于朱子《家礼》的记载跨越多种畛域，既有制度的，亦有学术的，它们分布在礼典、疏奏、文集、方志等各种史料类型之中，又以仪节、要节、会成、会通、集要、集注、铨补、笺补、简编、图解、辨定等多种形式的改写本流行于世，以至于要穷尽宋代以后关于朱子《家礼》的

（接上页）《续修四库全书》第952册，第78—79页；陈来：《朱子〈家礼〉真伪考议》，《北京大学学报（哲学社会科学版）》1989年第3期；汤勤福：《朱熹〈家礼〉的真伪及对社会的影响》，姜锡东主编：《宋史研究论丛》第11辑，第537—538页。

相关记载与叙述,成为一个十分浩繁的工程。

与此同时,探讨《家礼》文本在宋代以后持续不断的实践,礼文实践表象背后纠合着各种社会要素与价值观念。比如,明清时期,家礼依然是士人着意书写的题材与内容,但是,为什么朱熹《家礼》这一本礼书会从历史的与当下的礼文书写中脱颖而出,成为国家礼典颁行于世?这一选择显然不是单个个体的力量,也不是某一个诏令的结果,它可能是制度、学术、社会、群体等各种要素的综合。又如,明清时期,当士大夫倡导《家礼》作为建立社会秩序的范本时,经常以当代礼仪失范、价值观念变迁作为其叙述的背景,人们经常使用的词汇是"冠婚丧祭,角靡斗奢"①,又提议颁行"明白简易、士民易于遵守"的家礼礼书,如此就能令"僭越侈靡之习,不禁而自消"②。这些叙述的逻辑背后,涵意丰富,它既说明仪式上的"奢侈"是一种社会事实,同时又揭示着仪式上的"奢侈"将威胁社会秩序的观点,这样一来,《家礼》一书在此时的推行,尚涉及"省约为礼""宁俭勿奢"这一关于礼之本的亘古讨论。这些话题过于庞大而复杂,非本章所能企及。

这里,仅依据历史时序中的相关陈述来勾画宋代以后朱子《家礼》实践的重要片断(之所以使用"片断"一词,无疑承认对之进行彻底探索的难度)。讨论时既不着眼于理念演变与分析,也不填充各种历史背景,而是旨在追索《家礼》的两个线脉:由下而上的经典化过程与由上而下的知识化过程。以此两条线脉来分述家礼在宋代以后的实践。需要指出的是,虽然在语词表述上,由下而上与

①[明]汪循:《汪仁峰先生文集》卷1《拟上兴利除害疏》,《四库全书存目丛书》集部第47册,济南:齐鲁书社,1997年影印本,第188—189页。

②[清]贺长龄、魏源等编:《清经世文编》卷54《礼政·礼论》收甘汝来《请酌定家礼颁行疏》,北京:中华书局,1992年,第1353页。

由上而下貌似是两条相反的线脉，但事实上，无论是在时间还是在群体的流动之中，它们交互进行，既非平行线，亦非此消彼长。当然，这样讲并不意味着要从众多的历史记载中将这两条线脉揉成一团乱麻，而是希望将知识化、经典化过程中所包含的要素化为拼图，以朱子《家礼》作为粘合剂，将它们组合在一起，以显示宋代家礼文本在后世实践的基本格局。

本节所要讨论的文本经典化，虽然以由下而上作为思考的进路，但此处所谓上、下并非指整个社会的互动，事实上，朱子《家礼》经典化的过程，无论是学术上的还是礼典上的，其涉及的主要群体是士人，是经由士人推崇，后由国家将之礼典化的历程，而且，由下而上并非是指单一的路径，它是一个由士人群体的实践与推动、朝廷采纳与颁令所构成的反复过程。

一、时间序列中的《家礼》Ⅰ：元代士人的遵行

如前文所言，至少在宋代，《家礼》在士人尤其是那些服膺朱学的儒学群体中间已有相当一部分的践履者。元代以来，强调礼范之秩序，遵行《家礼》用以指导日常生活，依然是士人们标识朱学学者身份、与浮图仪式划清界线的行动要义。隐居不仕的儒者、汉人官员采用《家礼》的例子在史籍中多有记载。

比如，西轩先生王得舆（1219—1292）“始以伊洛之学倡道汉中”，他虽曾敕授过儒学教授，但以目疾力辞，退处于家，终身不仕[①]。王得舆“守礼之笃，冠婚丧祭，一以朱氏书为本，行之惟恐未至”[②]。

---

①［元］蒲道源：《闲居丛稿》卷24《青渠王先生墓志铭》，景印文渊阁《四库全书》第1210册，台北：台湾商务印书馆，1986年影印本，第758页。

②［元］蒲道源：《闲居丛稿》卷26《西轩王先生行实》，景印文渊阁《四库全书》第1210册，第775页。

他生平行事之中,有两件事例可以佐证之:第一件是至元十二年(1275),王得舆改葬其先,"一遵文公《家礼》而合葬焉,观者如堵";第二件是长妇之丧,一遵礼制,对此,他的儿子王无疾颇有犹疑,王得舆讲:"文公以是丧其长子,吾以是丧吾长妇之为后者,又何过乎?"[①] 王家"家法严肃",王无疾"丁母忧,水浆不入口者七日,柴毁骨立,父有嘻其甚矣之叹,作诗劝之。及丁父忧,年几五十矣,其哀毁有过,自初丧至葬祭,一遵文公《家礼》,虽期功之丧,亦必自尽而不苟。亲党及乡里有丧者,必就正而取法焉"[②]。再如,草庐先生吴澄(1249—1333)为"朱子之四传","固朱学也"[③]。他在奉亲避寇、隐居布水谷期间,"修正《仪礼》、《大戴记》",至正二十一年(1361),其父过世,"公居丧治葬,率循古制,参以《书仪》《家礼》之行,乡党姻戚亦多依效,不用浮屠,里俗或讥之,则以为解"[④]。江阴人陆垕(1258—1307)治家整而有法,"内言不出于梱,外言不入于梱,家人十指廪给称事,丧祭一用朱子《家礼》,不谄鬼神,不佞老佛"[⑤]。吴兴处士陈良能(1289—1350),"闭门读书,务求圣贤旨趣",居丧期间,"水浆不入口者三日,丧纪一遵朱氏《家

①[元]蒲道源:《闲居丛稿》卷26《西轩王先生行实》,景印文渊阁《四库全书》第1210册,第772、775页。

②[元]蒲道源:《闲居丛稿》卷24《青渠王先生墓志铭》,景印文渊阁《四库全书》第1210册,第759页。

③[清]全祖望:《宋元学案》卷92《草庐学案》,沈善洪、吴光主编:《黄宗羲全集》第6册,杭州:浙江古籍出版社,2002年,第572、573页。

④[元]吴澄:《吴文正公集》卷1收危素《临川吴文正公年谱》,《元人文集珍本丛刊》第3册,台北:新文丰出版公司,1985年影印本,第20页。

⑤[元]陆文圭:《墙东类稿》卷14《陆庄简公家传》,《元人文集珍本丛刊》第4册,台北:新文丰出版公司,1985年影印本,第609页。

礼》，岁时祀享，极于精诚”①。湖州路学正潘著（1308—1358）“居丧悉遵朱子《家礼》，屏浮屠不用，郡人贤之”②。元统三年（1335），祁门王处士临死前，要求“礼制之大不可违，自始死至祥禫，其一遵朱子所定《家礼》”③。元顺帝时，浦江郑氏家族，由郑文嗣从弟郑文融继主家事，“不奉浮屠、老子教，冠昏丧葬，必稽朱熹《家礼》而行执”④。谢良佐的后人谢理，元顺帝时官至行枢密院都事总制余姚，他曾对人说：

> 理弟兄五人，从乡先生周本道学，甚幸不坠先绪。今内外人百余指，合居共爨，凡冠昏丧祭，悉遵紫阳《家礼》。⑤

上引例子中，遵朱子之礼，或为乡党所讥，或被视为贤者，而所谓“不坠先绪”作为身份自证，与悉遵《家礼》相为耦合，彰显了朱子后学的认同感。必须说明的是，这里以儒士作为举例时的主要观照对象，并非意味着服膺朱子《家礼》者仅限于儒士这一群体。之所以将视角集聚于这一类人群，不过是希望在《家礼》这本礼书的历史传承中，来看士人们取用《家礼》之时，对儒学作为思想与

---

①［元］杨维桢：《东维子文集》卷26《元故陈处士墓志铭》，《四部丛刊初编》，上海：商务印书馆，1929年影印本，第12b、13a页。

②［元］贡师泰：《玩斋集》卷10《湖州路儒学正潘君墓志铭》，景印文渊阁《四库全书》第1215册，台北：台湾商务印书馆，1986年影印本，第699页。

③［元］郑玉：《师山集》卷7《处士王君墓志铭》，景印文渊阁《四库全书》第1217册，台北：台湾商务印书馆，1986年影印本，第55页。

④［明］宋濂：《元史》卷197《郑文嗣传》，北京：中华书局，1976年点校本，第4452页。

⑤［元］贡师泰：《玩斋集》卷6《谢氏家训序》，景印文渊阁《四库全书》第1215册，第591页。

生活范式的持守以及包含于其中的价值判断。

在元代士人遵行《家礼》的过程之中,尤其值得一提的是他们对祠堂制度的推行与实践。如前文所言,朱熹关于祠堂的设想借镜于家庙制度,对祠堂之制与祠堂之礼作了简略阐释,而元代的士人们则在遵行《家礼》之中将祠堂由文字转为了具体的仪式、建筑形制与细密的管理规定。

上文曾提到的西轩先生王得舆"家法之严","每旦夙兴,诣祠堂拜谒毕,子孙于其所在行晨省之礼,先生问以所习事业而责其成功,妇女群下皆然。昏定,亦如之。正至朔望,叙拜如仪"①。曹州定陶县尹赵时勉(1274—1327)来自中山府安善县,"赵氏族大而盛,岁时伏腊昏丧,君(按:赵时勉)承之皆有法。尝悼近世之士贵为公卿而享祀其祖礼同庶人,乃稽司马氏、朱氏《祭仪》、《家礼》,为祠堂于正寝之侧,凡丧祭昏冠议而行之,乡郡闻家或从而化"②。至大三年(1310),安熙(1268—1311)"考《家礼》,为祠堂,以奉四世,邑人化之"③。竹亭先生王沂(?—1362)的居所颇隘,但他"别为一室,仿朱子《家礼》作主以祀先,其法制极备,岁时祭祀,拜跽升降,动合礼仪。先世坟茔,率子弟祭扫,率有定期,虽风雨不避"④。上引几例中,均特别点出了行动者是在稽考、仿效《家礼》而建祠

①[元]蒲道源:《闲居丛稿》卷26《西轩王先生行实》,景印文渊阁《四库全书》第1210册,第774页。

②[元]苏天爵著,陈高华、孟繁清点校:《滋溪文稿》卷18《故曹州定陶县尹赵君墓碣铭》,北京:中华书局,1997年,第290页。

③[元]袁桷:《清容居士集》卷30《真定安敬仲墓表》,《四部丛刊初编》,上海:商务印书馆,1929年影印本,第22b页。

④[明]梁潜:《泊菴先生文集》卷8《竹亭王先生行状》,《北京图书馆古籍珍本丛刊》第100册,北京:书目文献出版社,1998年影印本,第481—482页。

堂。最有意思的例子来自于四明戴氏。戴氏世居鄞县之桃源，其家于“族稍繁衍，至茂兄弟而家益裕”之时，开始置祠堂，其具体细节如下：

> 乃营祠堂正寝之东，推从姪庄为宗子，中设四龛，以奉宗子之四世，而以政为继祖之宗，己为继祢之宗，各奉其主，而位以昭穆，其旁附者，亦随其宗，以分别焉。四时祭享，略如朱文公所著仪式，而参诸世守之旧，牲杀、器皿、粢盛、酒醢、苹藻之具，称家有无，必丰必洁。且惧赀费之不继也，复与弟升议买田若干亩，岁入其租，而命子弟轮掌之。因扁其祠曰：永思。[①]

营建祠堂的位置、四龛与宗子之立皆来自《家礼》，但于祭田一节却并没有按照《家礼》中的规定以龛来“计现田”，而是根据实际可能的方式来买田以继其赀费。这一对理想礼文的设想进行改造，以使其落于实处的做法，在元代并非是孤例。此处仍以祭田为例。

在《家礼》中，祭田与墓田有明确分野，祠堂初立之时，按现田计算，每龛取其二十之一作为祭田，亲尽则作为墓田，之后，凡正位祔者，皆仿用此例。祭田不得典卖，“宗子主之，以给祭用”[②]。但在实际行用中，一些家族以义田来充祭祀费用，比如，据黄溍（1277—

①［元］戴良：《九灵山房集》卷12《戴氏祠堂记》，《丛书集成初编》，北京：中华书局，1985年，第179页。

②参见［宋］朱熹：《家礼》卷1《通礼·祠堂》，朱杰人等编：《朱子全书》第7册，第876页。关于宋代墓田、祭田、义田等族产的差别，参见王善军：《宋代族产初探》，《中国经济史研究》1992年第3期。

1357）记载：金华傅氏义田共有四百亩，“合族而食，五世矣，以群从子姪之蕃衍也。岁率用八亩之入食一人，而籍其余，可当十人之食，以给宾祭、百须之费”①。龙泉汤氏乃宋宰相汤思退之后，为当地“钜族”，处士汤镛（生卒年不详），隐而不仕，“混迹民间，务为生产作业”，置义田“以赡同族”②。义田的相关措置甚为详备，其中规定：

> 其为田二百亩，岁可得谷四百石，择族人廉谨而有干局者俾任其出纳，月给人五斗，有丧者二石，葬则半之。产子者一石，再有子则倍之。子始入学予钱三十缗。嫁女如入学之数，娶妇则减三之一。年七十者每岁帛一匹。能自业者弗预，不知检饬而有子弟之过者，罢之。大略仿范文正公之成规而微有所损益，其为施贫活族之义，则无以异也。③

这里，虽没有提到祭祀的费用，但丧葬、嫁娶、教育与养老的费用均有细密的规定。在书写中，朱熹设祭田“以给祭用”，但在实际行用中，以“义田”之余用作祭祀费用，或者将祭田收入用来赡族是常见的事实，显然，从文本到行动之际，对礼文的理解与改造是不可或缺的步骤。这一点，郑泳（生卒年不详）在《祠堂记》中作了详细的阐述，他讲：

①［元］黄溍：《金华黄先生文集》卷10《傅氏义田记》，《四部丛刊初编》，上海：商务印书馆，1929年影印本，第9b—10a页。

②［元］黄溍：《金华黄先生文集》卷10《汤氏义田记》，《四部丛刊初编》，第10b、11a页。

③［元］黄溍：《金华黄先生文集》卷10《汤氏义田记》，《四部丛刊初编》，第11a页。

> 至正戊寅(1338),朝廷下蠲复之命,伯祖贞和君立石于门,太常博士柳贯记之。伯父青樵君建祠堂五楹间,奉先世神主,未有记之者迨今二十年,八世孙泳谨记曰:古者士有圭田则有庙有祭,后世贵有位者亦或有庙有祭,而无常法,至朱子著《家礼》始有祠堂之制,无贵贱皆祭四世,盖服穷于四世,世满则祧,此足为后世之常法矣……吾家同居十又余世,宗支既多,位次难依《家礼》,自西而东,以四世为序,又难排日分宗而祭,但同堂南向,以中为上,男女分左右,祭则于祝文上各见所继之宗,满四世者依朱子例祧,如此,则宗法既明,而位叙亦无不稳。以吾同居则同堂,而祭乃事亡如事存之义,礼有所据也。夫礼以义起,因时制宜,贵在乎当理,事有难处,处之至于平易,则礼不繁而敬不怠,庶可行之久远也。又况有所据依哉!此吾义门同堂之礼。①

郑氏对祠堂位叙的调整并非源于礼文古今异宜或从俗从今等常见的思考,而是因为《家礼》原有的礼文并没有书写宗支众多情况下的布局,因此不得不依据自己的理解,对祭礼进行调整。即便如此,他们也不断强调"有所据依"与"因时制宜"的原则。

在国家礼典化之前,《家礼》已成为一种渐次推广的民间礼仪,并被很多人证明实际有效。传统时代囿于技术所限,婚丧冠祭等演礼的场景只能依据文字或记忆来保存,然而,祠堂这一被当作神圣场所的实体建筑却改变了家礼的载体形式:它普遍出现于人们的日常生活之中,而与之相匹配的祭田等族产的设置,使之成为家

①[元]郑泳:《郑氏家仪》卷5《祠堂记》,胡宗楙辑:《续金华丛书》,民国十三年(1924)永康胡氏刊本,第27b—28b页。

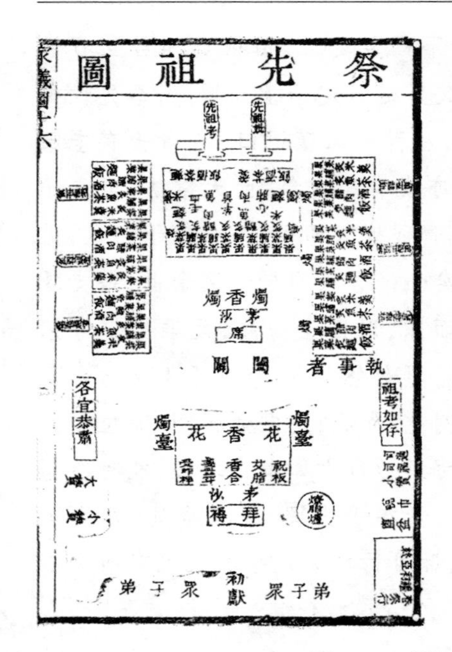

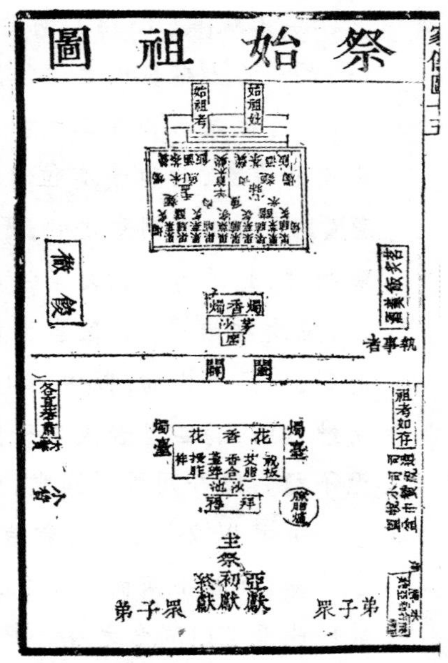

图5-1 《郑氏家仪》附图

资料出处：郑泳《郑氏家仪》，胡宗楙辑：《续金华丛书》，民国十三年(1924)永康胡氏刊本。

族的纽带，并最终成为中国传统文化中一个活跃的象征符号。与此同时，在推行与实践之初，关于《家礼》的叙述习惯，诸如推行时“郡人贤之”“乡郡从化”“邑人化之”等话语渐次形成，它们与后世的同类评价构成了《家礼》史上不允忽视的类型叙述。

二、时间序列中的《家礼》II：明代的礼典化

在《家礼》一书的历史上，学者通常认为永乐年间“颁《文公家礼》于天下”是标志性事件，代表着《家礼》的性质由私人编撰的

礼书变作是官方认可、体现官方意志的礼典①。不过，礼典化虽由一个诏令来宣布与表达，却并非是由一个诏令来完成整个过程，事实上，它是经由不同时代的系列诏令、不同士大夫的类似奏疏，以及国家礼书不同程度上的取用等一系列的事件所构成的，逐步的、反复的过程。

早在元初，朝廷就有以朱子《家礼》为礼文定例的法令。至元八年（1271），尚书省礼部呈：

> 契勘人伦之道，婚姻为大。即今聘财筵会，已有定例外，据拜门一节，系女真风俗，遍行合属革去外，据汉儿人旧来体例，照得朱文公《家礼》内《婚礼》，酌古准今，拟到各项事理。都省议得：登车乘马设次之礼，贫家不能办者，从其所欲外，据其余事理，依准所拟。②

在至元八年的准拟中，婚姻礼制按照《家礼》中的礼文，列议婚、纳采、纳币、亲迎、妇见舅姑、庙见、壻见妇之父母等几个程序。细究礼文，亦可以看到，这几项礼程中，除了"纳币"一节的礼文与《家礼》略有不同外，其余均为《家礼》礼文的改写、略写③。

除了诏制中将朱熹《家礼》视为"汉儿人旧来体例"来参照之外，元代亦有士大夫号召将《家礼》等礼书颁于天下。至正年间，

---

① 参见杨志刚：《论〈朱子家礼〉及其影响》，《朱子学刊》1994年第1辑；赵克生：《修书、刻图与观礼：明代地方社会的家礼传播》，《中国史研究》2010年第1期。

② 不著撰者，黄时鉴点校：《通制条格》卷3《婚姻礼制》，杭州：浙江古籍出版社，1986年，第36页。

③ 不著撰者，黄时鉴点校：《通制条格》卷3《婚姻礼制》，第37—38页。

吴师道(1283—1344)在《国学策问》中说:

> 治天下者莫大于礼,所以辨上下、定民志也。冠、婚、丧、祭,民用尤切,前代皆有成式。今冠礼废久,世不复知有成人之义。婚礼坏于随俗,丧礼坏于异端,庞杂不经甚矣。近世司马公《书仪》、朱子《家礼》,号为适古今之宜。好礼之家或所尊用,然不免于讪笑,非出朝廷著令使通习之,殆于不可。然《家礼》后出,颇采《书仪》。《书仪》所有,或《家礼》所无。又窃闻《家礼》乃未定之本,为人所窃去,未及修补,今所行者是也。然则二书,当通考而损益之欤?或止用其一欤?《家礼》之外,尚有可议者欤?谓宜定为式程,颁之天下,使民习于耳目而不异,则教化行而风俗美,其不在兹欤?①

这道策问顺着一贯的思路,从当下冠婚丧祭之礼废坏的社会事实出发,又指出好礼之家尊用《书仪》《家礼》的个体实践,不过,在吴师道看来,礼是一种社会规定,如果没有群体的认同,即便个体尊用的是号为"适古今之宜"的礼文,亦或遭遇世人的讪笑,而"非出朝廷著令使通习之",又殆于不可,因此,他提出"宜定为式程,颁之天下",如此,才能教化行而风俗美。

有元一代并未见有将《家礼》这一私家礼书颁行天下的诏令,但至明代初年,推行《家礼》的诏令开始出现。洪武元年(1368)下令:"凡民间嫁娶,并依朱文公《家礼》行。"② 随后,诏令逐渐升

①[元]吴师道著,邱居里、刑新欣校点:《吴师道集》卷19《国学策问四十道》,长春:吉林文史出版社,2008年,第459页。

②[明]申时行等重修:《明会典》卷71《礼部二十九·婚礼五·庶人纳妇》,万有文库《国学基本丛书》,上海:商务印书馆,1936年影印本,(转下页)

级，洪武三十一年（1398），皇帝遗诏中要求："作神主用栗木为之，制度依《家礼》。"① 至永乐中（1403—1424），"颁文公《家礼》于天下"②。宣德二年（1427）又规定："王府祭宗庙，用宋朱文公《家礼》。"③ 嘉靖八年（1529），"题准士庶婚礼如问名、纳吉不行已久，止做《家礼》纳采、纳币、亲迎等礼行之"④。这里，我们仅按时间轴线来罗列明代推行《家礼》的诏令，并没有按诏令的具体指向，比如士庶、王公、皇帝等对之进行分类。从一个较长的历史时间中，我们可以看到，推行《家礼》的诏令是多样的、反复的并且是持续的。

除了颁行诏令外，《家礼》礼典化在明代的表现层次更为丰富，其中，国家所修的礼书中将之作为依据亦是关键内容。洪武二年（1369）下诏修撰、次年告成的《明集礼》中，冠礼"以文公《家礼》为准，而定士庶冠礼"⑤；庶人婚仪，主要依据《家礼》规定男女

（接上页）第1672页。[明]林尧俞等纂修，俞汝楫等编撰：《礼部志稿》卷20《仪制司职掌·婚礼·庶人纳妇》，景印文渊阁《四库全书》第597册，台北：台湾商务印书馆，1986年影印本，第361页。

①[明]申时行等重修：《明会典》卷96《礼部五十四·丧礼一·大丧礼》，万有文库《国学基本丛书》，第2166页；[明]林尧俞等纂修，俞汝楫等编撰：《礼部志稿》卷31《祠祭司职掌·大丧礼·遗诏》，景印文渊阁《四库全书》第597册，第577页。

②[清]张廷玉等：《明史》卷47《礼志一·吉礼一》，北京：中华书局，1974年点校本，第1224页。

③[明]申时行等重修：《明会典》卷56《礼部十四·王国礼二·祭祀》，万有文库《国学基本丛书》，第1413页；[明]林尧俞等纂修，俞汝楫等编撰：《礼部志稿》卷16《仪制司职掌·王国礼·祭祀》，景印文渊阁《四库全书》第597册，第246页。

④[明]林尧俞等纂修，俞汝楫等编撰：《礼部志稿》卷20《仪制司职掌·婚礼·飨送者》，景印文渊阁《四库全书》第597册，第364页。

⑤[明]徐一夔等：《明集礼》卷24《嘉礼八·士庶冠礼·总叙》，景印文渊阁《四库全书》第649册，台北：台湾商务印书馆，1986年影印本，第501页。

婚配年龄及纳采纳币、庙见等礼程[①]；品官丧仪“本之《周经》，稽诸《唐典》，而又参以朱子《家礼》”[②]。至于庶人丧礼，包括复衣、盘盆巾栉、袭衣、含、灵座、铭旌、小敛衣、大敛衣、服次、大轝、赙赠、奠祭馔具、祠堂之制等皆同或类同《家礼》[③]。现代学者对这几本礼书与《家礼》的内容曾经进行过细致对比，认为包括《明集礼》《明会典》等在内的明代国家礼书，虽因时俗而有所更易，但其家礼的宗旨与仪节均根植于朱子《家礼》[④]。

不只是礼文上的参酌取用，在士大夫的观察中，也开始将《家礼》与国家礼书相提并论。明末，兵部尚书王在晋（？—1643）曾指出：“冠婚丧祭，有《文公家礼》在，有《大明集礼》及《会典》在，吾儒当一一遵行。”[⑤]一部宋人所私修的礼书与国家礼典相提并论，至此，在认识论上，朱子《家礼》完成了礼典化的过程。

不过，就如前文中所指出的那样，国家颁布《家礼》于天下，于国家礼典中参酌此书，这些行动并不意味着《家礼》在民间社会的实际中已成为行用天下的礼典。事实上，明清时期，大臣们要求推行《家礼》，有不行者以违制论，甚至将之纳入地方官员考课之中的

---

① 参见［明］徐一夔等：《明集礼》卷28《嘉礼十二·庶人昏仪》，景印文渊阁《四库全书》第649册，第593—598页。

②［明］徐一夔等：《明集礼》卷37上《凶礼二·品官丧仪·总叙》，景印文渊阁《四库全书》第650册，第141页。

③ 参见［明］徐一夔等：《明集礼》卷37下《凶礼三·庶人丧仪》，景印文渊阁《四库全书》第650册，第160—169页。

④ 参见赵克生：《修书、刻图与观礼：明代地方社会的家礼传播》，《中国史研究》2010年第1期；杨志刚：《明清时代〈朱子家礼〉的普及与传播》，高雄师范大学经学研究所《经学研究集刊》2010年第9期。

⑤［明］王在晋：《越镌》卷17《学政类·严礼节》，《四库禁毁书丛刊》集部第104册，北京：北京出版社，1997年影印本，第448页。

奏疏不断出现。

弘治十年（1497），永嘉知县汪循（生卒年不详）在上疏中提到永嘉一地冠婚丧祭的弊端，称当地"嫁女之家，赀妆之具，动至千金，售产倾赀，习不为异，病不能嫁者，多致育女不举。丧亲之家，张乐开筵，会客送葬祭仪丧具，费生不经，惮不能葬者，又遂用火化。流俗之弊，不可具殚，在在有之，永嘉为甚"。因此，他在奏疏中，"乞敕礼部通行天下巡抚巡按、布按二司等官，严加禁约。民间凡遇冠婚丧祭及服食器用，悉依《家礼》及照洪武礼制，毋得僭踰，如违，治以重罪。如此，庶民财可舒，国用可足，且成礼俗，大裨国治矣"①。正德年间（1506—1521），礼部尚书丘濬讲：

> 婚嫁丧祭，民生之不能无者，民间一遇婚嫁丧祭，富者倾赀以为观美，贫者质贷以相企效，流俗之相尚，邪说之眩惑，遂至破产而流于荒淫邪诞之域，因而起争讼、致祸乱者亦或有之。汉之时，异端之教犹未甚炽，今去其时千年矣，世变愈下，而佛道二教大为斯民之蠹惑，非明古礼以正人心、息邪说，则民财愈匮，而民性愈荡矣。幸而有朱氏《家礼》一书，简易可行，乞敕有司，凡民间有冠婚丧祭，一依此礼以行，有不行者以违制论。其守令上计课，以教民行古礼为最，此无可书，虽有他最，亦不在升举之列。②

丘濬关于世俗中冠婚丧祭因流俗相尚、邪说眩惑，以致民间争

①［明］汪循：《汪仁峰先生文集》卷1《拟上兴利除害疏》，《四库全书存目丛书》集部第47册，第189页。

②［明］丘浚著，林冠群、周济夫校点：《大学衍义补》卷82《治国平天下之要》，北京：京华出版社，1999年，第702页。

讼、财匮、祸乱等社会问题的描述与解说，并没有跳出前人的范畴，但他在行动的建议上显然强度加大，不仅要求推行《家礼》，对不行者以违制论，而且，还希望将之列入守令的考课之中，无论守令成就如何，教民行古礼被列为升举的首要条件。除此之外，礼部尚书沈鲤（1531—1615）也曾在奏疏中呼吁："各抚按严督各该守令，毋专以簿书期会为急，而亦以移风易俗为要。申明圣谕，劝化愚民，教以君臣父子之常道，示以农桑衣食之恒业，晓以惠迪从逆之实理。丧葬必依《家礼》，有擅作佛事者，必罚。"[①]

士大夫们从移风易俗的角度，要求颁行家礼的思考路数，也为清代士大夫所继承。比如，甘汝来（1684—1739）针对江苏两浙地区"俗尚侈靡"的积习，上《请酌定家礼颁行疏》，希望抡选廷臣检集包括朱熹《家礼》在内的前代礼书并本朝会典、政治全书，摘取汇集编定礼书，"凡冠婚丧祭一切仪制，斟酌损益，务期明白简易，士民易于遵守"，书成后，"颁发直省府州县学各一部。颁发到日，该府州县转行刊刻，布散绅衿士庶人等，务令家喻户晓，虽穷乡僻壤，无不周知……夫条教出于上，则风俗成于下，而僭越侈靡之习，不禁而自消"[②]。重复的话语在不同时代的持续出现，亦是家礼史上值得玩味的事象。

总之，"颁行《家礼》"作为明清以后大臣奏疏中频繁出现的关键词，也可证明一个事实：在历史视域中，《家礼》的礼典化虽可由一个具体事件作为标志，但显然，这一事件既不是开始，亦不是结束。

---

①［明］林尧俞等纂修，俞汝楫等编撰：《礼部志稿》卷 50《奏疏 · 禁约疏 · 题禁白莲教拆毁私创庵观疏》，景印文渊阁《四库全书》第 597 册，第 938 页。

②［清］贺长龄、魏源等编：《清经世文编》卷 54《礼政 · 礼论》收甘汝来：《请酌定家礼颁行疏》，第 1353 页。

三、儒学经典与经典阅读

如果说，朱子《家礼》在儒士中的遵行情况可以从历史文献对士人的行为的描述中找到依据，其作为国家礼典的确立亦能通过抽取各种诏令的颁布这些具象来窥见其中线脉，那么，要讨论这本礼书如何成为儒学经典，就相对困难。《家礼》成为儒学经典不只是一个确定的结果，而是一个复杂的过程，这里，我们只能通过叙述其中的标志性事件，以及阅读群体与阐释方式的变化来看经典生成的价值与意义。

对于《家礼》而言，被收入《性理大全》是其成为儒学经典读本过程中最具标志性的事件。永乐十二年（1414），胡广（1370—1418）、杨荣（1371—1440）、金幼孜（1367—1431）奉敕修《五经四书大全》以及《性理大全》，次年编成。《性理大全》的《家礼》以元代黄瑞节《朱子成书》第7种《家礼》为蓝本，将后者卷首的家礼图，并为两卷，收入其中。

这部被明太宗寄予厚望，希望能"务极精备、庶几以垂后世"的大全①，在后人的评价中，不过是"取已成之书抄誊一过，上欺朝廷，下诳士子"的作品②，但同时，人们又承认大全在确立程朱理学官学化的作用上，意义深远。对于《家礼》这一本自元明以来争议迭起的礼书而言，被宣布为程朱理学集大成的官定读本的其中一种，同样具有标志性的意义。程敏政（1446—1499）讲：

> 文公朱子制《家礼》，易庙为祠堂，使事力可通乎上下，而

①《明太宗实录》卷158，永乐十二年（1414）十一月甲寅条，台北："中央"研究院历史语言研究所，1962年，第1803页。

②［清］顾炎武著，黄汝成集释，栾保群、吕宗力校点：《日知录集释（全校本）》卷18《四书五经大全》，上海：上海古籍出版社，2006年，第1043页。

> 礼易行。然当时仅讲授于师生闾里之间,其说未广也。我文庙颁性理诸书,嘉惠臣人,然后《家礼》行天下。三、二十年来,卿大夫家稍垂意于礼,而士庶间亦有闻焉。①

程敏政肯定了颁行《性理大全》对《家礼》传播所起的作用,使《家礼》从只于师生闾里间讲授到行于天下,受众亦扩至卿大夫家、士庶之间。不只是如此,朱子《家礼》还成为皇帝的案头备书。明孝宗(1487—1505在位)"时览《记》、《孝经》、《尚书》、《家礼》、《大明律》四种书,皆有日课,有疑义,即召问法吏、儒臣"②。除了是学子的必读书、皇帝的案头书,万历时(1573—1620)礼部尚书沈鲤还提出在童生考中,单独列《家礼》考题。他说:"除二艺一论外,必加策一道,策必以时务发问。此外,仍于朱熹《家礼》内命题一道,使默写大意,非俱能通晓者,不得置高等。盖礼为立身之大,闲礼明,则德性坚定,而忠孝节义胥从此出。"③ 换言之,《家礼》默写题是擢等的必选题。

沈鲤虽只提议考校默写,但事实上,早在作为儒家经典考试文本之前,士人群体对于《家礼》及其解读方式已有了一些不同以往的说法。元末,福建人吴海(生卒年不详)以学行称世,他在一篇朱子《家礼》读后感中讲:

①[明]程敏政:《篁墩文集》卷14《赵氏祠堂记》,景印文渊阁《四库全书》第1252册,台北:台湾商务印书馆,1986年影印本,第243页。

②[清]孙岳颁等:《御定佩文斋书画谱》卷20《历代帝王书下·明孝宗》,景印文渊阁《四库全书》第819册,台北:台湾商务印书馆,1986年影印本,第600页。

③[明]沈鲤撰,[清]刘榛辑:《亦玉堂稿》卷3《学政条陈疏》,景印文渊阁《四库全书》第1288册,台北:台湾商务印书馆,1986年影印本,第236页。

> 吾读《冠礼》而思身之未修，读《昏礼》而思家之未齐，读《丧礼》而思爱亲之未纯，读《祭礼》而思事亲之未至。吾不孝大矣！吾罪多矣！呜呼！皇天矜予乎？祖宗保予乎？往者不可及已，惟兢兢以自厉，庶来者其免夫。①

吴海以修身、齐家、孝亲作为三个轴线来讲述自己阅读朱子《家礼》中冠、婚、丧、祭礼时对“理”的体念，《家礼》不只是一个关于行为规范的文本与行动的指南，而是通往儒家思想世界的媒介，更是儒家学者修身养性、持守儒道的根本所在。丘濬将后一层意思表述得十分丰富，他讲：

> 读书以为儒而不知行礼，犹农而无耒耜，工而无绳尺也，尚得为农工哉？夫儒教所以不振者，异端乱之也；异端所以能肆行者，以儒者失礼之柄也。世之学儒者，徒知读书而不能执礼，而吾礼之柄，遂为异教所窃弄而不自觉，自吾失吾礼之柄，而彼因得以乘间，阴窃吾丧祭之土苴以为追荐祷禳之事，而吾之士大夫名能文章、通经术者，亦且甘心随其步趣，遵其约束而不以为非，无怪乎举世之人靡然从之，安以为常也。世儒方呶呶然作为文章以攻击异端为事。噫！吾家之礼为彼所窃去而不知所以反求，顾欲以口舌争之哉！失其本矣。窃以谓《家礼》一书，诚辟邪说、正人心之本也，使天下之人，人诵此书，家行此礼，慎终有道，追远有仪，则彼自息矣。儒道岂有不振也哉！②

①［元］吴海：《闻过斋集》卷 8《刊子朱子家礼成读之有感书斋壁自儆》，《元人文集珍本丛刊》第 8 册，台北：新文丰出版公司，1985 年影印本，第 295 页。

②［明］丘濬：《文公家礼仪节》序，《四库全书存目丛书》经部第 114 册，第 431 页。

丘濬在这里作了一个有趣的比喻，他将读书与执礼等同于农工与其作业的耒耜绳尺，耒耜绳尺既失，如何得为农工，同样，不知行礼，则读书又焉能称为儒者。然而，异端窃取了礼之柄，所以得以肆行，对于儒者而言，就如农工失了耒耜绳尺一般，那些以文章作为工具来攻击异端之人，不过是徒逞口舌之争而已，其实并不触及核心。于此，丘濬忽然笔调一转，称，行礼既是儒者的根本，那么，使天下诵《家礼》，家家行此礼，才是复振儒道的关键。而杨慎（1488—1559）在为丘濬《文公家礼仪节》所作的序中，对《家礼》的儒家经典阅读方式作了最细致的表述，他讲：

> 尝读《鲁论》施于有政，是亦为政句，曰紫阳先生《家礼》之纲也。读《礼经》经礼三百，曲礼三千句，曰紫阳先生《家礼》之目也。先生于《周礼》、《仪礼》外，集《家礼》五卷……凡系家之中，冠婚丧祭，咸极其微细而周至，其极微细而周至者，正极其郑重而鸿巨者也。慎终追远，定省告面，引人于孝子慈孙之列；一庙貌一祀典，一等级一隆杀，家政施于至尊至亲矣。箴规训诫，聘问馈遗，引人于端人正士之林；为人子为人妇，亲师范近仁贤，家政施于蒙养成人矣。进退周旋，服食器用，引人于安分循理之地；疏至戚近至远，或鸣谦或秉敬，家政施于日用事物矣。①

在杨慎的叙述中，外在形式上，经典是《家礼》的纲目，而内在

①［明］杨慎著，王文才、张锡厚辑：《升庵著述序跋》卷下《校辑选批之属》，昆明：云南人民出版社，1985 年，第 209—210 页。按：此处《文公家礼仪节》作《文公家礼节仪》。

意义上,《家礼》是实现经典所提倡的“孝子慈孙”“端人正士”“安分循理”等价值的必然途径,个体在文本的意义中体验着该文本,施之于至亲至尊、施之于日用事物,《家礼》成为活的、具体的社会文本。

在明代,朱子《家礼》还被表述为不同视角下的儒家经典。比如,明人陈确(1604—1677)讲:“朱子《家礼》,儒者推为礼义之宗。”[①] 方以智(1611—1671)说:“朱子《家礼》,则儒者所宗也。”[②] 而到了晚近,《家礼》又被视为与三礼相提并论的礼书经典。郭嵩焘(1818—1891)说:“二千余年,天下相为法守,独康成郑氏及朱子之书耳。”[③]

第三节　自上而下:《家礼》知识的通俗化

明清时期,士大夫们对于朱子《家礼》有一个比较普遍的描述性判断,即,朱子《家礼》是人家不可或缺的日用书,是民间的通用礼。明人丘濬称《家礼》“实万世人家通行之典”[④]、“为人家日用不可无之书”[⑤];清人朱彝尊(1629—1709)有“朱子《家礼》

---

①[清]黄宗羲编:《明文海》卷118《辨问议》收陈确《为人后者为生母服议》,北京:中华书局,1987年影印本,第1172页。

②[明]方以智:《通雅》卷28《礼仪》,北京:中国书店,1990年影印本,第336页。

③[清]郭嵩焘:《养知书屋文集》卷6《校订朱子家礼序》,《清代诗文集汇编》第674册,上海:上海古籍出版社,2010年影印本,第390页。

④[明]丘濬:《文公家礼仪节》序,《四库全书存目丛书》经部第114册,第430页。

⑤[明]丘濬:《文公家礼仪节》卷1《通礼·深衣考证》,《四库全书存目丛书》经部第114册,第451—452页。

盛行于民间”[①]的说法。不过，从士大夫所书写的家礼文本，到民间实用的、真实的日常生活，这一过程并不容易。黄宗羲（1610—1695）说：

> 民间吉凶，一依朱子《家礼》行事。庶民未必通谙其丧服之制度，木主之尺寸，衣冠之式，宫室之制，在市肆工艺者，学官定而付之；离城聚落，蒙师相其礼以革习俗。[②]

显然，知识形态的《家礼》要落实于日常生活，首要的前提是知识需要被民间所接受与植入，当然，这里所谓“一依朱子《家礼》行事”并不只是简单依照《家礼》一书便可，而是需要发展、补充、修订《家礼》，使礼文与时并进，从而达到知识的有效性。其次，《家礼》知识需要经由学官、蒙师的传授才能成为庶民行动的指南，需要将礼文的知识与日常生活相为配合，市肆工艺者能够依《家礼》来更定制作丧服制度、木主尺寸、衣冠式样、宫室之制，离城聚落能够依照《家礼》习礼演礼，唯其如此，朱子《家礼》才能成为一种实存的生活方式而非静态的文本图谱。

---

①［清］朱彝尊：《曝书亭集》卷34《读礼通考序》，《四部丛刊初编》，上海：商务印书馆，1929年影印本，第8a页。又见［清］徐乾学：《读礼通考》卷首收朱彝尊《读礼通考原序》，景印文渊阁《四库全书》第112册，台北：台湾商务印书馆，1986年影印本，第2页。

②［清］黄宗羲：《明夷待访录·学校》，沈善洪、吴光主编：《黄宗羲全集》第1册，杭州：浙江古籍出版社，2002年，第13—14页。

图5-2　[元]佚名：《嫁娶图》

（资料来源：《元画全集》第1卷第4册，杭州：浙江大学出版社，2013年）

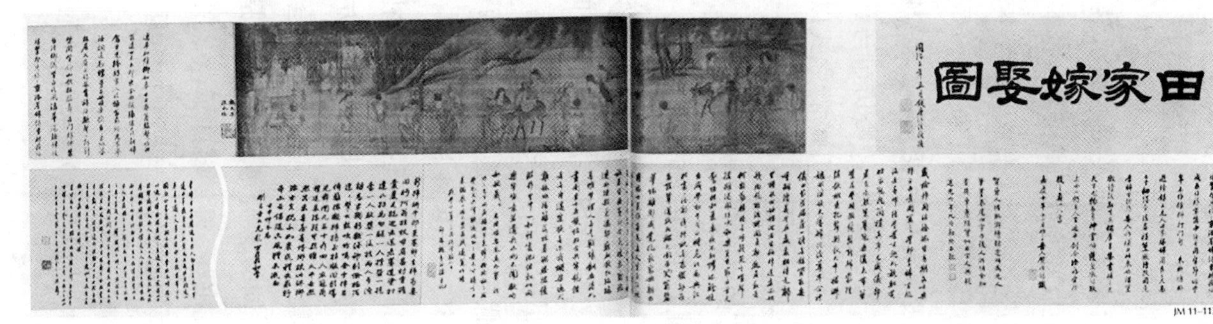

图5-3　[明]佚名（旧传宋李唐）：《田舍嫁娶图》

（资料来源：《明画全集》第20卷第2册，杭州：浙江大学出版社，2018年）

一、《家礼》知识的再生产

家礼作为一种书写实践，是一个绵延相继的过程。宋代及宋代以前，后来者对前人文本的承继、改写、补写的例子比比皆是。唐代，刘岳以郑余庆《书仪》为底本，增损其书，成就刘岳《书仪》；宋代，司马光以刘岳《书仪》为蓝本，参以裴茝、郑余庆等所撰之礼书，而成司马光《书仪》；朱熹则于司马光、程颐、张载、高闶各家所订的冠婚丧祭礼中折衷去取，最后成就朱熹《家礼》；元代，浦江人郑泳所撰《郑氏家仪》，“略仿司马《书仪》、朱子《家礼》之例，依据五礼分为五篇，其家日用常行之式以次揭橥焉”①。不过，后一代更新前一代家礼文本，以成为一时代之重要作品的传衍现象随着朱子《家礼》的经典化而发生了断裂。朱熹之后，再也没有出现可与朱子《家礼》相提并论的家礼文本。

朝廷、官员、文人把《家礼》奉为制定家礼的圭臬，它是制礼者的必备参考书，有时候甚至是唯一的参考书，尤其重要的是，他们发现并大量推广了另一种家礼的书写方式。新出现的书写方式与我们对宋代家礼文本篋所作出的两种类型的书写路径——“私家注礼为私家”“私家注礼为大家”——相比，已有了一些别样的气象，我们在此可以姑且把朱熹《家礼》之后的家礼书写方式，称为“私家注一家礼”，书写者采用多种方式，对《家礼》这一礼书进行集释、集要、集注、节要、仪节、会成、会通、铨补、笺补、简编、图解、辨定等，新名词的迭出完全可以视作是新兴味和新书写的风向标，代表着“家礼书写”开始转向了“《家礼》书写”。

新的家礼书写方式，追本溯源，应该以朱熹弟子们的《家礼》

①［元］郑泳：《郑氏家仪》卷末胡宗楙付梓记，胡宗楙辑：《续金华丛书》，第1页。

附注、增注、集注、图说作为发端(参见第四章)。不过,彼时的“《家礼》书写”,考订、正误以“粗有以见先生之意”是其中诉求之一①,参与书写的人群主要是朱熹的弟子与再传弟子。到了明代,参与“《家礼》书写”的人群开始集聚出现,需要说明的是,这一集聚人群并不是一个泛指的模糊印象,而是可以特别指出名姓、并用以统计的具体个体。现代学者通过爬梳书目、查找相关文本,在统计明代家礼数据时有多种说法②。由于此处的议题并不着重于明代家礼文本的整体数字,而是观察以《家礼》作为底本的书写数据,因此,为了去除统计标准不一,以及统计时各人所见文献多寡等不确定因素,这里仅以《千顷堂书目》所载冠婚丧祭等礼类文本作为样本列表如下(参见表5—1),并将书目中特别标出以朱子《家礼》作为依据的文本照录原文所注,而书目补叙中一些不知年代的家礼文本,诸如王皞《四礼纂要》1卷、员峤《通礼摘经》1册、蒋彬《家礼四要》1卷、严本《家礼辑略》10卷、《家礼会成》4册、《谕俗编》2卷、《祭礼从宜》4卷等则不收于表中③。

①[元]马端临:《文献通考》卷188《经籍考十五》收杨复《朱文公家礼序》,第1602页。

②参见Patricia B Ebrey, *Confucianism and Family Rituals in Imperial China: A Social History of Writing about Rites*, Princeton:Princeton University Press, 1991, pp231–235;何淑宜:《明代士绅与通俗文化——以丧葬礼俗为例的考察》,台北:台湾师范大学历史研究所,2000年,第261—263页;[日]小岛毅:《明代礼学的特点》,收入林庆彰、蒋秋华编:《明代经学国际研讨会论文集》,台北:中国文哲研究所筹备处,1996,第393—409页;梁勇:《明代的家礼研究》,新加坡国立大学博士学位论文,2006年;王志跃:《明代家礼文献考辨》,《图书馆理论与实践》2014年第4期。

③[清]黄虞稷撰,瞿凤起、潘景郑整理:《千顷堂书目》卷2《礼乐类》,上海:上海古籍出版社,2001年,第54页。

表5-1：《千顷堂书目》家礼文本一览表

作者	书名	备注
周南老	丧祭礼举要	
殷奎	家祭仪	
祝咏	葬祭礼式	
陈端礼	丧祭葬礼仪注解	
徐骏	五服集证	6卷。本《家礼》及《孝慈录》，集诸儒之论及己见以证之。
姜琏	丧礼书	
叶钊	服制辨疑	
阴秉衡	阴氏慎终录	
	昏礼节要	
蔡芳	丧礼酌宜大祀志	
许判	慎终集	
王廷相	丧礼备纂	2卷
宁成	为人后者三十六难	
侯廷训	六礼纂要	6卷
王承裕	昏礼用中	
吴文光	祀礼从宜	1卷
赵宧光	祭礼问	
王渐逵	王氏宗礼	
管志道	崇先维俗议	7卷
季本	庙制考义	2卷
周鼒	宗庙昭穆辨	
朱裳	宗祠考	
杨伯珂	宗庙考	
黎贞	家礼举要	4卷
王源	家礼易览	

续表

作者	书名	备注
冯善	家礼集说	5卷
	注解文公家礼	12卷
夏时正	家礼	4卷
方澥	家礼旁附	尝慨文公《家礼》虽经诸儒注释，而去取或晦，朝代迁改，冠服不同，乃作是书，首列图而条析于下。
丘濬	家礼仪节	8卷。本之考亭，参以明制，世多遵行之。
汤铎	家礼会通	10卷
丰庆	家礼从宜	
杨子器	家礼从宜	4卷
	杨嘉山读礼录	1卷
余本	家礼考异	
詹陵	家礼祭葬纂原	
彭滨	补注文公家礼正衡	8卷
汪禔	家礼砭俗	
陆侨	家礼易简	
姚翼	家规通俗编	12卷
黄芹	家礼易行	
邓元锡	家礼铨补	10卷
李廷机	家礼简要	1卷
朱天球	家礼易简编	1卷
方元焕	家礼考订	4卷
邹守益	谕俗礼要	2卷
郑瓘	礼仪纂通	
黄佐	泰泉乡礼	7卷
杨廉	四礼论略	1卷

续表

作者	书名	备注
丁玑	四礼仪注	4卷
颜木	四礼略	1卷
张鲲	四礼图	1卷
郭槃	四礼纂要	
宋纁	四礼初稿	4卷。以其出于一时之见，未敢据以为是，故曰初稿。
吕坤	四礼翼	4卷。以民间之日用常行浅近鄙俗可以家喻而户晓者，析为条目俾童而习之，白首而安之，谓之翼者，豫于四礼之先，而继于四礼之后也。
	四礼疑	6卷。取《仪礼》《礼记》及《家礼会成》《仪节》所未解者作《四礼疑》，共13篇。
包万有	四礼损益	4卷
钟口	四礼辑要	4卷
张信民	四礼述	

文献来源：黄虞稷撰，瞿凤起、潘景郑整理：《千顷堂书目》卷2《礼乐类》，上海：上海古籍出版社，2001年，第50—53页。

毋庸置疑，表格中所列书目信息与“《家礼》书写”的实际状况略有出入，其中掺杂的一些文本可能并非完全源自《家礼》。而以“《家礼》书写”这一论题而言，表格只以单本书目作为统计采集文献，因此，有相当一部分隶属于“《家礼》书写”的文本类型并没有收录。比如，吕维祺《存古约言》即属此类未收文本，该书共6卷，“大略以朱子《家礼》为主，并采择诸家之言为条例注释，而以箴诫格言附于后”①。因此，《家礼》文本最终数据的获得可能需要作精

①［清］永瑢等：《四库全书总目》卷96《子部·儒家类存目二》，第817—818页。

细地对比与考订。尽管数据统计中有诸种不确定因素，却并不妨碍我们得出一个粗略的印象，即，明代“《家礼》书写”的文本数据要远超宋代与宋代以前有名录的“家礼书写”的数量。从这个角度去看，以《家礼》为蓝本的新家礼书写方式并不逊于过去的书写传统。

需要注意的是，当“家礼书写”转向“《家礼》书写”时，家礼的知识表达方式也在发生改变。在“家礼书写”时，学者注重礼文是否合乎礼制的传统，强调书写中的理据，考量礼文更易背后的社会诉求。明代以来的“《家礼》书写”，对家礼知识的学术探讨依然是书写者的主要兴趣，不过，这一范式所推动的并不是对多种家礼文本的比较，而是对同一本典籍的不同理解与质疑。杨士奇（1366—1444）就曾说：

> 朱子《家礼》一册，今士大夫家多遵用之，间亦有置疑其间者。①

所谓“间有置疑”无疑是对《家礼》知识的一种提问。比如，王廷相（1474—1544）在《丧礼备纂》中，对《家礼》仪文疏略处、缺省处、烦渎处、自相矛盾处等均进行了补入、纠正、削减。他认为《家礼》初终仪过略，因而以《仪礼》与《大明集礼》“纂正之”②；楔齿缀足仪，“《家礼》及诸氏书皆落此条”③；“沐浴饭含袭”条下，

①［明］杨士奇：《东里集》续集卷18《跋·文公家礼》，景印文渊阁《四库全书》第1238册，台北：台湾商务印书馆，1986年影印本，第597页。

②《丧礼备纂》卷上《初终》，［明］王廷相著，王孝鱼点校：《王廷相集》，北京：中华书局，1989年，第1370页。

③《丧礼备纂》卷上《楔齿缀足》，［明］王廷相著，王孝鱼点校：《王廷相集》，第1371页。

《家礼》袭后设奠，并在沐浴之后，在他看来“沐浴饭含袭，一时相续而举，中间不得从容设奠为位……且袭在饭含之先，尤失礼之次序”[①]；对于《家礼》“小敛”条所注“不绞结者，孝子时欲见面”，他认为：“袭时，尸已系瞑目，加冒韬之。”如此一来，“岂不自相矛盾？”[②]而《家礼》“误作布绞之绞，遂将小敛之布绞不结，又傅会不掩其面，以孝子时欲见其面，致使亲尸不成敛束，至于大敛入棺，方始结之，殊为舛错”[③]。又如，骆问礼（1527—1608）曾质疑过《家礼》关于“孤子”“哀子”的说法，认为父丧称孤子、母丧称哀子、俱亡即称孤哀子，这种“孤哀分父母”的说法，“《家礼》本之《书仪》，虽传袭已久，不为有据”[④]。从这些例子来看，家礼书写中所展现的学术式知识形式并没有随着新书写的介入而消失，不过，新的书写带来了新的知识生产方式，人们开始着意于《家礼》知识的通俗化，并自然而然地将之当作是一种自上而下的知识生产与知识推广。明成化十年（1474），丘濬《家礼仪节》得以成书，他叙述写书原委时讲：

> 窃取文公《家礼》本注，约为仪节，而易以浅近之言，使人易晓而可行，将以均诸穷乡浅学之士。若夫通都巨邑，明经学

---

①《丧礼备纂》卷上《设奠帷堂》《沐浴饭含袭》，[明]王廷相著，王孝鱼点校：《王廷相集》，第1373、1377页。

②《丧礼备纂》卷上《沐浴饭含袭》，[明]王廷相著，王孝鱼点校：《王廷相集》，第1376页。

③《丧礼备纂》卷上《小敛》，[明]王廷相著，王孝鱼点校：《王廷相集》，第1380页。

④[明]骆问礼：《万一楼集》卷40《居丧答问》，《四库禁毁书丛刊》集部第174册，北京：北京出版社，1997年影印本，第507页。

古之士，自当考文公全书，又由是而上进于古《仪礼》云。①

书写者预设了读者，其注写的目标并非用于学问的深度思考，而是源自浅近易晓的通俗化诉求。

在以通俗化为目标的向下书写中，《家礼》知识形式开始多样化，比如，利用图像的形式处理礼文，推动家礼知识的传播；利用耳熟能详的口诀形式，加强礼文的熟悉程度。以图像方式而论，这一时期的礼图不再只是对礼文知识的解释，在图像处理时，礼文中的文字描述转换成了视觉形象，人们还可利用图像来想象演礼的具体场景。比如，明人薛有孚（生卒年不详）"尝取朱子冠昏丧祭书，参以丘氏《仪节》，编为四图，详尽明白，据图以观者，真如身出其间，而与之周旋也"②。薛有孚所编可以引人入胜、把玩其间的四幅礼图已无缘得见，但我们可以张汝诚《家礼会通》所收"丧葬图制"为例，来略观这一时期家礼礼图与前代的两个差别：第一，文字附以图绘依然是《家礼绘通》中礼图的制作方式，但制作者有意将前代礼图中占幅较多的文字省减大半，只留些许以作为图例的注释③；第二，宋代的礼图中，为了增加礼文知识解说的清晰度，制作图像时多将位图、礼器、礼服等单独分列，而《家礼会通》中有意将多张礼图整合成一个具体的演礼实景图，如此便强化了礼图的形象示意功能（参见图 5-4）。

---

①［明］丘濬：《文公家礼仪节》序，《四库全书存目丛书》经部第 114 册，第 432 页。

②［明］张岳著，林海权、徐启庭点校：《小山类稿》卷 17《题薛氏四礼图后》，福州：福建人民出版社，2000 年，第 327 页。

③ 参见［清］张汝诚辑：《家礼会通》，清雍正十二年（1734）集新堂刻本，第 15a—18b 页。

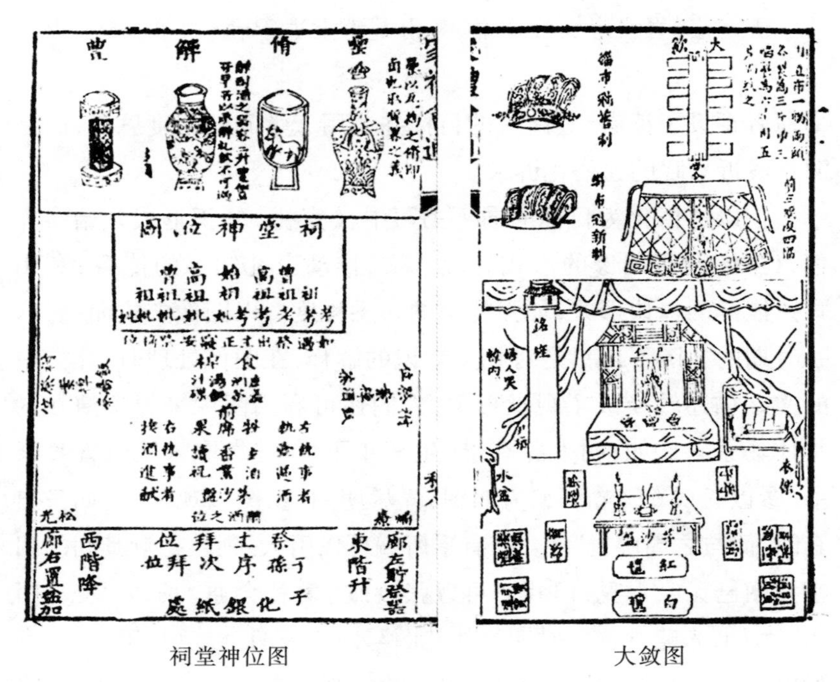

祠堂神位图　　大敛图

图5-4　《家礼会通》丧葬图制

当然,《家礼》礼文在图像转译中,可能会增加一些实用的信息,亦有可能掺杂一些转译中的舛误。前者如《郑氏家仪》中的割牲图(参见图 5-6),图中细致地讲明祭牲切割部位;后者可以四库馆臣提到的一本题为杨慎编的《别本家礼仪节》为例,馆臣认为,此书实为丘濬之本,但其中的附图“尤为猥琐,送葬图中,至画四僧前导,四乐工鼓吹而随之,真无知坊贾所为矣”①。在通俗化的知识方式中,杂糅是一种不可避免的情形。后来,增附过多,不依据原书,或以俗礼取代家礼的情形也时有发生,比如杨廉(1452—1525)

①[清]永瑢等:《四库全书总目》卷 25《经部·礼类存目三》,第 207 页。

早就指出："朱子《家礼》一书，后人增附大多，愈繁愈乱……就如冬至立春之祭，乃不信其所著之书，而惟信一时问答之语。"[①] 当后人从学术的视角来判断这些礼书时，考礼不精、端绪杂糅、不古不今成为其中的常见评语[②]。

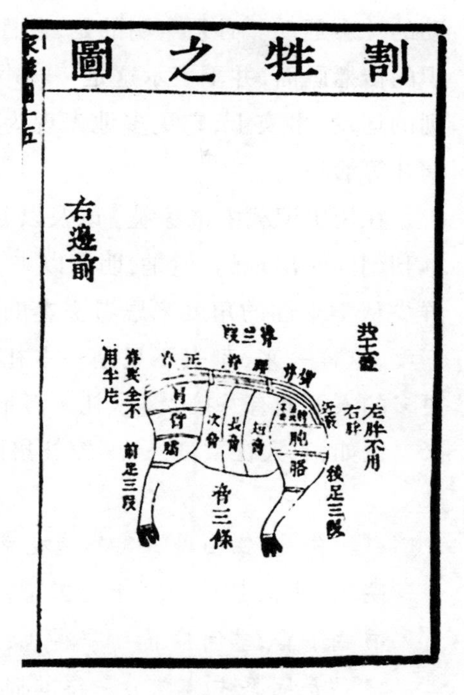

图5-5　《郑氏家仪》割牲之图

二、《家礼》知识的社会化运动

如何向社会发起一项知识传播运动？上文中，我们曾以朱熹"礼行于下者难"的思考来梳理礼书在社会推广中可能遇到的问题与应对措施，很明显，朱熹所提议的向下推行礼书的几种措施，其着眼点在于朝廷的主导与具有执行力的郡县长官（参见第三章）。到了明清时期，《家礼》向下推行的过程，与其说是一本礼书的行于下，不如说是一种知识的社会化。它首先开始于《家礼》的通俗化书写，接踵而来的是静态文本的动态呈现，换言之，《家礼》知识的社会化并非只是一种抽象，它是落于实际行

① [明]杨廉：《杨文恪公文集》卷45《慰费子克》，《续修四库全书》第1333册，上海：上海古籍出版社，2013年影印本，第85页。

② 参见张寿安：《十八世纪礼学考证的思想活力——礼教论争与礼秩重省》，北京：北京大学出版社，2005年，第41—49页。

动的社会运动。必须声明的是，以社会运动来定义这场《家礼》知识的传播画面，并不表示这是一场声势浩大的、突破或挑战社会规则的运动，事实上，它更多地表现为刻书、讲书与冠婚丧祭的日常演礼等活动。

在历史记载中，《家礼》以及以《家礼》为中心的书写是与其文本刊刻同时出现的，但是，明清以来，士大夫在向下写作的取径中，鲜少从学术性的角度来思考文本的价值，而是立足于文本受众的广度，这样一来，刻书不只是一本礼书的面世过程，它注重的是让更多的人群拥有并接受《家礼》，考量的是取用礼书、推广知识的意义。比如，有人在重刻冯善《家礼集说》的书叙中讲：

> 先是，锡山冯善氏集诸礼家者言及我明之制以为书，刻于陕巳，钱惟凝氏又刻于留都，二公之于礼意，殷殷厚矣。顾其书藏于官，非可家传而户得也，于是余友吴师古氏见而善之，曰："是固吾志。二公先得其同，然传何以不广耶？爰更授之梓人，匪惟施于家，亦欲悬诸国，使夫穷乡下邑，遐陬僻壤之欲观礼者，咸得购而习焉。"①

在多地多个刻本行世的情况下，再刻《家礼集说》，其目标在于使之成为家传而户得的礼书，尤其重要的是，刊刻者希望穷乡下邑、僻壤之地的人们也能购得礼书，从而习礼用礼。地方官员在刊刻家礼书时，同样重视广其传、用于世的意义。明代广西桂林司训赵壅"以师道自持"，"常念丽江丧祭过侈，乃取考亭《家礼》，酌

①［明］冯善编集：《家礼集说》卷首《重刻家礼集说叙》，明萃庆堂余泗泉吴学勉重校本，第1a页。

以俗宜，编次为书，名曰《丧礼仪节》，发梓以遗乡间，乡人翕然从之"[①]。邹守益（1491—1562）在给友人所写的书序中讲：

> 吾友王天民分教宁国，悯其俗之葬祭杂于佛氏，而慒然于先王之礼也，取文公《家礼》，撮其要者，梓而行之，以诱其士民易于服习，庶几慎终追远而无憾。其用意之恻怛闵闵然，惧其饥馁而诏之以树艺之要方也。[②]

桂林司训与宁国教谕取《家礼》编次、撮要的目标并非是学问上的精益求精，而是"便于土俗民情者"，使之"简便易行"[③]，编次时，"图示其式，文导其行，而仪节损古之半"[④]。在邹守益的文字中，树艺之要方以防其饥馁的比喻，形象地表达了刻书以作为民间日用的知识要方的意义。

除了刻书外，对礼书进行讲习，消除表达中的晦涩、阔清其中的界线无疑是知识传播中的重要环节。学校作为知识传播的最重要机构，在讲习礼文的作用上是无可取代的。宋代，一些地方官员已在学宫刊刻讲授朱子《家礼》（参见第三章），明清时期，通过地方学校或建立传播机构来讲习《家礼》的记载十分丰富。广东钦

---

①［清］金鉷修，钱元昌纂：《（雍正）广西通志》卷84《儒林》，清雍正十一年（1733）刻本，第10b页。

②［明］范镐纂修：《（嘉靖）宁国县志》卷4《艺文类・士翰》收邹守益《丧祭礼要序》，《天一阁藏明代方志选刊续编》第36册，上海：上海书店，1990年，第879页。

③［明］范镐纂修：《（嘉靖）宁国县志》卷4《艺文类・士翰》收郭治《四礼纂要序》，《天一阁藏明代方志选刊续编》第36册，第886页。

④［明］范镐纂修：《（嘉靖）宁国县志》卷4《艺文类・士翰》收鲍象贤《书丧祭礼要后》，《天一阁藏明代方志选刊续编》第36册，第885页。

州人翁爵（生卒年不详）于嘉靖年间（1522—1566）擢为永春教谕，“取文公《家礼》与诸生讲习”①。地方督学姜宝（1513—1593）在四川任督学期间，“求文庄公丘氏所辑子朱子《家礼仪节》，梓行于学宫，凡生，人予之一书”，同时勉励“诸生凡受是书者”，从事于家庭日用之常，“于以治躬，于以成性，斯得其所以为士之贵，而亦无失其所以生也”②。不只是官学，地方上的社学、乡校亦开始讲究习礼。嘉靖二年（1523），香山县创立社学，在学校的课程体系设置中，主张“仿古者崇四术以教之，一曰书，端坐讲解，弟子肃听；二曰诗，歌《鹿鸣》、《关雎》等诗，以钟鼓为节；三曰礼，演习文公《家礼》，或冠或祭；四曰乐，备琴管等八音”③。宁国县训导王皞〔生卒年不详，嘉靖元年（1522）举人〕“悯宁之人丧祭无礼而又病其俗之难变”，于是刻礼书“以谕之”，同时，“有以冠昏礼为问者，则乃习童子于堂下而聚观之”④。

以上虽只列举几个例子来讲述明代学校推行《家礼》的具体情形，事实上，在此之前，丘濬曾对习礼有过大的构架。我们可从他的讲述中看出士大夫对于在学校中开展礼文传授的层级设想，他说：

> 必欲古礼之行，必须朝廷为之主，行下有司，令每乡选子

①［清］郝玉麟等修，鲁曾煜纂：《（雍正）广东通志》卷47《人物志四·孝义》，清雍正九年（1731）刻本，第39b页。

②［明］姜宝：《姜凤阿文集》卷7《刻家礼仪节序》，《四库全书存目丛书》集部第127册，济南：齐鲁书社，1997年影印本，第555页。

③［明］邓迁修，黄佐纂：《（嘉靖）香山县志》卷4《教化志·社学》，明嘉靖二十七年（1548）刻本，第4a—b页。

④［明］范镐纂修：《（嘉靖）宁国县志》卷4《艺文类·士翰》收王皞《四礼纂要序》，《天一阁藏明代方志选刊续编》第36册，第888—889页。

> 弟之谨敏者一人，遣赴学校，依礼演习，散归乡社，俾其自择社学子弟以为礼生。凡遇人家有丧祭事，使掌其礼。如此，则圣朝礼教行于天下，而异端自息矣。①

以丘濬的习礼架构来对应明清时代的社会事实，他的提议无疑落在了实处。不过，学校的习礼、礼生的掌礼固然能起良好的作用，但是演礼不只是相关人员参加，它还涉及演礼场所、礼器、礼服等各种要素，细密的展示礼的每一个环节很可能还需要一定的经济支持，因此，世家大族所举行的演礼实景显然更具有观赏性，也更能激起人们的模仿兴趣。比如，明代吴宽（1435—1504）曾在为义乌陈氏所作的祠堂记中，叙述了陈氏族人立祠堂的始末，当时族人认为设立祠堂这一个物理空间并不难，“难者，神主之位次，欲其当乎义而不失乎礼也”，有族人陈樵提出：“礼之欲议尚矣！与其议于家，孰若仿诸人。惟麟溪郑氏，世号义门，天下之观礼者皆自远而来，况吾与之邻壤者哉！盍一往观之？”陈樵观礼而归后，告诸叔父曰：“樵已得郑氏之礼之意矣。”②类似的记载来自于福建人李默（1494—1556）讲述父亲因遵行《家礼》而受到乡人追捧的情形，他说：

> 始作祠堂，遵用朱氏《家礼》，日使默等伛偻其间。先兄熟，将冠，行冠礼。至昏，又如之。高阳俗鲜弦诵，闻李氏创作古礼，四方来观，填咽里巷，莫不嗟异而退。范孺人之殁也，自

①［明］丘濬著，林冠群、周济夫校点：《大学衍义补》卷51《治国平天下之要》，第449页。

②［明］吴宽：《家藏集》卷32《义乌陈氏祠堂记》，景印文渊阁《四库全书》第1255册，台北：台湾商务印书馆，1986年影印本，第255—256页。

> 始死以及卒哭、祥禫，无不用礼者。乡人又知浮屠法不足观，观礼必于李氏。①

依据文公《家礼》来行冠婚丧祭之礼，显然不只是家族中的一次短暂性的演礼场景，它更是向社会推广家礼知识的实景传授。正是借由官员行政中的刻书、学校课程中的习礼，以及具有典范意义的家族行礼场景，家礼知识在社会化的过程中，进入了人们的日常生活。

三、地方官员与地方志的“《家礼》叙事”

在明清时代，有关《家礼》的两种叙事类型正在形成与完善：一是地方官员行政中的《家礼》叙事，一是地方志中的《家礼》叙事，前者指向一个群体，后者则与一种写作体例相为关联。毋庸置疑，两种叙事在材料的体现上具有很多的交集，但分列两者，可以使我们更清楚地铺叙明清时期的《家礼》话语。

在第一种类型叙事中，《家礼》往往与地方官的行政作为相为联系，那些致力于移风易俗、或有感于地方陋俗的地方官，一般均以刊定、采用朱熹《家礼》为要，而一旦遵以《家礼》则必然期望或必然达到“士夫化之”“风俗一变”的结果。在列举明清时期地方官政绩以及地方官所订立的规约中，这一类型叙事具有很高的显示度。以下按时间脉络，分举几例。

明代成化年间（1465—1487），谢省（1406—1473）出任湖南宝庆知府，“撮朱文公《家礼》，作《十勿诗》，俾民诵习之，不率者一

---

①［明］李默：《群玉楼稿》卷 7《先考吏部府君行实》，《四库全书存目丛书》集部第 77 册，济南：齐鲁书社，1997 年影印本，第 776 页。

裁以法，境内肃然”[①]。新会知县丁积（1446—1486）“申洪武礼制，参以《朱子家礼》，择耆老诲导百姓。良家子堕业，聚庑下，使日诵小学书，亲为解说，风俗大变”[②]。长乐知县潘府（1453—1525）“教民行《朱子家礼》”[③]。潞州东火人仇楫（1468—1520）在宿州任吏目时，“临民莅事，不事鞭朴，惟以理劝谕之”，后奔丧居家，“欲化一家一乡如三代之风”，于是，建祠堂、立神主、立家范录，同时，“请乡彦数人相与讲明《家礼》，使其赞而行之。已而，一乡二三户丧葬，咸不用浮屠，昏嫁皆不惑术士”[④]。山西曲沃县“旧俗，民有丧者专事浮屠斋醮，而于衣衾棺椁漫不加省”，正德十三年（1518）知县侯秩（生卒年不详）“以为此纲常所系，浇漓之渐也。乃奖率告谕，月稽岁考，以示劝惩。间有以《家礼》襄事者，则羊酒劳来，俗用丕变，蔼然孝弟之风”[⑤]。正德十三年（1518）广东泷水县训导王熺（生卒年不详）有感于“泷水僻陋，士鲜知学”，因此，以明伦敬身为教，以经义启迪之，对于当地尚鬼信禨的风俗，王熺“删定《家礼》教之”[⑥]。嘉靖三十七年（1558）到任的淳安知县海瑞（1514—1587）将《家礼》写入禁约，称："通县凡有冠婚丧祭俱要照依《家礼仪节》

---

①［清］李卫、嵇曾筠等修，沈翼机、傅王露等纂：《（雍正）浙江通志》卷169《人物三·循吏三·台州府》，清光绪二十五年（1899）浙江书局重刊本，第21a页；［清］徐国相等修，宫梦仁、姚淳焘纂：《（康熙）湖广通志》卷31《名宦四·宝庆府》，清康熙二十三年（1684）刻本，第22b页。

②［清］张廷玉等：《明史》卷281《丁积传》，第7210页。

③［清］张廷玉等：《明史》卷282《潘府传》，第7254页。

④［明］何瑭：《柏斋集》卷10《宿州吏目仇公墓志铭》，景印文渊阁《四库全书》第1266册，台北：台湾商务印书馆，1986年影印本，第614页。

⑤［明］刘鲁生修，李廷宾纂：《（嘉靖）曲沃县志》卷4《国朝侯公去思》，《天一阁藏明代方志选刊续编》第4册，上海：上海书店，1990年，第504页。

⑥［清］李清馥：《闽中理学渊源考》卷76《司训王东轩先生熺》，景印文渊阁《四库全书》第460册，台北：台湾商务印书馆，1986年影印本，第739页。

行。丧事不许请僧道设佛，婚礼不许多用盘盒猪羊糖饼，不许厚礼物谢媒。媒人索取谢礼者，赴官告治。"[1]山东视学副使朱天球（1528—1610）喟叹当地"古风渐远"，于是立四隅社学，颁日记故事，"俾所在童而习焉"，同时又取朱子《家礼》删纂为《易简编》，布在学宫，"令冠婚丧制一准朱氏礼，自是东土彬彬，有昔日邹鲁之风矣"[2]。崇祯年间（1628—1644），广州象左二州教谕、后任平乐教授梁方图（生卒年不详）见"俗尚火葬，禁之不可"，乃刊《家礼》《四训约要》以劝谕，"旧俗遂化"[3]。

清雍正年间，常山县在"国奢示俭，国俭示礼"的标旗下强调以五礼来移风易俗，其中涉及丧礼时，曰："按丧具称家有无，先儒自有明训，当以《文公家礼》为主，稍参以时宜，俾得随时自尽，凡分布、设斛、送被、做七及一切无益之费，悉从禁革，与易宁戚，是所望于维世立教之君子矣。"[4]傅棉所作《崇俭约》中，针对当地丧葬中"作乐鼓吹""纸糊从卫"等俗礼，主张"守文公《家礼》，不用僧道讽经"[5]。道光年间（1821—1850），开平县采用丁积与陈白沙所酌定的《四礼规条》，以为"乡里所效法"，其中提到祭礼时，特别强

---

①［明］海瑞撰，陈义钟编校：《海瑞集》上编《禁约》，北京：中华书局，1962年，第188—189页。

②［明］蔡献臣：《清白堂稿》卷13《明南京工部尚书赠太子少保澹庵朱公传》，《四库未收书辑刊》第6辑第22册，北京：北京出版社，2000年影印本，第402页。

③［清］金鉷修，钱元昌纂：《（雍正）广西通志》卷84《儒林》，清雍正十一年（1733）刻本，第11b页。

④［清］孔毓玑纂修：《（雍正）常山县志》卷11《风俗志·五礼小序》，清雍正二年（1724）刻本，第11a页。

⑤［清］许勉炖修，禹殿鳌纂：《（乾隆）汜水县志》卷20《艺文三》收傅棉《崇俭约》，清乾隆三十四年（1769）刻本，第12b页。

调“悉于朱子《家礼》正之”[①]。

在第二种类型叙述中，某地风俗或该地某位士人、致仕士大夫“依《家礼》”行事的事例通常会成为地方志书写的重要内容。以下，仍然按照时间脉络来分列不同区域中的同一书写。

比如，明嘉靖《常德府志》称：“吾郡人多淳朴”，“士人家丧祭颇依《家礼》”，“四时依《家礼》行礼，而乡士夫之家固已有效之者矣”[②]。嘉靖《海门县志》：“丧，缙绅家多行文公《家礼》，不作佛事；祭，士夫家多建祠堂，主式仿《家礼》，四时设奠。”[③]嘉靖《通许县志》追溯当地丧礼，称明天顺（1457—1464）前，经理丧葬，事似村野，“虽富族亦以田车载柩”，而“近来惟读书之家遵行文公《家礼》，因渐有化之者，今化之者，众矣”[④]。正德《琼台志》记琼山县“民性纯朴，俗敦礼义，尚文公《家礼》”，并特别指出，琼山县之冠丧祭礼多用文公《家礼》，“始自进士吴锜及丘深庵著《家礼仪节》，故家士族益多化之，远及邻邑”[⑤]。万历《新昌县志》称当地丧礼“大率用《文公家礼》，惟不行小敛、不用布绞之制稍异耳”，祭礼则“世家大率遵用文公《家礼》”[⑥]。

---

①［清］王文骧修，李科等纂：《（道光）开平县志》卷6《典礼志·讲约》，清道光三年（1823）刻本，第80a页。

②［明］陈洪谟纂修：《（嘉靖）常德府志》卷1《风俗》，《天一阁藏明代方志选刊》第56册，上海：上海古籍书店，1964年影印本，第26a、27a、27b页。

③［明］崔桐辑：《（嘉靖）海门县志》卷2《风俗》，《天一阁藏明代方志选刊》第18册，上海：上海古籍书店，1964年影印本，第3b页。

④［明］韩玉纂修：《（嘉靖）通许县志》卷上《风俗》，《天一阁藏明代方志选刊续编》第58册，上海：上海书店，1990年影印本，第79、80页。

⑤［明］唐胄编集：《（正德）琼台志》卷7《风俗》，《天一阁藏明代方志选刊》第60册，上海：上海古籍书店，1964年影印本，第26a页。

⑥［明］田琯纂修：《（万历）新昌县志》卷4《风俗志》，《天一阁藏明代方志选刊》第19册，上海：上海古籍书店，1964年影印本，第3b、4a页。

清代地方志在记载当地风俗时，亦多照此方式来书写。康熙《考城县志》记当地风俗："丧礼殓殡葬祭悉遵文公《家礼》，贫富皆尽心营办，虽庶民家亦能举行。"[①] 康熙《会稽县志》记载当地丧礼："大率用文公《家礼》，初丧恸哭，讣闻亲族，临丧举哀，棺择坚水，敛用衣衾，唯不行大敛、布绞。"[②] 雍正《陕西通志》讲述当地风俗，"礼仪"条曰："葬祭之礼，文太青酌文公《家礼》，分以三献，豳之士大夫有遵行者。"[③] 乾隆《丰顺县志》称当地民风"质朴俭约，无浮靡之习，重宗祠祀田，婚丧俱仿文公《家礼》行之"[④]。嘉庆《长沙县志》称当地丧葬习俗，"好礼之士有遵朱子《家礼》不作佛事者，亦有同志撰《家礼从宜》为简而易行者"[⑤]。同治《渠县志》称，当地丧祭风俗"仕宦旧族遵行文公《家礼》"[⑥]。

地方志中对乡居士宦行《家礼》的书写，与地方官在任上推行《家礼》的叙述相比，两者在具象描述与价值彰显上其实并没有本质上的差别，尽管后者的官员身份可能使其行动表现出更多的政治诉求。居于乡间的致仕官员、士人等地方精英对当地生活方式所起的潜移默化的影响随处可见，而行《家礼》可能是其中最具文

①[清]李国亮修，王贯三纂：《(康熙)考城县志》卷1《风俗》，清康熙三十七年(1698)刻本，第31b页。

②[清]吕化龙修，董钦德纂：《(康熙)会稽县志》卷7《风俗志·礼文》，民国二十五年(1936)铅印本，第4a页。

③[清]刘于义等修，沈清崖纂：《(雍正)陕西通志》卷45《风俗·礼仪》，清雍正十三年(1735)刻本，第23b—24a页。

④[清]葛曙纂修：《(乾隆)丰顺县志》卷7《风土志·风俗》，清同治四年(1865)刻本，第3a页。

⑤[清]赵文在等纂修：《(嘉庆)长沙县志》卷14《风土·丧葬》，清嘉庆十五年(1810)刻本，第9a页。

⑥[清]何庆恩修，贾振麟、金传培纂：《(同治)渠县志》卷19《风俗志》，清同治三年(1864)刻本，第27b页。

化表征性的行动，因此，地方志中的“家礼”叙事构成了我们今天阅读明清方志过程中经常遇见的情节，诸如人物志、艺文志中，类似的叙述随处可见。比如，明代河州人王佐，世业儒，“处家一遵朱文公《家礼》，乡人化之”①。正德间进士王翰臣“居丧遵行朱子《家礼》”②。彰德安阳人胡绍先“事母至孝，居丧一遵朱子《家礼》”，孟桐“居父母丧，遵朱子《家礼》，黜浮屠”③。遂宁县庠生陈万钟“隐居教授，讲行朱子《家礼》，以身范俗，乡人则之”④。蒙化人金铎，好义尚气，笃于事亲，“遵信晦翁《家礼》，不惟躬行，乡人有丧，胥效法之”⑤。清代，平凉府固原州同知武国清治父丧时，“不用浮屠，一遵晦翁《家礼》”⑥。洛阳人史毓秀“居丧不饮酒、不食肉、不御内，婚嫁丧祭一遵朱子《家礼》”⑦。

翻检传统时代所修的地方志书，这样的例子不胜枚举，我们无意在此作区域分割，也无意去挖掘《家礼》在“一道德同风俗上”的

①［清］许容等修，李迪等纂：《（乾隆）甘肃通志》卷34《人物·兰州府》，清乾隆元年（1736）刻本，第17b页。

②［清］李成林修，罗承顺等纂：《（康熙）顺庆府志》卷5《人物》，清嘉庆十二年（1807）刻本，第20a页。

③［清］刘谦等修，夏兆丰纂：《（乾隆）彰德府志》卷17《人物下·孝行》，清乾隆五年（1740）刻本，第28a—b页。

④［清］张松孙、李培峘修，寇赉言纂：《（乾隆）遂宁县志》卷9《人民部·高行志》，清乾隆五十二年（1787）刻本，第9b页。

⑤［清］蒋旭修，陈金珏纂：《（康熙）蒙化府志》卷5《人物志·孝义》，清康熙三十七年（1698）刻本，第39a页。

⑥［清］郭晋修，管粤秀纂：《（乾隆）太谷县志》卷7《艺文中·墓志》收戴运昌《平凉府固原州同知武君墓志铭》，清乾隆六十年（1795）刻本，第19a页。

⑦［清］魏襄修，陆继辂纂：《（嘉庆）洛阳县志》卷47《孝义传》，清嘉庆十八年（1813）刻本，第39b页。

意义。明清时代关于地方官员与地方志书的书写中,围绕着《家礼》所产生的两种叙事,具有十分明显的类型化特征。在第一种叙事类型中,推行《家礼》是作为地方官员的行政常识而存在的,它是化民成俗的行政经验,无需去反思其行政效果,因为它被设定为一个前提而非是一个被分析的现象。而在第二种叙述类型中,《家礼》构成地方志书写框架中的其中一项,它在方志编纂者心中自有其意义设定,表达出了地方教化礼乐的规制、想法和邦之遗事、先贤懿绩背后所彰显的理想社会模式[1]。对于一个参与地方志编撰的官员而言,用文字描绘地方上"婚媾依时,间阎安堵。妇人纺绩,男子桑蓬。臧获服劳,比邻敦睦"的画面,是他对秩序社会的渴求与怀念[2]。

---

① 陆敏珍:《宋代地方志编纂中的"地方"书写》,《史学理论研究》2012 年第 2 期。

② 参见[加]卜正民著,方骏、王秀丽、罗天佑译:《纵乐的困惑:明代的商业与文化》,桂林:广西师范大学出版社,2016 年,第 1—15 页。

参考文献

引用古籍

[晋]杜预注,[唐]孔颖达等正义,黄侃经文句读:《春秋左传正义》,上海:上海古籍出版社,1990年。

[汉]郑玄注,[唐]贾公彦疏,彭林整理:《周礼注疏》,上海:上海古籍出版社,2010年。

[汉]郑玄注,[唐]贾公彦疏,王辉整理:《仪礼注疏》,上海:上海古籍出版社,2008年。

[汉]郑玄注,[唐]孔颖达正义,吕友仁整理:《礼记正义》,上海:上海古籍出版社,2008年。

[南朝梁]沈约:《宋书》,北京:中华书局,1974年点校本。

[北齐]魏收:《魏书》,北京:中华书局,1974年点校本。

[唐]李百药:《北齐书》,北京:中华书局,1972年点校本。

[唐]李延寿:《北史》,北京:中华书局,1974年点校本。

[唐]李延寿:《南史》,北京:中华书局,1975年点校本。

[唐]令狐德棻等:《周书》,北京:中华书局,1971年点校本。

[唐]魏徵、令狐德棻:《隋书》,北京:中华书局,1973年点校本。

[后晋]刘昫等:《旧唐书》,北京:中华书局,1975年点校本。

［宋］欧阳修、宋祁：《新唐书》，北京：中华书局，1975年点校本。
［宋］欧阳修撰，［宋］徐无党注：《新五代史》，北京：中华书局，1974年点校本。
［宋］薛居正等：《旧五代史》，北京：中华书局，1976年点校本。
［元］脱脱等：《宋史》，北京：中华书局，1985年点校本。
［明］宋濂：《元史》，北京：中华书局，1976年点校本。
［清］张廷玉等：《明史》，北京：中华书局，1974年点校本。

［汉］班固：《白虎通德论》，《四部丛刊初编》，上海：商务印书馆，1929年影印本。
［汉］刘向著，许慎注：《淮南鸿烈解》，《四部丛刊初编》，上海：商务印书馆，1929年影印本。
［汉］王充：《论衡》，上海：上海人民出版社，1974年点校本。
［汉］荀悦撰，龚祖培校点：《申鉴》，沈阳：辽宁教育出版社，2001年。
［南北朝］颜子推：《颜氏家训》，《四部丛刊初编》，上海：商务印书馆，1929年影印本。
［唐］杜佑撰，王文锦等点校：《通典》，北京：中华书局，1988年。
［唐］韩愈著，马其昶校注，马茂元整理：《韩昌黎文集校注》，上海：上海古籍出版社，2014年。
［唐］陆德明撰，张一弓点校：《经典释文》，上海：上海古籍出版社，2012年。
［宋］毕仲游：《西台集》，景印文渊阁《四库全书》第1122册，台北：台湾商务印书馆，1986年影印本。
［宋］蔡襄著，吴以宁点校：《蔡襄集》，上海：上海古籍出版社，1996年。

[宋]晁公武撰,孙猛校正:《郡斋读书志校证》,上海:上海古籍出版社,2011年。

[宋]晁说之:《嵩山文集》,《四部丛刊续编》,上海:商务印书馆,1934年影印本。

[宋]车若水撰,李伟国、田芳园整理:《脚气集》,上海师范大学古籍整理研究所编:《全宋笔记》第7编第8册,郑州:大象出版社,2015年。

[宋]陈淳:《北溪先生大全文集》,《宋集珍本丛刊》第70册,北京:线装书局,2004年影印本。

[宋]陈骙:《中兴馆阁书目辑考》,许逸民等编:《中国历代书目丛刊》,北京:现代出版社,1987年影印本。

[宋]陈亮著,邓广铭点校:《陈亮集(增订本)》,北京:中华书局,1987年。

[宋]陈宓:《复斋先生龙图陈公文集》,《宋集珍本丛刊》第73册,北京:线装书局,2004年影印本。

[宋]陈元靓:《事林广记》:北京:中华书局,1963年影印本。

[宋]陈元靓:《岁时广记》,《丛书集成初编》,北京:中华书局,1985年。

[宋]陈振孙撰,徐小蛮、顾美华点校:《直斋书录解题》,上海:上海古籍出版社,2015年。

[宋]程颢、程颐著,王孝鱼点校:《二程集》,北京:中华书局,2004年。

[宋]丁昇之:《婚礼新编》,《北京图书馆古籍珍本丛刊》第72册,北京:书目文献出版社,1995年影印本。

[宋]窦仪等撰,薛梅卿点校:《宋刑统》,北京:法律出版社,1999年。

[宋]杜大珪撰，洪业等编纂：《琬琰集删存附引得》，上海：上海古籍出版社，1990年影印本。
[宋]杜范：《杜清献公集》，《宋集珍本丛刊》第78册，北京：线装书局，2004年影印本。
[宋]方岳：《秋崖先生小稿》，《宋集珍本丛刊》第85册，北京：线装书局，2004年影印本。
[宋]高承著，李果订：《事物纪原》，《丛书集成初编》，北京：中华书局，1985年。
[宋]郭彖撰，李梦生校点：《睽车志》，上海：上海古籍出版社，2012年。
[宋]韩琦：《安阳集》，《宋集珍本丛刊》第6册，北京：线装书局，2004年影印本。
[宋]韩元吉：《南涧甲乙稿》，《丛书集成初编》，北京：中华书局，1985年。
[宋]何坦撰，张剑光整理：《西畴老人常言》，上海师范大学古籍整理研究所编：《全宋笔记》第6编第9册，郑州：大象出版社，2013年。
[宋]洪迈撰，何卓点校：《夷坚志》，北京：中华书局，2006年。
[宋]洪迈撰，孔凡礼点校：《容斋随笔》，北京：中华书局，2005年。
[宋]洪适：《盘洲文集》，《宋集珍本丛刊》第45册，北京：线装书局，2004年影印本。
[宋]胡安国：《春秋胡氏传》，《四部丛刊续编》，上海：商务印书馆，1934年影印本。
[宋]胡宏著，吴仁华点校：《胡宏集》，北京：中华书局，1987年。
[宋]胡铨：《胡澹庵先生文集》，清道光十三年（1833）胡文思重刊本。

[宋]胡寅撰,容肇祖点校:《斐然集》,北京:中华书局,1993年。
[宋]黄榦:《勉斋先生黄文肃公文集》,《宋集珍本丛刊》第68册,北京:线装书局,2004年影印本。
[宋]黄震:《黄氏日抄》,景印文渊阁《四库全书》第707—708册,台北:台湾商务印书馆,1986年影印本。

[宋]江少虞:《宋朝事实类苑》,上海:上海古籍出版社,1981年。
[宋]黎靖德编,王星贤点校:《朱子语类》,北京:中华书局,1986年。
[宋]李觏著,王国轩点校:《李觏集》,北京:中华书局,2011年。
[宋]李如圭:《仪礼集释》,景印文渊阁《四库全书》第103册,台北:台湾商务印书馆,1986年影印本。
[宋]李焘:《续资治通鉴长编》,北京:中华书局,2004年点校本。
[宋]李心传编撰,胡坤点校:《建炎以来系年要录》,北京:中华书局,2013年。
[宋]李新:《跨鳌集》,景印文渊阁《四库全书》第1124册,台北:台湾商务印书馆,1986年影印本。
[宋]李幼武:《宋名臣言行录外集》,景印文渊阁《四库全书》第449册,台北:台湾商务印书馆,1986年影印本。
[宋]李廌:《济南集》,景印文渊阁《四库全书》第1115册,台北:台湾商务印书馆,1986年影印本。
[宋]林駉:《古今源流至论》,景印文渊阁《四库全书》第942册,台北:台湾商务印书馆,1986年影印本。
[宋]林希逸:《竹溪鬳斋十一稿续集》,《宋集珍本丛刊》第83册,北京:线装书局,2004年影印本。
[宋]刘清之:《戒子通录》,景印文渊阁《四库全书》第703册,台北:台湾商务印书馆,1986年影印本。

[宋]刘宰:《漫塘文集》,《宋集珍本丛刊》第72册,北京:线装书局,2004年影印本。
[宋]刘挚撰,裴汝诚、陈晓平点校:《忠肃集》,北京:中华书局,2002年。
[宋]楼钥:《攻媿集》,《四部丛刊初编》,上海:商务印书馆,1929年影印本。
[宋]陆游:《放翁家训》,《丛书集成初编》,北京:中华书局,1985年。
[宋]陆游:《陆游集》,北京:中华书局,1976年点校本。
[宋]陆游撰,孔凡礼点校:《家世旧闻》,北京:中华书局,1993年。
[宋]陆游撰,李剑雄、刘德权点校:《老学庵笔记》,北京:中华书局,1979年。
[宋]罗大经撰,王瑞来点校:《鹤林玉露》,北京:中华书局,1983年。
[宋]罗泌:《路史》,《四部备要》,上海:中华书局,1936年影印本。
[宋]吕大钧:《乡约》,《丛书集成续编》第78册,上海:上海书店,1994年影印本。
[宋]吕祖谦:《东莱吕太史别集》,黄灵庚、吴战垒主编:《吕祖谦全集》第1册,杭州:浙江古籍出版社,2008年。
[宋]吕祖谦编,齐治平点校:《宋文鉴》,北京:中华书局,2018年。
[宋]孟元老撰,邓之诚注:《东京梦华录注》,北京:中华书局,1982年。
[宋]牟巘:《陵阳先生集》,《宋集珍本丛刊》第87册,北京:线装书局,2004年影印本。
[宋]穆修:《河南集》,《宋集珍本丛刊》第2册,北京:线装书局,2004年影印本。
[宋]耐得翁撰,汤勤福整理:《都城纪胜》,上海师范大学古籍整理

研究所编:《全宋笔记》第 8 编第 5 册,郑州:大象出版社,2017 年。

[宋]聂崇义:《新定三礼图》,郑振铎编:《中国古代版画丛刊》,上海:上海古籍出版社,1988 年。

[宋]欧阳修著,李逸安点校:《欧阳修全集》,北京:中华书局,2001 年。

[宋]欧阳修撰,李伟国点校:《归田录》,北京:中华书局,1981 年。

[宋]潘自牧:《记纂渊海》,《北京图书馆古籍珍本丛刊》第 71 册,北京:书目文献出版社,1998 年影印本。

[宋]邵伯温撰,李剑雄、刘德权点校:《邵氏闻见录》,北京:中华书局,1983 年。

[宋]沈括撰,金良年点校:《梦溪笔谈》,北京:中华书局,2015 年。

[宋]石介著,陈植锷点校:《徂徕石先生文集》,北京:中华书局,1984 年。

[宋]史绳组撰,汤勤福整理:《学斋佔毕》,上海师范大学古籍整理研究所编:《全宋笔记》第 8 编第 3 册,郑州:大象出版社,2017 年。

[宋]司马光:《家范》,《丛书集成续编》第 78 册,上海:上海书店,1994 年影印本。

[宋]司马光:《司马氏书仪》,《丛书集成初编》,北京:中华书局,1985 年。

[宋]司马光:《司马文正公传家集》,万有文库《国学基本丛书》,上海:商务印书馆,1937 年影印本。

[宋]司马光:《温国文正司马公文集》,《四部丛刊初编》,上海:商务印书馆,1929 年影印本。

[宋]宋敏求撰,诚刚点校:《春明退朝录》,北京:中华书局,

1980 年。

[宋]宋祁:《景文集》,《丛书集成初编》,北京:中华书局,1985 年。

[宋]苏轼撰,孔凡礼点校:《苏轼文集》,北京:中华书局,1986 年。

[宋]苏洵著,曾枣庄、金成礼笺注:《嘉祐集笺注》,上海:上海古籍出版社,1993 年。

[宋]苏辙:《春秋集解》,《丛书集成初编》,中华书局,1985 年。

[宋]苏辙著,曾枣庄、马德富校点:《栾城集》,上海:上海古籍出版社,2009 年。

[宋]汪应辰:《汪文定公集》,《宋集珍本丛刊》第 46 册,北京:线装书局,2004 年影印本。

[宋]汪藻:《浮溪文粹》,《宋集珍本丛刊》第 34 册,北京:线装书局,2004 年影印本。

[宋]王安石撰,刘成国点校:《王安石文集》,北京:中华书局,2021 年。

[宋]王偁:《东都事略》,赵铁寒主编:《宋史资料萃编》第 1 辑,台北:文海出版社,1979 年影印本。

[宋]王得臣撰,黄纯艳整理:《麈史》,朱易安、傅璇琮等主编:《全宋笔记》第 1 编第 10 册,郑州:大象出版社,2003 年。

[宋]王辟之撰,吕友仁点校:《渑水燕谈录》,北京:中华书局,1981 年。

[宋]王尧臣等编:《崇文总目》,《丛书集成初编》,北京:中华书局,1985 年。

[宋]王应麟:《玉海(合璧本)》,京都:中文出版社,1986 年影印本。

[宋]王应麟著,栾保群、田松青、吕宗力校点:《困学纪闻(全校本)》,上海:上海古籍出版社,2008 年。

[宋]王林撰,诚刚点校:《燕翼诒谋录》,北京:中华书局,1981 年。

[宋]王铚撰,朱杰人点校:《默记》,北京:中华书局,1981年。
[宋]卫湜:《礼记集说》,景印文渊阁《四库全书》第117册,台北:台湾商务印书馆,1986年影印本。
[宋]魏了翁:《重校鹤山先生大全文集》,《宋集珍本丛刊》第77册,北京:线装书局,2004年影印本。
[宋]吴曾:《能改斋漫录》,上海:上海古籍出版社,1979年标点本。
[宋]吴埛:《五总志》,《丛书集成初编》,北京:中华书局,1985年。
[宋]吴自牧撰,黄纯艳整理:《梦粱录》,上海师范大学古籍整理研究所编:《全宋笔记》第8编第5册,郑州:大象出版社,2017年。
[宋]谢深甫:《庆元条法事类》,东京:日本古典研究会静嘉堂文库藏本,1968年影印本。
[宋]谢维新:《古今合璧事类备要》,景印文渊阁《四库全书》第939册,台北:台湾商务印书馆,1986年影印本。
[宋]熊禾:《重刊熊勿轩先生文集》,《宋集珍本丛刊》第91册,北京:线装书局,2004年影印本。
[宋]熊克:《中兴小纪》,《丛书集成初编》,北京:中华书局,1985年。
[宋]熊朋来:《经说》,景印文渊阁《四库全书》第184册,台北:台湾商务印书馆,1986年影印本。
[宋]徐度撰,朱凯、姜汉椿整理:《却扫编》,朱易安、傅璇琮等主编:《全宋笔记》,郑州:大象出版社,2008年。
[宋]徐积:《节孝先生文集》,《宋集珍本丛刊》第15册,北京:线装书局,2004年影印本。
[宋]徐梦莘:《三朝北盟会编》,上海:上海古籍出版社,2019年影印本。
[宋]阳枋:《字溪集》,景印文渊阁《四库全书》第1183册,台北:台

湾商务印书馆，1986 年影印本。

［宋］杨万里：《诚斋集》，《宋集珍本丛刊》第 55 册，北京：线装书局，2004 年影印本。

［宋］叶梦得：《石林治生家训要略》，《丛书集成续编》第 78 册，上海：上海书店，1994 年影印本。

［宋］叶梦得撰，侯忠义点校：《石林燕语》，北京：中华书局，1984 年。

［宋］叶绍翁撰，沈锡麟、冯惠民点校：《四朝闻见录》，北京：中华书局，1989 年。

［宋］叶适著，刘公纯、王孝鱼、李哲夫点校：《叶适集》，北京：中华书局，2010 年。

［宋］应俊辑补，储玲玲整理：《琴堂谕俗编》，上海师范大学古籍整理研究所编：《全宋笔记》第 10 编第 11 册，郑州：大象出版社，2018 年。

［宋］尤袤：《遂初堂书目》，《丛书集成初编》，北京：中华书局，1985 年。

［宋］俞文豹撰，张宗祥校订：《吹剑录全编》，上海：古典文学出版社，1958 年。

［宋］袁采：《袁氏世范》，《丛书集成初编》，北京：中华书局，1985 年。

［宋］袁燮：《絜斋集》，《丛书集成初编》，北京：中华书局，1985 年。

［宋］岳珂撰，吴企明点校：《桯史》，北京：中华书局，1981 年。

［宋］张淳：《仪礼识误》，景印文渊阁《四库全书》第 103 册，台北：台湾商务印书馆，1986 年影印本。

［宋］张方平：《乐全先生文集》，《宋集珍本丛刊》第 6 册，北京：线装书局，2004 年影印本。

［宋］张师正撰，李裕民整理：《倦游杂录》，上海师范大学古籍整理

研究所编:《全宋笔记》第8编第9册,郑州:大象出版社,2017年。

[宋]张世南撰,张茂鹏点校:《游宦纪闻》,北京:中华书局,1981年。

[宋]张栻著,杨世文点校:《张栻集》,北京:中华书局,2015年。

[宋]张载著,章锡琛点校:《张载集》,北京:中华书局,1978年。

[宋]章如愚:《群书考索》,北京:书目文献出版社,1992年影印本。

[宋]赵悳:《四书笺义纂要》,《续修四库全书》第159册,上海:上海古籍出版社,1996年影印本。

[宋]赵鼎撰,李蹊点校:《忠正德文集》,上海:上海古籍出版社,2018年。

[宋]赵汝愚编,邓广铭等校点:《宋朝诸臣奏议》,上海:上海古籍出版社,1999年。

[宋]赵彦卫撰,傅根清点校:《云麓漫钞》,北京:中华书局,1996年。

[宋]赵与时著,齐治平校点:《宾退录》,上海:上海古籍出版社,1983年。

[宋]真德秀:《西山读书记》,景印文渊阁《四库全书》第705—706册,台北:台湾商务印书馆,1986年影印本。

[宋]真德秀:《西山先生真文忠公文集》,《宋集珍本丛刊》第75—76册,北京:线装书局,2004年影印本。

[宋]郑居中:《政和五礼新仪》,景印文渊阁《四库全书》第647册,台北:台湾商务印书馆,1986年影印本。

[宋]郑樵:《通志》,北京:中华书局,1987年影印本。

[宋]周煇撰,刘永翔、许丹整理:《清波别志》,上海师范大学古籍整理研究所编:《全宋笔记》第5编第9册,郑州:大象出版社,2012年。

[宋]周煇撰,刘永翔校注:《清波杂志校注》,北京:中华书局,1994年。
[宋]周麟之:《海陵集》,景印文渊阁《四库全书》第1142册,台北:台湾商务印书馆,1986年影印本。
[宋]周密撰,吴企明点校:《癸辛杂识》,北京:中华书局,1988年。
[宋]周行己著,周梦江笺校:《周行己集》,上海:上海社会科学院出版社,2002年。
[宋]朱弁撰,孔凡礼点校:《曲洧旧闻》,北京:中华书局,2002年。
[宋]朱熹:《晦庵先生朱文公文集》,朱杰人等编:《朱子全书》第20—25册,上海:上海古籍出版社,合肥:安徽教育出版社,2002年。
[宋]朱熹:《家礼》,朱杰人等编:《朱子全书》第7册,上海:上海古籍出版社,合肥:安徽教育出版社,2002年。
[宋]朱熹:《四书章句集注》,朱杰人等编:《朱子全书》第6册,上海:上海古籍出版社,合肥:安徽教育出版社,2002年。
[宋]朱熹:《仪礼经传通解》,朱杰人等编:《朱子全书》第2册,上海:上海古籍出版社,合肥:安徽教育出版社,2002年。
[宋]朱翌:《猗觉寮杂记》,《丛书集成初编》,北京:中华书局,1985年。
[宋]朱彧撰,李伟国点校:《萍洲可谈》,北京:中华书局,2007年。
[宋]祝穆撰,施和金点校:《方舆胜览》,北京:中华书局,2003年。
[宋]庄绰撰,萧鲁阳点校:《鸡肋编》,北京:中华书局,1983年。
[宋]邹浩:《道乡先生邹忠公文集》,《宋集珍本丛刊》第31册,北京:线装书局,2004年影印本。
不著撰人:《宋大诏令集》,北京:中华书局,1962年。
中国社会科学院历史研究所宋辽金元史研究室点校:《名公书判清

明集》,北京:中华书局,1987年。

[元]陈澔注:《礼记集说》,上海:上海古籍出版社,1987年影印本。

[元]陈栎:《陈定宇先生文集》,《元人文集珍本丛刊》第4册,台北:新文丰出版公司,1985年影印本。

[元]戴良:《九灵山房集》,《丛书集成初编》,北京:中华书局,1985年。

[元]贡师泰:《玩斋集》,景印文渊阁《四库全书》第1215册,台北:台湾商务印书馆,1986年影印本。

[元]黄溍:《金华黄先生文集》,《四部丛刊初编》,上海:商务印书馆,1929年影印本。

[元]陆文圭:《墙东类稿》,《元人文集珍本丛刊》第4册,台北:新文丰出版公司,1985年影印本。

[元]马端临:《文献通考》,北京:中华书局,1986年影印本。

[元]蒲道源:《闲居丛稿》,景印文渊阁《四库全书》第1210册,台北:台湾商务印书馆,1986年影印本。

[元]苏天爵著,陈高华、孟繁清点校:《滋溪文稿》,北京:中华书局,1997年。

[元]吴澄:《吴文正公集》,《元人文集珍本丛刊》第3册,台北:新文丰出版公司,1985年影印本。

[元]吴海:《闻过斋集》,《元人文集珍本丛刊》第8册,台北:新文丰出版公司,1985年影印本。

[元]吴师道著,邱居里、刑新欣校点:《吴师道集》,长春:吉林文史出版社,2008年。

[元]杨维桢:《东维子文集》,《四部丛刊初编》,上海:商务印书馆,1929年影印本。

[元]袁桷:《清容居士集》,《四部丛刊初编》,上海:商务印书馆,1929年影印本。

[元]郑太和:《郑氏规范》,《丛书集成初编》,北京:中华书局,1985年。

[元]郑泳:《郑氏家仪》,胡宗楙辑:《续金华丛书》,民国十三年(1924)永康胡氏刊本。

[元]郑玉:《师山集》,景印文渊阁《四库全书》第1217册,台北:台湾商务印书馆,1986年影印本。

不著撰者,黄时鉴点校:《通制条格》,杭州:浙江古籍出版社,1986年。

无名氏撰,金心点校:《湖海新闻夷坚续志》,北京:中华书局,2006年。

[意大利]马可·波罗口述,鲁思梯谦笔录,陈开俊等译:《马可波罗游记》,福州:福建科学技术出版社,1981年。

[明]蔡献臣:《清白堂稿》,《四库未收书辑刊》第6辑第22册,北京:北京出版社,2000年影印本。

[明]晁瑮撰,孙蕴解说:《晁氏宝文堂书目》,上海:上海古籍出版社,2021年。

[明]程敏政:《篁墩文集》,景印文渊阁《四库全书》第1252册,台北:台湾商务印书馆,1986年影印本。

[明]方以智:《通雅》,北京:中国书店,1990年影印本。

[明]冯善编集:《家礼集说》,明萃庆堂余泗泉吴学勉重校本。

[明]高儒撰,孙蕴解说:《百川书志》,上海:上海古籍出版社,2021年。

[明]海瑞撰,陈义钟编校:《海瑞集》,北京:中华书局,1962年。

[明]何乔新:《椒邱文集》,景印文渊阁《四库全书》第1249册,台北:台湾商务印书馆,1986年影印本。

[明]何瑭:《柏斋集》,景印文渊阁《四库全书》第1266册,台北:台湾商务印书馆,1986年影印本。

[明]胡广等:《性理大全》,明嘉靖三十八年(1559)樊献科重刻本。

[明]黄淮、杨士奇编:《历代名臣奏议》,上海:上海古籍出版社,1989年影印本。

[明]姜宝:《姜凤阿文集》,《四库全书存目丛书》集部第127册,济南:齐鲁书社,1997年影印本。

[明]焦竑:《国朝献征录》,台北:台湾学生书局,1984年。

[明]焦竑:《国史经籍志》,《丛书集成初编》,北京:中华书局,1985年。

[明]李默:《群玉楼稿》,《四库全书存目丛书》集部第77册,济南:齐鲁书社,1997年影印本。

[明]梁潜:《泊菴先生文集》,《北京图书馆古籍珍本丛刊》第100册,北京:书目文献出版社,1998年影印本。

[明]林尧俞等纂修,俞汝楫等编撰:《礼部志稿》,景印文渊阁《四库全书》第597—598册,台北:台湾商务印书馆,1986年影印本。

[明]骆问礼:《万一楼集》,《四库禁毁书丛刊》集部第174册,北京:北京出版社,1997年影印本。

[明]马峦撰,冯惠民点校:《司马光年谱》,北京:中华书局,1990年。

[明]倪宗正:《倪小野先生全集》,《四库全书存目丛书》集部第58册,济南:齐鲁书社,1997年影印本。

[明]祁承㸁撰,郑诚整理:《澹生堂藏书目》,上海:上海古籍出版社,2020年。

[明]丘浚著,林冠群、周济夫校点:《大学衍义补》,北京:京华出版社,1999年。

[明]丘濬:《文公家礼仪节》,《四库全书存目丛书》经部第114册,济南:齐鲁书社,1997年影印本。

[明]申时行等重修:《明会典》,万有文库《国学基本丛书》,上海:商务印书馆,1936年影印本。

[明]沈鲤撰,[清]刘榛辑:《亦玉堂稿》,景印文渊阁《四库全书》第1288册,台北:台湾商务印书馆,1986年影印本。

[明]史鉴:《西村集》,景印文渊阁《四库全书》第1259册,台北:台湾商务印书馆,1986年影印本。

[明]汪循:《汪仁峰先生文集》,《四库全书存目丛书》集部第47册,济南:齐鲁书社,1997年影印本。

[明]王廷相著,王孝鱼点校:《王廷相集》,北京:中华书局,1989年。

[明]王在晋:《越镌》,《四库禁毁书丛刊》集部第104册,北京:北京出版社,1997年影印本。

[明]吴宽:《家藏集》,景印文渊阁《四库全书》第1255册,台北:台湾商务印书馆,1986年影印本。

[明]徐㶿等撰,马泰来整理:《徐氏家藏书目》,上海:上海古籍出版社,2020年。

[明]徐一夔等:《明集礼》,景印文渊阁《四库全书》第649—650册,台北:台湾商务印书馆,1986年影印本。

[明]杨廉:《杨文恪公文集》,《续修四库全书》第1333册,上海:上海古籍出版社,2013年影印本。

[明]杨慎著,王文才、张锡厚辑:《升庵著述序跋》,昆明:云南人民出版社,1985年。

[明]杨士奇:《东里集》,景印文渊阁《四库全书》第1238册,台北:台湾商务印书馆,1986年影印本。

[明]杨士奇:《文渊阁书目》,《丛书集成初编》,北京:中华书局,1985年。

[明]张岳著,林海权、徐启庭点校:《小山类稿》,福州:福建人民出版社,2000年。

[明]朱睦㮮:《万卷堂书目》,清光绪二十九年(1903)观古堂叶氏刊本。

《明太宗实录》,台北:"中央"研究院历史语言研究所,1962年。

《永乐大典》,北京:中华书局,1986年影印本。

[清]陈弘谋:《五种遗规》,《四部备要》子部,上海:中华书局,1936年影印本。

[清]丁丙:《善本书室藏书志》,清光绪二十七年(1901)钱塘丁氏刻本。

[清]顾炎武著,黄汝成集释,栾保群、吕宗力校点:《日知录集释(全校本)》,上海:上海古籍出版社,2006年。

[清]郭嵩焘:《养知书屋文集》,《清代诗文集汇编》第674册,上海:上海古籍出版社,2010年影印本。

[清]贺长龄、魏源等编:《清经世文编》,北京:中华书局,1992年。

[清]黄虞稷撰,瞿凤起、潘景郑整理:《千顷堂书目》,上海:上海古籍出版社,2001年。

[清]黄宗羲编:《明文海》,北京:中华书局,1987年影印本。

[清]黄宗羲著,沈善洪、吴光主编:《黄宗羲全集》,杭州:浙江古籍出版社,2002年。

[清]李清馥:《闽中理学渊源考》,景印文渊阁《四库全书》第460

册，台北：台湾商务印书馆，1986年影印本。

[清]陆陇其撰，秦跃宇点校：《三鱼堂剩言》，济南：山东人民出版社，2018年。

[清]陆心源：《皕宋楼藏书志》，清光绪八年（1882）十万卷楼刻本。

[清]皮锡瑞：《经学通论》，北京：中华书局，1954年。

[清]秦蕙田撰，方向东、王锷点校：《五礼通考》，北京：中华书局，2020年。

[清]瞿镛：《铁琴铜剑楼藏书目录》，上海：上海古籍出版社，2000年。

[清]瞿中溶：《古泉山馆题跋残稿》，清宣统二年（1910）缪荃孙辑《藕香零拾》刻本。

[清]孙希旦撰，沈啸寰、王星贤点校：《礼记集解》，北京：中华书局，1989年。

[清]孙岳颁等：《御定佩文斋书画谱》，景印文渊阁《四库全书》第819册，台北：台湾商务印书馆，1986年影印本。

[清]王懋竑：《白田杂著》，景印文渊阁《四库全书》第859册，台北：台湾商务印书馆，1986年影印本。

[清]王懋竑撰，何忠礼点校：《朱熹年谱》，北京：中华书局，1998年。

[清]王鸣盛著，黄曙辉点校：《十七史商榷》，上海：上海书店出版社，2005年。

[清]夏炘：《述朱质疑》，《续修四库全书》第952册，上海：上海古籍出版社，1996年影印本。

[清]徐乾学：《读礼通考》，景印文渊阁《四库全书》第112册，台北：台湾商务印书馆，1986年影印本。

[清]徐松辑，刘琳等校点：《宋会要辑稿》，上海：上海古籍出版社，

2014 年。
[清]姚际恒著,陈祖武点校:《仪礼通论》,北京:中国社会科学出版社,1998 年。
[清]姚振宗:《隋书经籍志考证》,《师石山房丛书》,上海:开明书店,1936 年影印本。
[清]永瑢等:《四库全书总目》,北京:中华书局,1965 年影印本。
[清]张汝诚辑:《家礼会通》,清雍正十二年(1734)集新堂刻本。
[清]张玉书等编:《佩文韵府》,上海:上海古籍出版社,1983 年影印本。
[清]周中孚著,黄曙辉、印晓峰标校:《郑堂读书记》,上海:上海书店出版社,2009 年。
[清]朱彝尊:《曝书亭集》,《四部丛刊初编》,上海:商务印书馆,1929 年影印本。
[清]朱彝尊原著,汪嘉玲等点校:《点校补正经义考》,台北:"中研院"文哲所筹备处,1997 年。

地方志

[宋]范成大纂修:《吴郡志》,《宋元方志丛刊》,北京:中华书局,1990 年影印本。
[宋]黄㽦、齐硕修,陈耆卿纂:《(嘉定)赤城志》,《宋元方志丛刊》,北京:中华书局,1990 年影印本。
[宋]梁克家纂修:《(淳熙)三山志》,《宋元方志丛刊》,北京:中华书局,1990 年影印本。
[宋]钱可则修,郑瑶、方仁荣纂:《(景定)严州续志》,《宋元方志丛刊》,北京:中华书局,1990 年影印本。

[宋]潜说友:《(咸淳)临安志》,《宋元方志丛刊》,北京:中华书局,1990年影印本。

[宋]孙应时纂修:《琴川志》,《宋元方志丛刊》,北京:中华书局,1990年影印本。

[明]陈洪谟纂:《(嘉靖)常德府志》,《天一阁藏明代方志选刊》第56册,上海:上海古籍书店,1964年影印本。

[明]崔桐辑:《(嘉靖)海门县志》,《天一阁藏明代方志选刊》第18册,上海:上海古籍书店,1964年影印本。

[明]邓迁修、黄佐纂:《(嘉靖)香山县志》,明嘉靖二十七年(1548)刻本。

[明]范镐纂修:《(嘉靖)宁国县志》,《天一阁藏明代方志选刊续编》第36册,上海:上海书店,1990年影印本。

[明]韩玉纂修:《(嘉靖)通许县志》,《天一阁藏明代方志选刊续编》第58册,上海:上海书店,1990年影印本。

[明]刘鲁生修,李廷宾纂:《(嘉靖)曲沃县志》,《天一阁藏明代方志选刊续编》第4册,上海:上海书店,1990年影印本。

[明]唐胄编集:《(正德)琼台志》,《天一阁藏明代方志选刊》第60册,上海:上海古籍书店,1964年影印本。

[明]田琯纂:《(万历)新昌县志》,《天一阁藏明代方志选刊》第19册,上海:上海古籍书店,1964年影印本。

[清]葛曙纂修:《(乾隆)丰顺县志》,清同治四年(1865)刻本。

[清]郭晋修,管粤秀纂:《(乾隆)太谷县志》,清乾隆六十年(1795)刻本。

[清]郝玉麟等修,鲁曾煜纂:《(雍正)广东通志》,清雍正九年(1731)刻本。

[清]何庆恩修,贾振麟、金传培纂:《(同治)渠县志》,清同治三年

(1864)刻本。

[清]蒋旭修,陈金珏纂:《(康熙)蒙化府志》,清康熙三十七年(1698)刻本。

[清]金鉷修,钱元昌纂:《(雍正)广西通志》,清雍正十一年(1733)刻本。

[清]孔毓玑纂修:《(雍正)常山县志》,清雍正二年(1724)刻本。

[清]李成林修,罗承顺等纂:《(康熙)顺庆府志》,清嘉庆十二年(1807)刻本。

[清]李国亮修,王贯三纂:《(康熙)考城县志》,清康熙三十七年(1698)刻本。

[清]李卫、嵇曾筠等修,沈翼机、傅王露等纂:《(雍正)浙江通志》,清光绪二十五年(1899)浙江书局重刊本。

[清]刘谦等修,夏兆丰纂:《(乾隆)彰德府志》,清乾隆五年(1740)刻本。

[清]刘于义等修,沈清崖纂:《(雍正)陕西通志》,清雍正十三年(1735)刻本。

[清]吕化龙修,董钦德纂:《(康熙)会稽县志》,民国二十五年(1936)铅印本。

[清]王文骧修,李科等纂:《(道光)开平县志》,清道光三年(1823)刻本。

[清]魏襄修,陆继辂纂:《(嘉庆)洛阳县志》,清嘉庆十八年(1813)刻本。

[清]徐国相等修,宫梦仁、姚淳焘纂:《(康熙)湖广通志》,清康熙二十三年(1684)刻本。

[清]许勉炖修,禹殿鳌纂:《(乾隆)汜水县志》,清乾隆三十四年(1769)刻本。

[清]许容等修,李迪等纂:《(乾隆)甘肃通志》,清乾隆元年(1736)刻本。

[清]张松孙、李培峘修,寇赉言纂:《(乾隆)遂宁县志》,清乾隆五十二年(1787)刻本。

[清]赵文在等纂修:《(嘉庆)长沙县志》,清嘉庆十五年(1810)刻本。

中文论著

安国楼、王志立:《司马光〈书仪〉与〈朱子家礼〉之比较》,《河南社会科学》2012年第10期。

白寿彝:《仪礼经传通解考证》,《国立北平研究院院务汇报》1936年第7卷第4期。

蔡锋:《先秦时期礼俗的发展历程及其界说》,《山西大学学报(哲学社会科学版)》1991年第3期。

曾礼军:《吕祖谦〈家范〉与朱熹〈家礼〉的比较研究》,《朱子学刊》2017年第2辑。

常建华:《中华文化通志·宗族志》,上海:上海人民出版社,1998年。

陈峰、肖永明:《王懋竑〈家礼〉辨伪的逻辑与思想意义》,《现代哲学》2018年第5期。

陈静:《书仪的名与实》,《中国典籍与文化》2000年第1期。

陈来:《朱子〈家礼〉真伪考议》,《北京大学学报(哲学社会科学版)》1989年第3期。

陈延斌、王伟:《传统家礼文献整理、研究的学术史梳理与评析》,《广西师范大学学报(哲学社会科学版)》2018年第3期。

陈寅恪:《唐代政治史述论稿》,北京:生活·读书·新知三联书店,2001年。
陈植锷:《北宋文化史述论》,北京:中国社会科学出版社,1992年。
成都市文物考古工作队:《四川成都市郊金鱼村南宋砖室火葬墓》,《考古》1997年第10期。
代厚德:《太原小井峪宋墓第二次发掘记》,《考古》1963年第5期。
戴君仁:《朱子〈仪礼经传通解〉与修门人及修书年岁考》,《台大文史哲学报》1967年第16期。
丁凌华:《五服制度与传统法律》,北京:商务印书馆,2013年。
范荧:《试论宋代社会中的礼俗矛盾》,《民俗研究》1996年第2期。
方建新:《宋代婚姻论财》,《历史研究》1986年第3期。
冯尔康:《中国古代的宗族和祠堂》,北京:商务印书馆,2013年。
甘怀真:《唐代家庙礼制研究》,台北:台湾商务印书馆,1992年。
宫云维:《司马光〈书仪〉版本考略》,《浙江工业大学学报(社会科学)》2002年第6期。
何俊:《南宋儒学建构》,上海:上海人民出版社,2004年。
何联奎:《中国礼俗研究》,台北:台湾中华书局,2017年。
何淑宜:《明代士绅与通俗文化——以丧葬礼俗为例的考察》,台北:台湾师范大学历史研究所,2000年。
何淑宜:《香火:江南士人与元明时期祭祖传统的建构》,台北:稻乡出版社,2009年。
洪剑民:《略说成都近郊五代至南宋的墓葬形制》,《考古》1959年第1期。
胡道静:《元至顺刊本〈事林广记〉解题》,《百科知识》1979年第5期。
胡道静:《中国古代典籍十讲》,上海:复旦大学出版社,2004年。

黄敏枝:《中国的火葬习俗》,收入傅乐成教授纪念论文集编辑委员会编:《中国史新论·傅乐成教授纪念论文集》,台北:学生书局,1985 年。

黄敏枝:《宋代的功德坟寺》,《宋史研究集》第 20 辑,台北:台湾编译馆,1990 年。

黄宣佩:《上海宋墓》,《考古》1962 年第 8 期。

姜伯勤:《敦煌艺术宗教与礼乐文明——敦煌心史散论》,北京:中国社会科学出版社,1996 年。

解希恭:《太原小井峪宋、明墓第一次发掘记》,《考古》1963 年第 5 期。

科大卫:《祠堂与家庙——从宋末到明中叶宗族礼仪的演变》,《历史人类学学刊》2003 年第 1 卷第 2 期。

李茂旭:《中华传世家训》,北京:人民日报出版社,1998 年。

李晓龙:《中国封建家礼》,西安:陕西人民出版社,1986 年。

栗劲、王占通:《略论奴隶社会的礼与法》,《中国社会科学》1985 年第 5 期。

梁满仓:《魏晋南北朝五礼制度考论》,北京:社会科学文献出版社,2009 年。

林春梅:《宋代家礼家训的研究》,台北县:花木兰文化出版社,2010 年。

林存阳:《清初三礼学》,北京:社会科学文献出版社,2002 年。

刘复生:《宋代"衣服变古"及其时代特征——兼论"服妖"现象的社会意义》,《中国史研究》1998 年第 2 期。

刘师培著,陈居渊注:《经学教科书》,上海:上海古籍出版社,2006 年。

刘欣:《宋代家训与社会整合研究》,昆明:云南大学出版社,

2015 年。

刘信芳:《礼不下庶人、刑不上大夫辨疑》,《中国史研究》2004 年第 1 期。

刘雅萍:《宋代家庙制度考略》,《兰州大学学报(社会科学版)》2009 年第 1 期。

柳立言:《宋代的家庭和法律》,上海:上海古籍出版社,2008 年。

柳诒征:《中国礼俗发凡史》,《学原》1947 年第 1 卷第 1 册。

陆敏珍:《标签与去标签:黄震〈读礼记〉发微》,《浙江社会科学》2020 年第 5 期。

陆敏珍:《宋代地方志编纂中的"地方"书写》,《史学理论研究》2012 年第 2 期。

陆敏珍:《宋代家礼与儒家日常生活的重构》,《文史》2013 年第 4 辑。

陆敏珍:《重写世界:宋人从家庙到祠堂的构想》,《浙江学刊》2017 年第 3 期。

陆益龙编著:《中国历代家礼》,北京:北京图书馆出版社,1998 年。

马小红:《释"礼不下庶人,刑不上大夫"》,《法学研究》1987 年第 2 期。

毛国民:《〈朱子家礼〉真伪考的历史回顾与探索》,《现代哲学》2018 年第 1 期。

木田知生:《略论宋代礼俗思想——以司马光〈书仪〉和〈家范〉为主》,收入漆侠主编:《宋史研究论文集》,保定:河北大学出版社,2002 年。

彭利芸:《宋代婚俗研究》,台北:新文丰出版公司,1988 年。

彭林:《论清人〈仪礼〉校勘之特色》,《中国史研究》1998 年第 1 期。

彭林:《朱子作〈家礼〉说考辨》,《文史》2012年第3辑。

彭美玲:《古代礼俗左右之辩研究——以三礼为中心》,台北:台大出版中心,1997年。

彭美玲:《"立主"与"悬影"——中国传统家祭祀先象神样式之源流抉探》,《台大中文学报》2015年第51期。

钱杭:《周代宗法制度史研究》,上海:学林出版社,1991年。

钱穆:《朱子新学案》,北京:九州出版社,2011年。

上海古籍出版社、法国国家图书馆编:《法藏敦煌西域文献》第24册,上海:上海古籍出版社,2002年。

沈从文:《中国古代服饰研究》,香港:商务印书馆香港分馆,1993年。

束景南:《朱熹〈家礼〉真伪辨》,《朱子学刊》1993年第1辑。

汤勤福:《朱熹〈家礼〉的真伪及对社会的影响》,姜锡东主编:《宋史研究论丛》第11辑,保定:河北大学出版社,2010年。

陶希圣:《婚姻与家族》,上海:商务印书馆,1934年。

王锷:《三礼研究论著提要》,兰州:甘肃教育出版社,2001年。

王国维:《观堂集林(外二种)》,石家庄:河北教育出版社,2001年。

王鹤鸣、王澄:《中国祠堂通论》,上海:上海古籍出版社,2013年。

王洪涛:《泉州、南安发现宋代火葬墓》,《文物》1975年第3期。

王珂:《〈事林广记〉版本考略》,《南京师范大学文学院学报》2016年第2期。

王珂:《陈元靓家世生平新证》,《图书馆理论与实践》2011年第3期。

王立军:《宋代的民间家礼建设》,《河南社会科学》2002年第2期。

王美华:《承古、远古与变古适今:唐宋时期的家礼演变》,《辽宁大学学报(哲学社会科学版)》2013年第4期。

王美华：《礼制下移与唐宋社会变迁》，北京：中国社会科学出版社，2015年。

王善军：《宋代宗族和宗族制度研究》，石家庄：河北教育出版社，1999年。

王善军：《宋代族产初探》，《中国经济史研究》1992年第3期。

王志跃：《明代家礼文献考辨》，《图书馆理论与实践》2014年第4期。

吴飞：《祭及高祖——宋代士大夫论大夫士庙数》，《中国哲学史》2012年第4期。

吴丽娱：《唐礼摭遗——中古书仪研究》，北京：商务印书馆，2002年。

吴其昌：《朱子著述考》，《国学论丛》1927年第1卷第2号。

吴万居：《宋代三礼学研究》，台北：台湾编译馆，1999年。

吴旭霞：《试论宋代婚姻重科举士人》，《广东社会科学》1990年第1期。

吴羽：《〈政和五礼新仪〉编撰考论》，《学术研究》2013年第6期。

夏鼐：《临洮寺窪山发掘记》，《中国考古学报》1949年第4册。

谢维扬：《"礼不下庶人、刑不上大夫"辨》，《学术月刊》1980年第8期。

徐吉军、贺云翱：《中国丧葬礼俗》，杭州：浙江人民出版社，1991年。

徐苹芳：《宋元时代的火葬》，《文物参考资料》1956年第9期。

徐扬杰：《宋明家族制度史论》，北京：中华书局，1995年。

杨建宏：《宋代家庙制度文本与运作考论》，《求索》2005年第11期。

杨逸：《宋代四礼研究》，杭州：浙江大学出版社，2021年。

杨英:《近四十年来宋元明清朱子〈家礼〉、乡约及民间家礼文献研究》,《孔子研究》2019 年第 5 期。

杨志刚:《"礼下庶人"的历史考察》,《社会科学战线》1994 年第 6 期。

杨志刚:《〈司马氏书仪〉和〈朱子家礼〉研究》,《浙江学刊》1993 年第 1 期。

杨志刚:《礼俗与中国文化》,《复旦学报(社会科学版)》1990 年第 3 期。

杨志刚:《论〈朱子家礼〉及其影响》,《朱子学刊》1994 年第 1 辑。

杨志刚:《明清时代〈朱子家礼〉的普及与传播》,高雄师范大学经学研究所:《经学研究集刊》2010 年第 9 期。

杨志刚:《中国礼仪制度研究》,上海:华东师范大学出版社,2001 年。

姚永辉:《从"偏向经注"到"实用仪注":〈司马氏书仪〉与〈家礼〉之比较——兼论两宋私修士庶仪典的演变》,《孔子研究》2014 年第 2 期。

游彪:《宋代的宗族祠堂、祭祀及其它》,《安徽师范大学学报(人文社会科学版)》2006 年第 3 期。

余英时:《朱熹的历史世界:宋代士大夫政治文化的研究》,北京:生活·读书·新知三联书店,2004 年。

远藤隆俊:《宋元宗族的坟墓与祠堂》,《中国社会历史评论》2008 年第 9 卷。

苑学正:《朱子作〈家礼〉说祛疑》,《中华文史论丛》2018 年第 1 期。

张邦炜:《论宋代"婚姻不问阀阅"》,《历史研究》1985 年第 6 期。

张邦炜:《宋代婚姻家族史论》,北京:人民出版社,2003 年。

张国风:《〈家礼〉新考》,《北京图书馆馆刊》1992年第1期。

张国刚:《汉唐“家法”观念的演变》,《史学月刊》2005年第5期。

张亮采:《中国风俗史》,上海:商务印书馆,1935年。

张寿安:《十八世纪礼学考证的思想活力——礼教论争与礼秩重省》,北京:北京大学出版社,2005年。

张文昌:《制礼以教天下——唐宋礼书与国家社会》,台北:台大出版中心,2012年。

张小艳:《敦煌书仪语言研究》,北京:商务印书馆,2007年。

张中秋:《家礼与国法的关系、原理、意义》,《法学》2005年第5期。

赵克生、安娜:《清代家礼书与家礼新变化》,《清史研究》2016年第3期。

赵克生:《修书、刻图与观礼:明代地方社会的家礼传播》,《中国史研究》2010年第1期。

赵旭:《唐宋时期私家祖考祭祀礼制考论》,《中国史研究》2008年第3期。

钟肇鹏:《“礼不下庶人、刑不上大夫”说》,《学术月刊》1963年第2期。

周鑫:《〈朱子家礼〉研究回顾与展望》,常建华主编:《中国社会历史评论》第12卷,天津:天津古籍出版社,2011年,第432—446页。

周一良、赵和平:《唐五代书仪研究》,北京:中国社会科学出版社,1995年。

周一良:《敦煌写本书仪中所见的唐代婚丧礼俗》,《文物》1985年第7期。

周一良:《书仪源流考》,《历史研究》1990年第5期。

朱瑞熙:《宋代的服装时尚》,《文史知识》1989年第2期。

朱瑞熙等:《辽宋西夏金社会生活史》,北京:中国社会科学出版社,1998 年。

朱溢:《中古中国宾礼的构造及其演进——从〈政和五礼新仪〉的宾礼制定谈起》,《中华文史论丛》2015 年第 2 期。

[法]谢和耐著,刘东译:《蒙元入侵前夜的中国日常生活》,南京:江苏人民出版社,1998 年。

[韩]卢仁淑:《朱子家礼与韩国之礼学》,北京:人民文学出版社,2000 年。

[加]卜正民著,方骏、王秀丽、罗天佑译:《纵乐的困惑:明代的商业与文化》,桂林:广西师范大学出版社,2016 年。

[美]包弼德著,刘宁译:《斯文:唐宋思想的转型》,南京:江苏人民出版社,2000 年。

[美]伊沛霞著,胡志宏译:《内闱——宋代的婚姻和妇女生活》,南京:江苏人民出版社,2004 年。

[美]周启荣著,毛立坤译:《清代儒家礼教主义的兴起——以伦理道德、儒学经典和宗族为切入点的观察》,天津:天津人民出版社,2017 年。

[日]岸本美绪:《风俗与历史观》,《新史学》2002 年第 13 卷第 3 期。

[日]池田温:《〈文公家礼〉管见》,高明士编:《东亚传统家礼、教育与国法(一):家族、家礼与教育》,台北:台大出版中心,2005 年。

[日]谷川道雄:《六朝士族与家礼——以日常礼仪为中心》,高明士编:《东亚传统家礼、教育与国法(一):家族、家礼与教育》,台北:台大出版中心,2005 年。

[日]森田宪司:《关于在日本的〈事林广记〉诸本》,邓广铭、漆侠

主编:《国际宋史研讨会论文选集》,保定:河北大学出版社,1992 年。

[日]上山春平:《朱子〈家礼〉与〈仪礼经传通解〉》,收入吴震、吾妻重二主编:《思想与文献:日本学者宋明儒学研究》,上海:华东师范大学出版社,2010 年。

[日]吾妻重二著,吴震编:《朱熹〈家礼〉实证研究》,上海:华东师范大学出版社,2012 年。

[日]小岛毅:《明代礼学的特点》,林庆彰、蒋秋华编:《明代经学国际研讨会论文集》,台北:中国文哲研究所筹备处,1996 年。

外文论著

[日]阿部吉雄:《文公家礼に就いて》,《服部先生古稀祝贺纪念论文集》,东京:富山房,1936 年。

[日]宫崎市定:《中国火葬考》,收入《塚本善隆博士颂寿纪念佛教史学论文集》,京都:塚本博士颂寿纪念会,1961 年。

[日]牧野巽:《司马氏书仪の大家族主义と文公家礼の宗法主义》,收入氏著:《牧野巽著作集》卷 3《近世中国宗族研究》,东京:御茶の水书房,1980 年。

[日]内野台岭:《"主"考》,收入《内野台岭先生追悼论文集》,内野台岭先生追悼论文集刊行会,1954 年。

[日]西冈弘:《'重'から'主'へ——中国古代葬制の一考察》,《国学院杂志》1955 年第 55 卷第 4 号。

[日]小岛毅:《宋代の国家祭祀——〈政和五礼新仪〉の特徵》,收入池田温编:《中国礼法と日本律令制》,东京:东方书店,1992 年。

[日]小岛毅:《中国近世における礼るの言说》,东京:东京大学出版会,1996年。

Patricia B. Ebrey, *Chu His's Family Rituals: A Twelfth-Century Chinese Manual for the Performance of Capping, Weddings, Funeral, and Ancestral Rites*, Princeton:Princeton University Press,1991.

Patricia B. Ebrey, *Confucianism and Family Rituals in Imperial China:A Social History of Writing about Rites*, Princeton: Princeton University Press, 1991.

Patricia B. Ebrey, "Conceptions of the Family in the Sung Dynasty", *The Journal of Asian Studies*, Vol.43, No. 2,1984.

Patricia Ebrey, "Cremation in Sung China", *The American Historical Review*, Vol.95, No.2,1990.

Patricia Ebrey, "Education Through Ritual: Efforts to Formulate Family Rituals During the Sung Period," in Wm. Theodore de Bary and John W. Chaffee, eds., *Neo-Confucian Education: The Formative Stage*, Berkeley: University of California Press, 1989.

Timothy Brook, "Funerary Ritual and the Building of Lineages in Late Imperial China", *Harvard Journal of Asiatic Studies*, Vol. 49, No. 2, 1989.

学位论文

梁勇:《明代的家礼研究》,新加坡国立大学博士学位论文,2006年。

陆睿:《中国传统家礼文献叙录》,浙江大学硕士学位论文,2012年。

罗小红:《唐代家礼研究》,陕西师范大学博士学位论文,2006 年。
萧公彦:《礼学之内涵与北宋礼学的发展》,台湾大学历史学研究所硕士论文,1988 年。
翟瑞芳:《宋代家礼的立制与实践》,上海师范大学硕士学位论文,2007 年。

后记

十年前，我以“宋代家礼”入题撰写了一篇会议论文，希望以家礼作为观察视域，去探讨宋代儒学复兴运动中礼与理交互展开的过程，“礼”虽是此文的关注点，但“理”才是主旨的落脚处。十年后，依然以“宋代家礼”为题，学术兴趣则已不再局限于对家礼的文本阐释，而是趋向于关注家礼文本生产的叙述，想去看看家礼书写者为何写、如何写、写了什么？文本书写的理据是什么？家礼文本社会化过程中，书写者又是如何调整写礼策略的？为什么宋代以后，争议迭起的朱子《家礼》会成为化民成俗、移风易俗的良方，并最终将前代的“家礼书写”寻绎为“《家礼》书写”？在对这些问题的观照中，“理”并没有淡出论题，“礼”已然成了讨论的核心。个人研究中的这些调整虽无关学科轸域的变化，却冲击着阅读习惯与思维模式。

在一次同学聚会中，偶然讲起自己的研究以及家礼讨论中可能涉及的各个要素。从没想过，这次聚会之后，同学以及同学的同学会成为此书最直接的推动者。他们为我收集、拍摄家庙、祠堂、牌坊的图册与照片，寻找并复印旧式家谱，拍录当代的家族修谱、圆谱仪式以及地方上公祭乡贤的礼典，一些同学还对家中所行的冬至祭祖仪式全程跟拍并讲解。我感谢着同学们的支持，同时也委婉告知他们，我不是人类学家，这些材料固然重要，但它们不会成为我的解释依据与资料来源。不过,我显然低估了同学们的热情,无论我如何言说,他们一如既往地向我寄送资料,有些图册制作精美,而旧谱复印不仅需要人事努力,册数既多,花费同样不少,同学们总是不约而同地使用相同的话:“你应该看看,你应该去看看。”

于是,在这种“你应该”的话语中,循着同学所绘制的地图、按照他们提供的日期,我开始穿梭于乡野城郊,参观那些或破旧或精致的祠堂、家庙与祖屋,那些精致的往往院门深锁,破旧的则似在等待市场的发现,也有那么一两次,地图将我指向了热火朝天的建筑工地,撞见了正在改头换面的老宅如何“修旧如旧”的模样。在同学的助力下,我也开始忝列地方上各种祭祀大典的行列之中,津津有味地观看演礼人的妆容、礼服、礼帽以及演礼时稍显局促的表情,并注意到多数的典礼不为演礼人准备鞋靴的事实。不过,对于我而言,最尴尬的场景是在礼典结束之后,作为背景板的我经常被人推到台前,回答“这个仪式怎么样”的问题。彼时,我总是小心翼翼地绕开对仪式本身的评论,只述观感,常以“好看”两字来搪塞。经过几次类似的提问之后,忽然发现,当我还在纠结着自己那点从书上读到的礼文知识,认为该仪式既不合礼亦不合理之时,仿古礼的组织者与演礼者其实并不关心仪式是否僭越,也不在乎礼服、礼器以及仪式进程是否得宜,他们沉浸在仪式所营造的情感氛围之中,想象着仪式对传统文化的复刻,在他们看来,举行仪式即在表达着那些不言而喻的意义与价值,因此,我的“好看”两字虽涵义不详,但修辞分明,正是契合了主办方所期待的效果。

感谢杨振宇,他是书稿的第一位读者,并提供了宝贵的意见。中华书局的俞国林先生,认为旧题“宋代家礼研究”过于项目化,建议去掉“研究”两字,改为“宋代家礼”。此书确系国家社科基金项目（课题编号：15BZS055）而来，因此，我欣然接受俞先生的批评。矛盾而有趣的事情发生在书题定名之后。众所周知，“某某研究”，即，观察对象加“研究”两字，是学术类书题的常见形式，无论这里的“研究”指的是动作、状态还是成果的最终呈现，在这一表述中，研究主题在，作者亦在。这一通行的、为人所熟悉的命题格式是一种无需思考的安全堡垒，因此，当这一堡垒忽然变得摇摇晃晃时，我一度想将“研究”两字重新加回书题之中，亦曾想添加一个副标题，以使书题更切主旨，或许运思之下，还能在书题中重新确立作者的在场感。不过，这些想法只是一种纠结，一种延续至今的情绪纠结，而非深思熟虑的学理思考。特别感谢吴爱兰编辑的周到、耐心与认真。源于她的细致，使书稿从一开始就避开了很多不必要的重复工作；源于她的宽容，使我得以比较从容地修改。

最后，始终如一地感谢我的家人。数卷图书，几竿修竹，我以为方寸之地，自有乐事。随着年岁的增长，在家人的陪伴中，始知书房之清寂与席间之闹、厨间之暄互相映衬，方是人间至味。

陆敏珍

2022年6月于杭州勾庄